북한 과학기술 형성사 I

북한 과학기술 형성사 I
History of science and Technology in North Korea I

초판 1쇄 발행   2007년 3월 30일
초판 3쇄 발행   2021년 7월 20일

지은이   강호제
펴낸이   윤관백
펴낸곳   도서 선인

등록   제5-77호(1998.11.4)
주소   서울시 마포구 마포대로 4다길 4 곳마루 B/D 1층
전화   02)718-6252 / 6257   팩스 02)718-6253
E-mail sunin72@chol.com
Homepage www.suninbook.com

정가 · 36,000원
ISBN 978-89-5933-079-9   93900

북한 과학기술 형성사 I

강호제

2008년도
대한민국학술원
기초학문육성
"우수학술도서"
선정

도서출판 선인

서문

작년에 한 대학에서 한국과학사 수업을 맡아서 진행할 때의 일이다. 북한 과학기술정책사를 다루기에 앞서 학생들에게 각자가 평소 가지고 있던 북한에 대한 이미지를 나눌 기회를 주었다. 과학사 수업시간인 만큼 북한과 과학기술이 얼마나 연관성을 갖고 있다고 생각하는지에 중점을 두고 발표해보고자 하였더니 학생들의 반응은 의외였다. 첨단과학기술의 결정체라고 할 수 있는 대륙간탄도탄(ICBM)과 중단거리 미사일, 그리고 핵폭탄을 북한이 자체적으로 제작하여 실험하였다는 사실이 언론에서 대대적으로 보도된 직후였음에도 불구하고 학생들은 북한과 과학기술의 이미지가 별로 어울리지 않을 것 같다는 반응을 보였다. 워낙 정치나 사상에 관한 이야기만 많이 들어서 그런지 북한은 이데올로기만 중시하여 과학기술에 대해서는 관심도 없을 것 같다는 이야기가 많았고, 트럭이나 포크레인 등을 이용하기보다 손수레와 삽 등을 주로 사용할 것 같다는 추측도 있었다. 또한 자발성에 기초해서 과학적이고 합리적인 방식으로 일을 처리하기보다 지시에 의해 마지못해 주먹구구식으로 일을 처리할 듯하다는 이야기도 있었다.

이들에게 북한의 과학기술 관련 정책이 상당히 일찍부터 마련되어 구체적으로 시행되었으며 정책의 우선순위도 상당히 높았다는 사실과 적어도 1960년대 중반 이전까지는 정치, 사상적 측면보다 과학기술적 측면이 더 우선시되었다는 이야기를 차근차근 해주니 그들은 매우 재미있어 하였다. 그리고 북한이 1960년대 초에 이르러 자동차, 오토바이, 트랙터, 굴착기, 불도저 등 중대형 산업장비들을 자체적으로 생산하게 되었을 뿐만 아니라 리승기의 비날론, 려경구의 염화비닐, 마형옥의 갈섬유, 한홍식의 무연탄 가스화, 주종명의 함철콕스, 리재업의 합성고무 등 과학이론 수준에서도 뛰어난 성과들을 거두었다는 사실을 가르쳐주었더니 그들은 흥분을 금치 못하였다. 게다가 과학기술자들이 생산현장의 노동자들과 협력하여 기술혁신운동을 전개한 것이 천리마작업반운동이었는데 지금까지 북한 연구자들이 과학기술 정책 혹은 과학기술자들의 활동을 보지 못해서 이를 단순한 노력동원식 대중운동으로만 해석하였다는 나의 주장을 듣고 나서는 사뭇 진지한 표정을 지었다. 학생들은 자신들이 가지고 있던 북한에 대한 기존의 이미지가 어떻게 형성되었는지 그 이유를 알 것 같다는 이야기를 하였다.

실제로 지금까지 북한 연구는 대부분 정치·사상적 측면에만 국한되어 있었다. 경제나 교육, 문학 등 일부 분야사연구도 진행되었지만 이들도 대부분 기존의 인식틀에서 벗어나지 못한 것이었다. 게다가 학문적 차원에서는 많이 극복하였지만 언론에서는 여전히 북한 문제를 체제 대결적 측면에서 다루고 있기 때문에 북한에 대해 온전한 이미지를 갖는다는 것은 결코 쉬운 일이 아니다. 따라서 북한의 초기 역사를 과학기술적 측면에서 다시 쓴 이 책의 가장 큰 가치는 여기에 있다고 할 수 있다. 북한 역사에서 과학기술은 정치, 사상만큼이나 중요한 요인(factor)이었으므로, 북한 역사를 정치·사상적 관점이 아니라 과학기술 자체를 통해 살펴보면 분명 북한에 대한 또 다른 실체를 확인할 수 있기 때문이다.

이 책은 필자의 박사학위논문 "북한의 기술혁신운동과 현장 중심의

과학기술정책 : 천리마작업반운동과 북한 과학원의 현지연구사업을 중심으로"를 책으로 엮은 것이다. 국내외를 통틀어 북한 과학기술사를 주제로 한 첫 박사학위논문인 만큼 아직 보완해야 할 점이 많다. 그러나 그럼에도 불구하고 이렇게 서둘러 책으로 펴낸 이유는 북한 과학기술에 대해 너무도 많은 사람들이 궁금해 하고 있기 때문이다. 1990년대 후반 들어 북한 지도부가 부쩍 과학기술의 중요성을 역설하고 있고 과학기술 관련 활동이 늘었지만 역사적 관점에서 북한 과학기술 활동을 제대로 정리한 책이 없다는 점 때문에 주위 사람들은 필자에게 이 내용을 책으로 펴내라고 독려하였다. 본인에게 북한 과학기술사 강의를 들었던 학생들처럼 많은 사람들이 이런 이야기를 들으면 흥미있어 할 거라고 그들은 필자를 설득하였다. 이에 필자는 지금까지 한 연구는 여기서 일단락하고 앞으로 더 좋은 연구를 계속하겠다는 다짐과 함께 이 책을 펴낼 것을 결심하였다.

이 책에서 필자는 북한 과학기술 활동의 핵심인 과학원이 어떻게 설립되었고 그 활동은 어떠했는지를 중점적으로 살펴보면서 북한식 과학기술의 특징이라고 할 수 있는 '현장 중심의 과학기술정책'이 형성되는 과정을 과학기술사적 관점에서 기술하였다. 또한 생산 현장에 진출한 과학기술자들이 생산현장의 노동자들과 협력하여 '집단적 기술혁신운동'을 효과적으로 전개하던 모습을 구체적으로 서술하였다. 이를 바탕으로 필자는 1950년대 말, 1960년대 초 북한 경제의 비약적인 성장이 기존의 주장과 달리 노력동원체제 형성에 의한 양적 성장의 결과일 뿐만 아니라, 기술혁신을 통한 질적 성장의 결과이기도 하다는 점을 강조하였다.

또한 당시 북한 과학기술 활동을 정당하게 평가하고 나면 천리마운동, 천리마작업반운동 그리고 대안의 사업체계의 다른 특징이 보인다고 주장하였다. 즉 천리마운동 과정에서 노동의 양적 측면만 강화된 것이 아니라 기술혁신을 비롯한 질적 측면도 강조되었고, 천리마작업반운동은 이데올로기를 앞세운 대중운동이 아니라 집단적 기술혁신운동

8

을 구체화시킨 북한식 기술혁신운동이었다. 그리고 이런 과정을 통해 높아진 과학기술자들의 지위에 걸맞게 경제관리체계를 대폭 손질한 것이 대안의 사업체계의 또 다른 특징이었다.

학위논문을 서둘러 책으로 펴낸 또 하나의 이유는 이런 필자의 주장에 대해서 다른 연구자들과 폭넓게 토론해 보고 싶다는 생각 때문이었다. 아무래도 북한 연구자들에게 낯선 과학사 분야의 연구논문이다 보니 필자의 주장은 북한 연구자들에게 많이 알려지지 못하였다. 그래서 이렇게 책으로 펴내게 되면 그나마 학위논문상태로 있을 때보다 많은 사람들이 관심을 가지게 될 것이고, 그러면 필자의 주장을 가지고 좀 더 많은 사람들과 토론할 수 있겠다는 생각이었다. 학위논문 심사위원 선생님들께서 앞으로 상당한 논란을 일으킬 수 있는 주장이라고 하신 말씀에 솔직히 기대를 많이 하고 있다.

물리학을 전공하겠다는 생각을 접고 과학사를 공부하기 시작한 지 벌써 10년이 되어간다. 어릴 때부터 심취해 있던 물리학을 공부한 시간보다 과학사를 공부한 시간이 더 많아졌지만 과학사는 필자에게 여전히 어려운 학문이다. 인문학적 소양과 거리가 멀었던 필자였지만 과학사의 묘한 매력에 끌려 조금씩 걸어오다 보니 어느덧 여기까지 오게 되었다. 물리학을 공부할 때에는 알지 못하였던 세상을 보는 새로운 시각이 있음을 알아가는 재미와 삶을 음미하는 법을 조금씩 알아가는 재미가 계속해서 과학사를 공부하도록 붙들었던 것 같다. 과학사를 공부하는 데 필요한 것들을 하나에서부터 열까지 모두 가르쳐주신 김영식 선생님과 김기윤 선생님, 김근배 선생님 그리고 홍성욱 선생님께 이 자리를 빌어 다시 한번 감사드린다.

특히 2000년 1월 무렵대고 북한 과학기술사를 공부하고 싶다고 찾아온 필자에게 그때까지 힘들게 모아 오신 각종 자료와 아이디어를 아낌없이 주시면서 격려해주셨고, 그 이후로도 어려움이 있을 때마다 매번 꼼꼼하고 자상하게 도와주신 김근배 선생님의 고마움은 앞으로도 절대 잊지 못할 것이다. 또한 논문 심사위원으로 참가하시어 많은 도움 말씀을 주신 장달중 선생님과 서동만 선생님 그리고 정용욱 선생님께도 감사하다는 말씀을 전하고 싶다.

또한 함께 과학사를 공부하면서 위로가 되고 힘과 용기를 낼 수 있게 도와준 전용훈 형, 문만용 형, 박권수 형, 김연희 누나, 정명현 형 등 과학사 및 과학철학 협동과정의 많은 선배들과 동기, 후배들에게도 감사의 마음을 전한다. 특히 학부 때부터 맺은 인연을 지금까지 이어오면서 함께 한, 북한 과학기술사를 전공하는 변학문 형에게도 고맙다는 말을 하고 싶다. 그리고 뒤늦게 만났지만 아주 오래전부터 알고 지낸 사이처럼 편하게 대해준 정창현 선생님, 정영철 형을 비롯한 현대사연구소 사람들은 함께 공부하는 기쁨을 새삼 실감하게 해주었다. 북한 과학기술사라는 주제로 발표, 토론할 수 있는 자리를 마련해 주어 이 책의 논지를 더욱 가다듬을 수 있게 도와주고, 막히는 부분에 대해 함께 고민하고 토론해주어 조금씩 전진할 수 있게 해주었다.

과학사를 공부하고 북한 과학기술사를 주제로 한 이 책을 쓰는 데에는 무엇보다 아내 박정혜의 도움이 절대적이었다. 힘들고 지칠 때에는 따뜻한 위로의 말로, 나약해지고 게을러질 때에는 따끔한 질책의 말로, 생각이 잘 안 풀리고 머릿속이 헝클어져 있을 때에는 논리 정연한 말로 필자를 많이 도와주었다. 자료 수집과 논문 작성까지 거의 모든 과정을 함께 하면서 이제는 북한 과학기술사를 전공한 수준이 된 아내의 도움이 없었다면 오늘 이 자리는 절대로 마련되지 않았을 것이다. 아울러 우리에게 격려와 위안이 되어 준 수림이와 초이에게도 사랑의 마음을 전한다. 끝으로 촉박한 출판 일정에도 불구하고 책의 출판을 맡아주신 도서출판 선인에도 깊은 감사를 드린다.

2007년 3월
강호제

차례

표 차례

제1장 머리말

제1절 문제의 제기

1948년 9월 9일 정부 수립을 선포한 '조선민주주의인민공화국'이 사회주의체제를 확립한 시기가 언제인지 그 기원에 대한 의견은 다양하다. 조선로동당에 의한 1당 독재와 김일성에 의한 1인 독재가 해방 직후부터 오랫동안 지속되었기 때문에 국가적 측면에서 변화의 마디를 어디로 볼지에 대한 논의가 분분한 것이다. 특히 오늘날 북한은 '주체사상'이라는 독특한 정치사상을 바탕으로 '수령체계', '수령제', '유일지도체제'라는 여러 가지 이름으로 불리는 정치체제를 형성하고 있기 때문에 그 기원에 대한 궁금증은 더욱 크다.

지금까지 제기된 북한 정치체제의 기원에 대한 다양한 주장들은 크게 세 가지로 정리될 수 있다. 해방 직후부터 정부가 수립되던 시기 사이에 북한 정치체제의 기본이 완성되었다고 하는 '1940년대 기원설'과 1961년 9월에 열린 '4차 당대회'를 기점으로 하는 '1961년설', 그리고 김일성을 정점으로 하는 수령체계가 형성된 시점을 기원으로 하는

'1967년설'이 그것이다. 비록 다른 시점을 기원으로 주장한다는 점에서
이 주장들이 서로 배치된다고 할 수도 있지만, 이 주장들은 다양한 측
면 혹은 층위에서 북한 체제를 분석하고 있으므로 실질적으로는 서로
보완적인 관계라고 할 수 있다.

　1940년대 기원설은 커밍스와 류길재의 주장이 대표적인데 이 시기
형성된 인민위원회가 북한 체제의 근간이라는 주장이다.[1] 1967년 기원
설은 조선로동당을 연구한 이종석이 주장하였는데 김정일 후계체제가
등장하는 시점에서 북한 체제가 확립되었다는 설명이다.[2] 이종석과 맥
락은 다르고 체제형성시기라고 명확하게 주장하지는 않았지만 이태섭
도 북한의 독특한 체제적 특성이라고 할 수 있는 '수령체계'가 집단주
의적 발전전략과 함께 갖추어진 시점을 1967년으로 본다는 점에서
1967년 기원설을 주장하는 쪽이라 할 수 있다.[3] 반면 김연철은 북한의
경제체제를 분석한 결과 '수령제'의 기원을 오히려 1950년대 후반이라
고 주장하면서 1961년 기원설을 주장하였다.[4]

　이처럼 특정한 영역에서 발견되는 특징을 일반화시킨 일부 주장들과
달리, 서동만은 북한 사회 각 영역에서 제도가 정비되는 모습을 구체적
으로 살핀 후 세 시기에 형성된 북한 정치체제의 모습을 구분해서 설명
하였다. 그는 북한 사회주의체제의 근간이라고 할 수 있는 '당=국가체
제'가 1940년대에 이미 수립되었지만 이것이 전 사회적으로 일관되게

1) Bruce Cumings, *The Origins of the Korean War : Vol. I* (Princeton : Princeton Univ.
　Press, 1981) ; 류길재, 「북한의 국가건설과 인민위원회의 역할, 1945~1947」
　(고려대학교 박사학위논문, 1995).
2) 이종석, 『조선로동당연구 : 지도사상과 구조변화를 중심으로』(이하 『조선로
　동당연구』)(역사비평사, 1995).
3) 이태섭, 『김일성 리더십 연구 : 수령 체계의 성립 배경을 중심으로』(이하 『김
　일성 리더십 연구』)(들녘, 2001).
4) 김연철, 「북한의 산업화 과정과 공장관리의 정치(1953~70) : '수령제' 정치체
　제의 사회경제적 기원」(이하 「북한의 산업화 과정과 공장관리의 정치」) (성균
　관대학교 박사학위논문, 1996).

관철되어 시스템(system)이 완성된 시기는 1961년 즈음이라고 주장하였다. 즉 해방 직후 아래로부터 조직된 인민위원회와 위로부터 추진된 중앙집권화의 움직임이 결합하면서 토지개혁, 산업 국유화 조치 등이 이루어졌고 '조선로동당'이 창설되어 '당=국가체제'의 기본 골격이 형성된 이후 1958년까지 농업과 상공업의 집단화가 완료되었으며 이때부터 1961년경까지 사회 전 영역에서 '당에 의한 전 사회의 일원적 지도체계'가 완전히 확립되었다는 것이다. 그리고 그는 수령체계를 사회주의 체제 위에 구축된 제2차적 형성물로 볼 수 있다는 와다 하루키(和田春樹)의 주장[5]을 원용하면서 1967년을 레짐(regime) 차원에서 북한 체제가 형성된 시점이라고 설명하였다.[6]

이처럼 북한 체제가 형성된 기원에 대해 다양한 측면에서 여러 의견이 제기될 수 있었던 까닭은 이전과 달리 체제대결이나 이데올로기에 종속된 상황에서 벗어난 북한 연구가 학문적 분석 대상으로 들어왔기 때문이다. 적어도 1990년대 접어들면서 상세한 문헌해석과 구체적인 수치분석을 통한 실증적 연구성과들도 쌓여왔다. 하지만, 이런 실증적 연구들도 대부분 정치, 사상적 관점에 입각한 연구가 주류였고 경제나 농업, 교육과 같은 분야사 연구는 드물었다는 한계가 있었다.

1990년대 후반이 되면서, 북한과 경제교류가 활성화되고 북한 경제에 대한 관심이 커졌으며 그와 더불어 북한 사회에 대한 다양한 관심이 표출되기 시작하는 등, 시대적 상황과 사회적 분위기가 많이 바뀜으로 인해 개별 분야에 대한 실증적 연구도 쌓여 가기 시작하였다. 신효숙, 이향규, 조정아 등은 해방 직후 북한의 교육체계가 자리 잡는 과정과 보통교육체계, 그리고 기술교육체계가 어떻게 형성되었는지 연구하였

---

5) 和田春樹, 『歷史としての社會主義』(東京 : 岩波書店, 1992), 고세현 역, 『역사로서의 사회주의』(창작과비평사, 1994) ; 和田春樹, 『北朝鮮 : 遊擊隊國家の現在』(東京 : 岩波書店, 1998), 남기정, 서동만 역, 『북조선 : 유격대국가에서 정규군 국가로』(돌베개, 2002).

6) 서동만, 『북조선사회주의 체제성립사 : 1945-1961』(도서출판 선인, 2005).

다.[7] 김연철, 이영훈, 양문수, 이정철은 북한의 공장관리체제의 변천과 축적체제에 대한 자세한 분석, 그리고 가격동학과 현물동학 사이의 긴장관계를 통해 북한 경제의 발전 추이와 그 운영원리의 변화 등에 대해 자세히 살펴보았다.[8] 정창현, 이찬행, 정영철은 김일성보다 상대적으로 적은 관심을 받았던 김정일을 본격적으로 연구의 대상으로 삼았다.[9] 북한 정권이 성립되기 직전까지 당·정·군 각 분야에서 간부들이 어떻게 충원되었는지 자세하게 정리한 김광운과 앞에서 이야기한 서동만의 연구는 비록 분야사 연구는 아니지만, 기존의 연구들과 달리 1차 사료들을 광범위하게 수집하고 자세하게 분석, 정리하였다는 측면에서 또 다른 실증적 연구의 성과라 할 수 있다.[10]

그런데 경제사 연구를 비롯하여 개별 분야에 대한 실증적 연구가 진행되면서 1961년의 다른 측면이 드러나기 시작하였다. 당시 북한의 경제성장이 매우 높았다는 사실이 부각되기 시작한 것이다. 1차 5개년계획 시기 공업생산증가율의 목표는 22%이었지만 북한이 달성한 실적은 이를 훨씬 넘었는데 1957년 44%, 1958년 42%, 1959년 53%에 달하였다. 1차 5개년계획 기간 중 공업 총생산액을 1956년에 비해 2.6배, 연평

---

7) 신효숙, 『소련군정기 북한의 교육』(교육과학사, 2003) ; 신효숙, 「북한사회의 변화와 고등인력의 양성과 재편(1945~1960)」, 『현대북한연구』8(2)(경남대학교 북한대학원, 2005), 39~84쪽 ; 이향규, 「북한 사회주의 보통교육의 형성 : 1945~1950」(서울대학교 박사학위논문, 2000) ; 조정아, 「산업화 시기 북한의 노동교육」(서울대학교 박사학위논문, 2003).

8) 김연철, 「북한의 산업화 과정과 공장관리의 정치」 ; 이영훈, 「북한의 경제성장 및 축적체제에 관한 연구 : 1956~64년」(고려대학교 박사학위논문, 2000) ; 양문수, 『북한경제의 구조 : 경제개발과 침체의 메커니즘』(서울대학교출판부, 2001) ; 이정철, 「사회주의 북한의 경제동학과 정치체제」(서울대학교 박사학위논문, 2002).

9) 정창현, 『곁에서 본 김정일』(김영사, 2000) ; 이찬행, 『김정일』(백산서당, 2001) ; 정영철, 「김정일 체제 형성의 사회정치적 기원 1967-1982」(서울대학교 박사학위논문, 2001).

10) 김광운, 『북한 정치사 연구 1』(도서출판 선인, 2003) ; 서동만, 『북조선사회주의 체제성립사 : 1945~1961』.

균 22% 늘리는 목표가 실제로는 3.5배, 연평균 36.5%로 목표를 초과하여 마무리되었던 것이다.[11] 결국, 세입총액만 보더라도 1956년에 비해 1961년은 2.7배, 1962년은 3.2배로 늘어났고, 공업 총생산액은 1956년에 비해 1961년은 3.9배, 1962년은 4.7배로 늘어났던 셈이다.[12] 연구자들 사이에서 1950년대 북한 경제의 발전 전략이나 지속기간에 대해서는 이견이 많으나, 적어도 북한 경제가 1950년대 말, 1960년대 초에 급성장하였다는 것에 대해서는 큰 이견이 없다.

1961년 9월에 열린 '4차 당대회(1961.9.11~18)'는 '1차 5개년계획(1957~1960)'[13]을 성공적으로 끝마치고 그 탄력을 그대로 이어 새로운 경제계획인 '1차 7개년계획(1961~1970)'[14]을 시작하면서 성대하게 열린 당대회였다. 4차 당대회는 '승리자의 대회'로 불릴 만큼 체제에 대한 자부심이 대단하던 때에 열렸다.[15] 따라서 1961년은 북한 사람들에게 체제가 확립된 시기이기도 하였지만 높은 경제성장을 통해 자신들의 체제에 대한 자부심이 대단히 커졌던 시기이기도 하였다.

---

11) 김일성, 「조선로동당 제4차 대회에서 한 중앙위원회 사업 총화 보고(1961년 9월 11일)」, 『김일성저작집 15』(조선로동당출판사, 1981), 156~315쪽 ; 『최고인민회의자료집 제2집』(국토통일원, 1988), 152, 797쪽 ; 김연철, 「북한의 산업화 과정과 공장관리의 정치」, 254~255쪽 ; 김성봉, 「북한의 자립적 경제발전전략과 김일성체제의 공고화 과정(1950~70)에 관한 연구」(고려대학교 박사학위논문, 1998), 85쪽.

12) 『북한 경제 통계집』(통일원, 1996), 131, 314쪽.

13) '1차 5개년계획'의 원래 기간은 1957년부터 1961년까지였다. 하지만 예상치 못한 높은 실적을 바탕으로 1959년에 원래 목표를 달성하고 1960년 완충기를 거쳐 1차 5개년계획은 완전히 마무리되었다. 다음 단계 경제계획인 '1차 7개년계획'은 예정보다 1년 앞선 1961년부터 1967년까지 시행하기로 결정되었다.

14) '1차 7개년계획'의 원래 기간은 1961년부터 1967년까지였다. 하지만 이번에는 예상치 못한 군사비 지출의 증가로 원래 목표를 달성하지 못해 3년을 더 연장하여 1970년에 계획을 끝마쳤다.

15) 김일성, 「해군의 전투력을 더욱 강화하며 조국의 령해를 튼튼히 지키자(조선인민군 제597군부대 군관들과 한 담화, 1961년 10월 3일)」, 『김일성저작집 15』, 316~324쪽.

그러나 지금까지의 북한 연구는 이 당시 북한의 높은 경제성장은 인정하면서도 그 원인에 대해서는 제대로 분석하지 못하고 있다. 즉, 대부분의 경제사 연구들이 이 당시 경제성장률을 인정하지만 그 원인을 단순히 생산활동의 양적 성장에 의한 결과로만 치부해 버렸고 이에 따라 1950년대 말의 높은 경제성장은 노력 동원체제 형성에 의한 양적 성장[16]의 결과일 뿐, 질적 성장[17]은 이루어지지 못하였다고 평가하였다. 이런 설명은 1960년대 이후 북한 경제의 성장세가 하향국면으로 접어들었다가 급기야 마이너스 성장률을 거두게 된 것에도 그대로 적용되어 질적 성장을 도외시하고 양적 성장에만 집중했기 때문에 그 효과가 오래가지 못하였다는 평가로 이어졌다.[18]

---

16) 여기서 '양적 성장'이란 노동력이나 노동시간, 원료, 연료 등의 투입량을 늘리는 방법에 의해 생산량이 늘어나는 것을 가리키는데 '질적 성장'과 대비되는 뜻이다. 이는 '양적 지표'로 나타나는데 북한에서는 양적 지표를 "생산의 인적 및 물적 조건들의 크기를 반영하는 지표들인 종업원 수, 설비 수, 원자재의 재고량 같은 지표들과 사업과 활동의 단순한 결과를 반영하는 지표들인 현물 생산량, 공업총생산액, 농업총생산액과 같은 지표들"(밑줄은 인용자)로 구성되어 있다고 설명한다. 「량적 지표」, 『경제사전 1』(사회과학출판사, 1985), 595쪽.

17) 여기서 '질적 성장'이란 투입량을 늘리지 않으면서 생산량을 증대시키는 것을 가리킨다. 이는 '질적 지표'로 나타나는데 북한에서는 질적 지표로 "주어진 로력, 설비, 자재, 자금 등을 생산과정에서 효과적으로 리용하는 정도를 보여 주는 종업원 한사람당 생산액, 설비리용률, 제품단위당 원자재소비량 등과 경영활동의 질적상태를 표시하는 원가, 수익성과 같은 지표들"로 구성되어 있다고 설명한다. 또한 이를 경제적 지표와 기술경제적 지표로 구분하여 설명하기도 한다. "경제적 지표는 종업원 한사람당 생산액, 생산물의 원가, 수익성 등과 같이 기업소 또는 경제부문들의 경영활동의 질적 상태를 일정한 범위에서 개괄적으로 반영하는 지표이다. 기술경제적지표는 고정재산리용의 효과성을 반영하는 설비리용률, 생산면적리용률, 류동재산리용의 효과성을 반영하는 원료소비기준, 연료소비기준, 생산물의 질을 반영하는 제품등급비율 등과 같이 경영활동의 개별적측면의 질을 반영하는 지표이다."(밑줄은 인용자) 「질적 지표」, 『경제사전 2』(사회과학출판사, 1985), 577쪽.

18) 김연철, 「북한의 산업화 과정과 공장관리의 정치」 ; 이영훈, 「북한의 경제성장 및 축적체제에 관한 연구 : 1956~64년」 ; 양문수, 『북한경제의 구조 : 경제개발과 침체의 메커니즘』 ; 이정철, 「사회주의 북한의 경제동학과 정치체제」 ; 이태섭, 『김일성 리더십 연구』 ; 김보근, 「북한 '천리마 노동과정' 연구 : '소

물론 당시 북한 경제가 경제발전 초기 단계였기 때문에 질적 성장이 우세한 내포적 성장단계는 아니었지만 질적 성장을 전혀 이루지 못하였다는 해석은 무리가 있다. 양적 성장이 우세한 외연적 성장단계에서도 질적 성장 방식이 뒷받침되지 못한다면 경제 성장은 금방 한계에 부딪혀 높은 성장률을 유지할 수 없기 때문이다.[19] 1960년부터 북한에서는 공업부문의 노동력 증가율이 급격하게 줄어들었고 1961년부터는 노동력 증가율이 평균에도 못 미쳐 전체 종업원 수에서 공업부문이 차지하는 비중이 오히려 줄어들었다.[20] 그럼에도 불구하고, 공업생산증가율이 계속 상대적으로 높은 수준을 유지하였던 사실을 보면 당시 북한 경제는 질적 성장에서도 어느 정도 성과를 거두고 있었다고 판단할 수 있다.[21]

특히 1961년 4차 당대회 당시 북한 경제가 거둔 여러 가지 성과물들을 구체적으로 살펴본다면 당시 북한 경제가 질적 성장에 실패하였다는 설명은 더욱 석연치 않게 느껴진다. 당시 북한은 자동차, 오토바이,

---

련식 테일러주의'의 도입·변질 과정」(고려대학교 박사학위논문, 2005).

19) 양적 성장과 질적 성장은 생산 방식에 대한 추상적인 분석틀로서 양립 불가능한 것이 아니라 실제로는 동시에 나타난다. 다만 경제 규모가 계속 커지고 있는 외연적 성장 단계에서는 양적 성장이 우세하게 나타나고, 규모의 확대가 어느 정도 수준에 도달한 후 효율적 측면에서 경제 성장을 계속하는 내포적 성장 단계에서는 질적 성장 방식이 주도하게 된다. 코르나이는 사회주의 국가들의 초기 성장단계에서 양적 성장 방식이 우세하였고 질적 성장 방식은 보완적 수준에 머물렀다고 설명한다. Janos Kornai, *The Socialist System : The Political Economy of Communism*(Princeton : Princeton Univ. Press, 1992), pp. 180~184.

20) 자세한 자료는 〈표 3-1〉 공업 부문 종업원 수의 변화(1956~1961)를 참고.

21) 1961년부터 1965년까지 북한의 공업생산액 성장률은 14%, 20%, 8%, 17%, 14%라고 발표되었는데 1964년, 1965년 성장률은 실제보다 약간 높게 발표된 것으로 추정된다. 이태섭, 『김일성 리더십 연구』, 307~315쪽. 하지만 이런 성장률도 당시 소련을 비롯한 동유럽 사회주의 국가들의 연평균(1961~1965) 성장률 6.0%보다 높은 것이었다. 이들 국가의 이전 시기 성장률은 10.7% (1951~1955), 8.4%(1956~1960) 수준이었다. Jozef Wilczynski, *The Economics of Socialism* (London : Allen & Unwin, 1970), p.74.

뜨락또르〔견인차, tractor〕, 엑쓰까와또르〔굴착기, excavator〕, 불도젤〔불도
저〕, 8m 타닝반 등 정밀 기계설비들을 자체적으로 생산하는 데 성공하
였을 뿐만 아니라[22] 리승기의 비날론,[23] 려경구의 염화비닐,[24] 마형옥
의 갈섬유,[25] 한홍식의 무연탄 가스화,[26] 주종명의 함철콕스,[27] 리재업

---

22) 『조선중앙연감 1959』(조선중앙통신사, 1959), 182쪽 ; 김덕호, 「우리나라에서
집단적 혁신운동의 발생 발전」, 과학원 력사연구소 근세 및 최근세사 연구실,
『력사논문집 4(사회주의 건설 편)』(과학원출판사, 1960), 114쪽.

23) 비날론 연구와 공업화에 대한 더욱 자세한 내용은 다음을 참고. 중공업위원회
제5설계사업소 및 제17건설트레스트, 『비날론공장 건설』(국립건설출판사,
1961) ; 리승기, 『과학자의 수기』(국립출판사, 1962) ; 리승기, 『비날론』(과학
출판사, 1976), 김근배, 「'리승기의 과학'과 북한사회」, 『한국과학사학회지』
20 : 1(한국과학사학회, 1998), 3~25쪽 ; 김태호, 「리승기의 북한에서의 '비날
론' 연구와 공업화 : 식민지시기와의 연속과 단절을 중심으로"(이하 "리승기의
북한에서의 '비날론' 연구와 공업화」)(서울대학교 석사학위논문, 2001).

24) 염화비닐과 관련해서는 다음을 참고. 「과학원 연구성원들에게 주신 수상 동
지의 교시 실천 정형」, 『조선민주주의인민공화국 과학원 통보』(이하 『과학원
통보』) 1959(3) (조선민주주의 인민공화국 과학원 출판사), 41~43쪽 ; 「(내각
결정 제122호) 비날론 및 염화비닐 공장 건설을 촉진시킬 데 관하여
(1958.10.9)」, 『조선중앙년감 1959』, 125~126쪽 ; 「과학원 화학연구소 고분자
화학연구실에 천리마 작업반 칭호 수여 (후보원사 려경구 반장)」, 『과학원 통
보』 1961(2), 61~62쪽 ; 렴태기, 『화학공업사 1』(사회과학출판사, 1994), 189~
193쪽 ; 리종옥, 『영원한 인민의 태양 2』(금성청년출판사, 1998), 98~105쪽.

25) 갈섬유에 대해서는 다음을 참고. 백남운, 「8·15 해방 14주년을 맞이하는 우리
나라 과학의 현 상태와 전망」, 『과학원 통보』 1959(4), 1~5쪽 ; 강영창, 「우리
당 과학정책 관철에서의 성과와 그의 확대강화를 위하여」, 『과학원 통보』
1962(2), 1~10쪽 ; 마형옥, 「〈우리는 갈에서 섬유를 뽑을 수 있다는 것을 의
심하지 않습니다〉」, 181~199 ; 윤명수, 『조선 과학기술 발전사 : 해방후편 1
(해방 후-1970년)』(이하 『조선 과학기술 발전사 1』) (과학백과사전종합출판
사, 1994), 144~147쪽 ; 리종옥, 『영원한 인민의 태양 2』, 90~94쪽.

26) 무연탄 가스화에 대해서는 다음을 참고. 한홍식, 「인민경제의 모든 부문에 무
연탄 가스화를 도입하기 위하여」, 『과학원 통보』 1961(4), 1~3쪽 ; 「원사 리
승기, 주종명, 한홍식 동지들에게 공화국 로력영웅 칭호 수여」, 『과학원 통보』
1961(4), 55~56쪽 ; 한홍식, 「분말 무연탄의 가스화에 대하여」, 『과학원 통보』
1961(5), 7~13쪽 ; 윤명수, 『조선 과학기술 발전사 1』, 206~207쪽.

27) 함철콕스에 대해서는 다음을 참고. 「영예의 첫 인민상 계관인들」, 『과학원 통
보』 1959(5), 61~64쪽. 주종명, 「함철 코크스의 생산과 그의 리용」, 『과학원

의 합성고무[28] 등 과학이론 수준에서도 뛰어난 성과들을 거두었다. 질적 성장을 위해서는 일정 수준에 도달한 과학기술과 이것을 생산활동과 연계시킬 수 있는 환경이 마련되어 있어야 하는데, 이런 사례들만 보더라도 당시 북한의 과학기술 수준이 생산활동의 의미 있는 변화를 이끌어낼 수 있는 정도였음을 알 수 있다. 따라서 당시 북한 경제가 질적 성장에 실패하였다는 주장은 제고될 필요가 있다. 실제로 리승기의 비날론과 려경구의 염화비닐은 1961년까지 연산 2만 톤과 연산 6천 톤 규모의 대형 공장을 설립할 정도로 상당한 수준에서 공업화까지도 진행되었는데 이런 성과들을 도외시한 채 질적 성장 실패란 결론을 성급하게 내릴 수는 없다.

생산활동이 질적으로 성장하려면 기술혁신[29]을 통해야만 가능한 것

통보』 1961(4), 21~22쪽 ; 주종명, 「믿음을 주시고 지혜를 주시며」, 『위대한 사랑의 품속에서 2』(과학백과사전출판사, 1980), 299~312쪽 ; 리종옥, 『영원한 인민의 태양 2』, 168~174쪽.

28) 합성고무에 대해서는 다음을 참고. 리재업, 「제정신을 가져야 한다고 깨우쳐 주시며」, 『수령님과 주체과학 40년』(사회과학출판사, 1988), 53~61쪽 ; 리종옥, 『영원한 인민의 태양 2』, 71~75쪽.

29) 1950년대 말 북한에서 '기술혁신'이란 오늘날 '혁신체제(Innovation System)'에서 쓰이는 기술혁신과 약간 다른 의미로 사용되었다. '기술'이 포괄하는 범위를 넓게 사용하여 이와 사항을 새롭게 바꾸는 모든 행위를 '기술혁신'이라고 불렀다. 즉 새로운 작업방법이나 새로운 설비를 도입하는 것뿐만 아니라 작업공구를 정리하는 방법을 바꾸는 것도 기술혁신이라고 불리었다. 참고로 1980년대 북한에 출간된 사전에서 기술혁신운동의 대상을 크게 세 가지로 분류하였는데 "새로운 기계설비의 창안과 이미 있는 기계설비의 개조"(생산도구)와 "과학기술발전에 기초한 새롭고 보다 앞선 기술공정의 도입과 이미 있는 기술공정의 개선"(기술공정, 생산공정), 그리고 "근로자들의 사상의식수준과 기술문화수준을 올리는 것"(노동자의 기술적 능력)이 그것이다. 「기술혁신운동」, 『경제사전 1』, 363쪽.
이 당시에는 '기술혁신운동'이라는 말과 함께 그냥 '혁신운동'이라는 말도 쓰였는데 이것은 기술혁신운동보다 더 포괄적인 의미였다. 즉 분야나 대상을 특정하지 않고 새롭게 바꿔보려는 운동을 혁신운동이라고 불렀는데 대부분 기술적인 부분과 관련이 많았다. 따라서 이 논문에서는 기술과 관련된 모든 혁신운동을 기술혁신운동이라고 쓰겠다.

이고 기술혁신은 과학기술[30])과 밀접하게 연관된 것인데 기존의 북한경제 연구들은 과학기술 활동을 고려하지 않았기 때문에 이런 결론을 내린 것으로 보인다. 북한 연구에서 과학기술 활동이 고려의 대상에서 빠진 까닭은 북한 과학기술에 대한 연구가 미약하였기 때문이다. 북한 과학기술과 관련된 첫 학위논문은 박원규에 의해 발표되었는데 이는 북한의 과학교육정책을 중심으로 한 것이어서 북한 과학기술에 대해서는 본격적으로 다루지 못하였다.[31]) 북한 과학기술을 중심주제로 한 연구들은 1990년대에 들어오면서 조금씩 발표되기 시작하였지만 이 연구들은 대부분 보고서 형태로 발표된 것으로, 북한 과학기술 전체를 짧게 압축하여 다루려다 보니 그 내용이 피상적인 수준에 머무를 수밖에 없었고 북한의 여러 과학기관을 나열식으로 소개하는 정도에 그쳤다.[32])

---

30) 북한에서는 '과학'과 '기술'을 나름대로 구분해서 사용하였다. '과학'은 "자연과 사회에 대한 지식의 체계이며 지식을 체계화하는 창조적 활동"으로 정의호고 크게 자연과학과 사회과학으로 나누었다. '기술'은 "자연을 개조하고 물질문화적 재부를 창조하는 과정에 이용되는 물질기술적 수단들과 그것을 다루는 방법 및 사람의 기능의 총체"로 정의되었다. 즉 과학은 학술적인 이론연구활동을, 기술은 과학의 생산에 대한 응용활동을 의미하였다. 「과학」, 『철학사전』(사회과학출판사, 1985), 92쪽 ; 「기술」, 『철학사전』, 56쪽.
이 논문에서는 실험실이나 연구실에서 이론적인 수준에서 연구하는 것을 '과학연구활동'이라고 부르고 생산 현장에서 필요한 기술을 지원해주는 것을 '기술지원활동'이라고 부를 것이다. 일반적으로는 과학과 기술이 명확하게 구분되는 것이 아니므로 이럴 경우에는 그냥 '과학기술활동'이라고 할 것이다. 사람에 대해서도 두 활동을 구분하는 것이 의미 있을 때는 '과학자', '기술자'로 구분할 것이고 그렇지 않을 경우에는 그냥 '과학기술자'로 통칭할 것이다.
31) 박원규, 「북한의 교육정책과 과학기술 현황분석」(경희대학교 석사학위논문, 1976).
32) 조순탁, 『남북한 과학기술자 현황파악』(국토통일원, 1972) ; 김철환, 『북한의 과학기술정책 연구』(국토통일원, 1990) ; 정조영, 『북한의 과학기술정책에 관한 연구』(한국과학기술단체총연합회, 1991) ; 한국과학기술단체총연합회, 『북한의 과학기술에 대한 조사연구 보고서』 1990 ; 1991 ; 1992 ; 『북한체제연구』(국가정보대학원, 1999), 529~555쪽 ; 『북한개요 2000』(통일부, 1999), 391~414쪽 ; 박찬모 「분단 55년 역사적 남북 정상회담을 계기로 본 남북 과학기술 협력방안 - 공학」, 『과학과 기술』 8월호(2000), 51~56쪽 ; 이정순, 「분단 55년

과학기술 정책을 중심주제로 한 학위논문은 김태영에 의해 발표되었지
만, 자료 접근의 한계 때문인지 북한 과학기술 활동에 대한 1차 사료를
새롭게 발굴하여 구체적으로 살펴보지 못하고 기존의 논의들을 단순히
종합하는 수준에 머물렀다.[33] 한마디로 북한 과학기술 활동을 구체적
으로 살펴본 연구가 거의 없었던 셈이다.

2000년대 들어 일련의 과학기술사학자들에 의해 북한 과학기술 활
동에 대한 연구가 시도되어 의미 있는 결과가 나타나기 시작하였다.[34]
이들의 연구에 의하면, 북한 지도부는 일찍부터 과학기술의 발전을 위
해 정권 차원에서 적극적인 지원을 아끼지 않았고, 일반적인 예상과 달
리 식민지 전력으로 사상적인 문제가 불거질 수도 있는 과학기술자들

역사적 남북 정상회담을 계기로 본 남북 과학기술 협력방안 - 기초과학」, 『과
학과 기술』 8월호(2000), 48~51쪽.

33) 김태영, 「북한사회주의의 과학기술정책에 관한 일 연구」(고려대학교 석사학
위논문, 1991).

34) 김근배, 「월북 과학기술자와 흥남공업대학의 설립」, 『아세아연구』 98 (1997),
95~130쪽 ; 「리승기의 과학'과 북한사회」, 3~25쪽 ; 「과학과 이데올로기 사
이에서 : 북한 '봉한학설'의 부침」(이하 「봉한학설」), 『한국과학사학회지』
21(2) (1999), 194~220쪽 ; 「김일성종합대학의 창립과 분화 : 과학기술계 학부
를 중심으로」(이하 「김일성종합대학의 창립과 분화」), 『한국과학사학회지』
22(2) (2000), 192~216쪽 ; 「북한 과학기술정책의 변천」, 『과학기술정책』 12(2)
(과학기술정책연구원, 2002), 87~97쪽 ; 「북한의 주체형 과학기술자」, 『과학사
상』 42(범양사, 2002), 89~102쪽 ; 「초기 북한에서 사회주의적 과학기술자의
창출」, 『한국과학사학회지』(2003) ; 강호제, 「북한 과학원과 현지연구사업 :
북한식 과학기술의 형성」(서울대학교 석사학위논문, 2001) ; 「현지연구사업
과 북한식 과학기술의 형성(제1회 현대북한연구 논문현상공모 당선작)」, 『현
대북한연구』 6(1)(경남대학교 북한대학원, 2003), 199~246쪽 ; 김태호, 「리승
기의 북한에서의 '비날론' 연구와 공업화」 ; 신동원, 「1960년대 이후 북한 한
의학의 변천과 성격」, 『한국과학사학회지』 25(1) (2003), 43~67쪽 ; 변학문,
「1950, 1960년대 북한 생물학의 형성과 변화」(서울대학교 석사학위논문,
2004) ; 신동원, 「해방 이후 북한 한의학의 변천, 1945-1960」, 『한국과학사학
회지』 25(2) (2003), 147~175쪽. 과학기술사학자는 아니지만 북한 과학기술
정책과 교류협력에 대해 연구한 결과를 토대로 북한 과학기술 전반을 정리한
이춘근의 책도 북한 과학기술 연구에 있어서 의미 있는 결과물이다. 이춘근,
『북한의 과학기술』(한울아카데미, 2005).

에 대해 그들의 식민지적 특수성을 고려해서 관대하게 처리해 주었다. 과학기술적 재능을 사상성보다 우선 고려하는 '오랜 인테리 정책'[35]으로 인력관리를 한 것은 다른 사회주의국가인 소련과 중국의 경우와는 차이 나는 매우 특이한 경우였다. 이 정책에 의해 자신들의 과학기술적 재능을 적극적으로 발휘할 수 있는 조건을 제공받았던 리승기, 려경구, 김봉한 등 '오랜 과학기술자'들은 1961년에 북한이 비날론 공장과 염화비닐 공장을 자체 기술로 건설할 수 있게 하였고, 동양의학의 정수라고 할 수 있는 경락체계를 현대적 방법으로 새롭게 정립하기도 하였다.

나아가 이들의 과학기술활동은 당시 북한의 정치적 상황과 적극적으로 맞물리면서 새로운 변화를 이끌어내기도 하였다. 리승기의 비날론 공업화 성공은 1960년대 초에 북한 사회에서 '주체'라는 단어가 본격적으로 쓰이게 되는 데 든든한 근거로 작용하였고, 김봉한의 경락체계 발견은 서서히 형태를 잡아가던 '주체사상'이 1960년대 중반에 본격적으로 언급될 수 있는 토대를 마련해 주었다.[36] 주체사상을 수정주의적 편향이라고 본 당시의 비판 의견들을 극복할 수 있도록 해 주었던 것이 바로 당시 과학기술계에서 거둔 구체적인 성과들이었다. 적어도 북한 사회에서 김일성 중심의 유일영도체계, 즉 수령체계가 형성되기 이전까지 과학기술은 북한 사회의 변화를 앞장서서 이끌어가던 핵심 요소였다고 할 수 있다.

이와 같은 연구성과들을 토대로 이 논문에서는 우선 해방 직후부터 1960년대 초까지 북한의 과학기술을 전반적으로 살펴볼 것이다. 특히 자체적으로 생산 가능한 연료와 원료를 활용하여, 자체적으로 보유한 기술을 바탕으로, 자신들의 과학기술인력과 일반 인민대중의 적극적인 참여에 의지하여 과학기술 활동을 펼친다는 '북한식 과학기술'의 특징

---

35) '오랜 인테리 정책'에 대해서는 신언갑, 『주체의 인테리 리론』(과학백과사전출판사, 1986), 128~151쪽 ; 차용현, 사광웅, 『조선로동당 인테리 정책의 빛나는 력사』(사회과학출판사, 2005), 53~140쪽을 참고하라.

36) 김근배, 「리승기의 과학'과 북한사회」, 4~25쪽 ; 「봉한학설」, 194~220쪽.

이 형성되는 과정을 추적하기 위해 정책적 차원에 초점을 맞출 것이다. 북한 과학기술이 이런 특징을 갖게 된 것은 과학기술 활동이 생산현장을 중심으로 전개됨에 따라 생산현장의 상황이 정책에 민감하게 반영된 결과였으므로 생산 현장을 중심으로 하는 과학기술 정책들이 형성되는 과정을 구체적으로 살펴보고, 이런 정책에 따라 추진한 과학기술 활동이 당시 북한 경제에 어떠한 영향을 미쳤는지 생산활동의 구체적인 모습을 통해 추적해 보려고 한다. 결국, 나름의 독특한 특징을 갖게 된 과학기술계의 활동이 당시 북한 경제의 고속 성장에 어떤 영향을 미쳤고 고속 성장의 원동력이 과연 무엇이었는지를 밝히는 것이 이 논문의 첫 번째 목적이다.

그리고 이 논문의 두 번째 목적은 1차 5개년계획 시기 적극적으로 추진되었던 천리마운동과 천리마작업반운동의 구체적인 모습[37]을 살펴보면서 천리마작업반운동이 실질적으로 '집단적 기술혁신운동'이었고 여기에 과학기술자들이 적극적으로 결합하여 실질적인 기술혁신 성과들을 거둘 수 있었음을 보여주는 것이다.[38] 이 논문에서 천리마운동

---

37) 천리마운동, 천리마작업반운동에 대해 자세하게 설명한 북한 문헌으로는 『천리마작업반운동』(직업동맹출판사, 1960) ; 림수웅 편, 『우리나라 사회주의 건설에서의 천리마작업반운동』(조선로동당출판사, 1961) ; 『새 인간 형성과 천리마작업반운동』(조선로동당출판사, 1961) ; 『천리마기수독본』(직업동맹출판사, 1963)(동경 : 재일본조선인교직원동맹, 1964) ; 『천리마작업반운동』(직업동맹출판사, 1964) ; 『천리마운동은 사회주의 건설에서 우리 당의 총로선』(조선로동당출판사, 1965) ; 재일본조선청년동맹중앙상임위 편, 『제2차 전국천리마 작업반운동선구자대회 문헌집』(조선청년사, 1968) ; 『천리마작업반운동의 심화발전을 위하여』(로동자신문사, 1970) ; 『〈천리마의 고향〉 강선 땅에 깃든 불멸의 이야기』(조선청년사, 1970) ; 『위대한 수령 김일성동지께서 창시하신 천리마운동, 천리마작업반운동』(로동자신문사, 1973) ; 『우리 당의 천리마운동』(사회과학출판사, 1975)과 『천리마시대 사람들 1-14』(조선로동당출판사, 1960~1966) ; 『천리마작업반 1-4』(직업동맹출판사, 1960-1963) 시리즈가 있다.
38) 새롭게 바꾼다는 의미의 '혁신'이 '기술'과 결합한 '기술혁신'이란 말은 북한 사회에서 일찍부터 사용되었다. 이를 대중운동의 차원에서 언급한 '기술혁신운동'은 『김일성저작집』에서 1951년에 처음으로 나타난다. 김일성은 기술혁신을 강조하면서 다음과 같이 이야기하였다. "생산 장성의 중요한 예비는 기

과 천리마작업반운동을 구체적인 분석 대상으로 삼은 이유는 두 운동
이 1차 5개년계획 당시 만들어져 집중적으로 시행된 생산활동과 관련
한 핵심적인 정책이었으나, 기존의 북한 경제 연구에서는 대부분 천리
마운동과 천리마작업반운동을 단순한 노력 동원식 대중운동으로만 그
려왔기 때문이다. 북한 경제가 질적 성장에서 실패하였다는 기존의 평
가는 천리마운동과 천리마작업반운동에 대한 평가절하와 직결되어 있
으므로 이를 새롭게 평가하면서 1950년대 말, 1960년대 초 북한 경제가
질적 성장에서도 어느 정도 성공을 거두고 있었음을 보여주려고 한다.
천리마운동과 천리마작업반운동에서 '새벽별 보기 운동'이나 '천 삽 뜨
고 허리 펴기 운동'처럼 억척스런 모습보다 '설비리용률 제고 운동'이
나 '기술, 기능 수준 높이기 운동', '1인 1건 합리화 운동' 등 합리적이
고 효율적으로 작업하려는 시도를 자세히 살펴본다면 북한의 기술혁신
운동이 단순한 구호성 발언에 그친 것이 아니었음을 좀 더 쉽게 들여다
볼 수 있을 것이다.

술을 혁신하는 데 있습니다. 기술을 혁신하면 일을 헐하게 하면서도 로동생산
능률을 높일 수 있습니다. 공장에서 당면하게 걸린 로력문제를 해결하기 위해
서도 그렇고 설비리용률을 높이기 위해서도 그렇고 기술을 혁신하는 것이 절
실한 문제로 제기됩니다. 공장의 모든 로동자, 기술자들은 선진기술을 적극
도입하며 창의고안 및 합리화 운동을 광범히 전개하여야 하겠습니다. 기술혁
신운동은 그 자체가 락후한 기술을 선진기술로 혁신하는 운동인 것만큼 이 운
동에서 성과를 거두려면 소극성과 기술신비주의를 반대하여 투쟁하여야 합니
다. 공장지도일군들은 낡은 기술과 경험을 고집하면서 기술혁신을 저해하는
온갖 그릇된 현상들과 강한 사상투쟁을 전개해야 하며 로동자들 속에서 나오
는 기술혁신안을 적극 조장 발전시켜야 합니다. 또한 로동자들과 기술자들 사
이의 창조적 협조를 강화하여 그들이 서로 돕고 배우면서 생산설비와 생산공
정을 끊임없이 개조해나가도록 하여야 합니다."(밑줄은 인용자) 김일성, 「무기
를 더 많이 생산하여 전선에 보내자(65호공장 일군들과 한 담화, 1951년 2월
17일)」, 『김일성저작집 6』(조선로동당출판사, 1980), 302~310쪽. '집단적 기술
혁신운동'은 기술혁신운동과 북한 특유의 발전전략인 '집단주의'가 결합한 것
이다.

제 2 절   논문의 구성

이 논문은 4개의 장에 걸쳐, 과학기술계를 중심으로 북한에서 기술혁신운동을 준비, 강화한 다음, 본격화, 제도화되는 과정을 전반적으로 살펴볼 것이다. 1945년부터 1956년까지 과학기술계와 생산현장이 기술혁신운동을 준비하는 과정을 제2장에서 정리하고, 1956년부터 1961년까지 기술혁신운동이 강화되고 본격적으로 전개되는 모습을 두 장에 걸쳐 자세하게 살펴볼 것이다. 제3장에서 기술혁신운동을 강화하기 위한 과학기술계의 변화를 먼저 다룬 후, 생산현장에서 기술혁신운동이 전개되는 모습을 제4장에서 상술할 것이다. 1961년 이후 과학기술계와 생산현장에서 기술혁신운동을 제도화하는 과정을 제5장에서 정리하여 보여줄 것이다.

기술혁신운동이 제대로 전개되려면 생산활동의 정상화가 필요함과 동시에 과학기술적 문제를 해결해주는 기술지원 시스템이 갖추어져야 한다. 따라서 제2장에서는 생산현장과 과학기술계를 구분하여 먼저 생산현장이 정상화되던 과정을 정리한 후, 과학기술 인력이 양성되고 과학기술 관련 기관들이 설립되는 과정을 서술하겠다. 특히 북한은 해방 직후부터 과학기술인력 부족으로 어려움을 겪었기 때문에 이 문제가 생산현장에서나 과학기술계 내부에서 어떻게 해결되어 나갔는지 상세히 추적할 것이다.

해방 직후 북한 지역에 남아있던 생산설비들의 상태와 복구 및 정상화 과정에 대해서는 북한 자료가 상당히 남아 있는데, 전현수는 여기에 소련 자료를 추가로 발굴하여 활용할 수 있는 자료의 양을 더욱 풍부하게 만들었다. 특히 그는 소련이 북한 산업 시설들의 실태조사와 복구 및 정상화 과정에 도움을 많이 준 것은 사실이지만 일부 자원과 설비들을 전리품으로 취급하여 본국으로 가져가는 등 피해를 주기도 하였음

을 보여주었다.[39] 소련으로 보낸 유학생의 수와 입학 대학 등에 대해서
는 신효숙이 소련 자료를 발굴하여 소개하였다.[40]

일제 시기 과학기술 인력 양성에 대해 연구한 김근배는 해방 이후
과학기술 인력들의 행적을 추적하다가 월북 과학기술자들의 존재를 확
인하였다.[41] 김일성종합대학이 설립될 당시 '국립서울대학교안'을 둘
러싼 파동(일명 '국대안 파동')으로 배척당한 교수들이 월북하였다는
연구는 여러 학자들에 의해 제법 이루어졌는데 과학기술자들에게 초점
을 맞춘 연구는 김근배에 의해 처음으로 이루어졌다.[42] 그는 월북 과학
기술자들을 월북 시기와 성향에 따라 세 가지로 분류하였으며, 1947년
9월에 개교한 흥남공업대학이 이들을 위해 준비되었고 이들에게 많이
의지하여 운영되었다고 이야기하였다.[43] 월북 과학기술자의 대표적인
인물이면서 이후 북한의 국민적 영웅으로 대접받은 리승기의 행적을
통해 김근배는 남한 과학기술자 월북 유도사업이 전개되는 구체적인
모습과 '오랜 인테리 정책'이 만들어진 배경, 그리고 1950년대 후반 주
체라는 말이 전 사회적으로 널리 쓰이게 되고 나아가 주체사상이 등장

39) 전현수, 「자료소개 : 해방직후 북한사 연구의 몇 가지 문제에 대하여 - 「러시
아 대외정책문서보관소」 소장 북한관계자료의 검토」, 『역사와현실 10』(한국역
사연구회, 1993), 297~313쪽 ; 전현수, 「산업의 국유화와 인민경제의계획화 :
공업을 중심으로」, 『현대북한연구』 2(1)(경남대학교 북한대학원, 1999), 63~
122쪽.
40) 신효숙, 『소련군정기 북한의 교육』 ; 신효숙, 「북한사회의 변화와 고등인력의
양성과 재편(1945~1960)」, 39~84쪽.
41) 김근배, 「일제시기 조선인 과학기술인력의 성장」(서울대학교 박사학위논문,
1996) ; 김근배, 『한국 근현대 과학기술 인력의 출현』(문학과지성사, 2005).
42) 국대안 파동에 대한 자세한 내용은 최혜월, 「미군정기 국대안 반대운동의 성
격」, 『역사비평』 1986년 여름호(역사비평사, 1988), 6~30쪽 ; 김기석, 「김일성
종합대학 창설에 관한 연구」, 『교육이론』 10(1) (1996) ; 김기석, 「해방 후 분단
교육체제의 형성, 1945~1948 : 국립서울대학교와 김일성종합대학의 등장을
중심으로」, 『서울대학교 사대논총』 제53집(1996)을 참고하라. 특히 김기석은
국대안 파동과 관련하여 월북한 교수들의 명단을 자세하게 조사, 정리하였다.
43) 김근배, 「월북 과학기술자와 흥남공업대학의 설립」, 95~130쪽.

할 수 있었던 배경에 비날론 공업화의 성공을 비롯한 과학기술적 성과
가 자리 잡고 있었음을 보여주었다.[44] 그리고 소련의 영향에 의해 자연
과학과 인문사회계통 중심의 종합대학과 공학, 의학, 농학 중심의 분야
별 전문단과대학 체계가 형성되었음을 김일성종합대학의 설립과 분화
를 통해 자세하게 보여주었다.[45]

사회주의 경제체제인 '계획경제'란, '시장'이라는 자율적인 경제조절
기능을 부정하고 그 대신 의식적으로 경제활동을 조절할 수 있는 중앙
집권화된 강력한 국가기구의 기능을 요구하는 것이다. 따라서 사회주
의를 지향한 북한은 일찍부터 중앙집권화된 국가기구를 갖추려고 많은
노력을 기울였다.[46] 과학기술 분야에서도 중앙집권화된 과학기술 연구
기관을 갖추려는 노력을 일찍부터 해왔는데 1947년 2월에 설립된 '북
조선중앙연구소'가 첫 시도였지만 곧 문을 닫고 말았다. 결국, 1952년
12월에 가서야 이런 노력은 결실을 보았는데 그것이 바로 '조선민주주
의인민공화국 과학원(The Academy of Sciences of Democratic People's Repu-
blic of Korea)'(이하 '북한 과학원' 또는 '과학원')이다. 북한의 최고 과
학기술자들로 구성된 북한 과학원은 과학기술 정책 및 연구활동을 전
반적으로 담당하는 기관이므로 북한의 과학기술 정책 및 활동, 나아가
그 수준을 분석하려면 이에 대한 조사가 선행되어야 하지만 아쉽게도
지금까지는 이에 대한 연구가 거의 이루어지지 않았다.[47] 따라서 북한
과학기술계가 갖추어지는 모습을 살핀 제2장에서는 북한 과학원의 설

---

44) 김근배, 「'리승기의 과학'과 북한사회」, 3~25쪽.
45) 김근배, 「김일성종합대학의 창립과 분화」, 192~216쪽.
46) 북한의 『경제사전』은 '계획경제'를 "유일적인 국가계획에 따라 계획적으로,
    균형적으로 발전하는 사회주의 경제"로서 "국가에 의하여 통일적으로 지도되
    는 고도로 조직화되고 중앙집권화된 경제"라고 정의한다. 「계획경제」, 『경제
    사전 1』, 403쪽.
47) 북조선중앙연구소에 대해서는 김근배가 잠시 소개한 적은 있지만 북한 과학
    원과 연결시켜 설명하지는 않았다. 김근배, 「월북 과학기술자와 흥남공업대학
    의 설립」, 115~116쪽.

립과 초기 활동에 대해 자세하게 정리하고 분석할 것이다.

1956년까지 전쟁의 상처를 어느 정도 씻어낸 북한은 1957년부터 사실상 최초의 경제발전계획인 1차 5개년계획을 시작하였다. 1차 5개년계획 기간 전개되었던 기술혁신운동이 생산활동의 질적 성장으로 이어졌음을 보이기 위한 이 논문에서는 이 시기를 두 장에 걸쳐 분석할 것이다. 제3장에서는 먼저 기술혁신운동의 한 축을 담당한 과학기술계가 생산 현장 중심으로 변화하는 과정을 살펴보고, 제4장에서 기술혁신운동이 개별적 차원에서 집단적 차원으로 결국 천리마작업반운동으로 구체화하는 과정을 추적하겠다. 그리고 제3장에서 설명한 과학기술자들의 현장 진출이 천리마작업반운동과 연결되어 기술혁신을 가능하게 하였던 원동력이었음을 제4장에서 정리한 부문별 사례를 통해 확인할 것이다.

1956년 12월에 최종 확정된 1차 5개년계획의 전략에 대해서는 이태섭이 자세하게 분석하였다. 당시 북한은 심각한 자본 축적의 위기를 겪고 있었고 이 때문에 국내외 정치적 위기 상황, 나아가 김일성의 리더십까지 위협받는 상황에 처해 있었다. 거기에 원조를 비롯한 수입까지 줄어들어 경제활동을 위한 투자 재원 마련이 쉽지 않았다. 이 난관을 돌파하려고 김일성을 비롯한 핵심 지도부는 '저투자 – 고성장' 전략을 채택하였다. 투자는 적게 하면서도 성장 속도는 높게 유지하겠다는 저투자 – 고성장 전략을 위한 대책으로, 북한 지도부는 계획에 잡히지 않은 자원(예비)을 최대한 동원하고 자원 낭비를 줄이면서(절약), 생산량을 최대한 늘리는 것(증산)을 제시하였다. 이것이 1956년 12월 전원회의의 결론이었다.[48]

여기서 중요한 것은 증산의 내용이었다. 부족한 자금을 조달하고도 남을 만큼 증산하려면 기존의 경제활동 수준으로는 불가능하므로 경제활동의 수준, 즉 노동생산능률을 최대로 높이는 것이 절대적으로 필요

---

48) 이태섭, 『김일성 리더십 연구』, 45~119쪽.

하였다. 그리고 노동생산능률의 향상은 기술혁신을 수반해야만 하고 기술혁신은 과학기술의 발전이나 지원 없이는 도달 불가능한 것이었다. 따라서 1차 5개년계획이 실행에 옮겨짐에 따라 생산현장에 대한 과학기술 지원이 더욱 필요해졌다. 이러한 상태에서 북한 과학기술계를 전적으로 책임지는 과학원의 활동은 이전과 다른 의미를 갖게 되었다. 이전까지 부차적인 것으로 여겨졌던 과학원의 현장활동은 이제 정권의 사활이 걸린 필수적인 것이 되었다.

북한 과학원이 본래 활동방향을 변경하면서 생산현장 속으로 깊이 진출하기 시작한 것은 1958년 1월에 시작된 '현지연구사업' 도입 이후였다. 따라서 제3장에서는 현지연구사업 도입을 전후해서 북한 과학원이 어떤 변화를 겪었고 그로 말미암아 북한 과학기술 정책이 어떻게 변하였는지를 구체적으로 살펴보겠다. 이전까지 간과했던 북한의 기술혁신운동을 재평가하고자 실질적으로 기술혁신운동의 성공 여부를 결정짓는 데 결정적인 역할을 한 북한 과학기술계를 먼저 자세하게 분석하려는 것이다. 이런 과정을 통해 당시 북한 과학기술계가 조직적인 면이나 정책적인 면에서 일정한 수준에 도달하였고 여러 부문에서 구체적인 성과를 거둘 수 있는 정도였으며 기술혁신운동을 실질적으로 뒷받침하고 있었음을 제3장에서 보여주려고 한다.

1956년 12월부터 시작된 천리마운동은 1차 5개년계획을 추진하고자 시작한 대중운동이므로 그 구체적인 내용도 저투자 - 고성장 전략을 따랐다. 따라서 천리마운동에서 노력동원체제를 구축하는 것도 중요한 일이었지만 기술혁신을 추구하는 것도 아주 큰 비중을 차지하고 있었다. 하지만, 지금까지 천리마운동에서 기술혁신운동을 눈여겨 본 사람은 거의 없었다. 기술혁신운동의 흐름을 인식하지 못한 탓에 1959년 3월부터 시작된 집단적 기술혁신운동의 일종인 천리마작업반운동과 천리마운동을 구분하여 언급한 사람도 거의 없다. 대부분 천리마운동과 천리마작업반운동을 서로 구분하지 않고 그저 1956년 12월 이후 진

행된 노력동원식 사회주의 경쟁운동이라고만 언급하면서 사상 혹은 이
데올로기를 강조한 것이 특징이라고 설명하였다.

천리마운동, 천리마작업반운동을 명확하게 구분하면서 기술혁신운
동의 중요함을 인식한 연구자는 이태섭이 거의 처음이었다. 이태섭은
1차 5개년계획이 채택한 '저투자-고성장' 전략은 기본적으로 기술혁
신을 통한 노동생산능률의 향상을 추구할 수밖에 없었다고 하면서, 심
지어 1957년의 천리마운동, 1958년의 천리마운동, 그리고 1959년의 천
리마작업반운동이 형태와 성격에서 모두 구분된다고 강조하였다. 그는
1957년, 1958년의 천리마운동이 기술혁신을 중심으로 한 것이었던 반
면, 1959년의 천리마작업반운동부터 이데올로기가 우위를 점하기 시작
하였다고 주장한다. 1957년과 1958년 천리마운동의 차이는 집단주의의
적용 여부였다. 즉 개별적 기술혁신 중심의 1957년 천리마운동이 집단
적 기술혁신으로 발전한 것이 1958년 천리마운동이었다는 설명이다.[49]

하지만 이태섭도 기술혁신운동의 실질적인 측면을 살피지 못하고
1959년 천리마작업반운동 이후 강화되기 시작한 이데올로기적 측면을
과도하게 해석하여, 결국 북한의 기술혁신운동은 별다른 성과 없이 끝
났다고 결론 내리고 말았다. 1958년 11월부터 강조되기 시작하고 나서
1959년 천리마작업반운동에 포함된 '공산주의 교양'은 이태섭의 주장
처럼 기술혁신을 통한 경제발전과 별개의 흐름을 만든 것이 아니라 기
술혁신을 위한 동기부여 차원에서 강조되었던 것이다. 그리고 당시 제
기된 창의고안 중에서 실행에 옮겨진 것이 적었다는 점만으로 당시 기
술혁신의 성과가 미약하였다고 내린 결론은 과학기술계의 연구결과가
기술혁신으로 이어진 점을 전혀 고려하지 않은 것이었다. 따라서 이 평
가는 당시 과학기술계의 활동을 자세히 검토하고 나서 재고되어야 한다.

북한의 정치체제를 '수령제'라고 설정하고 수령제가 형성되는 데 이
바지한 사회경제적 조건들을 북한의 산업화 과정을 통해 살펴본 김연

---

49) 이태섭,『김일성 리더십 연구』, 174~213쪽.

철도 천리마작업반운동을 기술혁신운동이라고 설명하였다.[50] 하지만,
그는 기술혁신운동의 실제 모습과 특성에 대해서 관심을 기울이지 않
았고 천리마운동과 천리마작업반운동의 차이에 대해서도 명확하게 인
식하지 못하고 있었다. 공장관리체제의 여러 측면을 살펴본 김연철은
생산 현장에 진출해 있던 '현장 과학기술자'의 존재를 발견하였지만,
이들을 노동자 집단과 대비되는 관료 집단의 일원으로만 파악하여 이
들이 적극적으로 참가한 기술혁신운동을 제대로 분석하지 못하였던 것
이다.

　1950년대 말, 1960년대 초를 산업화 시기라고 규정하면서 산업화에
필요한 노동자를 양성하는 기술교육에 집중하여 당시 교육계의 활동을
자세히 살펴본 조정아는 북한 과학기술 정책의 특징과 비슷한 북한 교
육의 특징을 찾아내었다. 당시 북한은 모든 역량들을 산업 현장으로 집
중하던 시기였으므로, 교육계의 역량도 모두 생산 현장인 공장에 투입
하여 그곳에서 생산활동과 교육활동을 결합시키려고 노력하였다. 그
결과, 북한교육은 '생산현장 중심', '기술교육 강조'와 같은 특징들을
갖게 되었다.[51] 같은 시기의 북한 과학기술 정책이 '현장 중심', 생산현
장에 대한 '기술지원활동 강조'라는 특징을 띤 것과 유사하다. 하지만,
조정아도 생산현장에서 일어난 기술혁신운동이 실패하였다고 결론 내
렸는데, 그 이유는 현장의 모범노동자나 혁신 노동자들의 기술수준이
기술혁신을 달성하기에 너무 낮았다는 것이다. 이도 김연철의 주장과
마찬가지로 생산현장에 진출해 있던 현장 과학기술자의 활동을 전혀
인식하지 못하였기 때문에 내려진 잘못된 평가이다. 노동자 중에서 정
책을 충실히 따르던 열성 노동자, 혁신 노동자가 있었던 것처럼, 과학
기술자 중에서도 정책을 따르던 현장 과학기술자가 있었다. 이들은 생
산협의회, 종합작업반, 실천작업반 등을 통해 서로 협력하였고 다양한

종류의 기술혁신을 실현하였다.

이렇듯 현지연구사업을 도입하고 나서 과학원 지도부를 새롭게 구성하고 현장 중심의 과학기술 정책으로 정비한 과학기술계가 기술혁신운동에 적극적으로 참가함으로써 생산현장에서는 실질적인 기술혁신 성과가 이루어졌다. 이런 기술혁신운동은 생산활동의 질적 성장을 뒷받침하여 1차 5개년계획이 예상을 뛰어넘는 결과를 거두고 결국 1년 앞당겨 마무리될 수 있었던 배경으로 작용하였다. 물론 노력동원체제가 갖추어지면서 생산활동의 양적 성장이 가속되었던 점도 당시 경제성장에서 중요한 부분을 차지하고 있었지만, 기술혁신운동에 의한 생산활동의 질적 성장도 분명 중요한 부분을 차지하고 있었다.

그 결과 북한 지도부는 1961년부터 1차 5개년계획 기간의 경험을 토대로 생산현장은 물론, 과학기술계의 제도를 전반적으로 검토하여 새로운 상황에 맞게 조직을 재정비하기 시작하였다. 제5장에서는 1차 5개년계획 이후 생산현장과 과학기술계의 조직을 재정비하는 과정을 살펴볼 것이다. 당시 생산현장에는 새로운 공장관리체계이자 산업관리체계인 '대안의 사업체계'가 도입되었고 과학기술계는 '분야별 과학원 체계'를 구축하였다. 이런 조직 재정비 과정에서 '현장 과학기술자'의 지위가 더욱 높아졌다는 점과 분야별 과학원 체계 속에서 과학기술계가 중심 역할을 담당하게 되었다는 점을 볼 때, 지난 시기 과학기술계가 결정적인 역할을 담당했던 기술혁신운동이 긍정적인 평가를 받았음을 알 수 있다. 그러므로 제5장에서 다룬 내용은 기술혁신운동을 안정적으로 추진할 수 있는 제도를 마련하는 과정에 대한 이야기이다.

북한의 대표적인 과학도시인 함흥분원(흥남화학공업도시)과 과학원도시(평성과학도시)는 과학원의 두 가지 활동목표를 대변하는데, 전자는 현장 기술지원활동을 강화하기 위한 것이었고 후자는 전문 과학연구활동을 강화하기 위한 대책이었다. 하지만 두 과학도시의 건설계획은 비슷한 시기인 1960년 9월경에 결정되었음에도 불구하고 실제 건설

과정은 판이하게 달랐다. 따라서 제5장의 뒷부분에서는 두 과학도시의 건설과정을 살펴보면서 당시 북한의 기술혁신체제가 어떤 특징을 갖고 있었는지 논의해보겠다.

제 3 절 연구자료

북한 연구에서 사료의 문제는 상당히 심각하다. 우선 사료에 대한 접근이 쉽지 않고 공식적인 출판물 이외에 개인적인 글은 찾아보기 힘들다. 하지만 다행히 일반적으로 알려진 것보다 사료의 양은 상당히 풍부한 편이다. 그리고 기존의 연구자들이 관심을 갖지 않은 분야에는 아직까지 분석되지 않은 사료가 꽤 많이 남아 있다. 과학기술 분야만 하더라도 북한 과학원에서 발간한 『조선민주주의인민공화국 과학원 학보』(이하 『과학원 학보』)와 『조선민주주의인민공화국 과학원 통보』(이하 『과학원 통보』)와 같은 과학원에서 발간한 저널이나 개별 과학연구소에서 발간한 저널인 『화학과 화학공업』(화학연구소), 『기술과학』(공학연구소), 『수학과 물리』(물리수학연구소) 등은 아직 많이 활용되지 않은 사료들이다.[52)]

이 논문은 기술혁신운동이 전개되면서 북한 과학기술계가 현장 중심의 과학기술정책을 수립하는 과정을 살펴보는 것을 목표로 하고 있으므로 과학원에서 출판한 사료들을 많이 활용하였다. 이는 북한 연구에서 가용 사료의 범위를 확장하는 데 일정부분 기여할 수 있을 것이다. 한국에서 가장 많은 북한 문헌을 확보하고 있는 통일부 자료센터에는 1950년대 과학원 출판 사료가 마이크로필름 상태로 보관되어 있지만 아쉽게도 『과학원 학보』와 『과학원 통보』 일부만 보관되어 있다.[53)] 일

---

52) 북한 과학원 관련 기관에서 1950년대에 발행한 저널은 다음과 같다. 『조선민주주의인민공화국 과학원의 연혁 (1953-1957)』(이하 『과학원의 연혁』)(과학원 출판사, 1957), 90쪽 ; 『과학원 통보』 1957(1), 13, 93쪽 ; 『조선중앙년감 1956』, 131쪽.

본 조선대 도서관에는 1950년대 과학원 출판 사료 대부분이 원본 그대로 보관되어 있어서 이를 적극 활용하였으며, 빠진 부분은 독일 베를린 국립도서관에 소장되어있는 자료를 참고하였다. 또한 과학기술 관련 논문이나 구체적인 자료는 북한 과학기술 관련 저널을 인터넷으로 전송해주는 코리아콘텐츠랩의 '북한학술지 통합데이터베이스'[54]와 한국 과학기술정보연구원의 '북한과학기술네트워크'[55]를 주로 활용하였다.

천리마작업반운동의 구체적인 모습을 살펴보기 위해서는 천리마작업반운동에 참가한 사람들의 수기를 모은 시리즈 『천리마시대 사람들』이 유용하였다. 그리고 천리마작업반운동을 담당했던 직업동맹에서 출판한 시리즈 『천리마작업반』에는 천리마작업반운동에 참가한 사람들의 수기와 함께 다른 곳에서 찾지 못했던 초기 '천리마작업반 칭호 수여에 관한 규정'을 발견할 수 있어 상당히 유용하였다. 또한 『천리마작업반운동』 중에서 1960년에 발간된 것은 '제1차 전국 천리마작업반운동 선구자대회'에 대한 보고서였기 때문에 이 초기 천리마작업반운동

발행 시기	저 널 명	발행 기관
1955년 이전	『조선민주인민공화국 과학원 학보』 『력사과학』 『과학과 기술』	조선민주인민공화국 과학원 역사연구소 자연 및 기술과학 부문위원회
1956년	『조선 어문』 『경제연구』, 『법학연구』 『과학과 생활』	조선언어문학연구소 경제법학연구소 (대중 잡지)
1957년 이후	『조선민주인민공화국 과학원 통보』 『화학과 화학공업』 『기술과학』 『수학과 물리』 『문화유산』	조선민주인민공화국 과학원 화학연구소 공학연구소 물리수학연구소 고고학 및 민속학 연구소

53) 이 마이크로필름은 미국 국립문서기록보관청(The National Archives and Record Administration)에 보관되어 있는 사료 중 일부를 촬영한 것이다. NARA에 소장된 자료는 전북대학교 과학학과 김근배 교수의 도움을 받아 직접 활용할 수 있었다.

54) http://kpjournal.com

55) http://www.nktech.net

의 모습과 이를 추진하는 북한 지도부의 의도를 직접적으로 확인할 수 있었다. 이 자료들은 일부를 제외하고 국내에서 구할 수 없어 일본 조선대 도서관에 보관되어 있는 자료들을 참고하였다.

북한 연구에서 또 하나의 큰 걸림돌은 사료의 종류가 다양하지 못하다는 것과 함께 사료의 신빙성의 문제라고 할 수 있다. 하지만 사료의 신빙성 문제는 사료분석의 방법이나 사료를 대하는 연구자의 시각을 엄격히 함으로써 어느 정도 해결할 수 있다. 다행히 북한 사료의 경우 사료의 특성이나 분석 방법에 대한 연구가 나름대로 많이 진행되었다. 기본적인 자료부터 철저하게 상호 검증하면서 사료를 활용한 연구들이 많아지고 있는 것이다.56) 이런 연구자들의 이야기에 따르면, 우선 1940~1960년대 사료의 경우 이후의 사료보다 진실을 의도적으로 가리려는 경향이 더 적었다고 한다. 1967년 이후 수령체계가 도입된 이후 정치적 다양성이 사라졌고 그 이후에는 수령과 당의 무오류성이 강조되면서 잘못된 점이나 부족한 점을 은폐하려는 경향이 높아졌지만 그 이전에는 정치적 다양성이 계속 작동하고 있었기 때문에 상대적으로 다양한 의견들이 공식 간행물에서도 자유롭게 등장하였다는 의견이 지배적이다.57)

그리고 다른 연구자는 일부 김일성의 발언들이 조금씩 바뀌는 개찬 (改竄)의 경우에도 나름의 이유가 있었다고 이야기한다. 김일성의 발언들이 개찬된 것을 정당화해서는 안 되지만, 전부가 개찬된 것도 아니므로 일부 개찬된 점들 때문에 북한 현실의 '내재적 논리'를 추적하는 데 빠뜨릴 수 없는 자료를 모두 무시해서는 안 된다는 지적이다. 더욱이 개찬되는 과정 자체도 당시의 시대적 상황을 반영한 것이므로 그 자체

---

56) 위에서 언급한 최근의 연구 성과들은 대부분 사료들을 철저히 검증하면서 활용하였는데 그중 서동만과 김광운, 이태섭의 연구는 사료검증과 활용의 엄밀함을 한층 높인 것이라 할 수 있다.

57) 북한 자료의 현실은폐성에 대해서는 김연철, 「북한의 산업화 과정과 공장관리의 정치」, 46~48쪽을 참고.

를 분석의 대상으로 삼아야 한다는 주장도 나온다. 개찬의 과정을 잘 살펴보면 개찬이 나름대로 합당한 이유를 가지고 이루어진 것이므로 이를 통해 개찬 당시의 상황을 역추적할 수 있기 때문이다.[58]

　적어도 이 논문에서 주로 활용하고 있는 사료인『과학원 통보』의 경우는 위에서 이야기한 사료의 특징을 그대로 보여주고 있다. 1956년 과학원 지도부를 새롭게 구성하면서『과학원 학보』에서『과학원 통보』로 이름을 바꾼 이후『과학원 통보』의 내용은 완전히 달라졌다. 학술논문을 위주로 과학원 관련 행사소개만 실리던『과학원 학보』와 달리,『과학원 통보』에는 일종의 머리글에 해당하는 '제언'이라는 글에서 당시 북한 과학기술 정책에 대한 제안, 비판, 오류 지적, 평가 등의 내용이 비교적 솔직하게 표출되었다. 과학원 활동이 본격적으로 시작되던 당시 상황에 맞추어 과학원의 구체적인 활동방향을 모색하고 전체 과학원 구성원들의 결집력을 높이기 위한 변화였다. 또한 북한 과학기술 정책과 역사에 대해 정리한 글과 각종 회의 결과를 정리한 글도 자주 실렸기 때문에 이런 글들을 통해 당시 북한 과학기술계의 구체적인 활동과 논의를 자세히 살펴볼 수 있다.『과학원 통보』의 이런 구성방식은 1960년대 초까지 이어졌는데 1960년대 중반부터는 다시 제언 등의 글은 줄어들고 학술논문의 양이 많아졌다. 따라서 1960년대 초까지 북한 과학기술계의 활동상은『과학원 통보』를 적극 활용하면 상당히 생생하게 들여다 볼 수가 있다.

---

58) 서동만,『북조선사회주의 체제성립사 1945~1961』, 31쪽.

제 2 장   기술혁신을 위한 토대 구축

기술혁신을 제대로 추진하기 위해서는 실제 생산활동이 전개되는 생산현장이 정상적으로 운영되어야 함은 물론, 생산활동에 대한 과학기술적 지원을 담당하는 과학기술계가 제 형태를 갖추어야만 한다. 하지만 일제 식민지 지배에서 갓 벗어난 북한은 무엇 하나 제대로 갖추어진 것이 거의 없었다. 생산현장의 경우, 남한 지역에 비해 상대적으로 많았던 공업시설들은 기계 부문 등이 빠진 불완전한 것이었고 그것을 운영할 경험이나 지식을 갖고 있는 사람마저 턱없이 부족한 상황이었다. 과학기술계의 경우, 전문 과학연구를 수행할 수 있는 고급 과학기술자가 손에 꼽을 정도로 적었고 과학기술 관련 기관도 거의 없는 상태였다. 이에 북한 지도부는 최대한 빨리 생산현장을 정상화함과 동시에 과학기술자를 최대한 확보하려고 노력하였으며, 또한 조직적이고 체계적인 과학기술 활동을 보장하기 위해 과학기술 관련 기관을 서둘러 설립해나갔다.

해방 직후부터 전후복구 시기까지 북한의 생산현장이 정상화되는 과정을 먼저 살펴본 후, 과학기술자를 양성하고 과학기술 관련 기관을 세우는 등 과학기술계의 모습이 갖추어지는 모습을 살펴보자.

제1절 생산현장의 정상화

1. 해방 직후와 정부 수립 초기 : 1945~1950

1945년 8월 15일 일본이 연합군에게 항복을 선언하면서 조선 사람들
은 갑자기 찾아온 해방을 맞았다. 비록 자력에 의한 해방은 아니었지만
조선 사람들은 지역별로 자발적인 조직을 만들어 일제로부터 권력을
안정적으로 이양받으면서 자치체제를 만들기 위한 노력에 곧바로 착수
하였다. 초기 지역별 자치조직들은 '건국준비위원회', '집행위원회',
'자치위원회' 등 다양한 이름으로 설립되었지만 차차 '인민위원회'라는
이름으로 통일되어 갔다. 북한 지역에 진주한 소련군은 이러한 북한 사
람들의 자체조직을 인정하였고 해방된 지 불과 두 달 만인 1945년 10월
8일에 '5도 인민위원회 연합회의'가 열려 면, 군, 시, 도로 이어지는 피
라미드식 인민위원회 조직이 완비되었다. 그리고 북한 지역에 수립된
최초의 중앙 행정조직인 '북조선 5도 행정국'[1]이 1945년 11월 19일에
만들어졌다.[2] 이는 1946년 2월 8일 성립된 '북조선임시인민위원회'[3]와
1947년 2월 22일에 성립된 '북조선인민위원회'[4]로 이어지면서 1948년

---

1) 북조선5도행정국은 10국으로 구성되었다. 사법국(조송파), 재정국(리봉수), 교
육국(장종식), 농림국(리순근), 보안국(최용건), 산업국(정준택), 교통국(한희
진), 보건국(윤기녕), 상업국(한동찬), 체신국(조영렬), 류길재, 「북한의 국가건
설과 인민위원회의 역할, 1945~1947」, 118쪽.

2) 서동만, 『북조선 사회주의체제 성립사』, 57~82쪽.

3) 북조선임시인민위원회는 10국, 3부로 구성되었다. 위원장(김일성), 부위원장
(김두봉), 서기장(강양욱), 사법국(최용달), 재정국(리봉수), 교육국(장종식), 농
림국(리순근), 보안국(최용건), 산업국(리문환), 교통국(한희진), 보건국(윤기
녕), 상업국(한동찬), 체신국(조영렬), 선전부(오기섭), 기획부(정진태), 총무부
(리주연), 류길재, 「북한의 국가건설과 인민위원회의 역할, 1945~1947」, 196~
197쪽.

9월 9일 '조선민주주의인민공화국'[5])이 정식으로 세워질 때까지 북한 지역을 실질적으로 다스리는 중앙정부조직의 역할을 수행하였다.

각 지역별로 인민위원회가 조직되면서 동시에 각 기업소나 공장에서도 조선인 종업원들에 의해 자치조직이 설립되어 일본인으로부터 생산시설을 안전하게 이전받기 위해 노력하였다. 이들 조직은 '자치위원회', '운영위원회', '관리위원회', '경영위원회' 등 여러 이름으로 불렸지만 이후 '공장위원회'로 통일되었다.[6] 연합군에게 항복하고 조선으로부터 철수하던 일본 사람들은 생산시설을 정상적인 상태에서 넘겨주기를 꺼려하여 설비들을 파괴하거나 각종 문서와 기술 자료들을 없애버리기도 하였다. 이로 인해 64개의 탄광과 광산들이 침수되었고 178개의 탄광과 광산들이 부분적 침수 또는 파괴되었고, 청진제철소(김책제철소)의 2개 기업소와 수풍발전소의 2개 기업소가 완전히 파괴되었으며, 47개의 기업소들의 일부 직장 및 설비들이 파괴, 소각되었다고 한다.[7] 그리고 대부분의 공장이나 기업소에 설치된 설비 및 시설들은

4) 북조선인민위원회는 12국, 4부로 구성되었다. 위원장(김일성), 부위원장(김책, 홍기주), 사무장(한병옥), 기획국(정준택), 산업국(리문환), 내무국(박일우), 외무국(리강국), 농림국(리순근), 재정국(리봉수), 교통국(한희진), 체신국(주황섭), 상업국(장시우), 보건국(리동영), 교육국(한설야), 노동국(오기섭), 사법국(최용달), 인민검열국(최창익), 총무부(김정주), 간부부(장종식), 양정부(송봉욱), 선전부(허정숙). 김광운, 『북한 정치사 연구 1』, 428쪽. 이후 도시경영국(리병제), 민족보위국(김책)이 신설되었고 선전부가 선전국으로 승격되었다. 서동만, 『북조선 사회주의체제 성립사』, 191쪽.

5) 조선민주주의인민공화국 초대 내각은 다음과 같이 구성되었다. 수상(김일성), 부수상(박헌영, 홍명희, 김책), 국가계획위원회(정준택), 민족보위성(최용건), 국가검열성(김원봉), 내무성(박일우), 외무성(박헌영), 산업성(김책), 농림성(박문규), 상업성(장시우), 교통성(주영하), 재정성(최창익), 교육성(백남운), 체신성(김정주), 사법성(리승엽), 문화선전성(허정숙), 노동성(허성택), 보건성(리병남), 도시경영성(리용). 김광운, 『북한 정치사 연구 1』, 671쪽 ; 서동만, 『북조선 사회주의체제 성립사』, 226쪽.

6) 서동만, 『북조선 사회주의체제 성립사』, 111~114쪽.

7) 김정일, 「우리나라 공업의 발전」, 『우리나라의 인민경제발전(1948-1958)』(국립 출판사, 1958), 105쪽.

매우 낡았을 뿐만 아니라 보수를 제대로 안하고 무리해서 사용하여 마모율이 50~60%에 이르렀다고 한다.[8] 따라서 공장위원회는 단순히 일본인으로부터 생산시설을 넘겨받는 일만 한 것이 아니라 생산시설을 안전하게 보호하는 치안업무까지 함께 담당해야 했다.

해방 당시 북한 지역에는 중화학공업 계통이 많이 발달해 있었는데, 이는 연합군 최고사령부에서 발간한『1945년 8월 현재 일본인 해외자산』이라는 책에서 해방 당시 남북한 지역에 남겨진 일본의 자산분포 상황을 정리한 〈표 2-1〉에 잘 나타나있다.

〈표 2-1〉을 보면, 해방 당시 북한 지역에는 일제 자산이 29.7억 달러

〈표 2-1〉 일제의 해외 자산 중 남북한별 분포 상황(1945년 8월)

	북 한	남 한
일제의 해외 자산 중 지역별 분포	56.6%($29.7억)	43.4%($22.8억)
상위 1500사의 분포	64.8%	35.2%
그 아래 3800개의 소 회사	20%	80%
기타 기업자산	25%	75%
(1,500개 회사 중에서) 광공업 부문	72%	28%
광업	61.6%	38.4%
공업	73.4%	26.6%
중화학공업부문	83.1%	16.9%
제철업	92.5%	7.5%
경금속공업	94.4%	5.6%
기계기구공업	17.1%	82.9%
화학공업	88.4%	11.6%
가스전기업	83.1%	16.9%
경공업부문	23.2%	76.8%

자료 : SCAP(Civil Property Custodian, External Assets Division, General Headquarter), *Japanese External Assets as of August 1945*, (1948. 9.30). (허수열, 『개발없는 개발 : 일제하 조선경제 개발의 현상과 본질』(은행나무, 2005), 314쪽에서 재인용).

8) 전현수, 「산업의 국유화와 인민경제의계획화 : 공업을 중심으로」, 63~122쪽.

나 분포되어 있었는데 이는 일제의 전체 해외 자산 중 13.6%에 해당하는 양이었다.[9] 북한 지역의 자산들은 대부분 중화학공업 계통의 자산이었으므로 이러한 생산시설들을 안정적으로 접수하는 일을 수행한 공장위원회는 이후 북한 경제를 위해 매우 중요한 역할을 수행하였다고 볼 수 있다. 공장위원회에서 일본의 생산시설을 이전받아 정상화시키는 정도에 따라 해방 직후 북한 경제의 공업화 정도가 결정되었다고 할수 있었기 때문이다. 특히 북한 지역에는 상위 1500개의 회사 중 64.8%가 분포하고 있었던 반면 그 아래 3800개의 회사는 남한 지역에 80%가 분포하고 있었다는 사실을 보면, 규모가 큰 공장을 중심으로 활동한 공장위원회의 역할은 실질적으로 북한 경제의 정상화와 직결되어 있었다고 볼 수 있다.

⟨표 2-1⟩을 보면, 당시 남한 지역에도 22.8억 달러의 자산이 분포되어 있었는데 북한 지역과 달리 대부분 경공업 계통의 자산이었다. 특히 경공업은 남한 지역에 76.8%나 분포하고 있었기 때문에 북한 지역에는 상대적으로 경공업 관련 생산시설이 별로 없었던 셈이다. 중화학공업 부문 중에서도 제철, 경금속, 화학공업, 전기, 가스 관련 설비는 거의 대부분 북한 지역에 분포해있었지만, 기계기구 공업만은 예외적으로 남한 지역에 대부분 분포하고 있었다.

이처럼 남북한 지역에 분포해있던 각종 생산 시설들은 한쪽 지역에 치우쳐 있었기 때문에 한쪽 지역의 생산 시설들만으로는 온전한 경제구조를 갖추기 힘들었다. 또한 북한 지역에 모여 있던 중화학공업 부문도 기계기구 공업의 뒷받침이 부족하여 자체적으로 정상화되기 매우 어려웠다. 따라서 전쟁이 일어나지 않았다고 하더라도 북한이 독자적인 경제활동을 유지할 수 있게 될 때까지 소련을 비롯한 사회주의국가들의 원조는 북한경제에서 매우 중요하였을 것이다.

---

9) 허수열, 『개발없는 개발 : 일제하 조선경제 개발의 현상과 본질』(이하 『개발 없는 개발』)(은행나무, 2005), 314쪽.

  특히 소련의 원조는 경제 정상화에 필요한 각종 물자들과 설비를 공
급해주는 수준에서 그치지 않고 과학기술자들을 직접 파견해주기는 데
까지 미쳤다. 북한의 경제 정상화를 위해 파견된 과학기술자들은 생산
설비들의 실태를 조사하거나 복구하는 데 도움을 주었고 그 운영방법
을 구체적으로 가르쳐주기도 하였다. 해방 직후 높은 과학기술 지식을
지닌 과학자는 고사하고 낮은 수준의 기술만이라도 알고 있는 사람이
절대적으로 부족하였던 북한에서, 소련으로부터 파견된 과학기술자들
은 생산현장의 정상화에 있어 매우 중요한 역할을 담당하였다.[10]

  같은 맥락에서, 식민지 지배를 했던 일본인 과학기술자들도 정상화
에 협조할 의사만 있으면 다른 사람들보다 우대받으면서 고용되었다.
1946년 8월 북조선임시인민위원회는 부족한 기술자 문제를 해결하기
위해 '기술자 확보에 관한 결정서'를 채택하면서, 과학기술적 재능을

---

10) 소련은 해방 직후 흥남비료공장 정상화를 위해 자동차 50여 대를 무상으로
제공했을 뿐만 아니라 국내에서 구할 수 없었던 '스텡강, 전선, 로라, 베아링
그, 백금망' 등을 비행기로 직접 공수해주기도 하였다. 또한 그레고레브(소련
장교, 소련에서 류산 생산 부문에서 20년간 종사한 고급 기사), 꼬왈(합성직장
설비 보수, 개조. 암모니아 생산 관련), 마나꼬브(암모니아 합성 기술자. 질소
분리기 문제, 가스당크 관리 방법. 합성직장 안전 조작법 제정), 규슈꼬브(접촉
류산 직장에서 배소로 화입 방법의 선진적인 방법을 가르쳐줌. 아류산 가스
산화 촉매 사용 방법 개선) 등도 파견하여 공장의 정상화를 위해 적극 협력하
였다. 리국순, 「흥남비료공장 로동자들이 걸어 온 승리의 길」(과학원 력사연
구소 근세 및 최근세사 연구실), 『력사논문집 4 : 사회주의 건설 편』(과학원출
판사, 1960), 195~196쪽. 또한 해방 직후 북한의 산업 실태를 조사하고 복구,
정상화 계획을 수립하기 위해 1945년 말까지 총 138명의 전문가 그룹을 파견
하였다. 이후 실제 복구사업을 돕기 위해 177명의 공업기사들도 파견되었다.
전현수, 「산업의 국유화와 인민경제의 계획화 : 공업을 중심으로」, 63~122쪽.
하지만 소련이 북한을 도와주기만 한 것은 아니다. 해방 이후 북한 지역에
진주한 소련군은 북한의 생산시설들을 전리품으로 확보하고 본국으로 가져간
것도 많았다. 소련군은 1946년 5월 1일까지 자신들의 직접적인 통제하에 있던
공장에서 2050만 엔에 달하는 6753톤의 전리품과 1410만 엔에 달하는 1782톤
의 신제품을 아무런 보상없이 반출해갔다. 전현수, 「자료소개 : 해방직후 북한
사 연구의 몇 가지 문제에 대하여-「러시아 대외정책문서보관소」 소장 북한
관계자료의 검토」, 297~313쪽.

지닌 사람이라면 일본인이라도 가리지 말고 심지어 식민지 부역 경력도 문제 삼지 말라고 명시하였다.[11] 1946년 말, '북조선임시인민위원회 기획국'에 의하면 당시 조선에 있던 일본인 기술자는 500명가량이 아직 남아있었고 이 중에서 대략 70%인 350명가량이 잔류할 것이라고 추정되었다.[12] 반면, 1964년에 발간된 『朝鮮終戰の記錄』에는 모두 868명이라고 기록되어 있다.[13] 조사기관마다 수치가 약간씩 다르지만 귀국하지 않고 남아서 북한에 협력한 사람이 꽤 많았음을 알 수 있다.

해방 직후 과학기술자들이 절대적으로 부족했던 것은 일제시기 산업인력구성에서 민족적 편향이 컸기 때문이다. 일제는 다양한 방법으로 조선 사람들이 고급 교육을 받기 힘들게 하였다.[14] 예를 들어, 조선에는 고등교육을 담당할 대학이 거의 없었고 일본과 조선의 교육체제가 달라 일본으로 유학가려는 조선인들은 자신의 학력을 제대로 인정받지 못하였다. 대신 조선인에 대한 교육체제는 대부분 조기 직업교육에 초점을 맞추고 있었다. 일제는 조선인을 체계적인 교육을 통해 고급 기술자로 키우기보다 노동력을 제공할 수 있는 단순 노동자로 키우려던 것이다. 실제로 생산현장에서 기술이 필요한 일에는 대부분 일본인을 고용하였고 조선인에게는 단순 작업만 맡겼다. 그 결과, 금속·화학공업 부문에서 조선인 기술자 수는 10%를 약간 초과할 뿐이었고, 약 25%에 달했던 기계공업 부문의 조선인 기술자들도 대부분 낮은 수준의 기술

---

11) 「기술자확보에 관한 결정서(1946년 8월 17일, 북조선임시인민위원회 결정 62호)」, 「기술자확보에 관한 결정서 시행에 관한 건(1946년 8월 17일, 북조선임시인민위원회 산업국 지령)」, 정경모, 최달곤 편, 『북한법령집 4』(재단법인 대륙연구소, 1990), 232~233쪽.

12) 북조선임시인민위원회 기획국, 「북조선 인민경제의 발전에 대한 예정수짜」, 『북한경제 통계자료집 : 1946~1948』(한림대 아시아문화연구소, 1994), 150~151쪽.

13) 森田芳夫, 『朝鮮終戰の記錄』(東京, 嚴南堂書店, 1964), 742, 779, 808쪽.

14) 김근배, 「일제시기 조선인 과학기술인력의 성장」(서울대학교 박사학위논문, 1996).

자였다.[15]

해방 직후 대학을 졸업한 조선인 과학기술자는 남북한 통틀어 400여 명밖에 되지 않았고 그중에서 북한 내에 있었던 사람은 10여 명 정도에 불과하였다.[16] 게다가 당시 북한 지역에 있던 기술자와 기능공의 수는 출처마다 다르지만 대략 500여 명, 3,000여 명 정도밖에 되지 않았으며 그것도 대다수가 중등학교 이하 출신의 하급인력이었다.[17] 김광운에 따르면, 1946년 8월 10일 산업 국유화 조치가 북조선임시인민위원회 명의의 '산업, 교통운수, 체신, 은행 등의 국유화에 대한 법령'으로 발표되었고, 이로 인해 전체 90% 이상의 공장, 기업소가 1946년 10월까지 접수되었는데 그 당시 생산현장에서 일하고 있던 기사의 수는 1501명이었다고 한다.[18]

1946년 당시 과학기술자 인원수에 대한 자료는 '북조선임시인민위원회 기획국'에서 1947년도 경제계획을 수립하기 위해 1946년 말에 발간한 '북조선 인민경제의 발전에 대한 예정수짜'에 자세하게 나온다. 그중에서 '국영산업기업장 기술자' 관련 수치를 정리한 것이 〈표 2-2〉이다.[19]

〈표 2-2〉에 따르면, 1946년 당시 재적하고 있던 '고급기술자'는 671명, '중등기술자'는 594명이었다. 여기서 고급기술자는 전문대학 정도의 학력을 가진 기술자를, 중등기술자는 직업학교 정도의 학력을 가진 기술자를 가리키는 말인 듯하다.[20] 이 자료는 국영 산업 관련 기업소에

15) 허수열, 『개발없는 개발』, 251~263쪽.
16) 김근배, 『한국 근현대 과학기술 인력의 출현』(문학과지성사, 2005), 510쪽 ; 「리승기」, 7쪽.
17) 『북한 경제 통계집』, 114~115쪽.
18) 김광운, 『북한 정치사 연구 1』, 315쪽.
19) 북조선임시인민위원회 기획국, 「북조선 인민경제의 발전에 대한 예정수짜」(1946년 말에 발간), 『북한경제 통계자료집 : 1946-1948』, 150~151쪽.
20) 자료에서 고급기술자와 중등기술자를 엄격한 정의에 의해 구분하지 않았다. 구분이 정확하게 조사되지 않았을 때 대략 3 : 7의 비율로 수치를 추정하고

<표 2-2> 1946년 가을, 부문별 기술자 현황(1946년 말 조사)

	고급기술자		중등기술자	
	1946년 재적	1947년 소요	1946년 재적	1947년 소요
채광	65	83	29	57
채탄	51	94	-	185
선광	19	29	-	55
야금	62	109	81	108
기계	153	304	153	408
조선	7	10	11	11
섬유	2	20	3	30
화학	124	283	164	390
요업	6	9	11	11
전기	118	235	64	259
토목	27	34	34	38
건축	37	42	44	47
합계	671	1252	594	1599

자료 : 북조선임시인민위원회 기획국, "북조선 인민경제의 발전에 대한 예정수짜"
(1946년 말 발간), 『북한경제 통계자료집 : 1946~1948』(한림대 아시아문화
연구소, 1994), 150~151쪽.

근무하던 기술자들을 조사한 것이므로 실제 북한 지역 전체의 기술자 수는 이보다 약간 더 많았을 것이지만 위에서 이야기했듯이 일제시기 북한 지역 생산시설들은 대부분 대형 공장 위주였고 이들은 대부분 1946년 8월부터 국유화되었으므로 이 자료에 나오는 수치는 전체 기술자 수와 큰 차이는 없었을 것이다. 다만 이 수치는 1946년 말이 아니라 그 이전 상황을 반영한 것이라 추정된다. 당시에는 아직 행정체계가 긴밀하게 조직되지 못하였으므로 전국 단위의 조사 자료가 수집되는 데 적어도 몇 달의 시간이 소요되었을 것이다. 그러므로 1946년 말에 발간한 자료에 당시 상황을 반영한 수치가 반영된다는 것은 불가능하다.

1946년 말 당시의 과학기술자에 대한 또 다른 수치는 1947년 말에

있다. 북조선임시인민위원회 기획국,「북조선 인민경제의 발전에 대한 예정수짜」(1946년 말 발간), 『북한경제 통계자료집 : 1946~1948』, 150~151쪽.

'북조선인민위원회 기획국'에서 발간한 '1946년도 북조선인민경제통계집'에서 구할 수 있다. 이 자료집 내용 중에 '북조선직업동맹조직인원'이라는 표가 있는데 여기서 '기술자'와 '기능자'의 수가 분야별로 구분되어 제시되었다. 여기서 '기술자'란 "기술기관(전문학교 이상)을 마친 이론적 지도에 가능한 자"를 말하고, '기능자'란 "학술적 이론이 없지만 실시(實施)적으로 초보자 지도에 가능한 자"를 말한다. 〈표 2-3〉은 분야별 기술자와 기능자 수를 정리한 것이다.21)

〈표 2-3〉에 의하면, 1946년 12월 말 당시 '기술자'는 9048명, '기능자'는 7만 8175명이었다. 하지만 이들이 모두 과학기술자로 분류될 수 있는 사람은 아니었다. 보건 분야 사람들도 포함되어 있었고 단순히 교원, 사무원, 일반으로 분류된 사람들도 포함되어 있었기 때문이다. 이 자료는 위에서 이야기한 기술자와 기능자를 구분한 기준으로 보건대,

〈표 2-3〉 1946년 12월 말, 부문별 기술자와 기능자 현황

(1947년 말 조사)

	기술자	기능자		기술자	기능자
광산	337	7,677	보건	460	861
금속	434	9,873	식료	221	984
출판	81	1,409	교원	1,756	1,747
섬유	145	1,231	교통	86	3,428
목재	122	5,933	사무원	1,149	1,511
전기	505	2,877	어업	109	2,437
토건	371	7,431	일반	148	3,316
통신	378	1,099	평철국	972	4,373
화학	581	13,144	함철국	1,193	8,844
			합계	9,048	78,175

자료 : 북조선인민위원회 기획국, 「1946년도 북조선인민경제통계집」(1947년 12월 발간), 『북한경제 통계자료집 : 1946~1948』(한림대 아시아문화연구소, 1994), 70~71쪽.

21) 북조선인민위원회 기획국, 「1946년도 북조선인민경제통계집」(1947년 12월 발간), 『북한경제 통계자료집 : 1946-1948』, 7071쪽.

분야별로 핵심 인력들을 학력에 따라 분류해 놓은 것이라고 볼 수 있
다. 따라서 여기 나오는 인원수를 당시 과학기술자 수로 볼 수는 없다.
당시 실제 과학기술자의 수는 이보다 적었을 것이다. 〈표 2-2〉와 분류
항목이 달라 직접적인 변화를 추적할 수는 없지만 비슷한 항목을 비교
해보고 전체 규모를 비교해보면 1946년 하반기에 확보된 과학기술자
수가 훨씬 늘어났음을 알 수 있다.

이처럼 1946년 말의 각 부문별 기술자, 기능자 인원수에 대해 좀 더
자세하게 파악될 수 있었던 것은, 1946년 8월 17일 '기술자확보에 관한
결정서', '기술자확보에 관한 결정서 시행에 관한 건'을 채택한 이후 과
학기술자들을 최대한 조사, 파악하기 시작했기 때문이다.[22] 이렇게 확
보된 과학기술자들을 실력에 따라 구분하기 위해 북조선임시인민위원
회는 1946년 10월 2일 '공업기술자 사정 及 검정규정에 관한 건'을 채
택하여 시행하였다. 이 결정에 의해 과학기술자들은 '기사(技師)'와 '기
수(技手)'로 구분되었는데, 기사는 다시 고급기사와 기사로 세분되었고
기수는 기수1급, 기수2급, 기수3급으로 세분되었다. 이러한 구분은 모
두 공과대학이나 공과전문대학을 졸업한 후 실무에 종사한 기간을 기
준으로 삼았다.[23] 1946년 말이면 공업기술자 사정 및 검정사업이 시행
된 이후였지만 이와 관련한 자료가 완전히 정리되지 않았는지 아직은
'기수-기사'의 구분보다 '기술자-기능자'의 구분으로 자료가 제시되었다.

1947년 말에는 이전보다 훨씬 많은 과학기술자들이 확보되었다.
1947년 당시 과학기술자에 대해서는 '조선인민위원회 기획국'에서
1948년도 경제계획을 위해 1947년에 발간한 '북조선인민경제 부흥발

---

22) 「기술자확보에 관한 결정서(1946년 8월 17일, 북조선임시인민위원회 결정 62
호)」, 「기술자확보에 관한 결정서 시행에 관한 건(1946년 8월 17일, 북조선임
시인민위원회 산업국 지령)」, 정경모, 최달곤 편, 『북한법령집 4』(재단법인 대
륙연구소, 1990), 232~233쪽.
23) 「공업기술자 사정 及 검정규정에 관한 건(1946년 10월 2일, 북조선임시인민위
원회 결정 89호)」, 정경모, 최달곤 편, 『북한법령집 4』, 234~235쪽.

전에 관한 대책'에 자세히 나온다. 이 자료에는 과학기술자를 기술자-기능자로 구분한 것과 기사-기수로 구분한 수치가 함께 제시되었다. 〈표 2-4〉는 1947년 말 당시, 기술자와 기능자에 대한 자세한 부문별 분포 자료이고, 〈표 2-5〉는 당시, 기사와 기수에 대한 자세한 부문별 분포 자료이다. 여기서 '기능자'란 기사나 기수는 아니지만 생산활동과

〈표 2-4〉 1947년 말, 부문별 기술자와 기능자 현황

	기술자	기능자
공업부문	1,776	38,474
전기처	450	3,963
연료처	250	5,065
유색금속처 광산	172	9,107
제련	36	1,476
흑색금속처	258	5,388
화학공업처	437	9,327
건재공업처	79	2,036
경공업처	94	2,112
전매처	13	-
국영지방산업	84	560
운수부문	1,859	11,866
철도	1,785	8,103
통운	74	3,763
농림부문	382	1,790
수산	86	156
목재	296	1,634
시설부문	777	1,478
토목시설	586	-
도시경영	191	1,478
통신부문	230	2,172
합계	5,121	56,340

자료 : 북조선인민위원회 기획국, 「북조선인민경제 부흥발전에 관한 대책(1948 년도)」, 『북한경제 통계자료집 : 1946~ 1948』(한림대 아시아문화연구소, 1994), 229쪽.

〈표 2-5〉 1947년 말, 부문별 기사와 기수 현황

	1947년 재적		1948년 소요	
	기사	기수	기사	기수
공업부문	176	1,123	384	1,859
채탄	11	39	50	144
채광	25	44	38	43
선광	3	2	12	20
제조치금	1	5	3	11
제련치금	5	51	19	77
기계	47	290	81	403
선반	1	4	2	14
섬유	7	23	15	38
화학	33	117	75	257
요업	-	3	1	10
전기기계	5	111	13	155
약전	5	17	5	30
강전	22	305	38	467
토목	5	49	15	117
건축	4	32	14	65
기타	2	31	3	8
농림부문		2,280		4,842
농사		548		1,650
축산		362		740
양잠		181		650
농업토목		712		800
임업		356		552
수산		121		450
운수부문				
철도	55	1,031	198	1,581
기계	37	366	123	762
전기	11	257	42	314
토목	5	341	28	392
건축	2	67	5	113
통운	-	5	6	67
항해	-	-	4	16
잠수	-	5	2	20
통신부문		147		369
약전		145		365
건축		2		4
합계	231	4,586	588	8,718

자료 : 북조선인민위원회 기획국, 「북조선인민경제 부흥발전에 관한 대책(1948년도)」, 『북한경제 통계자료집 : 1946~1948』(한림대 아시아문화연구소, 1994), 233쪽.

관련된 기술을 갖고 있는 노동자들을 말한 듯하고, '기술자'란 기사와 기수를 합친 수를 말하는 듯하다. 하지만 분류 항목이 달라서인지 두 자료의 수치가 약간씩 차이가 난다. 또한 농림부문과 통신부문은 기사와 기수가 구분되지 않은 채 둘을 합친 수만 제시되었는데, 이는 부문별로 기술자 사정 및 검정사업 진척속도가 달랐기 때문인 듯하다.

이에 따르면, 당시 기술자는 5,161명이었고 기능자는 5만 6,340명이었다. 1946년 가을에 비해 대략 5배가량 늘어났음을 알 수 있다. 또한 기사는 231명, 기수는 4,586명이었다.[24]

부족한 과학기술인력을 확보하기 위해 기존의 과학기술자들을 조사, 확보하는 방법 이외에도 교육을 통해 직접 과학기술자를 길러내는 방법 또한 적극 활용되었다. 해방 직후부터 생산현장에서는 공장위원회의 지도에 따라 기존의 기술자들을 중심으로 각종 기술학습회, 기술전습회, 기술강좌 등이 조직되어 새로운 기술인력을 양성하기 시작하였다. 또한 중등공업학교, 중등전문학교, 기술전문학교 및 각종 양성소 등이 만들어져 1947년에는 1,201명이 졸업하게 되었다.[25]

1948년에 이르면 기술인력을 양성하기 위한 각종 교육체계가 나름대로 자리를 잡게 되어 '단기강습', '직장기술학교', '고급기술양성소'로 구분되어 3만 3,052명이 배우고 있었고 3만 455명이 졸업하게 되었다. 이로써 1947년에 6만여 명 정도였던 기술인력이 1949년에 이르면서 약 10만여 명으로 늘어날 수 있었다. 아래 〈표 2-6〉은 1948년에 각종 교육체계 속에서 양성되고 있던 부문별 기술인력 현황과 졸업예정자 수를 정리한 것이다. 이 표에서 '단기강습'이란 대부분 생산현장에

---

24) 북조선임시인민위원회 기획국,「북조선인민경제 부흥발전에 관한 대책 (1948년도)」,『북한경제 통계자료집 : 1946~1948』, 229~236쪽. 농림부문과 통신부문에서는 기사와 기수의 구분 없이 둘의 합으로만 수치가 제시되어 이를 기수로 분류하여 합계를 계산하였다.

25) 북조선임시인민위원회 기획국,「북조선 인민경제의 발전에 대한 예정수짜 (1947)」,『북한경제 통계자료집 : 1946-1948』, 150~151쪽.

〈표 2-6〉 1948년 부문별 기술자 양성 현황

부문별	기술별	단기강습		고급기술양성소		직장기술학교		합계	
		양성	졸업	양성	졸업	양성	졸업	양성	졸업
공업부문		23,843	23,843	1,275	1,275	3,795	1,558	28,913	26,676
	연탄	848	848	46	46	90	90	984	984
	채광	2,669	2,669	120	120	1464	212	4,253	3,001
	선광	705	705	45	45	-	-	750	750
	제조치금	750	750	60	60	60	0	870	810
	제련치금	1,100	1,100	85	85	284	0	1,469	1,185
	기계	4,462	4,462	160	160	550	330	5,172	4,952
	조선	155	155	20	20	-	-	175	175
	섬유	4,504	4,504	200	200	340	150	5,044	4,854
	화학	3,023	3,023	182	182	328	203	3,533	3,408
	요업	280	280	63	63	42	42	385	385
	전기기계	1,443	1443	160	160	349	263	1,952	1,866
	약전	654	654	-	-	20	20	674	674
	강전	2,124	2,124	134	134	219	199	2,477	2,457
	토목	372	372	-	-	24	24	396	396
	건축	347	347	-	-	25	25	372	372
	전구 및 硝子	80	80	-	-	-	-	80	80
	압연운전	80	80	-	-	-	-	80	80
	특수고무	147	147	-	-	-	-	147	147
	제혁	100	100	-	-	-	-	100	100
농촌부문		1,210	1,210	500	500	270	270	1,980	1,980
	농사	300	300	150	150	-	-	450	450
	축산	540	540	90	90	-	-	630	630
	양잠	100	100	50	50	-	-	150	150
	농업토목	-	-	60	60	-	-	60	60
	임업	120	120	150	150	270	270	540	540
	수산	150	150	-	-	-	-	150	150
운수부문									
철도		1,025	985	120	-	200	-	1,345	985
	기계	800	766	80	-	100	-	980	766
	전기	140	134	20	-	50	-	210	134
	토목	85	85	20	-	50	-	155	85

〈표 2-6〉 계속

부문별	기술별	단기강습		고급기술양성소		직장기술학교		합 계	
		양성	졸업	양성	졸업	양성	졸업	양성	졸업
통운		300	300	-	-	-	-	300	300
	기계	200	200	-	-	-	-	200	200
	조선	50	50	-	-	-	-	50	50
	항해	50	50	-	-	-	-	50	50
통신부문		414	414	100	100	-	-	514	514
	약전	414	414	100	100	-	-	514	514
합계		26,792	26,752	1,995	1,875	4,265	1,828	33,052	30,455

자료 : 북조선인민위원회 기획국, 「북조선인민경제 부흥발전에 관한 대책(1948년도)」, 『북
　　한경제 통계자료집 : 1946~1948』(한림대 아시아문화연구소, 1994), 235~236쪽.

설치된 것으로 노동자들에게 직무에 필요한 간단한 기술을 가르쳐 주
는 방법으로 가장 널리 활용된 것이었다. '고급기술양성소'란 기존의
기술자들에게 좀 더 수준 높은 기술을 가르쳐 수준을 한 단계 더 끌어
올리기 위한 것으로 교육 대상자가 상대적으로 적었다. '직장기술학교'
는 일을 하면서도 정규학교교육을 받을 수 있게 생산현장 옆에 설치한
것으로 교육기한이 2년으로 길기도 했을 뿐만 아니라 늦게 설치되어
졸업생 배출이 그만큼 늦었다.[26]

이에 따르면 기계와 관련된 기술인력이 집중적으로 육성되었음을 알
수 있다. 이는 북한의 공업부문 중에서 기계부분만 비정상적으로 취약
했기 때문에 공업부문의 전반적인 균형을 맞추어 식민지적 편향성을
극복하기 위함이었다. 공업 부문에서 가장 기본적인 기술이라고 할 수
있는 기계분야가 취약했기 때문에 최대한 빨리 공업국가로 발돋움하고
싶었던 북한 지도부는 계속해서 기계부문을 강화하기 위해 노력하였
다. 이는 1950년대 후반까지 계속되어 천리마작업반운동 당시 '공작기

26) 북조선인민위원회 기획국, 「북조선인민경제 부흥발전에 관한 대책(1948년도)」,
　　『북한경제 통계자료집 : 1946~1948』, 235~236쪽.

계새끼치기운동'이라는 부문별 운동이 또 하나의 큰 흐름으로 전개되는 배경으로 작용하였다.[27]

1947년 4월부터는 일하면서 기술을 배울 수 있는 교육체제가 더욱 정비되어 '직장기술학교' 뿐만 아니라 좀 더 수준 높은 기술교육을 담당했던 '직장기술전문학교'도 설립되기 시작하였다. 1949년까지 '직장기술전문학교'는 17개가 설립되었고 3,600여 명이 교육받았으며, '직장기술학교'는 131개가 설립되었고 대략 1만 2,600여 명이 교육받았다.[28] 고등 과학기술교육은 1946년에 설립된 '김일성종합대학'과 1947년에 설립된 '흥남공업대학' 및 김일성대학 공학계열이 1948년에 분리되어 설립된 '평양공업대학'에서 이루어졌다. 생산현장에서 이탈할 수 없던 사람들은 1948년부터 흥남공업대학과 평양공업대학에 설치된 '야간학부'의 '산업간부학부'에서 고등 과학기술교육을 받을 수 있었다.[29]

한편, 해방 직후 조선 사람들은 인민위원회와 같은 지역별 조직과 공장위원회라는 생산단위별 조직을 꾸림과 동시에 산업부문별 노동자 조직도 꾸리기 시작하였다. 그 결과 불과 석 달 만인 1945년 11월까지 14개의 산별(産別) 직업동맹이 조직되었고 이들의 통일된 조직체인 '조선노동조합 전국평의회 북부조선총국'의 결성대회가 1945년 11월 30일에 개최되기에 이르렀다. 1946년 5월 25일에 '북조선직업총동맹'으로 이름을 바꾼 '조선노동조합 전국평의회 북부조선총국'은 북한 지역에 있는 기술자, 사무원 등을 포함한 모든 노동자들의 대표단체였다.[30] 부족한 인력이나마 효율적으로 활용하면서 독립의 기틀을 최대한 빨리 만들기 위한 이러한 노력은 북한 지역에 주둔한 소련군의 인정을 받으면서 계

---

27) 자세한 것은 '제4장 제2절 4. 2)기계공업부문'을 참고.

28) 『조선중앙년감 1950』, 349~350쪽 ; 김창호, 『조선교육사 3』(사회과학출판사, 1990), 208쪽.

29) 김창호, 『조선교육사 3』, 209쪽 ; 리국순, 「흥남비료공장 로동자들이 걸어 온 승리의 길」, 188쪽.

30) 김광운, 『북한 정치사 연구 1』, 209~214쪽.

속 이어질 수 있었다.

1946년에는 세부적인 과학기술자 조직들이 결성되기 시작하였다. 4월 14일에 '북조선공업기술련맹(위원장 리종옥)'이 조직된 것을 시작으로, 4월 25일 '북조선보건련맹(위원장 최응석)', 10월 19일 '북조선약학기술동맹', 11월 30일 '북조선농업기술련맹'이 연이어 만들어졌다. 이러한 세부적인 과학기술자 조직들의 결성 움직임은 8월 17일부터 시행된 '기술자 확보에 관한 건'에 의해 더욱 탄력을 받아, 10월 17일에는 북한 지역에서 최초로 '과학자, 기술자 대회'가 열릴 수 있었고 뒤이어 '북조선중앙연구소(소장 신건희)'가 1947년 2월 7일에 설립될 수 있었다. 위에서 살펴본 대로, 1947년에는 과학기술자의 수가 1946년에 비해 5배가량 증가하는 등 기술자를 포함한 노동자들의 조직화가 두드러지게 진행되어 이들의 대표단체인 '북조선직업총동맹'은 1947년 12월 20일에 2차 대회를 개최할 수 있었다.

해방 직후부터 개별 생산현장 수준에서 자체적으로 진행되던 생산 정상화 활동은 1947년에 접어들면서 전국적인 계획 아래 조직적으로 전개되기 시작하였다. '북조선임시인민위원회'를 '북조선인민위원회'로 전환하기 위한 '북조선 도, 시, 군 인민위원회 대회(1947.2.17~20)'에서 '1947년도 북조선인민경제 부흥발전에 관한 예정숫자'가 채택된 것이었다. 북한에서 시행된 첫 경제계획이었다. 그동안 '토지개혁법령', '노동법령', '남녀평등권법령', '산업국유화법령' 등을 통해 제도를 정비하였고 '북조선직업총동맹'을 통해 노동자들을 조직화했으며 과학기술자들도 어느 정도 확보하여 '북조선중앙연구소'도 꾸리는 등 어느 정도 경제활동을 위한 기본 토대가 갖추어졌다는 판단에서 계획경제를 도입하기 시작한 것이었다. 더욱이 일찍부터 생산현장을 정비하여 정상조업을 준비한 결과, 국영기업소의 79%에 해당하는 822개의 생산현장이 1947년 1월 1일부터 조업을 개시할 수 있는 수준에 도달했기 때문에 본격적으로 경제활동을 전개할 수 있다고 북한 지도부는 판단한 것

같다.[31]

조업을 개시했다고 하더라도 아직 완전히 정상화된 것이 아니었으므로 1947년 1개년 경제계획의 가장 우선된 목표는 생산현장의 복구 및 정상화였다.[32] 또한 1946년 말 북조선직업총동맹 평양시련맹 산하 각 공장의 출근율이 62%밖에 안 되는 등 노동규율이 제대로 안 지켜지고 있었기 때문에 당시 생산활동의 목표는 노동규율 확립을 통해 정규 근무시간이라도 정확하게 지켜지도록 만드는 것이었다. 당시 계획에서 노동의 '질적 지표'가 '로동생산능률'에 관한 것 단 하나만 제시되었을 정도로 생산현장 전반의 정상화 이외에 다른 활동을 수행할 여력이 없었다. 상반기에는 전반적으로 실적이 저조하였지만 하반기부터는 실적이 크게 향상되어 공업 총생산액은 계획의 102.5%로 목표치를 겨우 달성할 수 있었다.[33]

1948년 2월 6일 북조선인민회의 제4차 회의에서 1947년도 계획 수행 결과를 평가한 후 '1948년도 인민경제발전계획'을 채택하였다.[34] 아직 장기적인 경제계획을 수립할 능력이 없었기 때문에 다시 1년 단위의 경제계획을 채택하였던 것이다. 그래도 이 당시에는 생산현장이 전반적으로 정상궤도에 올랐기 때문에 1947년 계획보다 공업생산 목표치를 41% 높여 잡았음에도 불구하고 102.9%로 초과달성하여, 결국 공업 총생산액은 1947년에 비해 148%, 1946년에 비해 251%로 늘어났다. 또한 이 기간 동안 평양화학공장, 강서전기공장, 평양기계제작소, 부령발전소, 청진제강소의 60톤 규모의 노(盧) 4기가 복구, 신설되는 등 복구, 정상화 작업은 계속되었다.[35]

31) 국유화된 기업소는 1,034개였다. 김정일, 「우리나라 공업의 발전」, 107쪽.
32) 과학원경제법학연구소, 『해방 후 우리나라의 인민 경제 발전』(과학원출판사, 1960), 46~49쪽.
33) 『북한 경제 통계집』, 1쪽.
34) 김정일, 「우리나라 공업의 발전」, 109쪽.
35) 과학원경제법학연구소, 『해방 후 우리나라의 인민 경제 발전』, 49~50쪽 ; 김

이 당시 흥남비료공장에서는 앞으로 북한 경제활동에서 중요한 특징을 나타내는 움직임이 새롭게 전개되었다. 예정된 계획과제를 기한을 앞당겨 끝내자는 '증산경쟁운동'이 처음으로 시작되었고 생산활동과 관련된 다양한 사람들이 기업경영에 참가할 수 있는 기본적인 통로인 '생산협의회'가 처음으로 도입되었던 것이다. 이렇게 시작된 '증산경쟁운동'은 1947년 12월에 2차 대회까지 치른 직업총동맹의 조직을 타고 널리 전개되었고 결국 554개 직장의 14만 832명이 참가할 정도로 커졌다.36) 집단적 기업경영의 기본 형태 중 하나인 '생산협의회'는 1949년 11월 19일 '산업부문, 경제 및 직맹 열성자대회' 이후 전면적으로 도입된 '지배인유일관리제'로 인해 한동안 제대로 운영되지 않다가 1956년 12월 천리마운동이 시작된 이후 다시 주목받기 시작하였다. 1958년 5월에 이르러 생산협의회 운영규칙은 대폭 손질되어 일반 노동자와 기술자들까지 다양한 사람들이 참가할 수 있게 되었고 그 관리는 공장당위원회가 맡았다.37)

'지배인유일관리제'란 소련의 'Единоначалие(Edinonachalie)'를 번역한 것으로 '단독책임제'라고도 번역되었는데 생산현장의 모든 권한을 지배인에게 집중시키는 제도였다.38) 이로 인해 생산활동에 대한 지배인의 통제권이 대폭 강화되어 노동규율이 제대로 잡히지 않아 골치였던 생산현장의 여러 문제들이 많이 해결되었다. 또한 이 제도는 동원(mobilization)적 성격이 강해서 전쟁과 같은 특수한 상황에서 유용성이

정일, 「우리나라 공업의 발전」, 109~110쪽.

36) 김정일, 「우리나라 공업의 발전」, 109~110쪽.

37) 김덕호, 「우리나라에서 집단적 혁신운동의 발생 발전」, 100쪽.

38) 지배인유일관리제 시행과 관련해서는 김광운, 『북한 정치사 연구 1』, 302~326쪽 ; 김연철, 「북한의 산업화 과정과 공장관리의 정치」, 151~193쪽 ; 윤여령, 「북한의 공업관리체계에 관한 연구」(서울대학교 석사학위논문, 1994), 15~29쪽 ; 박정진, 「북한의 '생산정치(Politics of Production)'와 노동자 조직의 성격 변화에 관한 연구」(동국대학교 석사학위논문, 1997), 33~71쪽을 참고.

더욱 두드러졌다. 그러나 이 제도의 가장 큰 단점인 당의 역할 축소로 인한 부작용이 점차 커질 가능성이 농후하였다. 결국 기술자들의 역할을 높이고 당위원회를 강화시킨 '대안의 사업체계'라는 새로운 공장관리체계가 도입되면서 '지배인유일관리제'는 10여 년의 역사를 끝으로 북한 사회에서 사라졌다.

1949년 1월 28일에 열린 최고인민회의 제2차 회의에서 1948년도 계획을 마무리한 북한은 처음으로 1년 단위를 넘어 2년 단위의 경제계획을 수립하였다.[39) 지난 2년 동안 수행했던 두 차례의 1개년계획 기간 동안에 기본적인 복구, 정비사업을 마무리 지었기 때문에 이 시기에는 생산 시설의 신설, 확장에 중심을 두었다. 그 결과 〈표 2-7〉에서 보는 바와 같이 해방 직후 26%로 뚝 떨어졌던 공업생산액이 이 시기에 들어와 해방 직전 수준을 완전히 회복하였다.

겨우 해방 전 수준을 넘어서게 된 북한 경제는 1950년 6월부터 시작된 전쟁으로 인해 다시 한 번 큰 타격을 받았다. 3년이 걸린 전쟁으로 인해 다시 전쟁 직전의 수준으로 회복하는 데 3년이라는 시간이 걸렸다.

〈표 2-7〉 해방 직후 공업 및 농업 생산액의 변화 (1944=100)

	1946	1947	1948	1949	1950(계획)
대규모 공업 총생산액	26.0	49.5	67.5	95.5	133.2
곡물	-	-	129.6	129.8	139.8
면화	-	-	107.5	238.5	-

자료 : 리준오, 「우리나라 인민경제계획화의 발전」, 『우리나라의 인민경제발전(1948~1958)』(국립 출판사, 1958), 74쪽.

39) 북한 학자들은 비록 2년밖에 안 되는 짧은 기간에 대한 경제계획이었지만 단순히 1년 단위의 계획만 작성하는 것이 아니라 장기적인 '전망 계획'이라는 상위 계획을 세울 수 있게 되었음에 큰 의미를 부여하면서 이를 두고 계획경제 수준이 한 단계 향상하였다고 해석하였다. 과학원경제법학연구소, 『해방 후 우리나라의 인민 경제 발전』, 51~53쪽 ; 리준오, 「우리나라 인민경제계획화의 발전」, 『우리나라의 인민경제발전(1948~1958)』(국립 출판사, 1958), 78~79쪽.

2. 전쟁 시기와 전후복구사업 시기 : 1950~1956

1950년 6월에 발발한 전쟁은 남북 모두에게 많은 상처를 남겼다. 특히 전선이 38선 주변에서 고착화되면서 휴전협정이 시작된 1951년 7월까지 전선이 한반도 전 영역으로 옮겨 다녔기 때문에 생산시설의 피해는 극심하였다.[40] 북한의 경우 특히 공업시설의 피해가 컸는데 1951년의 국영 및 협동단체 공업 총생산액은 1949년에 비해 46.6%밖에 되지 않았다. 그중에서도 연료공업은 8.7%, 야금공업은 8.4%, 화학공업은 7.7%로 감소하여 중공업의 피해가 더욱 컸다.[41] 북한 지도부가 휴전협정을 시작하면서 곧바로 전쟁 피해복구 사업을 추진하였음에도 불구하고 정전협정이 체결된 1953년의 국민소득은 전쟁 전에 비해 공업은 58.3%, 농업은 76%로 줄어들었다. 노동인력도 대폭 줄어들었는데 1949년에 비해 1952년의 전체 노동자 수는 74.2%로 줄었다. 그중에서 공업부문의 노동자는 60%로 줄었고 건설부문 노동자는 45%까지 줄었다고 한다.[42]

북한 지도부는 휴전협상이 길어짐에 따라 전쟁이 채 끝나지 않은 상태에서 전후복구사업에 대한 준비를 시작하였는데 이때 가장 신경 쓴 부분은 기술인력의 확보였다. 해방 직후에도 기술인력의 부족으로 인해 생산 시설들을 복구하고 정상화하는 데 어려움을 겪었기 때문에 최대한 기술인력을 보호하기 위해 많은 노력을 기울였던 것이다. 전방에 배치되어 있던 기술인력을 대학이나 원래 근무했던 곳으로 재배치하였

---

40) 박명림, 「서론 : 해방, 분단, 한국전쟁의 총체적 인식」, 『해방 전후사의 인식 6』(한길사, 1989), 56~74쪽 ; 구체적으로는 8,700여 개의 공장과 총면적 280여 만㎡에 해당하는 60만 호의 집, 5,000여 개의 학교, 1,000여 개의 병원 및 진료소, 260개소의 극장과 영화관, 670여 개의 과학연구기관 및 도서관이 파괴되었다고 한다. 조정아, 「산업화 시기 북한의 노동교육」, 25쪽.
41) 과학원경제법학연구소, 『해방 후 우리나라의 인민 경제 발전』, 83쪽.
42) 과학원경제법학연구소, 『해방 후 우리나라의 인민 경제 발전』, 98쪽.

고, 실습생·대학생·연구생을 소련이나 중국 등 사회주의 나라들로 파견하기도 하였다.

정전협정이 체결되고 전후복구사업이 본격적으로 전개되기 이전까지 공업부문에서는 대부분 중요한 설비들을 폭격으로부터 안전한 곳으로 옮겨 보호하면서 겨우 생산활동을 재개하는 수준이었지만, 기계공업만은 1951년부터 집중적인 지원을 받으면서 복구되었다. 이는 기계공업이 군수품 생산에서 핵심적인 부분을 차지하는 것이기 때문이기도 했지만 식민지적 편향으로 인해 이 부분이 가장 취약했기 때문이었다. 실제로, 1951년부터 희천공작기계공장, 희천정밀기계공장 등의 건설이 착수되었고 뒤이어 구성광산기계공장, 덕천자동차부속품공장 등이 건설되기 시작하였다. 이런 공장들은 대부분 소련 등 사회주의 국가들에게서 지원을 받으면서 최신식으로 건설되었다. 그 결과, 1953년 정전협정이 체결될 때 희천정밀기계공장을 비롯한 17개의 기계공장과 4개의 전기공장, 3개의 조선소들이 조업을 개시할 수 있게 되었다. 1953년 기계제작 및 금속가공공업의 생산액은 1949년에 비해 124%로 늘어났다.[43]

1953년 7월 27일 정전협정이 정식으로 체결된 다음, 앞으로 추진될 전후복구사업의 기본노선이 1953년 8월 5일에 개최된 당중앙위원회 제6차 전원회의에서 확정되었다. 이 회의에서는 '중공업을 우선적으로 발전시키며, 농업과 경공업을 동시 발전시킨다'는 북한의 경제발전노선이 채택되면서 이를 바탕으로 전후복구사업의 방향이 구체적으로 결정되었다. 그리고 1956년까지 전후복구사업을 본격적으로 전개한 후 1957년부터는 공업화를 위한 1차 5개년계획(1957~1960)을 정식으로 전개하기로 결정되었다.[44]

43) 과학원경제법학연구소, 『해방 후 우리나라의 인민 경제 발전』, 84쪽.
44) 전석담, 「조선로동당의 령도 하에 전후 사회주의 건설에서 조선인민이 달성한 성과와 그 의의」, 과학원 력사연구소 근세 및 최근세사 연구실, 『력사논문집 4 : 사회주의 건설 편』(과학원출판사, 1960), 12~18쪽.

해방 직후 복구사업과 전후 복구사업이 달랐던 핵심적인 요소 중 하나가 해외 원조의 급증이었다. 해방 직후에는 다른 사회주의 나라들도 자국의 전쟁 피해를 복구하는 데 바빴기 때문에 소련을 제외하고 북한에게 원조를 제공해주는 나라가 거의 없었지만, 전후복구사업 당시에는 소련뿐만 아니라 중국, 동독 등이 북한에게 지원을 많이 해 주었다. 이 외에도 체코슬로바키아, 헝가리, 루마니아, 불가리아, 알바니아 등 여러 사회주의국가들이 북한의 전후복구사업을 지원해 주었다. 1954년 예산수입 총액에서 해외원조가 차지하는 비율은 무려 34%나 되었고 1955년과 1956년에는 약간 감소하였지만 그래도 21.7%, 16.5%라는 높은 비율을 차지하였다.[45] 아래 〈표 2-8〉은 전후복구사업 당시 사회주의나라들의 원조 규모와 그 내역을 정리한 것이다.

북한의 핵심 생산시설이나 중공업화에 근간이 되는 시설들은 대부분 소련이나 동독의 지원에 의해 복구되거나 신설되었다. 중국의 경우에는 아직 공업화가 덜 진척되어 각종 원료, 연료 등을 주로 제공해 주었다. 이 시기에 신설된 공장 이외에도 이처럼 해외 원조를 바탕으로 복구사업을 진행한 생산현장의 경우, 생산설비와 생산기술적 측면에서 이전보다 훨씬 발전한 상태가 될 수 있었다. 이는 이후 1차 5개년계획을 수행하면서 기술 발전을 통한 생산력의 발전이 가능할 수 있었던 토대로 작용하였다. 기술혁신에서 결정적인 역할을 수행했던 고급 과학기술자들을 생산현장으로 불러 모으는 유인으로 작용했던 것이다. 과학기술자들이 생산현장 속으로 진출했던 이유가 단순히 기술지원활동만을 위한 것이 아니라 생산현장의 우수한 시설들을 할 수 있는 장점도 있었기 때문이다.

이런 물질적인 지원 이외에도 소련, 동독, 동유럽 국가들은 북한으로 과학기술자들을 파견하여 전후복구사업을 도와주기도 하였고 북한으로부터 유학생, 실습생을 받아들여 전문 인력으로 양성해 주기도 하였

45) 과학원경제법학연구소, 『해방 후 우리나라의 인민 경제 발전』, 123쪽.

〈표 2-8〉 전후복구사업 당시 사회주의나라들의 원조 규모 및 내역

국가	원조 규모	원조 내역
소련	10억 루블	· 김책제철소, 성진제강소, 흥남비료공장(10만 톤/년), 남포제련소, 승호리세멘트공장, 수풍발전소(70만kVA), 평양방직공장 등 복구. · 견방직 공장, 육류가공공장, 어류통조림공장, 염색 및 표백공장, 뜨락또르 수리공장, 가구공장, 합판공장 신설. · 농기계(뜨락또르, 파종기, 수확기 등 1200여대) 및 부품 제공. · 건재, 비료, 종축, 자동차 및 부품 등 제공. · 학교 및 병원(적십자병원) 시설품 제공. 중앙방송국 개국.
중국	8조 원 (구화폐) (12억 8천만 루블)	· 양곡(29만 9천t), 면포(7천5백만m), 면화(1만 7천여t), 석탄(145만t), 생고무(수천t), 엽연초(수천t) 등 제공. · 신의주법랑철기공장, 평양고우공장, 평양일용품종합공장 등 신설. · 객차, 화차, 기관차 제공. 16개의 교량(조중 국경철교, 대동강 철교 및 인도교, 청천강 철교, 대령강 철교 등), 3개소의 대 기관구, 4개의 터널 복구 확장. 72.7km 철도 부설. · 종합청사, 학교, 영화관, 병원, 다층주택, 도로 등을 비롯한 건설공사에 기술적, 로력적 방조.
동독	2억 1110 만 루블	· 일반 상품으로 제공. · 디젤 원동기 공장 건설, 인쇄콤비나트 건설, 황해제철소 복구 건설 등. · 함흥시 복구. · 각종 공작기계, 전기기계, 인쇄기계, 광학기계, 객차 제공 및 기술적 방조.
체코슬로 바키아		· 각종 공작기계, 건설 기자재, 운수수단 제공 · 자동차수리공장, 장진강·부전강·허천강 발전소, 세멘트 공장 설비 제공.
루마니아	6500만 루블	· 세멘트 공장, 아스피린공장, 벽돌 및 기와 광장 신설. · 각종 물자 제공
헝가리, 불가리아, 알바니아		· 중요한 공장 및 광산 복구 · 일부 현대적 공장들 신설 · 중요한 공장설비, 건축 및 운수 기자재 및 일용 필수품 제공.

자료 : 과학원경제법학연구소, 『해방 후 우리나라의 인민 경제 발전』(과학원출판사, 1960), 115~116쪽 ; 『조선중앙년감 1956』(조선중앙통신사), 125~126쪽 ; 김면, 「독일 국립 문서보관소 소장 자료를 통해서 본 북한과 구동독간의 경제협력 : 구동독의 함흥시 경제지원을 중심으로」, 『북한연구학회보』 7(1), (2003), 83~105쪽.

다. 해방 직전에는 유학을 보내기만 하다가 전후복구시기에는 유학생들이 드디어 돌아오기 시작하였고 여기에 1951년부터 서둘러 정상화시킨 대학들이 졸업생들을 배출하기 시작하여 고급 과학기술자들도 점차 늘어나기 시작하였다.[46] 또한 해방 직후부터 다듬어 온 '일하면서 배우는 교육체제'를 더욱 체계화시켜 기술인력들이 대거 양성될 수 있었다. 일하면서 배우는 교육체제는 수준별·교육기간별로 다양하였는데, 고급 기능공을 길러내는 '2년제 직공학교', 일반 기능자를 길러내는 '6개월~1년제 직장 로동자학교', 주2회 6시간 학습을 통한 '기술학습반', 선진 로동자에게 2~3명의 견습생을 배속시켜 기술을 전수하는 '기술전습제' 등이 상황에 맞게 추진되었다.[47]

이런 노력의 결과 전후복구사업(1954~1956)은 예정된 기한 안에 완료될 수 있었다. 특히 공업 부문 중에서 국영 및 협동단체 공업은 생산 수준에서 2년 1개월, 총액 수준에서는 2년 8개월 만에 계획을 완수하였다고 한다. 240여 개의 공업 기업소가 새로운 기술적 토대 위에 완전히 혹은 부분적으로 복구되었고 80여 개의 공업 기업소들이 현대적 기술 장비로 신설되었다.[48] 또한 국내 대학 및 전문학교, 그리고 생산 직장에서 1만 1000여 명의 기술자들이 배출되어 현장에 배치되었고 800여 명의 기술자 및 전문가들이 유학을 마치고 돌아왔으며 직공학교와 직장 로동자 학교에서 3만 2천여 명의 기능자를 배출하였다. 그로 인해 전후복구사업을 시작하던 1953년 10월 10일에 8610명 수준이던 기술자 수는 1957년 9월 20일이 되면서 2만8289명으로 4배가량이나 증가하였다.[49]

---

46) 좀 더 자세한 내용은 '제2장 제2절 1. 과학기술 인력 양성'을 참고.

47) 과학원경제법학연구소, 『해방 후 우리나라의 인민 경제 발전』, 121쪽.

48) 김정일, 「우리나라 공업의 발전」, 128~129쪽.

49) 국가계획위원회 중앙통계국, 『조선민주주의인민공화국 인민경제발전 통계집 1946~1960』(국립출판사, 1961), 131쪽. 1956년 당시 기술자에 대한 자료가 없어서 1957년과 비교하였다. 기술자 증가 추세가 비슷하였다면 1956년 말에는

전후복구기간 동안 총 805억가량의 자금이 기본건설자금으로 투입되었는데 그중의 49.5%가 공업 부문에 투입되었다. 〈표 2-9〉는 당시 투입된 자금의 부문별 비율을 정리한 것이다. 공업부문에 투자된 399억 원 가운데 80% 이상 되는 323억 원이 중공업 부문에 투자되었는데 이는 1953년 8월에 경제발전노선으로 중공업우선노선이 채택되었기 때문이다. 그리고 과학연구부문에도 자금이 투입되고 있었는데 이는 공업화를 향한 경제활동 과정에서 과학기술의 역할이 중요할 것이라고 예상하고 일찍부터 과학기술의 발전을 위해 투자하였기 때문이다. 이 자금들은 대부분 앞으로 경제발전에 큰 역할을 수행하게 될 '조선민주주의인민공화국 과학원'을 1952년 12월 1일에 세우고 안정적인 운영을 보장하기 위한 지원자금으로 쓰였다.

전후복구사업 기간 동안 중공업 부문이 발전한 정도를 부문별로 정리하면 〈표 2-10〉과 같다. 전쟁기간에도 계속 투자하여 생산규모가 줄어들지 않던 '기계제작 및 금속가공업'이 전후복구사업 기간에는 성장속도가 제일 뒤쳐져 있음을 확인할 수 있다. 피해정도가 극심했던 야금공업, 화학공업, 연료공업과 복구 물자를 제공하는 건재공업에 자금을 우선적으로 투자해야 했기 때문이다. 그럼에도 불구하고 전쟁 전과

〈표 2-9〉 3개년 계획 기간 실제로 투자된 국가기본건설자금

국가 기본건설 투자총액	805억 3200만 원	100.0%
공업	399억 4800만 원	49.5%
(공업 중에서) 중공업	323억 9700만 원	40.2%
(공업 중에서) 경공업	75억 5100만 원	9.3%
교육문화	47억 6400만 원	5.9%
과학연구	3억 3800만 원	0.4%

자료 : 전석담, 「조선로동당의 령도 하에 전후 사회주의 건설에서 조선인민이 달성한 성과와 그 의의」, 과학원 력사연구소 근세 및 최근세사 연구실, 『력사논문집 4 : 사회주의 건설 편』(과학원출판사, 1960), 21쪽.

대략 2만여 명의 기술자들이 확보되었을 것이다.

〈표 2-10〉 중공업 부문별 생산 통계(3개년 계획 수행 이후)

	3개년간 평균 성장 속도	1956 1953	1956 1949
발전공업	48%	325%	86%
연료공업	92%	709%	80%
광석채굴업	23%	187%	141%
야금공업	142%	1,393%	146%
기계제작 및 금속가공업	48%	321%	397%
화학공업	62%	428%	93%
건재공업	114%	982%	357%

자료 : 전석담, 「조선로동당의 령도 하에 전후 사회주의 건설에서 조선인민이 달성한 성과와 그 의의」, 과학원 력사연구소 근세 및 최근세사 연구실, 『력사논문집 4 : 사회주의 건설 편』(과학원출판사, 1960), 24쪽.

대비해서 볼 때 가장 많이 발전한 부문이 기계부문이었는데, 이는 전쟁전 기계부문의 수준이 상당히 뒤떨어져 있었으며 전쟁기간 동안에도 손실이 별로 없었음을 의미한다. 반면, 야금공업은 복구기간 동안 13배가 넘게 발전하였지만 겨우 전쟁 전 수준을 회복했고, 연료공업, 발전공업, 화학공업 부문은 1956년에도 전쟁 전 수준을 회복 못하고 있었다.

이처럼 다른 부문보다 더디게 회복하던 화학공업과 연료공업을 중심으로 기계제작 및 금속가공 분야의 성장속도는 1950년대 말에 이르면 급격히 높아졌고 더불어 북한의 경제발전속도도 빨라졌다.[50] 당시 이들 분야에서 경제적으로 의미가 있는 성과로는 리승기의 비날론, 마형옥의 갈섬유, 려경구의 염화비닐 생산 공장 건설과 한홍식의 무연탄 가스화 성공, 주종명의 함철콕스와 리재업의 합성고무 생산 성공, 함철콕스를 이용한 제철법과 전기제철법 개발 등을 거론할 수 있다. 게다가

---

[50] 공업 총생산액 성장률이 1957년에 44%, 1958년 42%, 1959년 53%였다. 김일성, 「조선로동당 제4차 대회에서 한 중앙위원회 사업 총화 보고(1961년 9월 11일)」, 『김일성저작집 15』, 156~315쪽 ; 『최고인민회의자료집 제2집』, 152, 797쪽 ; 이태섭, 『김일성 리더십 연구』, 94쪽.

자동차, 트랙터, 전기기관차, 대형 공작기계 등도 자체적으로 생산할 수 있게 되었고 고속도 만능전자계산기(컴퓨터)도 제작하는 데 성공하였다. 이는 전문 과학연구 영역에서 생산 영역의 활동을 확실히 뒷받침해 주지 않고서는 불가능한 것이었다.

제2절 과학기술 인력 양성과 관련 기관 설립

1. 과학기술 인력 양성

앞에서도 이야기했지만, 일제 식민지 지배를 받는 동안 조선 사람들은 고등교육을 받을 기회가 많이 제한되어 있었다. 이로 인해 조선 사람으로서 고급 과학기술 지식을 지니고 있던 사람은 극히 드물었다. 해방 직후 북한 지역에 있던 대학 졸업 수준 이상의 과학기술자는 대략 10여 명 정도에 불과하였다고 한다.[51] 과학기술인력의 부족은 1960년대까지 북한의 과학기술 발전은 물론, 경제 발전에도 큰 걸림돌이었다.

생산현장의 정상화는 식민지 시기 동안 핵심적인 역할을 수행하던 일본사람들이 맡았던 일을 조선 사람들이 자체적으로 감당할 수 있어야 가능한 것이었는데 이를 위해서는 일정 정도 수준에 도달한 사람들이 많이 필요하였다. 하지만 해방 직후 북한 지역에는 생산현장에서 핵심적인 역할을 수행할 정도의 수준에 도달한 사람이 매우 귀했기 때문에, 최대한 빨리 이러한 사람들을 확보하는 것은 경제의 정상화를 넘어 독립을 위해서도 시급한 일이었다. 특히 북한 지역에는 공업 관련 생산 시설이 많았으므로 과학기술적 지식을 갖춘 사람에 대한 수요가 매우 많았다. 따라서 해방 직후 생산현장의 정상화를 위해서는 과학기술적 지식을 갖춘 인력을 확보하는 것이 무엇보다 중요하였다.

이에 북한 지도부는 최대한 빨리 과학기술자들을 확보하기 위해, 과

---

51) 김근배, 「리승기」, 7쪽.

학기술적 재능을 지닌 사람이라면 일본인이라도 가리지 않고 식민지
부역 경력도 문제 삼지 않는 등 적극적인 과학기술자 확보 정책을 펼쳤
다.52) 또한 남한 지역에 있던 과학기술자들을 최대한 설득하여 북한 지
역으로 넘어오도록 하는 '월북유도사업'도 적극적으로 추진하였다.53)
이미 식민지시기에 과학기술자로 길러진 사람들을 남과 북, 혹은 국적
을 가리지 않고 최대한 파악하고 확보하는 방법은, 경력이나 사상의 문
제가 발생할 수도 있다는 단점이 있었지만 고급 과학기술자를 짧은 기
간 안에 손쉽게 확보할 수 있다는 매력이 있어 해방 직후부터 전쟁 시
기까지 적극적으로 추진된 방법이었다.

　과학기술 인력의 절대적 부족이라는 시대적 한계로 인해, 해방 직후
부터 북한 지역에서는 과학기술자들의 '정치적 이념'보다 '과학적 능
력'을 더 우선시하는 전통이 생겨났다. 이런 전통은 약간의 굴곡이 있
기는 했지만 큰 틀에서 지금까지 계속 이어지고 있다. 이처럼 과학기술
자들의 정치적 이념이나 과거 전력에 대해 관대하게 처리해주는 전통
은 '오랜 인테리 정책'으로 정리되었다. '오랜 인테리 정책'이란, 식민
지시기에 길러진 과학기술자를 뜻하는 '오랜 인테리'들도 식민지 지식
인으로서 제국주의의 폐해를 충분히 체감하였으므로 잘 교화하고 포용
하면 국가 경제발전에 큰 도움이 될 것이라는 정책이다.54) 이는 인테리
들을 불신하여 대대적인 숙청작업을 번번이 단행하는 등 지식인을 불
신했던 다른 사회주의 나라들과 다른 북한사회의 특징이다. 소련은 과
학에서도 부르주아 과학과 프롤레타리아 과학으로 구분된다고 하면서

---

52) 당시 기술자 확보를 위한 결정서를 보면 이처럼 과학기술자 확보를 위해 관
　　대한 조치를 취했음을 알 수 있다. 「기술자확보에 관한 결정서(1946년 8월 17
　　일, 북조선임시인민위원회 결정 62호)」, 「기술자확보에 관한 결정서 시행에
　　관한 건(1946년 8월 17일, 북조선임시인민위원회 산업국 지령)」, 정경모, 최달
　　곤 편, 『북한법령집 4』, 232~233쪽.

53) 김근배, 「월북 과학기술자와 흥남공업대학의 설립」, 11~12쪽.

54) 신언갑, 『주체의 인테리리론』, 128~151쪽 ; 차용현, 사광웅, 『조선로동당 인
　　테리 정책의 빛나는 력사』, 53~140쪽 ; 김근배, 「리승기」, 5~7쪽.

부르주아 과학을 지지하는 사람을 박해하였다. 대표적으로 유전자 개념과 물리, 화학적 연구방법론을 지지한 과학자들이 획득형질 유전을 지지하는 '신유전학자'들에 의해 박해당한 사건이 있다.[55] 중국에서는 지식인 자체에 대한 불신이 강해서 문화혁명 시기 많은 지식인들이 숙청당하였다.[56]

오랜 인테리 정책이 꾸준히 적용되고 있던 모습은 여러 곳에서 발견된다. 해방 직후 과학기술자를 대거 모집하는 과정에서 과학기술적 재능을 지닌 자라면 그들의 과거 행적에 상관없이 우대받았던 일도 있었고, '사상검열'에서 탈락되었던 과학기술자들이 후에 그들의 과학기술적 능력을 인정받아 다시 임용되기도 하였으며, '8월종파사건(1956)' 이후 진행된 사상검열에서 종파주의자 혐의를 받았던 과학기술자들이 그들의 과학기술적 재능 때문에 빨리 복권되기도 하였다.[57] 또한 1950년대 말에 이르면 상당수의 인문과학계 월북인사들은 사상적인 부분에서 신임을 얻지 못하고 실권하지만, 리승기(비날론), 려경구(염화비닐),

---

55) 이 사건은 신유전학을 주창한 리센코(T.D.Lysenko)의 이름을 따 '리센코 사건'이라고 불린다. 이를 다룬 대표적인 책으로는 David Joravsky, *The Lysenko Affair* (Cambridge : Harvard University Press, 1970) ; Valery N. Soyfer, *Lysenko and the Tragedy of Soviet Science* (New Jersey : Rutgers University Press, 1994) 등을 꼽을 수 있다. 소련 과학자들이 숙청된 사례는 Graham, Loren R., *The Ghost of the Executed Engineer : Technology and the Fall of the Soviet Union*(Cambridge, Mass. : Harvard University Press, 1993) ; *Science in Russia and the Soviet Union : a Short History*(N.Y. : Cambridge University Press, 1993) ; Alexander Vucinich, *Empire of Knowledge : the Academy of Sciences of the USSR* (1917~1970) (Berkeley : Univ. of California Press, 1984)을 참고.

56) 중국에서는 문화혁명(1966~1976) 초기에 과학자들이 많이 숙청당하였으며 과학기술 활동도 많이 위축되었다. 김용운, 「중국의 과학기술정책 : 중화인민공화국 수립 이후를 중심으로」, 『중소연구』 13권 2호(한양대학교 아태지역연구센타, 1989), 163~209쪽.

57) 최응석, 「우리는 어느 때나 사람을 믿어야 하오」, 『위대한 사랑의 품속에서 2』, 243~261쪽 ; 리규택, 『탐구자의 한생』(문예출판사, 1989), 422~423쪽 ; 김삼복, 『인간의 노래』(문학예술출판사, 2003), 84~92쪽 ; 차용현, 사광웅, 『조선로동당 인테리 정책의 빛나는 력사』, 131~140쪽.

마형옥(갈섬유), 김봉한(경락발견), 리재업(합성고무) 등을 비롯한 과학기술계 월북인사들은 그들의 우수한 연구성과에 힘입어 자신들의 입지를 오히려 더욱 넓히고 공고히 하는 경우가 많았다.

과학기술인력을 확보하기 위해서는, 기존 과학기술자들을 모으는 방법 이외에도 교육을 통해 과학기술자를 새롭게 길러내는 방법도 적극 활용되었다. 교육을 통한 과학기술자 양성방법은 오랜 기간이 소요되는 것이라 단기적인 효과는 없지만 과학기술적인 측면뿐만 아니라 사상적인 측면도 관리할 수 있어 장기적인 관점에서 꾸준히 추진되었다. 북한 지역의 교육체제가 제 모습을 갖추는 데 시간이 필요했을 뿐만 아니라 교육 수준이나 규모면에서 한계가 있었으므로 해외 유학을 통한 과학기술자 양성 방법도 일찍부터 시행되었다. 1946년부터 곧바로 시행에 들어간 교육에 의한 과학기술자 양성 방법은 전쟁 시기에도 계속 추진되었고 이는 전후복구사업을 거치면서 1차 5개년계획을 시행하는 데 큰 도움이 되었다.

1) 남한 지역의 과학기술자 월북 유도

해방 직후부터 북으로 넘어가는 과학기술자들이 생기기 시작하다가 1946년과 1947년에는 상당수 과학기술자들이 월북하였고 이런 흐름은 남북에 서로 다른 정부가 수립되던 1948년까지 이어졌다. 일부는 정치적 신념에 따라 자진해서 월북했지만 많은 수는 과학기술 활동을 펼칠 수 있는 더 나은 조건을 보고 북으로 이동하였다. 북한 지도부 차원에서 이들을 유치하기 위해 조직적으로 움직인 것도 이 시기 과학기술자들이 월북을 결심하는 데 큰 영향을 주었다. 이후 잠시 주춤했던 과학기술자들의 월북 행렬은 1950년 터진 전쟁으로 인해 다시 이어졌다. 정부 수립 이후 막혔던 북으로 통하는 길이 전쟁의 틈을 타 일시적으로 열렸던 것이다.

물론 남을 떠나 북으로 올라간 과학기술자들이 있었던 만큼 북을 떠나 남으로 내려온 과학기술자들도 있었다. 해방 직후에는 연구기관과 대학이 몰려 있던 서울로 직장을 구하기 위해 내려온 과학기술자들이 많았지만 시간이 흐를수록 사회주의, 공산주의를 지향하는 북한의 사회분위기에 반감을 품고 이런 분위기가 싫어 내려오는 사람이 점차 많아졌다.[58] 심지어 월북했던 과학기술자들 중에서 다시 남한으로 내려오는 사람까지 생길 정도였다. 이러한 과학기술자들의 월남, 월북 행렬은 전쟁이 끝난 이후로 더 이상 이어질 수 없었다. 전쟁으로 인해 일시적으로 열렸던 남북으로 통하는 문이 전쟁이 일단락되면서 이전보다 더 강하게 닫혀버렸기 때문이다.

남한 지역에 있던 과학기술자들이 북한 지역으로 넘어간 것은 개인적인 차원의 선택이기도 했지만 당시 조성된 사회 분위기 속에서 유도된 결과이기도 하였다. 남한 지역을 통치하던 미군정청은 과학기술 연구와 교육활동을 정상화시키기 위해 특별한 노력을 많이 기울이지 않았다. 오히려 자체적으로 대학과 연구기관들을 정상화시키려고 노력하던 과학기술자들과 갈등을 빚다가 급기야 많은 수의 과학기술자들을 대학에서 파면시켜버리기도 하였다.[59] 반면 북한은 상대적으로 부족했던 과학기술 인력을 확보하기 위해서 남한 지역의 과학기술자들에게 여러 가지 좋은 조건을 제시하면서 이들을 포섭하려고 노력하였다. 대학교수나 연구성원의 지위를 보장하고 안정적인 생활환경과 연구환경을 제공해주겠다고 약속하면서 월북할 것을 종용하였던 것이다. 즉 과학기술자들의 월북은 남한의 배척력과 북한의 흡인력이 복합적으로 작

---

58) 김근배, 「월북과학기술자와 흥남공업대학의 설립」, 『아세아연구』(1997), 95~130쪽.

59) 1946년 7월 13일 발표된 '국립서울대안'으로 촉발된 분쟁으로 인해 파면, 퇴학당한 대학교수와 학생이 많았다. 김기석, 「해방 후 분단국가교육체제의 형성, 1945~1948 : 국립서울대학교와 김일성종합대학의 등장을 중심으로」, 1~18쪽 ; 최혜월, 「미군정기 국대안 반대운동의 성격」, 6~30쪽 ; 최혜월, 「국대안파동」, 역사비평 편집위원회 편, 『논쟁으로 본 한국사회 100년』(역사비평사, 2000), 170~176쪽.

용한 결과였다.[60]

이 당시 남한 과학기술자들의 월북은 오늘날 과학기술자들이 다른 나라로 이민 가는 것과 다른 성격의 것이었다. 남북으로 분단되기는 하였지만 명확히 분리된 두 개의 독립된 국가라는 인식은 아직 형성되지 않았기 때문이다. 1948년에 독자적인 정부가 남북 각각에서 공식 출범한 이후에도 둘은 조만간 다시 하나로 합쳐질 것으로 기대되었다. 따라서 남에서 북으로 넘어가는 것은 '국가 간의 이동'이 아니라 '지역 간의 이동'이었다고 할 수 있다. 특별히 북한 사회가 지향하는 사회주의, 공산주의에 대해 강한 거부감을 갖고 있지 않은 사람에게 남한과 북한은 모두 자신의 조국이었으므로 남에서 북으로 간다는 것은 자신이 소속된 국가를 바꾼다는 것이기보다 자신이 활동한 지역을 바꾼다는 의미가 더 강했던 것이다. 그만큼 남한 과학기술자 월북 사업은 요구 수준과 보장 조건을 맞추기가 외국인을 데려오는 것보다 상대적으로 쉽게 추진될 수 있는 것이었다.

남의 배척력과 북의 흡인력이 시기별로 차이가 있었으므로 북으로 올라갔던 과학기술자들의 성향은 월북한 시기에 따라 대략 세 가지 유형으로 나누어질 수 있다.[61] 해방직후부터 1946년까지는 과학기술자들이 월북하던 첫 번째 시기였고 이 당시 과학기술자들은 이념과 학문을 동시에 추구했던 '신학문 지향자'로 분류된다. 1945년 11월경부터 설립이 논의되기 시작한 '김일성종합대학'이 1946년 9월 개교한 것이 북한의 흡입력으로 작용하였다면 1946년 6월 19일 발표된 '국립 서울대학 설치안(일명 국대안)'에 의한 미군정과 대학교수들 사이의 갈등(1차 국대안파동)이 남한의 배척력으로 작용하였다.[62] 하지만 이 시기는 해방

---

60) 김근배, 「월북과학기술자와 흥남공업대학의 설립」, 『아세아연구』(1997), 95~130쪽.

61) 월북 과학기술자들에 대한 자세한 성향 분석은 김근배, 「월북과학기술자와 흥남공업대학의 설립」, 95~130쪽, 특히 105~107쪽을 참고.

62) 국립서울대학 설치안(국대안)은 1946년 7월에 공표되었다. 이 안에 따르면 경

된 지 얼마 되지 않았고 분단 상황이 명확하게 고착되지 않은 시점이었으므로 남북의 흡입력과 배척력은 그렇게 크지 않았다. 오히려 북한 사회가 추구하던 사회상에 대한 동조의식이 당시 과학기술자들로 하여금 북으로 넘어오게 한 더 중요한 요소였다고 볼 수 있다. 궁극적으로 사회주의나 공산주의의 추구까지 염두에 둔 사람도 있었겠지만 적어도 1946년 초부터 순차적으로 단행된 일련의 민주개혁 조치들에 적극 동조하면서 일부 과학기술자들이 월북하기 시작하였던 것으로 보인다.[63]

월북 두 번째 시기는 1947년부터 1948년까지인데 이 시기에 월북한 과학기술자들은 각종 사회운동에도 적극적으로 참가하는 등 사회개혁 의지가 상대적으로 강해서 '이념동조형'으로 불린다. 1차 국대안파동이 1946년 12월에 일단락되었다가 다시 1947년 2월부터 2차 국대안파동이 전개되었고 이는 1947년 5월에 완전히 마무리되었다. 당시 미군정의 정책에 격렬하게 저항했던 사람들은 대부분 학교에서 파면 당하였고 이 시기 월북한 과학기술자들은 대부분 국대안파동에 적극적으로 참가하다가 학교에서 쫓겨난 사람들이었다. 나름대로 신념을 가지고 남한 사회의 변화를 주도하다가 끝내 뜻을 이루지 못한 이들은 더 이상 남한 사회에 정착하기 힘들겠다는 판단을 하게 되었고 그 틈을 놓치지

성대학 3개 학부(법문학부, 의학부, 이학부)에 경성경제전문학교, 경성치전, 경성사범 등 9개의 관립전문학교를 더해 서울대학교(1개 대학원, 9개 단과대학)를 설립한다는 것이었다. 이는 곧바로 반대 투쟁으로 이어졌다. 초기에는 대학과 전문대학을 통합할 수 없다는 제국대학의 특권의식과 대학 지치권의 침해라는 이유로 반대를 했으나 국대안 반대투쟁이 확산되면서 동맹휴업, 등록거부(1946.9), 타 학교와 동맹휴업(대학, 중학, 초등학교 등 57개교, 연인원 4만 명)으로 확대되어 급기야 남로당이 개입하는 정치적 문제로 비화되었다. 김기석, 「해방 후 분단국가교육체제의 형성, 1945~1948 : 국립서울대학교와 김일성종합대학의 등장을 중심으로」, 1~18쪽 ; 최혜월, 「미군정기 국대안 반대운동의 성격」, 6~30쪽 ; 최혜월, 「국대안파동」, 170~176쪽.

63) 당시 북한에서는 '토지개혁법령'(1946년 3월), '노동법령'(1946년 6월), '남녀평등권법령'(1946년 7월), '산업국유화법령'(1946년 8월) 등을 순차적으로 발표하였다.

않은 당시 북한 지도부는 이전보다 더욱 조직적으로 이들의 월북을 유
도하기 시작하였다.

김일성종합대학 설립 당시 설립 책임자를 중심으로 개인적인 차원에
서 월북 유도사업을 전개하였다면, 이번에는 '공작전담반'이 설치되는
등 조직적으로 월북 유도사업이 전개되었다. 당시 과학기술자 월북 유
도사업은 흥남지역에 설립된 '고등공업기술자양성소'와 흥남지구 '인
민공장본부 기술부'가 주도했고 함경남도 인민위원회가 이를 적극 후
원하였다. 당시 과학기술자들은 대부분 대학에서 몸담고 있는 것을 더
선호하였으므로 북한 측은 '흥남공업대학'을 설립할 계획을 세우고 이
를 조건으로 남한 과학기술자들을 적극 유치하였다. 그 결과 이 시기에
상당히 많은 수의 과학기술자들이 월북하였고 전문성과 함께 사상성도
겸비하고 있었던 이들은 이후 북한 과학기술 정책을 세우고 실행함에
있어서 핵심적인 인물이 되었다. 이 당시에 월북한 과학기술자들은 대
부분 일단 고등공업기술자양성소나 흥남지구 인민공장본부 기술부에
임시로 소속되어 있다가 김일성종합대학이나 흥남공업대학으로 옮겨
가거나 겸임으로 근무하였고 일부는 정부 부서에 들어가 일하였다.64)

마지막 과학기술자들의 월북 행렬은 한국전쟁 시기에 형성되었는데
이 시기 과학기술자들은 북한 체제 자체에 대한 선호의지가 그다지 확
고하지 않았던 반면 학문적 성취에 골몰한 사람들이 많아 '학문몰두형'
으로 분류된다. 이 당시 월북한 과학기술자들은 해방 직후의 어지러운
사회 상 속에서도 흔들리지 않고 학문 정진에만 매진하던 사람들이었
다. 이들은 전쟁을 계기로 다시 내려온 월북유도 공작반의 적극적인 권
유에 따라 자의반 타의반 월북을 결심했던 것이다.

지금까지 조사, 정리된 고급 월북 과학기술자들의 수는 대략 111명
정도이다. 이들은 대부분 대학 이상을 졸업한 과학기술자들이다. 아래

---

64) 김근배, 「월북과학기술자와 흥남공업대학의 설립」, 『아세아연구』(1997), 95~
130쪽, 117~127쪽.

〈표 2-11〉은 분야별로 월북한 과학기술자들을 정리한 것이다. 전공분야 중에서 화학 및 화학공학을 전공한 과학기술자가 가장 많은 이유는 북한 최대의 산업인 화학공업을 정상화하는 데 인력이 많이 필요했기 때문이었다. 두 번째 시기부터 화학공업 시설이 대거 밀집한 흥남지역에서 월북 유도사업을 전담했기 때문에 이 분야를 전공한 과학기술자들이 많이 월북할 수 있었다. 또한 세 번째 시기에 월북한 리승기가 자신을 따르던 제자들과 함께 대거 월북했기 때문에 다른 분야보다 이 분야의 고급 과학기술자들이 많이 월북하였다. 기계공학 분야에서 월북한 사람이 많은 이유는 북한의 여러 산업분야 중에서 유독 기계공업 분야만 뒤쳐져 있었기 때문에 이를 만회하려고 특별히 이 분야 전공자들의 월북사업에 공작전담반에서 공을 들였기 때문이었다.

〈표 2-11〉에서 월북 과학기술자들의 경력을 잘 살펴보면 월북한 시기에 따라 경력에서 차이가 남을 발견할 수 있다. 리세훈, 리재업, 박성욱, 강영창 등 월북 후 소련으로 유학을 갔다 온 사람들은 대부분 첫 번째 시기에 월북했던 사람들이었고 흥남공업대학에서 교원으로 일했던 사람들은 대부분 두 번째 시기에 월북한 사람들이었다. 세 번째 시기에 월북한 사람들 중에는 해방 이후 졸업한 사람들이 많았다.

월북하는 방식도 여러 가지였는데 개별적으로 월북한 사람들도 있었지만 집단적으로 월북하는 경우도 많았다. 스승을 따라 제자들이 함께 월북한 경우도 있었고 학계의 리더를 따라 월북하는 경우도 있었다. 또한 같은 학교 출신 동창들이 의논하여 함께 월북한 경우도 있었다. 국순웅, 김승희, 리형규, 마형옥, 신병식, 신현석, 옥지훈은 리승기의 제자들로서 스승을 따라 1950년에 집단적으로 월북한 사람들이었고,[65] 한인석, 전평수, 정근, 리용태, 리홍국은 해방 직후 경성대 물리학과를 정상화하는 데 애썼던 사람들로 당시 물리학계의 리더였던 도상록과 함께 1946년에 집단적으로 월북했던 사람들이었다.[66] 강영창, 김두삼, 리

[65] 김태호, 「리승기의 북한에서의 '비날론' 연구와 공업화」, 26~27쪽.

<표 2-11> 대학출신 월북 과학기술자들의 명단

전공분야	성명(출신학교)	소계
수학	김치영(45 : 44히로시마문리과대 : 평양공전, 김일성종합대학, 평양공업대학 교원), 김지정(46 : 35동경제대 : 원사), 류충호(46 : 45동경제대 : 김일성종합대학 부교수), 홍성해(46 : 45구주제대 : 김일성종합대학 교원, 흥남공업대학 부교수), 리재곤(46? : ?미확인 : 김일성종합대학 물리수학부 학부장, 물리수학연구소 소장), 김재을(46? : 37경도제대 야금학, 42경도제대 수학 : 중복), 김한련(48? : ?동경물리학교 : 흥남공업대학 조교수), 로태석(48? : ?동경물리학교 : 흥남공업대학 조교수, 국가계획위원회 부위원장, 지방공업총국장, 정무원 부총리), 조주경(50 : 서울대 중퇴 : 김일성종합대학 수학과 졸, 교수), 리낙복(? : 44동경제대), 정순택(? : 32동북제대), 최종환(? : 30동북제대), 한필하(? : 45대판제대)	13명
물리학	도상록(46 : 32동경제대 : 원사, 김일성종합대학 연구원 원장), 임극제(46? : 34동북제대 : 김일성종합대학 철도공학부장, 평양공업대학 학장), 한인석(46? : 38동북제대 : 남로당 핵심, 김일성종합대학 교원), 전평수(46? : 42북해도제대), 정근(46? : 43경성제대 : 김일성종합대학 부교수), 리용태(46? : 45경성제대), 리흥국(46? : 46경성대), 손원록(47 : 45경도제대), 김정익(48? : ?동경물리학교 : 흥남화학공업대학 조교수), 려철기(52? : 48서울대), 리낙복(? :?동경제대), 한건하(? : 45경도제대)	12명
생물학	선우기(50 : 42북해도제대), 송학근(50 : 50서울대 : 과학원 실험생물학연구소 소장), 한형기(? : ?동경제대 : 김책공업대학), 박수호(? : 48서울대)	4명
농학	계응상(46 : 25구주제대 : 원사, 농학연구소 소장, 농업과학위원회 위원장, 노력영웅, 인민상), 김량하(46? : 27동경제대 농예화학, 43동경제대 화학박사 : 후보원사), 리기인(50 : 34구주제대)	3명
축산학	김종휘(46 : 39?북해도제대 : 가축위생연구소 소장, 수의학연구소 소장, 후보원사)	1명
지질학	박성욱(46? : 46경성대 : 소련유학, 김책공업대학 학부장, 과학원 부원장, 과학원 자연과학부문위원회 위원장, 지질지리학연구소 소장), 주수달(50 : 44경도제대), 노수원(50? : 48서울대), 안재학(50 : 49서울대), 윤석규(? : 46경성대)	5명

66) 문만용, 김영식, 『한국 근대과학 형성과정 자료』(서울대학교 출판부, 2004), 53~55쪽.

〈표 2-11〉 계속

전공분야	성명(출신학교)	소계
화학/ 화학공학	리재업(45 : 44경도제대 : 소련유학, 청수공장 기사장, 합성고무 개발), 오동욱(46 : 43경도제대 : 흥남공업대학 부교수, 중공업성 화학공업부장, 화학공업연구소 소장, 화학공업성 부상, 금속화학공업성 부상, 국가과학기술위원회 위원장, 과학원 원장), 려경구(46 : 36와세다대 : 흥남연구소 소장, 후보원사, 화학연구소 소장, 함흥분원 부원장), 리세훈(46? : 42동경제대 : 소련유학, 함흥공업대학 학장, 국가과학기술위원회 부위원장), 최삼열(47? : 27동북제대 : 공학박사, 과학원 부원장, 중앙연료연구소 소장), 홍준(47? : ?경성약전 : 흥남공업대학 부교수), 리용규(47? : ?네브라스카대, 흥남공업대학부교수), 안이태(47? : 42경성고공 : 흥남공업대학 부교수, 흥남연구소), 리계수(48? : 44경도제대 : 흥남공업대학 부교수), 송법섭(48? : 45경도제대 : 흥남연구소 부소장, 흥남공업대학 부교수), 리창직(48 : ?경도제대), 정후근(48? : ?경성약전 : 흥남공업대학 조교수), 김용호(50 : 42동북제대 : 김일성종합대학 교원), 송은호(48? : ?신경공전 : 중앙공업연구소, 흥남공업대학 부교수, 흥남연구소), 리승기(50 : 31경도제대, 38경도제대 박사 : 원사, 함흥분원 원장, 노력영웅), 김태열(50 : 44경도제대), 미형옥(50 : 42대북제대 : 경공업성 중앙연구소 소장, 화학섬유연구소 소장, 갈섬유 생산), 김성희(50 : 46경성대 : 흥남화학공업대 교원), 국순웅(50 : 49서울대), 리형규(50 : 47서울대), 신병식(50 : 46경성대), 신현석(50 : 47서울대), 옥지훈(50 : 48서울대), 조동채(50? : 46경성대), 김내수(? : 45명고옥제대), 오태호(? : 46경성대), 류한상(? : 33와세다대), 김현봉(? : ?동경공업대), 한영근(? : 44경성약전)	29명
기계공학	강영창(45 : 37여순공대 : 소련 유학, 금속공업상, 로동당 중공업부장, 원사, 과학원 원장), 김덕모(46 : 39와세다대 : 공학연구소장, 과학원 상무위원, 기술부문 위원장), 신종립(47? : ?와세다대 : 흥남공업대학 부교수), 황규혁(47? : 44경성제대 : 흥남공업대학 부교수), 김태윤(47? : 경성제대 중퇴 : 흥남화학공업대학 조교수), 리여재(47? : ?대동공전 : 흥남공업대학 부교수), 조찬희(48? : ?동경물리 : 흥남공업대학 조교수), *류재창(50?, ?경성제대), 리시현(52 : 40동경제대), 최창하(? : 41와세다대), 최유길(? : ?동경공업대), 황덕로(? : 41와세다대), 유기연(? : ?여순공대), 김은성(? : 44경성약전), 리병구(? : 46경성대), 황규철(? : 46경성대)	16명

〈표 2-11〉 계속

전공분야	성명(출신학교)	소계
전기공학	김두삼(45 : ?여순공대 : 본궁화학공장 지배인, 중공업상, 전기상, 전기화학공업상, 국가건설위원회 위원장), 리한희(46 : 45경성제대 : 홍남공업대학 부교수, 홍남연구소 연구원), 송종기(48? : ?할빈공전 : 홍남공업대학 부교수), 리성준(50 : 40경도제대), 최성세(? : 40동경제대 : 국가기술위원회 위원장, 과학원 자연과학부문위원회 위원), 정세관(? : ?동경제대), 배준호(? : 43경도제대), 여병윤(? : 43경도제대), 김재도(? : ? 동경공업대), 리성도(? : 33와세다대), 신택희(? : 39와세다대), 두순종(? : ?여순공대), 리용규(? : ?경성제대), 손태식(? : 44경성제대), 김영달(? : 46경성대), 리종두(? : 46경성대)	16명
토목건축	김시온(? : ?동경제대), 서도원(? : 44경도제대 : 김일성종합대학 교원), 정현숙(? : 45경성제대), 최태희(? : ?동경공업대), 김응상(? : ?일본대학)	5명
광산야금	김재을(46? : 37경도제대 야금학, 42경도제대 수학), 김연동(46? : 44경성광전 : 홍남공대 조교수), 한세환(47 : ? 여순공대 : 홍남공업대학 교수, 홍남연구소), 양인선(47? : 41 경성광전 : 홍남공업대학 부교수), 유상준(50 : 44 와세다대), 류종근(? : 45 북해도제대), 리재병(? : 44 경성제대), 정원모(? : ? 여순공대)	7명

비고 : 이름 (월북년도 : 졸업년도 + 출신학교 : 중요 경력)
자료 : 박성래, 『한국 과학기술자의 형성 연구』(한국과학재단, 1995) ; 김근배, 「월북 과학기술자와 홍남공업대학의 설립」, 『아세아연구』(1997), 95~130쪽 ; 문만용, 김영식, 『한국 근대과학 형성과정 자료』(서울대학교 출판부, 2004) ; ˙류하라 인터뷰 (2006.8.5).

재업은 모두 여순공대를 졸업한 동창들로 해방 직후 남한으로 귀국하였다가 곧바로 함께 월북한 사람들이었다.

이처럼 월북한 과학기술자들은 북한 과학기술계에서 정말로 단비와 같은 존재였다. 해방 직후 고급 과학기술자들 중에서 북한 지역에 있었던 사람이 극히 소수였기 때문에 김일성종합대학을 설립하던 1946년까지만 하더라도 고급 과학기술자가 부족하여 학과를 설립하는 것조차 어려울 정도였다.[67] 하지만 1947년 중반부터 활기를 띠기 시작한 월북

유도사업으로 인해 북한 지역에 새로운 과학기술 전문대학인 '흥남공업대학'이 세워질 수 있었고 급기야 1952년에는 과학원이라는 전문 과학기술연구기관까지 만들 수 있는 정도가 되었다.

월북 과학기술자들은 대학과 연구소를 설립하는 데에도 지대한 공헌을 하였을 뿐만 아니라 과학기술 정책을 입안하고 실행하는 데에도 핵심적인 역할을 수행하였다. 1940년대 말 원철로를 대체할 제철 시설의 설계를 담당했고 1956년부터 시작된 천리마운동과 1959년의 천리마작업반운동 당시 금속공업상과 로동당 중공업부장을 역임했으며 1961년부터는 3대 과학원 원장까지 역임한 강영창과 비날론을 개발하고 1961년부터 새롭게 설치된 과학원 함흥분원의 초대 원장을 역임한 리승기, 북한 지질학계를 대표하면서 첫 세대교체의 대표주자였던 3대 과학원 부원장 박성욱은 학계와 행정 실무 양쪽 모두에서 중요한 역할을 담당했던 사람들이다. 그리고 1950년대 말에 중공업성 화학공업부장과 화학공업성 부상, 금속화학공업성 부상을 역임하고 1962년부터 초대 국가과학기술위원회 위원장을 역임하다가 1965년부터 강영창 뒤를 이은 4대 과학원 원장을 맡았던 오동욱과 1950년대 중반부터 중공업상, 전기상, 전기화학공업상을 역임한 뒤 1962년에 국가건설위원회 위원장까지 맡은 김두삼, 1950년대 중반에 국가계획위원회 부위원장을 역임한 후 1979년에는 정무원 부총리가 되었던 로태석은 행정가로서 핵심적인 역할을 담당했던 사람들이다.

이러한 결과로 봤을 때, 해방 직후부터 전쟁 시기까지 적극적으로 추진했던 남한 과학기술자 월북유도사업은 이후 북한 과학기술계를 이끌어갈 중추세력을 형성시킨 중요한 사업이었다.

---

67) 김근배, 「김일성종합대학의 창립과 분화」, 192~216쪽.

2) 국내 교육기관을 통한 과학기술 인력 양성

북한 지역에 처음으로 설립된 고등교육기관은 1946년 10월 1일에 개교한 '김일성종합대학'이었다.[68] 김일성종합대학은 1948년 9월에 평양공업대학(이후 김책공업대학으로 개명)과 평양의학대학, 사리원농업대학(이후 원산농업대학으로 개명)이 분교해서 나가기 이전까지 과학기술자 양성과 과학기술 연구활동 지원에 많은 비중을 두고 있었다. 1945년 11월부터 시작된 종합대학 설립에 대한 논의는 1946년 5월 25일 '창립준비위원회'가 조직되면서 본격화되었다.[69] 임시인민위원회 교육국장(장종식)을 중심으로 정두현, 신건희, 한설야, 한무, 이정우, 김달현, 이동화, 김택영 등 유명한 학자 및 정치가로 구성된 창립준비위원회에서 마련한 종합대학 설립계획은 1946년 7월 8일 임시인민위원회에서 공식적으로 채택되었다.[70] 당시 확정된 결정서에 의하면 김일성종합대학은 7학부 24과로 구성되었고 개교 당시 학생 수는 1610명이었고 교원 수는 83명이었다.[71] 〈표 2-12〉는 당시 김일성종합대학의 학부와 학과 구성 및 학생 수를 정리한 것이다.

해방된 지 1년 만에 다양한 학부를 포함한 종합대학을 신설한다는 것은 쉬운 일이 아니었다. 기반 시설뿐만 아니라 교원을 확보하는 것이 매우 어려운 시기였으므로 창립준비위원회에서는 일제시기부터 운영되고 있던 평양공업전문대학과 평양의학전문대학을 흡수하여 종합대

---

68) 당시 개교식은 1946년 9월 15일에 열렸지만 정상적인 수업이 진행된 것은 10월 1일이었다. 오늘날 김일성종합대학 개교기념일은 10월 1일이다.

69) 김일성, 「종합대학을 창설할데 대하여(교육부문일군들과 한 담화, 1945년 11월 3일)」, 『김일성저작집 1』(조선로동당출판사, 1979), 382~386쪽.

70) 「북조선종합대학 창립준비위원회 조직에 관한 건」, 『북한관계사료집 5』(국사편찬위원회, 1987), 660~661쪽.

71) 개교 당시 임용된 실제 교원 수는 68명이었고 15명은 나중에 소급 임명되었다고 한다. 김근배, 「김일성종합대학의 창립과 분화」, 192~215, 198쪽.

〈표 2-12〉 **김일성종합대학의 조직안(1946.7.8)**

학부	학과	모집인원 (1190)	보결생 (100)	편입생 (320)
공학부(8)	전기공학과(50), 기계공학과(60), 금속공학과(60), 응용화학과(90), 토목공학과(40), 광산학과(50), 건축공학과(40), 방직학과(40)	360	2년(70)	2년(257)
농학부(3)	농학과(40), 림학과(40), 수의축산학과(40)	120		
의학부(3)	의학과(110), 약학과(40), 치의학과(40)	160	2년(10) 3년(20)	3년(63)
리학부(2)	수학과(4), 물리학과(40)	80		
철도공학부(3)	기계공학과(40), 운전공학과(40), 철도토목공학과(40)	120		
문학부(3)	사학과(50), 문학과(100), 교육학과(50)	200		
법학부(2)	법학과(50), 경제학과(100)	150		
계	7학부 24학과 1,610명			

비고 : 편입생은 평양공업전문대학과 평양의학전문대학에서 김일성종합대학으로 편입한 학생들을 말한다.
자료 : 『김일성종합대학 10년사』(김일성종합대학, 1956), 17~20쪽.

학을 설립하는 안을 마련하였다. 즉 평양공전과 평양의전의 시설 및 설비를 바탕으로 종합대학의 공학부와 의학부를 구성했고 이 학교 소속 학생들을 모두 종합대학의 해당 학년으로 편입시키기로 했던 것이다.[72] 그 결과 〈표 2-12〉에서 보듯이 공학부와 의학부는 전체 학생의 58.4%를 차지할 만큼 종합대학에서 가장 비중 있는 학부가 되었다. 특히 공학부는 전체 학생의 42.7%를 차지할 정도로 압도적인 비중을 차지한 학부였다. 여기에 리학부와 철도공학부 학생까지 합치면 김일성종합대학에서 과학기술계가 차지하는 비중은 55.1%나 되었다.[73] 북한

---

72) 「북조선종합대학 창립에 관한 건」, 『북한관계사료집 5』, 682~683쪽.

사회가 해방 직후부터 과학기술자 부족으로 인해 많은 어려움을 겪고 있었던 만큼 과학기술자 양성이 매우 절실했음을 알 수 있다.

이렇게 해서 운영에 들어간 김일성종합대학은 1947년 초에 대학체계를 좀 더 조직적으로 가다듬기 시작하였다. 급하게 준비하여 설립했던 만큼 대학체계가 세밀하게 짜이지 못했기 때문이었다. 서기장과 간부부, 대학평의회 등을 신설하거나 대폭 강화하여 당에서 대학업무에 지속적으로 관여할 수 있도록 하였고 각 학문분야별로 연구집단을 육성하기 위해 '까페드라[강좌]' 제도를 도입하였다. 1947년 2월부터 만들어지기 시작한 강좌는 1947년에 총 24개가 설치되었는데 그중에서 과학기술계는 8개, 의학부가 5개, 농학부가 3개 그리고 인문사회계가 8개였다.[74] 1947년 5월 7일에는 남한의 대학원에 해당하는 '아쓰삐란트라[연구원]'가 설치되었다. 설치 당시 연구생은 30명이었는데 이후 9명이 더 늘어 1947년 7월에는 39명이 되었다.[75] 결국 설립 1주년이 되는 1947년 9월 당시 김일성종합대학은 1947년 3월에 신설된 화학부를 포함하여 8학부, 39학과라는 거대한 조직체가 되었다. 학생 수와 교원 수도 거의 2배로 늘어나서 3813명, 166명이 되었다.[76]

대학체계를 정비하고 규모를 확장하는 와중에도 교육활동과 함께 연구활동도 동시에 추구하자는 설립취지에 따라 분야별로 연구활동을 진

---

73) 나머지는 의학부가 15.7%, 농학부가 7.5%, 인문사회계가 21.7%였다.

74) 김근배, 「김일성종합대학의 창립과 분화」, 192~215, 202~206쪽.

75) 원장은 소련계인 박일 부총장이 맡았고, 부원장은 한형기가 맡았다. 『김일성종합대학 10년사』(김일성종합대학, 1956), 30쪽 ; 김근배, 「김일성종합대학의 창립과 분화」, 192~215, 206쪽. 연구원은 대학 졸업자들이 논문을 써서 학사 학위(남한의 석사 학위에 해당)를 받도록 하는 기관이다. 박사 학위는 박사원을 졸업해야 받게 되는데 1961년에 김일성종합대학, 김책공업대학, 평양의학대학, 물리수학연구소, 공학연구소, 력사연구소에 처음으로 박사원이 설치되었다. 윤명수, 『조선 과학기술 발전사 1』, 17쪽 ; 『과학원 통보』 1961(40), 57~58쪽.

76) 『김일성종합대학 10년사』, 30쪽.

행한 결과, 대학 창립 1주년을 기념하는 '학술보고대회'를 1947년 10월
에 개최할 수 있었다. 당시 학술보고대회에서 총 33건의 연구결과가 발
표되었는데 그중에서 과학기술계는 11건, 의학부 8건, 농학부 2건을 발
표하였고 인문사회계는 12건을 발표하였다.[77] 인문사회계와 달리 연구
에 필요한 부대설비와 안정적인 재정적 지원이 필요한 과학기술계에서
이처럼 많은 연구결과를 낼 수 있었던 것에서 당시 김일성종합대학 내
과학기술계의 활동이 짧은 시간 안에 안정적인 기반을 잡아가고 있었
음을 알 수 있다.

1948년에 접어들면서부터 소련 학자들과 직접적인 교류가 강화되면
서 김일성종합대학은 대대적인 구조조정에 들어갔다. 소련으로부터 인
적, 물적 자원을 제공받으면서 김일성종합대학은 조직을 좀 더 가다듬
어갔고 소련 학제를 모방하여 전문단과대학 체계로 전환하기 위해 공
학부와 의학부, 농학부를 분리하였던 것이다.[78] 소련으로부터 받은 4만
여 권의 책과 각종 실험도구 2600여 점, 도표 2200여 점도 대학이 기틀
을 잡아가는 데 도움이 많이 되었지만 1948년 7월 21일에 파견된 소련
학자 일행은 대학운영에 직접적인 도움이 되었다.[79] 세계적인 생물학
자 오파린(A. I. Oparin)을 단장으로 하는 소련학자 일행은 모두 17명으
로 구성되었는데 공학 6명, 이학 4명, 농학 3명, 의학 1명, 인문사회과
학 3명으로 구성되었던 만큼 이들의 활동은 대부분 과학기술에 관한
것이었다. "조선의 새로운 과학문화의 발전과 민족간부 양성사업 원
조"를 목적으로 파견된 소련학자 일행은 약 석 달 동안 김일성종합대
학에서 각종 강연과 토론회를 개최하면서 각 대학의 실험기구 설치 및
교수강령 작성을 도와주었다.[80]

---

77) 김근배, 「김일성종합대학의 창립과 분화」, 192~215, 206~208쪽.

78) 『김일성종합대학 10년사』, 41~42쪽 ; 김근배, 「김일성종합대학의 창립과 분
화」, 192~215, 211쪽.

79) 『김일성종합대학 10년사』, 59쪽.

80) 『조선중앙년감 1949』(조선중앙통신사, 1949), 133~134쪽.

  김일성종합대학의 분교에 대한 준비는 1948년 6월 25일부터 준비되기 시작하였고 1948년 7월 7일에 '북조선 고등교육사업에 관하여'라는 북조선인민위원회 결정이 채택되면서 분교작업이 본격적으로 착수되었다.[81] 그 결과 김일성종합대학의 공학부와 의학부, 농학부가 1948년 9월에 평양공업대학(학장 림극제)과 평양의학대학(학장 정두현), 사리원농업대학(학장 리순근)으로 분교되어 나갔고, 김일성종합대학에는 인문사회계 학부와 자연과학계 학부만 남았다. 당시 김일성종합대학에는 물리수학부와 화학부, 생물학부를 포함한 5개의 학부가 있었고 총 570명 정원 중에서 과학기술학부 소속은 220명이었고 당시 소속 학생은 모두 2,314명이었다.[82] 또한 평양공업대학에는 7개의 학부(광산지질학, 금속공학부, 전기공학부, 기계공학부, 운수공학부, 섬유공학부, 건설공학부)가 개설되었고 학생정원은 570명이었다.[83] 이로 인해 김일성대학은 인문사회계통을 중심으로 자연과학에만 집중하게 되었고 공학이나 의학, 농학은 새로 설립된 단과대학에서 전적으로 담당하는 체계가 형성되었다.

  김일성종합대학 이외에 북한에서 자체적으로 고급 과학기술자를 양성하는 데 핵심적인 역할을 수행한 대학은 1947년 9월 15일에 설립된 흥남공업대학(학장 신건희)이었다. 흥남공업대학은 흥남지역에 몰려있던 각종 화학공장들을 정상적으로 운영하기 위한 인재양성과 기술적 지원을 위해 만든 대학으로서 남한 과학기술자들을 월북하도록 유도하기 위해 서둘러 만든 대학이었다.[84] 1946년 10월에 설립된 '흥남고등공업기술양성소'를 바탕으로 세워진 흥남공업대학은 북한 지역 최초의

---

81) 김창호, 『조선교육사 3』, 197쪽.

82) 『김일성종합대학 10년사』, 41~42쪽.

83) 김근배, 「김일성종합대학의 창립과 분화」, 192~215, 212쪽.

84) 평양공업대학의 경우 이공계 교수 중에서 월북한 사람은 20%정도에 지나지 않았지만, 흥남공업대학의 경우 66.7%나 되었다. 김근배, 「월북 과학기술자와 흥남공업대학의 설립」, 95~130쪽.

공업대학으로 설립 당시 7개 학과, 정원 210명이었고 개교 당시 430여 명의 학생들이 공부하기 시작하였다.[85] 흥남공업대학의 연구원은 1949년 4월 평양공업대학, 평양의학대학, 원산농업대학에 연구원이 만들어질 때 함께 설립되었다.[86]

결국 1949년에 이르면 북한 지역에서 고급 과학기술자를 양성할 수 있는 대학은 3개교로 늘어났으며 1개의 농업대학과 3개의 의학대학을 합쳐 대학 수는 15개나 되었다. 〈표 2-13〉은 1949년 당시 북한 지역에 있던 대학과 학부(과)를 정리한 것이다.

15개의 대학 중에서 김일성종합대학과 여기서 분교해서 만들어진 대학, 그리고 흥남공업대학 이외에는 대부분 소규모의 예능 혹은 교원대학이었다. 그나마 중등학교 교사를 양성하는 평양사범대학만 학부체계를 갖춘 규모 있는 대학이었다.[87] 인문사회계통의 학부(과)를 갖고 있던 대학은 김일성종합대학을 제외하면 평양로어대학이 유일한 것으로 보아, 당시 북한 지도부가 대학을 설립하면서 농학과 의학분야를 포함한 과학기술분야 육성에 중점적으로 신경을 썼음을 알 수 있다. 사범대학에 수물학부와 생물화학부가 설치되어 있었고 교원대학에도 수물과, 화학과, 박물과가 있었기 때문에 당시 대학생들 중에서 농학과 의학을 포함한 과학기술 전공자가 과반수를 훨씬 넘었을 것임을 쉽게 짐작할 수 있다.

평양공업대학과 흥남공업대학에 개설된 산업간부학부는 일반 학생들을 위한 것이 아니라 생산현장에서 중요한 역할을 담당할 핵심간부를 양성하기 위한 것이었다. 일반 노동자들 중에서 학력은 없더라도 오

---

85) 김창호, 『조선교육사 3』, 196쪽.
86) 1949년 당시 4개의 연구원에 72명의 연구성원이 소속되어 있었다. 김창호, 『조선교육사 3』, 226쪽.
87) 평양사범대학의 정원은 150명이었는데 이 중에서 과학기술 전공자는 50명이었다고 한다. 김근배, 「김일성종합대학의 창립과 분화」, 192~215, 212쪽.

〈표 2-13〉 1949년 당시 북한 지역에 있던 대학과 학부(과)

	대학명	학부(과)	설립년도
종합대학	김일성종합대학 *	력사학부, 조선어학부, 지리학부, 교육학부, 외국어학부, 경제학부, 법학부, 물리수학부(물리학과, 수학과), 화학부(화학과), 생물학부(동물학과, 식물학과)	1946.10.1 (1947.5.7)
공업대학	평양공업대학 *	광산지질학부(광산학과, 선광학과, 광산기계학과, 지질학과), 전기공학부(강전학과, 약전학과), 금속공학부(야금학과, 가공학과), 기계공학부(기계공학과), 섬유공학부(방직학과), 건설공학부(건축학과, 토목학과), 운수공학부(철도기계학과, 철도운영학과, 조선학과), 산업간부학부(광산학과, 전기공학과, 금속공학과, 기계공학과, 화학과, 특별금속학과, 특별기계학과, 특별철도학과)	1948.9.27 (1949.4)
	흥남공업대학 *	화학공학부(유기화학과, 무기화학과, 전기화학과), 전기공학부(전기기계과, 수력발전과), 금속공학부(유색금속과, 흑색금속과), 기계공학부(화학기계과), 재료화학부(재료화학과), 산업간부학부(특별화학공학부)	1947.9.15 (1949.4)
농업대학	원산농업대학 *	농학부(작물학과, 원예학과, 농예화학과), 수의축산학부(수의축산과, 축산과), 잠학부(잠사학과), 농업토목학부(농업토목학과, 관개학과), 농업경영학부(농업경영학과), 림학부(림학과), 수산학부(수산학과)	1948.9.1 (1949.4)
의학대학	평양의학대학 *	의학부(의학과, 구강과), 약학부(약학과), 위생학부(위생학과)	1948.9.28 (1949.4)
	함흥의과대학	의학과	1946.10.15
	청진의과대학	의학과	1948.9.1
사범대학 교원대학	평양사범대학	교육학부, 력사지리학부, 어문학부, 수물학부, 생물화학부, 체육학부	1946.10.1
	청진교원대학	력사과, 조선어문과, 지리과, 수물과, 화학과, 박물과, 로어과	1946.10.1
	신의주교원대학	력사과, 조선어문과, 수물과, 화학과, 박물과, 로문과, 체육과	1947.10.10
	해주교원대학	력사과, 조선어문과, 지리과, 수물과, 화학과, 박물과, 로어과, 체육과	1948.10.5
	원산교원대학	력사과, 조선어문과, 지리과, 수물과, 화학과, 박물과, 로어과	1949.10.15

〈표 2-13〉계속

	대학명	학부(과)	설립년도
외국어대학	평양로어대학	본과, 속성과	1949.11.15
예능대학	국립음악학교	성악, 기악, 작곡, 민악	1949.3.1
	국립미술학교	회화, 조각, 도안	1949.9.16

(* 표는 연구원이 설치되어 있는 대학, 연구원 설치년도는 괄호 안에 표시)
비고 : 평양공업대학과 흥남공업대학에 개설된 산업간부학부(밑줄표시)는 다른 학부
　　에 비해 짧은 2년제 특별학부로 1948년 9월에 설치되었다.
자료 : 김창호, 『조선교육사 3』(사회과학출판사, 1990), 200, 209~210쪽 ; 『김일성종
　　합대학 10년사』(김일성종합대학, 1956), 42~43쪽.

랜 현장 경험을 통해 재능을 인정받은 사람들이 추천받아 이곳에 입학
하였는데 이곳을 졸업한 사람들은 대부분 지배인 등 생산현장의 중요
간부로 등용되었다. 생산현장에서 중요한 역할을 담당하던 사람들을
현장에서 오랜 기간 이탈시켜놓을 수 없으므로 산업간부학부는 일반
학부(과)보다 짧은 2년제였다.[88]

　과학기술자를 자체적으로 양성하기 위한 노력은 대학설립만으로 그
치지 않았다. 대학에서처럼 깊이 있는 이론을 가르치는 것은 아니었지
만 해당 분야의 전문적인 기술을 집중적으로 가르치는 기술전문학교도
많이 세워졌다. 북한 지역에 세워진 첫 기술전문학교는 김일성대학의
모체가 된 평양공업전문학교(교장 신건희)였다. 1946년 '전문학교(중등
기술전문학교) 설립에 관하여', 1947년 '기술교육진흥에 관하여' 결정
채택 이후 기술전문학교는 그 수가 급격히 늘어나 1946년 16개에서
1947년 44개, 그리고 1949년에는 55개가 되었다. 여기에 소속된 학생
수도 1946년에는 5058명이던 것이 1947년에 1만 3616명으로 대폭 늘
어났고 1949년에는 2만 3061명이 되었다. 분야별로 전문학교 수를 살

---

88) 김창호, 『조선교육사 3』, 209쪽 ; 리국순, 「흥남비료공장 로동자들이 걸어 온
　　승리의 길」, 188쪽.

펴보면, 공업 18, 농업 18, 의학 6, 수산 4, 경제 4, 철도 1, 체신 1, 해양 1, 재정경제 1, 예술 1개였는데 대학과 마찬가지로 과학기술 분야의 비중이 상당히 높았음을 알 수 있다.[89]

북한 교육체제의 특징 중 하나는 '일하면서 공부하는 체제'가 잘 발달되어 있다는 점이다.[90] 위에서 이야기한 일반 대학이나 전문학교는 이미 학령기를 지나 취업을 한 사람들에게는 적합하지 않은 교육체제였는데 이들을 위해서는 근무가 끝난 야간에만 출석하여 수업을 듣는 야간대학과 원거리에서 통신망을 통해 공부하는 통신대학이 알맞았다. 일찍부터 교육체계를 정비하여 정상화시키기 위해 노력한 북한 지도부는 일반 대학들이 자리를 잡아가던 1948년부터 야간대학과 통신대학을 병설하기 시작하였다. 기존의 시설들을 최대한 활용하여 재능과 열의가 있는 사람들을 더 많이 가르치기 위한 조치였다. 첫 야간대학은 1948년 2월 김일성종합대학에 세워졌고 같은 해 9월에는 평양공업대학과 흥남공업대학에도 야간대학이 세워졌다. 통신대학은 주로 교원대학에 병설되었는데 역시 김일성종합대학에 첫 통신대학이 설치된 후 평양사범대학과 청진교원대학, 신의주교원대학, 원산교원대학에 통신대학이 세워졌다.[91]

이처럼 자체적으로 고급 인재를 양성하기 위한 노력은 각종 주야간 대학과 통신대학의 설치로 이어졌고 그 결과 1940년대 말이 되면 15개의 대학과 55개의 전문학교, 3개의 야간대학과 4개의 통신대학이 운영되고 있었다. 당시 대학생 수는 약 1만 8,000여 명, 전문학교 학생 수는 약 2만 3,000여 명이었으며 야간대학과 통신대학에서 공부하고 있던 학생 수는 약 5,000여 명이었다. 이미 1949년에 대학과 전문학교를 졸

---

89) 김창호, 『조선교육사 3』, 201~203쪽.
90) 북한의 교육에 대해서는 이향규, 「북한 사회주의 보통교육의 형성 : 1945~
   1950」; 신효숙, 『소련군정기 북한의 교육』; 조정아, 「산업화 시기 북한의 노
   동교육」을 참고.
91) 김창호, 『조선교육사 3』, 206쪽.

업한 학생이 1177명, 3,849명이나 되었고 이후 계속해서 배출될 대학 졸업생과 전문학교 졸업생은 해방 직후부터 심각했던 과학기술자 부족 현상을 상당한 수준에서 해소될 수 있을 정도였다.[92]

문제는 이러한 흐름이 1950년에 발발한 전쟁으로 인해 계속 이어지지 못하였다는 것이다. 겨우 확보한 대학의 시설들이 전쟁으로 인해 많이 파괴되었으며 인력의 손실도 매우 컸다. 전쟁 초기에 많은 수의 대학생과 대학 교원들이 '해방지구 정치공작대'나 군대 교관으로 참전하였으며,[93] 월북 과학기술자들 중 일부는 전쟁의 혼란을 틈타 다시 남으로 내려온 경우도 있었다.[94]

하지만 1951년 중순부터 전쟁은 전선주위에 고착화되어 장기전으로 들어갔고 이에 따라 북한 지도부는 전쟁으로 인해 중단되었던 대학 운영을 정상화할 대책부터 마련하기 시작하였다. 북한 내각은 '각 급 학교들은 개교준비사업을 진행하라'는 내각결정을 1951년 6월 4일에 채택하였고 1951년 8월에는 군사위원회에서 '대학졸업생 및 재학생 소환에 대하여'라는 지시를 내렸다. 그 결과 실질적으로 전쟁이 끝난 1953년 7월경이 되면 대부분의 대학이나 전문학교들이 외형적으로나마 전쟁 전 상태를 거의 회복할 수 있게 되었다.[95] 물론 재학생 수가 전쟁 전 상태로 회복되는 데에는 좀 더 긴 시간이 필요하였는데 전후복구사업

---

92) 김창호, 『조선교육사 3』, 194~209쪽 ; 『북한 경제 통계집』, 510쪽. 졸업생 수는 과학기술계만의 통계가 아니라 사회과학계까지 포함한 것이지만 앞에서 살펴본 바와 같이 과학기술 전공자가 대부분이었으므로 이 통계수치만으로도 당시 배출된 신진 과학기술자의 규모를 짐작할 수 있다.

93) 『김일성종합대학 10년사』, 73~74쪽.

94) 〈표 2-11〉에서 정리한 월북 과학기술자들 중에서 국순웅, 김응상, 김치영, 김현봉, 류종근, 리형규, 정세관, 최유길, 최태희, 한필하, 홍성해는 전쟁 시기 다시 월남하였다. 박성래, 『한국 과학기술자의 형성 연구』(한국과학재단, 1995) ; 김근배, 「월북과학기술자와 흥남공업대학의 설립」, 『아세아연구』(1997), 95~130쪽 ; 문만용, 김영식, 『한국 근대과학 형성과정 자료』.

95) 윤명수, 『조선 과학기술 발전사 1』, 46~49쪽.

이 끝나가던 1955년 말이면 거의 전쟁 전 수준을 넘어섰다.[96]

3) 해외 유학을 통한 과학기술 인력 양성

1946년부터 시작된 해외 유학생 파견 사업은 인재 부족 상태를 해결할 수 있는 중요한 정책 중 하나였다. 남한에 있던 과학기술자들을 월북하도록 유도하고 대학을 설립하여 인재를 확보하기 위해 적극 노력하였지만 문제는 그들의 수준이었다. 리승기나 려경구 등 일부는 일제시기 제국대학에서도 실력을 인정받았을 정도로 수준이 높았지만 이런 사람은 극히 일부였고 대부분은 그렇게 수준이 높지 못하였다. 소수였지만 각 분야별로 실력이 뛰어난 사람들을 중심으로 대학이 운영되면서 나름대로 일정한 성과를 거둘 수는 있었지만 한계가 많았다. 특히 제대로 된 교육을 위해 각종 실험 실습 설비가 잘 갖추어져 있어야 하는 과학기술 분야에서는 어려움이 더욱 컸다. 당시 북한이 처한 상황에서 교육 설비를 제대로 갖추는 것은 쉬운 일이 아니었기 때문이다.

이런 상황에서 소련의 적극적인 후원하에 진행한 유학생 파견 사업은 북한의 입장에서는 적극 환영할만한 일이었다. 소련은 유학생들의 학비와 교육기자재 사용비를 면제시켜주었고 기숙사와 식사도 무료로 제공해주었으며 매달 580~980루블의 장학금까지 지급하였다.[97] 따라서 학생만 선발하여 보내기만 하면 아무런 투자 없이 최고수준의 교육을 받은 인재들이 양성되는 것이었으므로 당시 북한의 입장으로는 고급 인재를 양성하는 데 이보다 더 좋은 방법이 있을 수 없었다.

1946년에 299명으로 시작한 해외 유학생 파견 사업은 전쟁 시기에도 중단되지 않고 계속해서 추진될 정도로 정책 우선순위가 상당히 높았

---

96) 1949~1950학년도에 1만 8천 명 수준이던 대학생이 1953~1954학년도에 1만 1천 명으로 줄었다가 1956~1957학년도에 2만 2천명 수준으로 회복하였다. 국가계획위원회 중앙통계국, 『조선민주주의인민공화국 인민경제발전통계집 1946~1960』, 167쪽.

97) 신효숙, 『소련군정기 북한의 교육』, 96쪽.

다. 1기 유학생 299명은 교원시찰단 30명과 함께 소련의 모스크바, 레닌그라드 등의 각 대학과 대학원에 파견되었다.[98] 1947년 7월에 파견된 2기 유학생은 1기보다 수가 줄어든 140명 규모였는데, 그중에서 학부생이 120명이었고 대학원생이 20명이었다. 〈표 2-14〉는 2기 소련 유학생들의 입학 현황을 정리한 것이다.

이에 의하면, 전공을 알 수 없는 국립대학과 사범대학, 통신대학을 제외하면 대부분의 학생들이 과학기술을 전공하고 있었음을 알 수 있다. 아직 과학기술을 전공하는 것에 대한 거부감이 남아있던 상황에서 이처럼 많은 학생들이 과학기술을 전공하게 된 것은 북한 지도부가 유학생들에게 직접 과학기술을 전공하도록 유도한 결과였다.[99] 1948년과

〈표 2-14〉 1947~1948년도 북한유학생의 소련 고등교육기관 입학 현황

고등교육기관	학부생 수	대학원생 수
모스크바 방직대학	10	2
카잔 화학기술대학	20	-
우랄 공업대학	20	2
스베르들롭스크 광산대학	10	-
똠스크 철도운송기사대학	20	-
레닌그라드 사범대학	-	2
카잔 국립종합대학	10	-
레닌그라드 국립종합대학	-	12
타쉬켄트 농업대학	10	2
모스크바 국립영화대학	6	-
레닌그라드 영화기사대학	4	-
레닌그라드 통신대학	10	-
총 계	120명	20명

자료 : АВПРф(러시아 대외정책 문서보관소), ф.0102, оп3, п.7, д.27, л.41(신효숙, 『소련군정기 북한의 교육』(교육과학사, 2003). 98쪽에서 재인용).

98) 남일, 「공화국 교육발전에 준 쏘련의 거대한 원조」, 『민주청년』 63(1950.3.16) (신효숙, 『소련군정기 북한의 교육』, 96쪽에서 재인용).

1949년에도 유학생 파견 사업은 계속 추진되어 1950년 당시 소련 고등 교육기관에서 공부하고 있는 학생은 일부 귀국한 사람을 제외하고도 600여 명이나 되었다.[100]

전쟁이 발발하면서 해외 유학생 파견사업의 양상이 달라지기 시작하였다. 우선 파견국이 다양해지기 시작하였는데 이전까지는 소련으로만 유학생을 보내다가 1951년부터 폴란드, 체코슬로바키아, 루마니아로도 유학생을 보내기 시작하였고 1952년부터는 동독, 중국, 헝가리, 불가리아, 몽고로도 유학생을 파견하였다. 1956년부터는 알바니아도 북한의 유학생들을 받아들이기 시작하였다. 사회주의 국가들이 원조의 차원에서 유학생들을 받아주었던 것이다. 또한 파견기관도 다양해지기 시작하여 고등 교육기관뿐만 아니라 생산현장에 실습생으로 유학생들을 파견하기도 하였다.[101]

유학생들은 전쟁 시기부터 조금씩 돌아오기 시작하여 전후복구사업이 마무리되어 갈 때 대거 귀국하기 시작하였다. 〈표 2-15〉는 1958년까지 소련의 고등교육기관으로 파견된 유학생들의 현황을 정리한 자료이다.

〈표 2-15〉에 포함되지 않은 중등 교육기관에 파견된 유학생 수나

99) 김일성은 유학생들에게 직접 "동무들이 수학, 물리, 화학 등 자연과학을 잘 모르기 때문에 정치만 배우겠다고 하면서 사회과학학과에 가겠다고 제기한다는데 그것은 잘못된 생각입니다. … 동무들은 과학기술을 배워야 합니다. 그것이 진짜 정치를 배우는 것입니다. 과학기술을 아는 공산주의자라야 정치를 더 잘 할 수 있습니다"라고 이야기하면서 과학기술을 공부할 것을 적극 권하였다고 한다. 이런 김일성의 권유를 받은 학생들은 전공 학과를 과학기술 관련 학과로 변경하였고 유학파 과학기술자가 되어 돌아왔다. 도상록, 「물리학은 중요한 기초과학입니다」, 『위대한 사랑의 품속에서 2』, 155~156쪽 ; 리상설, 「민족간부로 튼튼히 키우시려고」, 『수령님과 주체과학 40년』, 19~29쪽 ; 차용현, 사광웅, 『조선로동당 인테리 정책의 빛나는 력사』, 125~131쪽.
100) 신효숙, 『소련군정기 북한의 교육』, 105쪽.
101) 신효숙, 「북한사회의 변화와 고등인력의 양성과 재편(1945~1960)」, 58쪽 ; 조정아, 「산업화 시기 북한의 노동교육」, 52쪽.

〈표 2-15〉 북한유학생의 소련 고등교육기관 입학과 졸업 현황(1945~1955년)

년도	1946	1947	1948	1948	1950	합계
입학생 /	230	140	60	90	165	685
졸업생	/-	/-	/-	/11	/8	/19
년도	1951	1952	1953	1954	1955	합계
입학생 /	129	262	218	79	69	757
졸업생	/41	/52	/73	/107	/157	/430

자료 : ВАБелов,『Подготовка Кадров Для Зарубежных Стран В Советских ВУЗах (소련고등교육기관에서 외국 유학생의 교육)』(Калининград, 2003), pp.212~219. 신효숙, 「북한사회의 변화와 고등인력의 양성과 재편(1945~1960)」, 『현대북한연구』 8(2)(경남대학교 북한대학원, 2005, 60쪽에서 재인용).

소련 이외의 다른 사회주의 국가에 파견된 유학생의 수를 모두 합치면 그 수는 더욱 커진다. 1957년 당시 외국의 전문학교 이상 교육기관에서 공부하고 있는 학생 수가 4300여 명이었고 1958년에 귀국한 유학생만 900여 명 수준이었다고 한다.102)

　결국 소련 고등교육기관으로 보내기 시작하던 유학생 파견사업은 점차 파견국과 파견기관을 넓히고 파견규모도 확대함으로써 1950년대 중반이 되면 수천 명에 이르는 유학생이 배출되어 인재부족 현상을 해소하는 데 많은 도움이 되었다. 유학생 대부분이 과학기술을 전공하였기 때문에 당연히 과학기술자 부족 현상 해소에도 많은 도움이 되었다.

2. 과학기술 관련 기관 설립

　해방 직후 북한 지도부가 제시한 사회 개혁 방향은 소련과 같은 수준의 사회주의 개혁이 아니라 반제반봉건 인민민주주의 혁명이었지만 경

---

102) 「3개년 인민경제계획실행에서 조선인민이 쟁취한 위대한 성과」, 『로동신문』 (1957년 2월 24일) ; 최삼열, 「공화국 창건 이후 10년간의 우리나라 과학 및 기술 발전」, 『과학원 통보』 1958(4), 16~28쪽.

제 운영방법에 대해서는 소련과 같은 '계획경제'를 목표로 하고 있었다. 그래서 1946년 북한 지역에 처음으로 생긴 중앙 지도조직인 '북조선임시인민위원회'는 1947년부터 계획경제를 실행할 수 있도록 준비하였다. 하지만 아직 장기적인 계획을 수립할 능력이 부족하여 첫해인 1947년에는 1년 단위의 경제계획만 마련한 상태에서 경제활동이 전개되었고 1948년에도 마찬가지였다. 처음으로 1년 이상의 장기적인 계획에 입각한 경제정책을 수립하여 추진하기 시작한 것은 공식적으로 조선민주주의인민공화국이 출범한 1948년 이후였다. 1년 단위의 경제계획을 두 차례 실행해본 경험을 바탕으로 정식으로 국가수립이 선포된 상황에서 제1차 2개년 경제계획(1949~1950)이 시행되었던 것이다.[103]

또한 북한 지도부는 중앙집권적 경제체제를 수립한 것처럼 중앙 집권적인 과학기술 관련 조직을 만들기 위해 해방 직후부터 노력하였다. 현대 과학기술 규모가 점차 커지고 산업활동과 연관성이 더욱 깊어지는 경향이 있으므로 많은 인원과 설비, 다른 분야와의 협력을 효율적으로 조정, 통제하는 것이 더욱 중요해질 것이라고 판단하였기 때문이다. 북한 과학기술계 전체를 아우르는 중앙집권적 조직체는 북한 과학원이 설립된 1952년에 가서야 완성되었지만 북한은 아주 일찍부터 조직체계를 정비하기 위해 많은 노력을 기울였다. 과학기술 관련 기관을 감당한 수 있는 범위 내에서 계속 세워나갔고, 제한된 과학기술인력들을 효율적으로 활용하기 위해 과학기술 단체를 계속 만들어 나갔다.

1) 해방 직후 설립된 과학기술 관련 단체 및 기관

위에서도 살펴봤듯이 북한 지역에는 과학기술인력이 매우 귀했으므로 과학기술자들이 활동할 수 있는 기관을 세우는 것도 중요했지만 과

---

103) 리준오, 「우리나라 인민경제계획화의 발전」, 『우리나라의 인민경제발전 (1948~1958)』, 64~99쪽 ; 과학원경제법학연구소, 『해방 후 우리나라의 인민 경제 발전』, 28~79쪽.

학기술인력 자체를 확보하는 것이 더 시급한 일이었다. 따라서 해방의
열기가 약간 가라앉고 임시인민위원회가 구성된 다음, 과학기술자들을
모으고 활용하기 쉽게 하기 위해 각종 과학기술자 관련 단체들이 만들
어지기 시작하였다. 공업관련 기술자들의 단체인 '북조선공업기술련맹
(위원장 리종옥)'이 1946년 4월 14일에 구성된 것을 필두로 같은 해 4월
25일에는 보건의료인들의 단체인 '북조선보건련맹(위원장 최응석)'이
결성되었다. 이 단체들은 고급 과학기술자들을 위한 것이었기보다 기
능공과 같은 생산현장의 기술자들까지 포괄하기 위한 단체였다. 고급
과학기술자들은 그 수도 매우 적었을 뿐만 아니라 1946년 9월에 개교
한 '김일성종합대학'에 대부분 소속되어 있었기 때문에 다른 단체를 결
성할 필요가 없었다.

이렇게 해서 모인 과학기술인력은 1946년 10월 17일부터 18일까지
평양 제1중학교 강당에서 '조선 과학자, 기술자 대회'를 개최하였다.[104]
분야별 기술자 조직체를 구성하는 단계를 넘어 과학기술자 전체를 하
나로 묶기 위한 노력이었다. 이 대회에는 약 200여 명의 과학기술자들
이 참석하였다.[105] 이 대회 폐막 연설 "현 시기 과학자, 기술자들의 임
무에 대하여"를 통해 김일성은 해방 이후 처음으로 과학기술 관련 정
책의 큰 틀을 제시하였다.[106] 그는 이날 연설에서 과학기술자들의 임무
를 세 가지로 정리해서 제시하였는데 연구사업, 과학기술 인력 양성사

---

104) 해방 직후부터 1960년대 초까지 전국 과학기술자들이 모두 모이는 전국 단위
   의 과학기술자 대회는 1946년 대회를 포함해 3번 열렸다. 나머지 두 번의 대회
   는 1952년과 1963년에 열렸다. 이런 전국 단위의 과학기술자 대회가 개최되고
   나면 항상 북한 과학기술계에 전반적인 변화가 뒤따랐다. 1946년 대회 뒤에는
   '북조선중앙연구소'가 세워졌고 1952년 대회 뒤에는 '북한 과학원'이 설립되
   었으며 1963년 대회 뒤에는 과학기술 중심의 북한 과학원과 분야별 과학원 체
   계가 갖추어졌다.
105) 윤명수, 『조선 과학기술 발전사 1』, 12쪽.
106) 김일성, 「현 시기 과학자, 기술자의 임무에 대해 (과학자, 기술자 대회에서 한
   연설, 1946년 10월 18일)」, 『김일성저작집 2』(조선로동당출판사, 1979), 491~
   496쪽.

업, 그리고 산업현장 복구건설 지원사업이었다. 여기서 김일성이 가장 강조했던 활동은 산업현장 복구건설 지원사업이었다. 복구 건설을 계획적으로 수행하기 위해서나 복구 이후 계획적으로 관리 운영하기 위해서도 현장 상태를 구체적으로 조사, 분석한 후 계획을 수립할 수 있는 능력을 가진 과학기술자들의 도움이 절실하다는 설명이었다. 이후 북한 과학기술 정책에서 기술지원활동의 비중이 매우 커질 것을 예상할 수 있게 하는 설명이다. 조선 과학자, 기술자 대회가 끝난 다음에도 과학기술인 관련 단체는 계속 세워졌는데 1946년 10월 19일에 '북조선약학기술동맹'이 결성되었고 11월 30일에는 '북조선농업기술련맹'이 결성되었다.

당시 흥남 지역에는 흥남비료공장을 비롯하여 많은 산업시설들이 집중되어 있었는데 해방 직후 흥남지구 5대 공장들(흥남비료공장, 본궁화학공장, 흥남제련소, 룡성기계제작소, 화약공장)은 '흥남인민공장(지배인 로응하)'이라는 이름으로 통합, 운영되고 있었다. 대부분 화학공업 계통의 공장들이었으므로 화학공업 계통의 전문 과학기술자들의 도움이 절실하였다. 따라서 1946년 4월에 흥남인민공장 내에 '연구과'가 설치되었고 각 공장에는 '시험소'가 조직되었다. 이는 산업시설들을 복구, 정상화시키기 위해 전문 과학기술인력들이 간단한 시험과 연구활동을 할 수 있도록 만든 북한 지역의 첫 과학기술 관련 조직이었다. '흥남인민공장 연구과'는 흩어져있던 각종 연구시설들을 통합하여 1948년 6월 4일에 '흥남시험소(소장 려경구)'로 개편되었고 산업성 화학공업관리국의 관리를 받았다.[107] 〈표 2-16〉은 흥남시험소와 관련한 사항들을 정리한 것이다.

흥남시험소는 고분자, 유기, 무기, 전기, 제약, 촉매를 비롯한 9개의

---

107) 리종옥, 『영원한 인민의 태양 2』, 83~84쪽 ; 조국선, 「위대한 수령 김일성동지의 현명한 령도밑에 새 조국 건설시기 공업부문 과학연구기관창설을 위한 투쟁」, 『력사과학』 2000(4), 5~7쪽.

〈표 2-16〉 흥남시험소(소장 려경구, 산업성 화학공업관리국)

설립년도	1948년 6월 4일
규모	9개의 연구부, 8개의 행정 관리부, 600명의 종업원
연구부서	고분자, 유기, 무기, 전기, 제약, 촉매 등 9개 분야
행정관리부서	계획과, 서무과 등 8개 과
기타	기술도서관(10만여 권), 4개의 중간시험과, 중간시험공장
전신	흥남인민공장 연구과, 각 공장별 시험소 (1946.4)
후신	화학건재공업성(화학공업성) 중앙연구소, 북한 과학원 화학연구소

자료 : 조국선, 「위대한 수령 김일성동지의 현명한 령도밑에 새 조국 건설시기 공업
부문 과학연구기관창설을 위한 투쟁」, 『력사과학』 2000(4), 5~7쪽.

연구부서와 계획과, 서무과 등 8개의 행정관리부서로 구성되었고 구성
원은 약 600여 명이었다. 흥남시험소는 이후 '흥남연구소'로 이름을 바
꾸었다가 1952년 12월 북한 과학원이 조직될 때 '화학연구소'로 전환되
었다.

북한 지역에서 조직된 공식적인 첫 과학기술 연구소는 1946년 10월
25에 설립된 '중앙광업연구소'였다.[108] 〈표 2-17〉은 중앙광업연구소
와 관련된 사항들을 정리한 것이다. 모든 산업활동의 기본이라 할 수

〈표 2-17〉 중앙광업연구소 (중앙광물시험소)

설립년도	1946년 10월 25일 (1948년 10월 개편)
연구부서	탐광부, 채탄부, 선광부, 분석부
행정관리부서	조직계획부, 총무부
광산기술자 양성사업	고등기술원 양성소, 평양공업전문대학 교원들이 겸임

자료 : 조국선, "위대한 수령 김일성동지의 현명한 령도밑에 새 조국 건설시기 공업
부문 과학연구기관창설을 위한 투쟁", 『력사과학』 2000년 4호, 5~7쪽.

108) 최삼열, 「공화국 창건 이후 10년간의 우리나라 과학 및 기술 발전」, 『과학원
통보』 1958(4), 16~28쪽 ; 조국선, 「위대한 수령 김일성동지의 현명한 령도밑
에 새 조국 건설시기 공업부문 과학연구기관창설을 위한 투쟁」, 『력사과학』
2000년 4호, 5~7쪽.

있는 연료와 원료의 공급을 최대한 빨리 정상화시키기 위한 이 연구소는 탐광부, 채탄부, 선광부, 분석부 등과 같은 연구부서와 조직계획부, 총무부와 같은 관리부서 등으로 구성되어 있었다. 중앙광업연구소는 연구사업뿐만 아니라 광산기술자 양성사업도 동시에 수행하였는데 당시 지도교원은 산업국 산하 '고등기술원 양성소'와 '평양공업전문대학'의 교원들이 겸임하였다.

최초의 의학연구소는 1946년 2월 5일에 세워진 '서북방역연구소'였고, 최초의 수의학연구소는 국가가축위생연구소였다. 1946년에 농업관련 연구소는 아직 세워지지 않았고 평양, 정주, 함흥, 보천 등에 '농사시험장'만 만들어졌다. 중앙농사시험장은 1947년 4월 15일 사리원에 세워졌다. 농업과 임업 관련 첫 연구소는 1948년 12월 29일에 설립된 '농림과학연구소'였다.

당시 북한은 공업이 충분히 발달하지 않은 농업국가 상태였기 때문에 농업기술 관련 활동을 매우 중요하게 추진하였고 농업관련 분야의 조직 정비가 다른 분야들보다 빨랐다. 1946년에 이미 농학연구 단체인 '북조선농업연구협회'와 농업기술자들의 연합체인 '북조선농업기술련맹'이 설립되었고 여러 지방에 '농사시험장'이 마련되어 농사기술과 관련된 연구와 시험을 추진하였다. 1947년에는 지역별 농사시험장을 통일적으로 관리할 수 있는 중앙농사시험장이 설치되었고 1948년 12월 29일에는 농업 및 임업 부문의 과학연구사업을 통일적으로 조직, 지도할 수 있는 중앙기관으로서 '농림과학연구소'가 설립되었다.[109] 이는 이후 1952년 과학원이 설립될 때 '농학연구소'로 전환되다가 가장 먼저 과학원에서 분리, 독립하였다. 1956년 1월 10일 내각명령 제3호에 의해 생물학연구실만 제외한 농학연구소 소속 6개 연구실은 농업성으로 이관되어 농업성 중앙농업연구소와 함께 '농업과학연구원(원장 계응상)'을 구성하였다.[110]

---

109) 윤명수, 『조선 과학기술 발전사 1』, 36~37쪽.

의학부문은 일제 시기 대우가 다른 부문보다 좋았기 때문에 해방 직후 우수한 인력들이 많이 있었다. 특히 실제 각 지방에서 의료활동을 하던 사람들이 많이 있었고 이 부문의 조직화 정도도 다른 부문보다 빨랐다. 1946년에 '북조선보건련맹'과 '북조선약학기술동맹'이 결성된 다음 1947년 4월 8일에는 '북조선 약품 및 위생연구소'가 보건국 산하에 설립되었고 이 연구소는 1948년 4월에 '중앙약품연구소'와 '중앙위생연구소'로 분리되었다. 1946년에 설립된 '서북방역연구소'는 1947년 6월 5일에 '북조선전염병연구소'로 확대 개편되었다. 1948년 4월 28일에는 의학연구 단체인 '북조선의학회'가 결성되었다. 1949년 12월에는 외과학 분야가 독자적인 활동을 시작하였는데 1949년 12월 25일 '제1회 외과학대회'가 평양에서 개최되었으며 대회가 끝나던 27일에는 '외과학회'가 결성되었던 것이다.[111] 1952년 과학원 창설 당시 세워진 '의학연구소'는 이러한 전통을 바탕으로 설립된 것이었다. 일찍부터 독자적인 영역을 확보하고 부문 내 분화까지 진행했던 의학부문은 농학부문보다 2년 늦은 1958년에 과학원에서 분리, 독립하였다. 1958년 6월 16일 내각결정 62호에 의해 과학원 의약학연구소는 약초원과 보건성 의학분야 연구소와 함께 보건성 소속의 '의학과학연구원(원장 홍학근)'으로 조직되었다.

2) 북조선중앙연구소

전반적인 과학기술활동이 조직화, 체계화되기 위해서는 위에서 이야기한 개별 부문의 연구소가 세워지는 것만으로는 부족하였다. 과학기술계 전체를 대표할 수 있고 세부 부문들을 종합적으로 아우를 수 있는 새로운 조직체가 필요하였다. 1946년 10월 17일에 개최된 '조선 과학

---

110) 『과학원의 연혁』, 64쪽.

111) 윤명수, 『조선 과학기술 발전사 1』, 39~41쪽 ; 조국선, 「위대한 수령 김일성동지의 현명한 령도밑에 새 조국건설시기 의학부문의 과학연구기관과 학술단체의 조직」, 『력사과학』 2003년 2호, 61~62쪽.

자, 기술자 대회'에서 각 분야의 과학자, 기술자들은 이러한 문제에 대
해 논의한 후, 과학기술계 전체를 대표하는 새로운 연구기관을 설립하
기로 의견을 모았던 것으로 추정된다.[112] 그 결과, 이로부터 불과 3개
월 반이 지난 1947년 2월 7일에 '북조선중앙연구소 (소장 신건희)'가 세
워질 수 있었다. 1947년 2월 22일에 '북조선임시인민위원회'가 '북조선
인민위원회'로 전환되기에 앞서 과학기술 연구 전반을 관장할 수 있는
연구소를 먼저 세웠던 것이다.[113] 이는 과학기술 관련 종합 연구기관으
로 북한 지역에서 최초로 설립된 연구소였다.

　북조선중앙연구소는 "자립적 민족공업 발전 위한 과학기술적 문제
를 종합적으로 풀"고 "가장 중요한 기술자재 문제를 종합적으로 연구
해결"하고, "선진과학기술을 광범하게 섭취 도입"할 목적으로 만들어
졌다.[114] 〈표 2-18〉은 북조선중앙연구소와 관련된 사항들을 정리한 것
이다. 북조선중앙연구소는 산업현장의 요구조건들을 최대한 수용할 수
있도록 7개나 되는 연구부서(지질, 광업, 금속, 섬유, 기계, 전기. 화학)
를 갖고 있었고, 산업현장과 연구부서들 사이의 의사소통을 원활하게
하고 연구활동을 계획적, 효율적으로 진행하기 위한 조정기구로서 '연

〈표 2-18〉 **북조선중앙연구소 (소장 신건희)**

설립년도	1947년 2월 7일
연구부서	7개(지질, 광업, 금속, 섬유, 기계, 전기. 화학)
행정관리부서	서무부
연구위원회	부서별 연구활동을 조정하는 기구

자료 :「북조선중앙연구소 설치에 관한 결정서」, 정경모, 최달곤 편,『북한법령집 4』
　　　(대륙연구소, 1990), 242쪽.

112)「(북조선과학기술인대회) 결정서,『공업지식』(46.11), 81~82쪽(김근배,「월북과
　　　학기술자와 흥남공업대학의 설립」,『아세아연구』(1997), 95~130, 109쪽에서 재
　　　인용).
113) 윤명수,『조선 과학기술 발전사 1』, 17쪽.
114)「북조선중앙연구소 설치에 관한 결정서」,『북한법령집 4』, 242쪽 ;『과학원 5
　　　년 연혁』, 5쪽.

구위원회'를 두고 있었다. 중앙광업연구소처럼 연구분야가 특정된 연구소와 달리, 북조선중앙연구소는 다양한 연구분야를 모두 포괄하고 있었기 때문에 연구위원회와 같은 조정기구가 필요했던 것이다. 또한 이제 막 임시인민위원회가 인민위원회로 전환되는 상황이어서 국가 전체적으로도 재원 확보가 쉽지 않았으므로 북조선중앙연구소는 설비나 재원 등을 충분히 확보하지 못한 상태에서 조직되었다. 따라서 연구소의 활동이 정상적으로 추진되기 위해서는 다른 행정부처나 생산현장의 지원이 필수적이었고, 이런 업무를 담당한 연구위원회의 역할은 매우 중요한 것이었다.

생산현장들에서 산업부흥에 긴급히 요구되는 연구 과제를 북조선중앙연구소에 의뢰하면 연구위원회에서 연구 과제를 접수한 후 연구계획을 작성하고 해당 연구부서에 연구 과제를 내려 보내고 연구계획에 따라 해당 연구부서는 연구활동을 진행하였다. 그리고 이 과정에서 필요한 설비나 물자, 재원 등을 마련하는 데 인민위원회 산하 생산국들이 최대한 협조하도록 되어 있었다.115) 하지만 당시 생산국들도 상황이 여유롭지 않았으므로 북조선중앙연구소 활동에 대한 지원을 제대로 할 수 없었고 결국 연구소는 불과 몇 개월 후에 문을 닫고 말았다. 산업활동에 필요한 과학연구활동을 수행한다는 중요성 때문에 임시인민위원회의 전폭적인 지지를 받으면서 세워졌지만, 북조선중앙연구소는 계획대로 운영되지 못하였고 결국 김일성종합대학에 연구원이 설립되면서 이곳으로 관련 기능 및 설비들이 이관되고 말았다.116)

당시 김일성종합대학은 북한 지역에서 최고의 과학기술인력들이 모여 있는 조직이었다. 따라서 이곳으로 연구소 기능을 이관시켰다는 것은 북조선중앙연구소의 기능을 유지, 실현하기 위해 필요한 과학기술

115) 「북조선중앙연구소 설치에 관한 결정서」, 『북한법령집 4』, 242쪽.
116) 『민주일보』(1947.5.25) ; 신건희, 『자서전』(흥남공대) ; (김근배, 「월북 과학기술자와 흥남공업대학의 설립」, 116쪽에서 재인용).

인력의 부족을 해결할 다른 방법을 찾지 못했기 때문이기도 하다. 해방
직후부터 극심했던 과학기술인력 부족현상은 1947년 당시까지 여전히
풀리지 않았기 때문에, 북조선중앙연구소는 연구활동을 수행하는 데
어려움이 많았고 이는 결국 연구소가 제대로 작동하지 못하게 만들었
다.117) 물질적 지원의 부족이 북조선중앙연구소 운영을 어렵게 한 핵심
적인 원인이었다면, 연구소를 폐쇄하는 대신 규모를 줄이거나 새로운
지원방법을 마련하는 등의 조치를 취했을 것이지만 이런 조치를 취하
는 대신 연구소를 김일성종합대학으로 이관해버리고 말았던 사실에서
북조선중앙연구소 운영에 가장 핵심적인 걸림돌은 과학기술인력의 부
족이었음이 드러난다.118) 따라서 북한지역에서 정상적인 종합연구기관
이 설립되기 위해서는 과학기술인력을 충분히 길러내고 확보하게 될
때까지 기다려야 하였다.

　북조선중앙연구소 운영이 실패함에 따라 과학기술 활동을 전반적으
로 조직, 관리하는 기능은 한곳에서 모이지 못하고 분리되었다. 과학기
술 연구활동은 분야별로 설립해서 운영하던 개별 연구소와 김일성종합
대학, 함흥공업대학, 평양공업대학 등 대학들이 교육활동과 겸해서 맡
았고, 과학기술 정책을 입안하고 과학기술계를 조직, 지도하는 역할은
'국가계획위원회 과학연구국'에서 맡았다.119)

3) 조선민주주의인민공화국 과학원 창설

　북조선중앙연구소를 설립하여 정상적으로 운영하는 데 실패한 북한
은 앞에서 이야기한 바와 같이 다방면으로 과학기술인력을 양성하기

---

117) 김근배, 「월북 과학기술자와 흥남공업대학의 설립」, 116쪽.

118) 해방 후 북한이 과학기술을 발전시키는 데 있어서 가장 큰 난관은 과학기술인
　　재의 부족이었다고 한다. 그 다음으로 물질기술적토대 부족이 거론되었다. 윤
　　명수, 『조선 과학기술 발전사 1』, 11쪽.

119) 김일성, 「우리나라 과학을 발전시키기 위하여(과학자대회에서 한 연설, 1952
　　년 4월 27일)」, 『김일성저작집 7』(조선로동당출판사, 1980), 182~204, 200쪽.

위해 노력하였다. 그 결과 1950년경에 이르면 상당한 수의 고급 과학기
술자를 확보할 수 있었다. 해방 직후 대학을 졸업한 과학기술자의 수가
20명 수준이었던 것이 1949년 대학 졸업생만 1400여 명이었으므로 100명
이 훨씬 넘는 월북 과학기술자들까지 포함한다면 고급과학기술자는 적
어도 70배, 많게는 100배 이상 늘어났던 셈이다.[120] 아마도 전쟁이 터
지지 않았더라면 이 당시에 북조선중앙연구소와 같은 과학기술 관련
종합연구기관이 설립되었을 수도 있었겠지만 이런 일은 전쟁이 소강상
태로 접어들기 시작하는 1952년까지 연기될 수밖에 없었다.

1952년 12월 1일에 공식적으로 출범한 과학기술관련 종합연구기관
은 북조선중앙연구소보다 규모나 위상 면에서 훨씬 커진 것이었다. 공
학이나 자연과학뿐만 아니라 의학, 농학, 심지어 사회과학까지 포괄하는
명실 공히 북한 최고의 전문 연구기관으로 설립된 것이 바로 '조선민주
주의인민공화국 과학원(The Academy of Sciences of Democratic People's
Republic of Korea)'이었다.

물론 아직 전쟁이 끝나지 않은 시점에 과학원을 세운다고 반대하는
의견도 많았다. 하지만 1951년부터 전쟁이 전선 주위에 교착되어 정전
회담이 진행되고 있었으므로, 이후 시기부터 본격적으로 추진해야 할
전후복구사업과 경제개발활동을 염두에 두었던 북한 지도부는 직접적
생산력으로 전환 가능한 과학기술의 발전이 앞으로 중요한 역할을 수
행할 것이라는 판단 아래 과학원 설립을 추진하였다.[121] 북한 지도부는
북조선중앙연구소를 설립하던 당시부터 중앙집권적인 조직체를 중심
으로 계획적이고 효율적으로 과학기술활동을 전개하려는 구상을 가지
고 있었다. 여기에 전쟁이 끝나고 최대한 빨리 전후 복구사업을 끝내고
경제활동을 정상화시키려는 구상이 결합하면서 과학원과 같은 중앙집

---

120) 김일성, 「우리나라 과학을 발전시키기 위하여(과학자대회에서 한 연설, 1952
    년 4월 27일)」, 『김일성저작집 7』(조선로동당출판사, 1980), 182~204, 184쪽.
121) 박명림, 「서론 : 해방, 분단, 한국전쟁의 총체적 인식」, 56~74쪽.

권적인 과학기술 연구, 지도 기관이 서둘러 세워지게 되었다. 즉, 흩어져있던 과학기술인력들을 더욱 긴밀하게 조직하고 각종 과학기술 관련 설비와 자원들을 효율적으로 활용하여 앞으로 경제활동에서 필요성이 대두할 과학기술연구활동을 본격적으로 준비하기 위해 과학원이 설립되었던 것이다.

전쟁이 채 끝나지 않은 시기에 긴급히 과학원을 세운 또 다른 이유는 전쟁 시기에 대거 월북한 남한 과학기술자들 때문이라 할 수 있다. 그들은 '학문 몰두형'으로 분류될 만큼 이전 시기 월북과학자들에 비해 학문적 열의가 대단한 사람들이었고 리승기와 같이 실력이 뛰어난 과학기술자들이 많이 포함되어 있었다.[122] 따라서 그들의 월북유도조건이라 할 수 있는 '더욱 나은 연구환경'을 마련하기 위해 서둘러 실험실이 설치되었고, 이들의 활동을 조직적으로 운용하는 데 도움이 될 것이라는 판단 아래에 과학원이라는 새로운 조직이 만들어졌다. 특히 당시 확보된 고급 과학기술자들의 연구능력이 매우 뛰어났고 그들의 연구가 짧은 시간 안에 공업화에 도입할 수 있는 상태까지 진행되어 있었기 때문에, 과학원 설립시기가 이르다는 반대의견들을 설득할 수 있었다.

1951년부터 전쟁이 장기화되고 전선 주위에 교착되어 전선에서 떨어진 다른 지역들이 전쟁의 피해로부터 상대적으로 안전할 수 있었던 것도 과학원을 설립하는 데 중요한 조건을 만들어 주었다. 후방에서 정전협정 체결 이후 시작할 전후복구사업을 준비할 수 있는 여유가 생겼기 때문이다. 전후복구사업을 준비하면서 제일 먼저 시작한 것은 전쟁 직전까지 겨우 확보한 고급 인재들을 전쟁의 피해로부터 최대한 보호하는 일이었다. 대학을 중심으로 흩어진 인재들을 모았고 전선에 배치된 대학 졸업생과 재학생을 후방으로 재배치하는 작업이 진행되었

---

122) 김근배,「월북 과학기술자와 흥남공업대학의 설립」, 11~12쪽 ;「리승기의 과학'과 북한사회」, 8~11쪽 ; 김태호,「리승기의 북한에서의 '비날론' 연구와 공업화」, 24~29쪽.

다.[123] 비록 전쟁은 끝나지 않았지만 1952년 말에 이르면, 전쟁 이전 시기 집중적으로 육성하였던 각 대학들이 전선에서 분리되어 정상가동을 시작하였고 흩어졌던 고급 인재들이 다시 모이는 등 과학원을 설립하는 데 필요한 기본 바탕이 갖추어질 수 있었다.

1952년에 접어들면서 과학기술자들이 대략 다시 모였다고 판단한 북한 지도부는 1952년 4월 27일 평양의 모란봉 지하극장에서 두 번째 전국 규모의 과학기술자 대회를 개최하였다. 약 400여 명의 과학기술자들이 참가한 이 대회에서 김일성은 과학원 설립을 처음으로 제안하였다. 3일 동안 진행된 이 대회의 개막연설에서 김일성은 "우수한 과학자들을 모아 과학연구사업을 집체적으로 진행하기 위하여" 과학원을 설립하자고 제안하였던 것이다.[124]

1946년에 열렸던 '조선 과학자, 기술자 대회'와 달리, 이 당시 모인 대부분의 과학기술자들은 대학 졸업 이상의 고급 과학기술자였다. 북한에서는 학술적인 이론연구활동을 주로 하는 사람을 과학자라 부르고 생산에 대한 응용활동, 지원활동을 주로 하는 사람을 기술자라 부른다. 첫 과학기술자들의 전국단위 집회였던 1946년 대회나 1963년에 열렸던 세 번째 과학기술자 집회의 이름이 '과학자, 기술자 대회'였던 반면에 이번 집회의 이름이 '과학자 대회'였던 이유가 바로 이론연구활동을 담당하게 될 고급 과학기술자들만을 대상으로 했기 때문이다. 김일성의 제안에서도 언급되었듯이 설립 당시 과학원의 목표는 '소련 과학원 (The Academy of Sciences of the Union of Soviet Socialist Republics)'과 같은 최고의 전문 과학연구기관이 되는 것이었다.[125] 생산현장에 대한 기

---

123) 북한 내각은 '각 급 학교들은 개교준비사업을 진행하라'는 내각결정을 1951년 6월 4일에 채택하였고 1951년 8월에는 군사위원회에서 '대학졸업생 및 재학생 소환에 대하여'라는 지시를 내렸다. 윤명수, 『조선 과학기술 발전사 1』, 46~49쪽.

124) 윤명수, 『조선 과학기술 발전사 1』, 50쪽 ; 김일성, 「우리나라 과학을 발전시키기 위하여(과학자대회에서 한 연설, 1952년 4월 27일)」, 『김일성저작집 7』, 182~204쪽.

술지원활동은 각 '생산성 산하 연구소'126)에서 담당하고 과학원은 이들
의 활동을 뒷받침할 수 있는 과학연구활동만 담당할 계획이었다. 즉,
자연과학 중심의 김일성종합대학과 기술과학 중심의 평양공업대학 및
흥남공업대학의 관계처럼 과학원은 자연과학 중심으로 전문 과학연구
활동에 전념하고 기술과학은 생산성 산하 연구소들이 전담하는 구도
였다.

1946년의 '과학자, 기술자 대회'에서 과학기술자들의 기본 임무만 밝
힌 것과 달리, 1952년 '과학자 대회' 개막 연설에서 김일성은 과학기술
정책을 전반적으로 제시하였다.127) 김일성은 과학기술자들을 활용하는
문제에 대한 정책과 과학기술계가 집중해야 할 분야, 그리고 각 분야별
로 해결해야 할 구체적 과제, 마지막으로 과학기술 활동을 위한 구체적
인 방법들에 대해 자세하게 이야기하였다. 과학기술 활동에 대한 이 제
안은 이후 북한 과학기술 정책의 기본 틀이 되었고 중간에 난관이 몇
번 생기기도 했지만 대부분 일관되게 유지되었다.

---

125) 소련 과학원에 대해서는 Loren R. Graham, *The Soviet Academy of Sciences and the Communist Party, 1927~1932*(Princeton Univ. Press, 1967) ; *Science in Russia and the Soviet Union : a Short History*(N.Y. : Cambridge University Press, 1993) ; Alexander Vucinich, *Empire of Knowledge : the Academy of Sciences of the USSR* (1917~1970) (Berkeley : Univ. of California Press, 1984)을 참고하라.

126) 북한의 '생산성'이란 농림성, 철도성, 체신성, 도시건설성, 중공업성, 경공업성, 화학건재공업성, 화학공업성 등 내각 산하 생산활동관련 부처들을 말하며, 그 산하에 관련 연구소들이 있었다. 그중에서 1940~1950년대에 설립된 중요한 연구소들만 대략 소개하면 다음과 같다. 중앙전기연구소(전기성), 중앙광업연구소(금속공업성), 중앙연료연구소(석탄공업성), 중앙화학연구소(화학공업성), 화학건재공업성중앙연구소(화학건재공업성), 경공업성 중앙연구소(경공업성), 교통성 중앙연구소(교통성), 체신연구소(체신성), 중앙 건설 및 건재과학연구소(건설위원회), 수의과학연구소(농업성), 중앙위생연구소(보건성), 조선미생물연구소(보건성), 약학연구소(보건성), 중앙약품분석검정소(보건성), 동해수산연구소(수산성), 서해수산연구소(수산성), 수산성 담수어연구소(수산성).

127) 김일성, 「우리나라 과학을 발전시키기 위하여(과학자대회에서 한 연설, 1952년 4월 27일), 『김일성저작집 7』, 182~204쪽.

특히 김일성은 기계제작공업만 강조한 1946년 과학자, 기술자 대회
와는 달리, 이번에는 기계공업뿐만 아니라 금속, 화학, 건재 공업도 강
조하였다. 그러면서 금속공업부문에서는 용광로의 이용률을 높이고 고
속도용해법과 같은 새로운 제작법을 도입하며 내화벽돌 생산에 힘써야
한다고 하였고 화학공업부문에서는 석탄액화공업을 개발하고 고분자
유기합성공업을 발전시켜 합성수지, 합성고무 등을 생산하여야 한다고
구체적인 과제까지 제시하였다. 이러한 과제들에 대한 연구가 이때부
터 계속해서 국가적 차원의 지원을 받으면서 진행되었고, 결국 1950년
대 말에 대부분 가시적인 성과를 거두었다. 1950년대 말, 1960년대 초
북한에서 거둔 대부분의 과학기술적 성과들은 이처럼 오랫동안 애쓴
결과였다.

1952년 과학자 대회를 통해 과학원 설립에 대한 과학기술자들의 동
의를 얻은 다음 북한 지도부는 곧바로 과학원 설립 준비작업을 시작하
였다. 1952년 5월 7일에 '조선과학아카데미 창립준비위원회'가 구성되
었고 10월 9일에는 과학원 조직과 관련한 '내각결정 183호'가 채택되
었다.[128] 내각결정 183호에 의해 '과학원 조직에 대한 규정'이 최종 확
정되었고 10명의 원사[129]와 15명의 후보원사,[130] 원장, 부원장, 서기
장[131] 및 각 부문위원회 위원장이 선출되었다. 이때 선출된 원사와 후

---

128) 창립준비위원회를 구성할 때까지 과학원의 이름은 '조선과학아카데미'였는
데, 정식으로 조직을 구성할 때는 '조선민주주의인민공화국 과학원'으로 이
름이 바뀌었다.

129) 원사는 "우리나라에서 최고 수준의 과학적 의의를 가지는 로작으로써 과학
발전에 공헌을 하였거나 또는 민주주의 국가건설에 특별한 기여를 한 학자
들이 선출된다. 원사는 주로 공로 있는 후보원사 중에서 선출되나 후보원사
가 아닌 사람들도 특별한 과학적 공적이 있을 때에는 원사로 선출될 수 있
다"고 되어 있다.(11조) 「조선민주주의인민공화국 과학원 규정(1952년 10월
9일 내각 결정 183호로 승인됨)」, 『과학원의 연혁』, 109쪽.

130) 후보원사는 "중요한 과학연구사업을 진행하고 있는 우수한 학자들 중에서
선출된다"고 에 규정되어 있다.(13조) 「규정」, 『과학원의 연혁』, 109쪽.

131) 서기장이 담당하는 서기국은 "상무위원회의 위임에 의하여 과학연구소 및 과

보원사는 11월 5일에 '1차 과학원 총회'를 열어 1기 '상무위원회'를 구성하고 각 연구소의 소장들을 인선하는 등 세부적인 인선작업들을 모두 마쳤다. 마침내 1952년 12월 1일에 모란봉 지하극장에서 개원식이 거행되었다. 〈표 2-19〉는 당시 선출된 원사와 후보원사를 정리한 것이다.

〈표 2-19〉에서 보는 바와 같이, 자연과학, 기술과학 부문 원사 4명 모두 월북 과학기술자였다는 사실은 과학원 설립을 포함한 당시 과학

〈표 2-19〉 1952년 선출된 과학원 원사와 후보원사

	원　　사	후보원사
사회과학	김두봉(언어학, 48.7어문학박사), 홍명희(문학, 1대원장, 월북), 백남운(경제학, 월북), 박시형(역사학, 역사연구소장, 월북, 50.2력사학박사)	김광진(경제학), 도유호(고고학, 월북), 리청원(역사학, 월북), 최창익(경제학), 장주익(경제학, 1대서기장), 리극로(언어학, 월북)
자연, 기술과학	최삼열(화학, 1대부원장, 월북, 48.7공학박사), 김지정(수학, 월북), 리승기(화학, 자연·기술과학부문위원장, 월북, 52.9공학박사), 도상록(물리학, 월북)	신건희(물리학), 김인식(공학), 원홍구(생물학, 48.7생물학학사), 려경구(화학, 월북)
의학	최명학(외과학, 농학·의학부문위원장)	최응석(내과학, 월북, 49.11의학박사), 리호림(이비인후과, 월북, 49.7의학박사), 도봉섭(생약학, 월북)
농학	계응상(잠사학, 월북, 48.7농학박사)	김량하(농예과학, 월북), 김종희(축산학, 월북, 48.7수의학학사)

자료 : 「과학원 조직에 관하여」, 『북한법령집 4』, 229~231쪽 ; 『조선중앙년감』 1956, 448쪽 ; 『조선민주주의인민공화국 과학원 통보』, 『조선중앙년감』, 『조선민주주의인민공화국 과학원의 연혁 (1953-1957)』(과학원출판사, 1957) 등을 참고하여 작성.

학원 각 기관의 사업계획 진행정형을 지도, 검열하며, 정부에서 제기한 과업의 리행을 보장하기 위한 대책을 강구 실시하며, 그 결과를 상무위원회에 보고한다. 또 과학원 각 기관의 사업 중 약한 고리를 강화하기 위하여 특별한 주의를 돌리면서 간부선택사업을 실행한다"고 되어 있고(35조), 서기국의 구성은 "서기장 외에 2명의 서기"로 된다고 되어 있다(36조). 「규정」, 『과학원의 연혁』, 113~114쪽.

기술활동에서 남한 과학기술자 월북유도사업이 얼마나 중요했는지를
보여준다. 전체 원사 10명 중에서 월북한 사람은 8명으로 80%나 되었
다.132) 전체 후보원사 15명 중에서는 월북한 사람은 9명으로 60%였다.
한편 과학원이 세워질 당시 예전보다 과학기술인력이 많아지기는 하였
지만 그래도 여전히 부족하여 과학원 구성원들은 대부분 대학 교수를
겸임하고 있었다.133) 과학원 구성원들이 전임을 보장받는 것은 전후복
구사업이 끝난 1956년이 되어야 가능하였다.134)

〈표 2-19〉에서 보는 것처럼 원사와 후보원사들은 모두 대학을 졸업
한 고급 과학기술자들로서, 그들이 당시 과학원 활동에서 중요한 역할
을 수행하였다는 사실은 사상성과 같은 과학 외적인 면보다 학문적 명
성과 과학연구 수행능력을 우선으로 당시의 북한 과학원이 조직되었다
는 것을 보여준다. 북한에서 박사학위를 처음으로 수여한 것은 1948년
7월이었는데 김두봉, 최삼열, 계응상, 최명학이 각각 어문학, 공학, 농
학, 의학 박사 1호였고 이들은 모두 원사 칭호를 수여 받았다.135)

당시 마련된 '과학원 조직에 대한 규정'에는 과학원의 역할이 다음과
같이 나와 있다. 136)

① 전체 과학 분야의 가장 중요한 문제, 특히 전국적 의의를 가진
   과학적 문제에 집중한다.
② 국내의 자연부원 및 생산력과 쏘베트 동맹의 과학을 위시한 인
   류의 과학적 성과를 연구하며 전국적 의의를 가진 과업에 대한
   학술적 계획을 수립한다. 이 과업은 과학원의 조직 자체 또는
   정부의 결정에 의하여 과학원에 소속되어 있는 학술연구소에서

---

132) 나중에 원사로 추대되면서 1961년 3월에 3대 과학원장으로 취임한 강영창도
    월북한 사람이었다. 그를 포함하면 11명의 원사 중에서 9명이 월북한 셈이었다.
133) 『김일성종합대학 10년사』, 103쪽, 『과학원의 연혁』, 11~33쪽.
134) 「과학원 56 사업 총결 보고」, 『과학원 통보』 1957(2), 3~17쪽 ; 『과학원의 연혁』
    63쪽 ; 『김일성종합대학 10년사』, 103쪽.
135) 『조선중앙년감 1956』, 448쪽.
136) 「규정」, 『과학원의 연혁』, 107~108쪽.

수행한다.

③ 공화국 과학기관의 사업개선과 과학 활동가들의 력량 제고에 협력한다.

④ 공화국 정부의 과학적 자문에 응한다.

⑤ 학술연구의 제 결과를 발표하기 위한 보고회를 조직하며, 잡지를 출판하며, 외국학자들의 권위 있는 로작들을 번역 출판하며 매년 자기 사업을 총결하여 출판한다. 출판물은 조선어로 출판한다. 그러나 특별한 경우에는 외국어로도 출판할 수 있다.

⑥ 근로 인민들에게 과학지식을 계획적으로 보급시키며 그들의 문화수준 향상을 촉진시킨다.

여기에 생산현장에 대한 기술지원활동에 대한 언급이 전혀 없는 것으로 보아 전반적으로 과학원의 활동은 전문 과학연구활동을 중심으로 구성되었음을 알 수 있다. 과학원의 현장활동과 관련한 언급은 1958년에 새롭게 바뀐 '과학원 규정'에 처음으로 명시되었다.[137]

4) 과학원 1기 상무위원회 구성 및 활동

북한 과학원 규정에 따르면, 과학원의 최고 기관은 '총회'이다.(24조) 총회는 원사, 명예원사, 후보원사로 구성되고 1년에 한 번 소집되는 '정기총회'와 상무위원회의 결정에 따라 개최되는 임시총회가 있다.(26조) 총회에서는 "상무위원회 총결보고를 청취 승인하며 과학원 및 그의 각 구성부문의 일반 로선을 수립하며, 조직적 성질의 기본 문제를 해결하며, 예산안을 승인하며, 과학원의 각 기관 및 개인의 보고를 청취하며, 과학-기술적 및 과학-사회적 성질을 띤 제 문제를 토의하며, 과학원 원사, 명예원사 및 상무위원을 선거하며 또 후보원사를 승인"(25조)하게 된다.[138]

상무위원회는 "총회 휴회 중에 있어서 과학원의 최고지도기관"(31조)으로서 "과학원의 활동을 지도하며, 과학원 각 기관의 사업계획을

137) 「과학원에 관한 규정」, 『과학원 통보』 1958(6), 1~4쪽.

138) 「규정」, 『과학원의 연혁』, 111~112쪽.

검토 승인하며, 각 기관의 보고를 청취하며, 과학사업 조직문제를 심의 해결하며, 과학원의 매년도 예산안을 작성하며, 재정을 감독하며, 국가 기관, 협동단체 및 사회단체와 련계를 가지며, 과학원 편집-출판 위원 회의 사업을 지도하며, 과학원 총회를 소집하며, 각 부문 회의 및 위원 회의 결정을 승인"(32조)하는 기구로 정의되어 있다. 상무위원회는 1개 월에 1차 이상 소집되어야 하고, 위원장(과학원 원장), 부위원장(과학원 부원장), 서기장(과학원 서기국 서기장), 각 부문위원장 및 기타 위원 3명, 총 9명으로 구성된다.(33조) 상무위원의 임기는 역시 3년이다.[139] 특별 한 이유가 있을 때 '확대상무위원회'가 열리기도 하는데 이때에는 과학 원 상무위원들 뿐만 아니라 각 연구소장, 원사, 후보원사가 모두 모인 다. 상무위원회 활동을 강화하기 위해 상무위원회 구성을 변경하는 방 안이『과학원 통보』에 몇 차례 제기되는 것으로 보아 상무위원회는 원 장, 부원장, 서기장, 각 부문 위원장을 중심으로 넓게는 각 연구소 소장 과 원사, 후보원사 모두를 포괄하는 단위가 될 수도 있었다.[140]

부문위원회는 "과학적 보고와 제의를 청취하며, 그들의 관하에 있는 과학기관에 대한 지도를 하며, 분기마다 자기 사업에 대하여 상무위원 회에 보고하며, 부문의 활동방향을 결정하며 그 부문의 학습 연구 계획 을 준비하여 부문 회의에 제출하며 자기 부문사업에 관계되는 각종 예 산안을 작성하며 그 실행을 보장한다"고 되어 있다.(37조) 임기는 3년 이고 1개월에 1차 이상 소집되어야 한다.[141] 상무위원회는 정책적 차원 에서 과학원 전체를 관리하는 조직이었고 부문위원회는 소속 연구소들 의 실제 연구 내용을 직접 관리하는 조직이었다.

1기 상무위원회는 과학원이 창립된 1952년 12월부터 1956년 1월까

---

139) 「규정」, 『과학원의 연혁』, 115쪽.
140) 『조선중앙년감 1954-1955』(조선중앙통신사), 454~455쪽 ; 「과학원 56 사업 총
    결 보고」, 『과학원 통보』1957(2), 3~17쪽.
141) 「규정」, 『과학원의 연혁』, 114쪽.

지 활동하였고, 2기 상무위원회는 1956년 2월부터 1958년 11월까지 활동하였다. 과학원 3기 상무위원회는 언제까지 활동했는지 명확치 않으나 적어도 1961년 하반기에는 새로운 상무위원회가 선출되었던 것으로 보인다. 1기 상무위원회 기간에는 과학원의 기본 토대를 마련하여 조직을 정상화시키는 데 중점을 두었고, 2기 상무위원회 기간에는 급변하는 국내외 정세에 맞춰 과학원의 활동 계획을 구체적으로 마련하였다. 3기 상무위원회는 새롭게 마련된 활동 계획과 목표에 따라 '과학원 규정'을 새롭게 고치면서 시작되었고 구성원도 대폭 바뀌었다. 상무위원의 임기는 원칙적으로 3년이었지만 임원을 선출하는 당시 상황에 따라 약간씩 유동적이었다. 1기 상무위원들은 3년 2개월 동안 재임하였던 것에 반해 2기 상무위원들의 재임기간은 2년 10개월로 상대적으로 짧았다.142) 〈표 2-20〉은 과학원 1기 상무위원회와 관련한 사항들을 정리한 것이다.

1대 원장 홍명희는 1928년부터 1939년까지 조선일보에서 소설 임꺽정을 연재한 문학가였으며 신간회 부회장을 역임한 정치인이기도 하였다. 1948년부터 북한 내각의 부수상을 맡고 있던 그를 원장으로 임명한 것은 과학원이 북한 최고의 학술기관이라는 것을 상징하는 조치였다.143) 그의 전공이 문학이었으므로 과학기술 활동의 비중이 컸던 과학원 사업을 전반적으로 관장하기에는 무리가 있었다. 그를 보좌하여 과학기술 활동을 실질적으로 지도했던 사람은 부원장 최삼열이었다. 그는 동북제대 화학과 출신으로 이화학연구소, 이화여대에서 근무하다가 월북한 후 김일성종합대학의 화학부장을 역임하였고 당시 최고의 과학자로 인정받던 사람이다.144) 과학원 사업을 검열하는 역할을 담당했던

---

142) 이 글에서는 상무위원에 대한 구체적인 언급이 있는 2기를 제외하고 나머지 상무위원회에 대해서는 원장, 부원장, 서기장, 부문위원장, 연구소 소장 모두를 상무위원회로 묶어서 정리하였다. 2기 상무위원회도 중간에 변경이 있었지만 조사하기 불가능하여 변경사항에 대해서는 언급하지 않았다.

143) 홍명희에 대해서는 강영주, 『벽초 홍명희 연구』(창작과비평사, 1999)를 참고.

〈표 2-20〉 과학원 1기 상무위원회(1952년)

위 원 장	홍명희(문학)
부위원장	최삼열(화학)
서 기 장	장주익(경제학)
부문 위원장	사회과학 부문위원회 위원장 : 리청원(후보원사, 역사학) 자연 및 기술과학 부문위원회 위원장 : 리승기(원사, 공업화학) 농학 및 의학 부문위원회 위원장 : 최명학(원사, 외과학)
	〈그 외 3명. 모두 9명으로 상무위원회 구성〉
9개의 연구소(소장)/ 43개의 연구실	역사연구소(박시형), 물질문화사연구소(도유호), 경제법학연구소(김광진), 조선어·조선문학연구소(리극로), 물리수학연구소(김지정), 화학연구소(려경구), 의학연구소(이호림), 농학연구소(계응상), 공학연구소(김인식, 12.29 상무위원회 추가결정)

자료 : 『조선민주주의인민공화국 과학원 통보』, 『조선중앙년감』, 『조선민주주의인민공화국 과학원의 연혁 (1953~1957)』(과학원출판사, 1957) 등을 참고하여 작성.

서기장은 사회과학부문의 후보원사인 장주익이 담당하였다. 사회주의 체제와 이론에 대해 잘 알고 있는 사람으로 하여금 서기장을 맡게 하여 과학원 사업이 북한 사회의 지향에 맞게 진행될 수 있도록 조정하기 위함이었다. 하지만 1기 상무위원회 동안 과학원 조직을 정상화하는 데 힘을 집중하였기 때문에 검열 활동이 활발하게 진행되지는 않았다.

원래 1952년 11월 총회에서는 과학원 소속 연구소를 8개만 설립하기로 결정하였는데 1952년 12월 29일에 열린 상무위원회에서 '공학연구소'를 추가 설치하기로 결정하였다. "(북한) 경제에서 공학이 차지하는 비중이 큼에도 불구하고 이 부문을 담당하는 연구소를 조직하지 못했다"고 지적하면서 후보원사 김인식을 소장으로 공학연구소를 설립하도록 하였던 것이다. 공학연구소는 원래 화학연구소가 담당하기로 했던 금속학 부문을 중심으로 기계, 전기, 건설 부문까지 담당하게 되었다.[145] 이로써 과학원의 초기 연구조직은 9개 연구소와 43개의 연구실

---

144) 박성래, 「한국 과학기술자의 형성 연구」(한국과학재단, 1995), 부록.
145) 『과학원의 연혁』, 19쪽.

및 편찬실로 구성되었다.[146]

공학연구소 추가 설치는 자연과학 중심의 전문 연구기관으로 과학원을 세우려던 처음 구상이 과학원 설립 초기부터 변형되기 시작하였음을 보여준다. 과학원은 자연과학과 기술과학의 구분을 넘어 모든 과학기술 관련 연구를 담당하게 되었고, 중공업 우선노선이 채택되었던 만큼 이와 직접적으로 관련된 부문을 담당한 공학연구소가 생김으로써 과학원은 생산현장과 더욱 긴밀하게 연결될 수 있었다. 과학원이 생산현장 속으로 한발 다가서는 순간이었다. 이런 과학원의 현장 진출은 과학원 활동이 본격화되면서 점차 가속되었다.

사실 김일성은 과학원 설립을 제안하던 1952년 과학자 대회 연설에서 과학원 활동의 초점이 생산현장의 과학기술적 문제를 푸는 데 맞추어졌으면 좋겠다는 의견을 밝혔다.[147] 하지만 북한 지도부의 이런 구상은 북한 과학원을 서둘러 설립하는 과정에서 간과되었다가, 일단 설립을 끝낸 후 본격적인 운영에 들어가기에 앞서 과학원 활동을 세부적으로 점검하는 과정에서 뒤늦게 반영되었다. 설립 모델은 소련 과학원이었지만 운영방침은 소련 과학원의 운영과 달리 북한 경제상황을 깊이 고려한 북한 지도부의 정책적 구상에 따른 것이었다.

아직 정전협정이 채결되지 않아 폭격의 위험이 상존하고 있었으므로 과학원 본부만 평양 모란봉에 있는 국립중앙박물관 지하에 두고 나머지 연구소들은 지방에 분산 소개되어 있었다. 지방 소개 지역은 김일성종합대학 소재지인 평남 순천, 평양지구(1지구), 김책공업대학과 평양

---

146) 윤명수, 『조선 과학기술 발전사 1』, 52~54쪽 ; 『조선중앙년감 1954~1955』, 454쪽.

147) 김일성은 당시 과학기술계의 문제점을 다음과 같이 지적하면서 원인과 대안을 함께 제시하였다. "우리의 과학자, 기술자들은 아직도 대담하게 혁신자의 대렬에 들어서지 못하고 있으며 국방력을 강화하며 인민경제를 발전시키기 위하여 나서는 현실적 문제들을 제 때에 풀지 못하고 있습니다." 김일성, 「우리나라 과학을 발전시키기 위하여(과학자대회에서 한 연설, 1952년 4월 27일)」, 『김일성저작집 7』(조선로동당출판사, 1980), 182~204, 195~196쪽.

의학대학 소재지인 평북 피현, 의주·정주 지구(2지구), 청수화학공장이 있는 평북 청수 지구(3지구)로 크게 세 지역에 나뉘어 있었다. 〈표 2-21〉은 과학원 설립 초기 과학원 소속 연구소 현황을 정리한 것이다.

〈표 2-21〉 과학원 연구소 현황(1952~1953)

연구소 (소장) (연구실 수)	연구실
	연구사 상황
	부속 기구
	소재지
물리수학연구소 (김지정) (3)	수학연구실, 실험물리연구실, 이론물리연구실
	전임·겸임 연구사(9명), 보조성원 확보
	도서실, 공작부
	평남 순천군(1지구)
화학연구소 (려경구) (7)	일반화학연구실, 생물화학연구실, 고분자화학연구실, 분석화학연구실, 연료화학연구실, 유기합성연구실, 건재화학연구실
	겸임연구사(화학건재공업성 중앙연구소) 리승기 연구시작
	도서실, 공작부. 청수화학공장에 있는 화학건재공업성(화학공업성으로 이름 바꿈) 중앙연구소 설비 활용
	평북 삭주군(3지구)
공학연구소 (김인식) (6)	지질연구실, 광업연구실, 금속연구실, 기계연구실, 전기연구실, 건설연구실
	전임연구사(11명), 겸임연구사(14명), 보조성원(14명) 확보
	도서실. 실험실 거의 갖추지 못함
	평북 피현군(2지구)
농학연구소 (계응상) (7)	생물학연구실, 농산학연구실, 축산수의학연구실, 잠학연구실, 농림화학연구실, 림산학연구실, 수산학연구실
	계응상 연구시작
	시험장, 동물실, 도서실
	평북 정주와 차령관(2지구)

〈표 2-21〉 계속

의학연구소 (이호림) (7)	실험의학연구실, 임상의학연구실, 위생학연구실, 생약학연구실, 제약학연구실, 군진 내과학 연구실, 군진 외과학 연구실
	처음부터 연구실 실장과 연구사들의 절반 이상을 전임, 겸임으로 해결했음
	다른 대학과 병원, 야전병원 활용
	평북 의주, 영변, 정주(2지구)
경제법학연구소 (김광진) (6)	정치경제학연구실, 조선인민경제연구실, 외국경제연구실, 법학연구실 등
	겸임연구사(8명), 보조성원 겨우 확보
	도서실
	평남 순천군(1지구)
역사연구소 (박시형) (3)	고대 및 중세사연구실, 근대사연구실, 력사사료편찬실
	전임, 겸임 연구사(8명), 상급 편찬원(4명), 보조성원 확보
	도서실. 정치경제학 아까데미야 역사연구소가 이관된 것.
	평남 순천군(1지구)
물질문화사 연구소 (도유호) (3)	고고학연구실, 민속학연구실, 미술사연구실
	연구사(3명)
	도서실.
	중앙역사박물관(평양)
조선어 · 조선문학 연구소 (리극로) (3)	언어학연구실, 문학연구실, 사전편찬실
	언어학연구실 : 겸임연구사(7명), 보조성원. 사전편찬실 : 상급편찬원(4명), 보조성원.
	정치경제학 아까데미야 조선언어학연구소가 이관된 것
	평남 승호군(1지구)
도서관	모란봉 중앙역사박물관 청사의 일부 사용

자료 :『조선민주주의인민공화국 과학원의 연혁 (1953-1957)』(과학원출판사, 1957), 17~33쪽.

의학연구소나 농학연구소는 해방 직후부터 애써 갖추어왔던 설비와 인력들을 적극 활용하여 다른 부문보다 빨리 연구시설을 갖추고 연구 인력도 확보하였기 때문에 설립 초기부터 7개의 연구실을 갖출 수 있었다. 화학연구소는 1948년에 세워진 흥남시험소를 바탕으로 세워진 화학건재공업성(화학공업성) 중앙연구소에 설비와 인력을 많이 의지하였다. 1947년에 세워졌던 북조선중앙연구소와 이를 이관 받은 김일성종합대학, 그리고 김일성종합대학 공학부를 중심으로 1948년에 세워진 김책공업대학은 공학연구소와 물리화학연구소가 형성되는 데 기초 토대를 제공해 주었다. 또한 역사연구소와 조선어·조선문학연구소는 1952년 3월 조직된 '정치경제학 아까데미야'가 이관된 것이었는데, 1947년 설립된 '조선력사 편찬위원회'와 '조선어문 연구회'에 기원을 두고 있었다.[148]

이처럼 이전 시기 마련한 물질적·인적 토대를 바탕으로 과학원 구성을 마쳤지만 정상적인 활동을 전개하기에는 좀 더 시간이 필요하였다. 물질문화사 연구소를 제외한 8개 연구소는 1953년 6월에 이르러서야 겨우 연구활동을 시작할 수 있는 상태가 되었고 각 조직별로 정해진 구성원의 60% 정도만 확보할 수 있었다.[149] 그 이후로도 전문 과학연구기관으로 세워진 과학원은 1기 상무위원회 시기에 과학연구활동을 본격적으로 수행하지는 못하였고 그 무렵 활동을 재개한 대학과 연계해서 기초적인 수준에서만 겨우 목표활동을 벌여나갔다. 북한 사회전체가 전쟁과 전후 복구사업에 집중했던 시기였기 때문에 과학원이라는 조직은 꾸려졌지만 각종 설비며 지원들이 충분치 않아서 몇 명을 제외한 대부분의 과학원 구성원들은 대학교직을 겸임하면서 문헌조사를 비롯한 기초 작업만 겨우 수행하고 있었기 때문이다.[150]

---

148) 『과학원의 연혁』, 17~33쪽.

149) 『과학원의 연혁』, 17~21쪽.

150) 당시 북한의 과학기술력에 대해 원사 김지정은 뒤떨어진 정도가 "너무 엄청나다"고 하면서 선진국에 비해 수십 년이 아니라 수백 년 뒤쳐있다고 이야기한다. 김지정, 「과학 발전을 위한 몇 가지 의견」, 『과학원 통보』 1957(1), 3~6쪽. 1956년 3차 당대회에서는 당시 북한의 과학기술 역량이 경제 발전 속도를 못따라가고 있다고 평가하였다. 『조선로동당대회 자료집 1집』(국토통일원, 1988), 328쪽. 『과학원 통보』에서도 이 시기를 "적지 않은 연구 업적이 나오기

과학원의 연구활동이 조직적으로 진행되지는 못하였지만 과학원을 설립하는 데 중요한 역할을 수행했던 리승기, 주종명, 마형옥, 려경구, 계응상 등 준비된 과학기술자들의 연구활동은 각 실험실 단위로 진행되었고 다행히 이들에 대한 투자는 이후 시기에도 꾸준히 계속되었다. 그 결과 이들의 연구활동은 1950년대 말에 이르면 가시적인 연구성과들을 내놓게 되어 북한 과학기술계가 급속히 발전하는 데 중요한 역할을 수행할 수 있었다. 이 당시 연구 결과들은 '과학연구발표회', '과학연구보고회' 등을 통해 모아졌고 '과학원 학보' 등을 통해 발표되었다.[151]

비록 전문 과학연구기관으로 출범하였지만 과학원은 각종 현장활동에도 적극 동원되었다. 이는 전사회적으로 전후복구사업에 매진하고 있던 당시 상황 때문이기도 하지만 1946년 조선 과학자, 기술자 대회에서부터 김일성이 생산현장에 대한 기술지원활동을 꾸준히 강조했기 때문이다. 과학원 구성원들은 1953년 10월경에 흥남비료공장에 대한 피해실태조사와 공장복구방향을 세우는 사업에 참여하였고, 그해 12월에는 탄광의 피해실태조사사업에도 참여하였다.[152] 하지만, 당시 북한에

는 했지만 이 기간은 과학원 자기 발전과 공화국 과학발전을 위한 준비기간에 불과하였다"라고 이야기하면서 큰 의미를 부여하지 않고 있다. 도봉섭, 「생약학 발전을 위한 집체적 연구체계의 확립에 대하여」, 『과학원 통보』 1957(1), 7~12쪽.

151) 1955년 말에 이르면 과학원 학보를 비롯해서 10여종의 학술잡지가 발간되어 연구결과들을 실었다. 『조선중앙년감 1954~1955』, 455쪽 ; 윤명수, 『조선 과학기술 발전사 1』, 117쪽. 1957년까지 발간된 정기간행물은 대략 다음과 같다. 『과학원 통보』(53.11, 과학원, 분기), 『과학과 기술』(55.1~57), 『력사과학』(55.1, 력사연구소, 격월), 『경제 연구』(56, 경제법학연구소, 분기), 『법학연구』(56, 경제법학연구소, 년3회), 『과학과 생활』(56.1, 과학 지식 보급 위원회), 『조선 어문』(56.2, 언어문학연구소, 격월), 『수학과 물리』(57, 물리수학연구소, 분기), 『기술 과학』(57, 공학연구소, 격월), 『화학과 화학 공업』(57, 화학연구소, 격월), 『문화유산』(57, 고고학 및 민속학연구소, 격월) 등이 있었다. 『과학원 통보』 1957(1), 13, 93쪽 ; 『조선중앙년감 1956』, 131쪽.

152) 윤명수, 『조선 과학기술 발전사 1』, 89~90쪽 ; 렴태기, 『화학공업사 1』, 106쪽.

는 과학원 이외에 기술지원활동을 전문적으로 담당하는 '생산성 산하 연구소'들도 운영되고 있었기 때문에 과학원은 이들과 역할을 분담하여 기술지원활동보다는 과학연구활동을 주된 활동목표로 삼았다. 북한 과학기술계 역량이 부족한 현실 상황으로 인해 과학원이 어쩔 수 없이 현장활동까지 수행하고 있기는 하였지만 그 본래의 임무는 전문 과학 연구기관이었다.

　일찍 설립되었지만 그 활동이 체계적이지도 본격적이지도 못했던 과학원이 제대로 된 조직형태를 갖추고 활동성을 높이기 시작한 것은 전후 복구사업이 대략 끝나가던 1955년 말부터였다. 과학원 2기 상무위원회가 구성되면서 과학원 활동이 정식으로 펼쳐지기 시작하였던 것이다. 하지만 1956년 북한의 국내외 정세가 급박하게 변하면서 국가발전 노선이 수정되었고 이런 변화를 따라 과학원의 활동계획도 급히 수정되기 시작하였다. 당시 과학원 변화의 중심에는 1956년 12월부터 시작된 천리마운동이 자리 잡고 있었다.

제3절　소결

　해방 당시, 북한 지역에는 남한 지역에 비해 공업시설이 많이 건설되어 있었다. 따라서 생산현장을 정상화시키기 위해서는 공업 시설을 운영한 경험과 지식을 갖춘 사람이 필요하였는데 당시 북한에는 이런 수준의 사람이 턱없이 부족하였다. 이에 북한 지도부는 생산현장을 정상화하기 위해 노력하면서 과학기술적 지식을 지닌 사람은 최대한 우대하는 정책을 시행하였다. 그 결과 대학졸업자를 포함하여 과학기술자로 분류될 수 있는 사람이 1946년 1천 명 수준에서 불과 1년 만에 5배가량 늘어났다. 기능자로 분류된 사람도 1만 명 수준에서 5만 명가량으로 늘어났다.

　이처럼 어렵게 정상화시키고 확보한 생산현장과 기술인력들은 전쟁으로 인해 다시 파괴되고 흩어졌다. 하지만 전선이 고착화되고 전쟁이 장기화되기 시작하던 1951년부터 전쟁의 피해로부터 생산현장을 복구하고 과학기술인력을 새롭게 확보하기 위해 서둘러 노력한 결과, 전후 복구사업이 끝나가던 1956년경이면 생산현장과 과학기술인력은 전쟁 전 수준을 거의 회복할 수 있었다. 게다가 해방 직후에 비해 대폭 늘어난 사회주의 국가들의 원조로 인해 생산현장은 더욱 발전된 설비로 복구되었고 사회주의 공업국가들로부터 앞선 생산기술을 이전받기도 하였다. 생산현장의 앞선 설비수준과 생산기술은 이후 북한 과학기술자들을 현장으로 불러들이는 유인으로 작용하였다.

해방 직후 북한 과학기술계는 인력과 조직 모든 측면에서 매우 빈약한 상태였으나 일찍부터 '오랜 인테리 정책'으로 불리는 과학기술자 우대 정책을 확립하여 시행한 결과 1940년대 말에 이르면 상당한 수의 과학기술자와 과학기술 관련 기관을 확보할 수 있었다. 북한 지역 최초의 과학기술 관련 종합 연구기관인 '북조선중앙연구소'가 인력문제로 제대로 운영되지 못할 정도로 고급 과학기술인력이 부족했던 북한은 다양한 방법을 통해 과학기술인력을 양성, 확보하기 위해 노력하였고 그 결과 1952년 12월에 전문 과학연구기관인 과학원을 세우고 운영할 수 있게 되었다.

북한 과학원의 설립 모델은 소련 과학원이었지만 운영방침은 소련 과학원과 약간 달랐다. 원래 북한 과학원 설립 목적은 전문 과학연구기관이었지만 운영하는 과정에서 생산현장에 대한 기술적 지원도 함께 담당하는 방향으로 변해갔던 것이다. 즉, 김일성종합대학과 평양공업대학 및 함흥공업대학이 소련 학제를 모방하여 자연과학과 기술과학을 나누어 전담했던 것처럼 과학원과 생산성 산하 연구소들이 자연과학 연구와 기술과학 연구를 각각 책임진다는 구상이었지만, 생산현장에서 발생한 과학기술적 문제를 해결해주는 것을 중요하게 여기던 북한 지도부의 정책적 방침에 의해 과학원은 기술과학 연구도 담당하기 시작하였던 것이다. 과학원 설립 초기에 없었던 공학연구소를 추가 설치하여 금속, 기계, 전기, 건설 부문 등에 대한 연구를 담당하게 한 것은 이러한 변화의 첫 시도였다.

전쟁이 끝난 후, 3년 동안 진행된 전후복구사업이 마무리되어 가던 1956년이면 북한 과학기술계는 기본 골격을 거의 완성한 상태였다. 과학기술 관련 중추기관인 과학원이 안정적으로 운영되기 시작하였고 필요한 과학기술자도 상당수 확보한 상태였다. 따라서 사실상 첫 정상적인 경제발전계획이라고 할 수 있는 1차 5개년계획의 추진에 실질적인 도움이 될 수 있는 수준이었다. 1차 5개년계획을 성공적으로 추진하기 위해 도입한 천리마운동에서 과학기술계의 활동은 점차 부각되기 시작하였다.

제3장 천리마운동과 기술혁신운동의 결합

1956년 12월, 북한은 극심한 변화의 정점에 서 있었다. 전후복구사업을 끝마치고 바로 다음 달부터 1차 5개년계획을 추진해야 했지만 아직 계획도 확정하지 못한 상태였다. 북한 경제에서 큰 비중을 차지하고 있던 해외 원조가 급감하여 계획대로 경제정책을 추진하기 어려워졌고 정책적 방향에 대해서도 국내외로부터 반발이 거세어졌기 때문이다. 이에 고심하던 북한 지도부는 어려운 상황을 정면 돌파하기로 결정하고 '저투자－고성장'이라는 전략 아래 천리마운동[1]을 전개하기 시작하

---

1) 천리마운동은 1956년 12월 이후 전개되기 시작한 새로운 유형의 대중운동을 가리키는 말인데 이 말은 당시에 만들어진 것이 아니라 1959년 3월 천리마작업반운동이 시작되면서 만들어진 것이다. '천리마'라는 말이 공개석상에서 언급된 것은 1958년 6월 11일에 열린 최고인민회의 제2기 제3차 회의였다. 당시 회의에서 김일성은 "모든 근로자들은 당의 부름에 따라 천리마를 타고 사회주의를 향하여 앞으로 달리고 있습니다"라는 말을 하였는데 이때 나온 '천리마'라는 표현을 바탕으로 천리마운동, 천리마작업반운동, 천리마기수라는 말들이 만들어졌다.(김일성, "모든 것을 조국의 륭성발전을 위하여 (최고인민회의 제2기 제3차 회의에서 한 연설, 1958년 6월 11일)", 『김일성저작집 12』(조선로동당출판사, 1981, 342쪽) 이처럼 천리마운동이라는 말이 나중에 만들어졌다는 이유로 천리마운동 자체가 '사후 조작'되었다고 판단할 수도 있으나, 그 이름이 가리키는 대중운동이 실제로 전개되고 있었기 때문에 '사후 명명'이라고 판단하는 것이 더 적합할 듯하다.

였다. 줄어든 재원을 인민대중의 혁명에 대한 열의와 생산능률의 향상
으로 채우려는 천리마운동이 전개됨에 따라 생산현장에 대한 과학기술
지원활동을 강화시키는 일이 더욱 절실해졌고, 결국 북한 과학원은 원
래 계획을 수정하여 생산현장 속으로 직접 진출하게 되었다.

이 장에서는 먼저 천리마운동이 도입되는 과정을 통해 과학원이 현
장에 진출하는 모습을 구체적으로 살펴보고 이로 말미암아 북한 과학
기술계가 어떻게 변화하기 시작하였는지에 대해 이야기할 것이다.

제1절 천리마운동 : 과학기술 지원 필요성 증대

1. 1956년 12월 상황과 천리마운동의 전략

1956년 12월, 북한 지도부는 1차 5개년계획(1957~1960)을 최종적으
로 확정하였다. 전후복구사업을 시작하던 1953년부터 예정되었던 1차
5개년계획은 1956년 4월 23일에 개최된 '3차 당대회(1956.4.23~29)'에
서 본격적으로 논의되기 시작하였지만 당시 북한이 처한 어려운 상황
들로 인해 계획 시행을 며칠 앞두고서야 겨우 확정될 수 있었다.

북한이 1차 5개년계획을 짜는 데 가장 힘들었던 것은 해외 원조가
대폭 줄어들었다는 점이다. 전후복구사업 기간(1954~1956) 동안 북한
예산 수입의 1/4을 차지하면서 각종 시설 복구에 결정적인 역할을 했으
며 특히 생산설비 개선, 기술이전 뿐만 아니라 기술인력 양성에서도 지
대한 영향을 주었던 해외 원조가 급감한 것은 1차 5개년계획을 전후복
구사업의 연속선상에서 계획하고 추진하기 어렵게 만들었다.[2] 이에 김
일성은 1956년 6월 1일부터 약 50여 일 동안 소련, 동독을 비롯한 여러

---

2) 전후복구사업 기간 북한 예산 수입에서 해외원조가 차지한 비율은 1954년
34%, 1955년 21.7%, 1956년 16.5%였다. 과학원경제법학연구소, 『해방 후 우
리나라의 인민 경제 발전』, 123쪽 ; 국토통일원, 『최고인민회의 자료집 2』,
500~501쪽.

사회주의 나라들을 방문하면서 1차 5개년계획에 대한 협조를 구하였
다. 하지만 그 결과는 부정적이었다. 소련만 하더라도 원조액을 반 이
상 줄여버렸다. 전후복구 시기 무상으로 10억 루블을 지원해 주었던 소
련은 이번에는 4억 7천만 루블만 지원해주기로 하였고 그중에서 무상
원조는 3억 루블에 불과하였다.[3] 그 결과 북한 경제에서 차지하는 해외
원조의 비중이 대폭 줄어들어 1957년에는 12.2%, 1958년에는 4.2%가
되었고 1959년에는 2.7%에 불과하게 되었다.[4] 따라서 1차 5개년계획
은 다른 나라로부터 도움을 거의 받지 못한 상황에서 전개할 수밖에
없었다.

당시 해외원조가 급감한 근본적인 이유는 북한 지도부가 마련한 1차
5개년계획의 목표나 세부 내용에 대해 소련 지도부가 동의하지 않았기
때문이었다. 당시 북한의 경제발전 노선은 '중공업 우선과 농업 및 경
공업의 동시 발전'이라는 중공업 우선론과 경공업 우선론의 절충형 노
선이었지만 실질적으로는 중공업 우선론이 중심이었다. 그러나 소련
지도부는 중공업을 우선적으로 발전시킨다는 북한의 경제발전노선을
부정하면서 그 대신 사회주의 분업체계에 들어오라고 김일성을 설득하
였다. 하지만 김일성은 온전한 국가경제 구축을 더욱 중요한 문제로 인
식하였기 때문에 소련의 제안을 거절하였다.[5] 김일성을 비롯한 북한
지도부는 북한 경제 자체보다 전체 사회주의 경제의 균형성만 강조하
는 사회주의 분업체계를 받아들이지 못하였던 것이다.[6]

---

3) 김연철, 「북한의 산업화 과정과 공장관리의 정치」, 59쪽.
4) 과학원경제법학연구소, 『해방 후 우리나라의 인민 경제 발전』, 123쪽 ; 국토
통일원, 『최고인민회의 자료집 2』, 500~501쪽.
5) 서동만, 『북조선 사회주의체제 성립사』, 555~556쪽 ; 김삼복, 『인간의 노래』,
10~11, 40~43쪽.
6) 북한의 경제건설 노선인 '중공업의 우선적 발전과 경공업과 농업의 동시발
전'을 자세하게 설명하고 있는 정태식, 『우리 당의 자립적 민족 경제 건설 로
선』(조선로동당 출판사, 1963)을 보면, 약간의 수식어가 더 붙고 경공업에 대
한 언급이 조금 더 되어있기는 하지만 이 노선이 실질적으로 중공업 우선 발

중공업을 우선 발전시키려는 북한 핵심 지도부의 정책적 의지는 해외원조 축소라는 경제적 어려움뿐만 아니라 '8월종파사건'이라는 정치적 어려움도 가져왔다. '8월종파사건'이란 최창익, 서휘, 윤공흠, 리필규, 고봉기, 박창옥 등 북한 지도부 중 일부세력이 1956년 8월 전원회의에서 김일성에 대해 반기를 든 사건을 말한다.7) 이전부터 이들은 김일성 개인숭배 등에 대해 비판을 주로 제기하였지만 실질적인 사건의 원인은 경제발전노선을 둘러싼 헤게모니 다툼이었다.8) 사건에 직접적으로 관여한 사람들은 대부분 중공업 우선론을 제기하는 김일성 등에 대항하여 경공업 우선론을 제기한 사람들이었기 때문이다. 전후복구사업 추진 당시부터 경제발전노선때문에 김일성 등과 대립하던 이들은 절충형 경제발전노선이 채택되었음에도 불구하고 실질적으로는 중공업 중시노선이 계속 강화되는 것에 반발심을 갖고 있었다. 게다가 이들의 반발심은 당시 새롭게 구성된 소련 지도부와 나눈 교감으로 더욱 증폭되어 급기야 반란으로 터졌던 것이다.

8월 전원회의에서 집단적으로 반란을 꾀하려던 이들의 계획은 사전에 누설되어 제대로 된 호응도 이끌어내지 못하고 간단하게 진압되었다. 사건 직후에 이들은 출당, 당직 박탈 등을 당하고 가택연금에 처해졌다. 그러나 이후 윤공흠, 서휘, 리필규 등이 몰래 도망쳐 소련 정부와 중국 정부에 도움을 요청함으로써 이 문제는 국제적인 문제로 비화되었다. 이에 소련과 중국은 부수상 미코얀과 국방부장 팽덕회를 북한으로 보내서 8월 전원회의 결정을 시정할 것을 요구하였고, 김일성은 마

전론의 연속이라는 것을 알 수 있다.

7) 백준기, 「정전후 1950년대 북한의 정치 변동과 권력 재편」, 『현대북한연구』 2(2)(경남대학교 북한대학원, 1999), 9~71쪽 ; 서동만, 「1950년대 북한의 정치 갈등과 이데올로기 상황」 ; 역사문제연구소 편, 『1950년대 남북한의 선택과 굴절』(역사비평사, 1998), 307~350쪽 ; 서동만, 『북조선 사회주의체제 성립사』, 553~567쪽.

8) 김연철, 「북한의 농업협동화와 중공업 우선 노선을 둘러싼 논쟁」, 역사비평 편집위원회, 『논쟁으로 본 한국사회 100년』(역사비평사, 2000), 205~210쪽.

지못해 이들의 요구를 받아들여 9월 전원회의에서 8월 전원회의 결정 내용을 번복하였다.[9] 예산의 상당부분을 이들 나라로부터 받는 원조에 의존하고 있었고 한국전쟁에 참전했던 중국군이 아직 국내에 남아 있었기 때문에 이들 나라의 직접적인 요구를 완전히 무시할 수 없었기 때문이다.

1956년 중반에 일어난 이러한 일련의 사건들은 북한 지도부에게 경제적 자립에 대한 필요성을 더욱 강하게 인식시켰다. 해외 원조에 대한 의존은 경제발전노선마저도 스스로 결정하여 추진할 수 없게 만들었고, 원조를 매개로 한 외국의 간섭은 국내 반발세력들을 부추겨 정치적 갈등을 증폭시켰을 뿐만 아니라 국내 정치에 관한 결정까지 번복하도록 영향을 미쳤다. 이에 북한 지도부는 미코얀과 팽덕회가 되돌아간 다음 당 내부 문제부터 가다듬기 시작하였다. 당증교환사업을 전개하면서 당원들에 대한 사상 검열을 강화하였고 반발세력들을 정비하였다. 1956년 10월 발생한 헝가리사태로 인해 사회주의 국가들 사이의 관계가 급격하게 요동치면서 북한은 자립경제노선을 더욱 강화하기 시작하였다.[10] 특히 소련이 강재 지원 약속을 뚜렷한 이유 없이 대폭 축소하겠다는 결정을 통보해옴에 따라, 북한 지도부는 1차 5개년계획을 자립경제노선을 강화하는 방향으로 대폭 수정하였다.[11]

1차 5개년계획에 대한 최종 결정은 1956년 12월 11일에 열린 당중앙위원회 전원회의에서 이루어졌다. 이 회의에서는 "예비를 적극 찾아내고 증산과 절약을 최대한 이루자"라는 구호를 제시하면서 소련이 원조하기를 거부한 강재까지 스스로 생산하여 1차 5개년계획을 정상적으로 수행하기로 결정하였다.[12] 계획에 잡히지 않은 자원〔예비〕을 최대한

---

9) 백준기, 「정전후 1950년대 북한의 정치 변동과 권력 재편」, 9~71쪽 ; 서동만, 『북조선 사회주의체제 성립사』, 553~567쪽.

10) 서동만, 『북조선 사회주의체제 성립사』, 567~589쪽.

11) 김삼복, 『인간의 노래』, 40~43, 76~78쪽.

12) 김일성, 「사회주의건설에서 혁명적대고조를 일으키기 위하여(조선로동당 중

동원하고 자원 낭비를 줄이면서 〔절약〕생산량을 최대한 늘리는 방법〔증산〕으로 원래 계획을 수정하지 말고 계속 추진하겠다는 결정이었다. 이는 계속 문제가 되었던 중공업 우선 정책을 끝까지 포기하지 않겠다는 의지의 표명이었다.

하지만 줄어든 원조 지원금을 충당하는 것만으로는 1차 5개년계획의 고성장 기조를 계속 유지하기가 매우 어려웠다. 경제발전을 위해 열심히 일하였지만 일상생활은 크게 나아지지 않았다는 노동자, 농민의 불만이 8월종파사건을 통해 간접적으로 드러났기에 이를 무마시키기 위한 예상치 못한 지출도 늘어났기 때문이었다. 곡물수매가격도 인상되었고 식량배급 기준량도 증가하여 1957년 곡물수매자금이 1956년에 비해 80억 원 가량이나 늘어났고 노동자들의 임금도 평균 35%가량 대폭 인상되어 1957년 임금 기금이 전년에 비해 100억 원가량 늘어나는 등, 약 180억 원 가량의 추가 지출이 예상되었다. 이는 1956년도 해외원조 수입 총액 164억 원보다 많은 것이었다.[13]

투자재원 규모의 축소는 1차 5개년계획의 기조 자체를 재검토해야 할 정도로 심각한 수준이었다. 이런 상황에서는 가용 가능한 자원에 맞춰 정책 목표치를 낮추고 계획을 수정하는 것이 쉬운 선택일 수 있지만, 김일성을 비롯한 북한 핵심 지도부는 계획을 유지하는 선을 넘어 오히려 목표를 더욱 높게 잡았으며 중공업 우선 노선 또한 계속 고수하였다. 1956년 12월 전원회의에서 북한 지도부는 적은 투자를 가지고도 높은 성장세를 달성할 수 있는 방법이 있을 것이라고 강변하면서, 변화된 상황에 맞춰 전략적 목표치를 수정하기보다 제시된 전략적 목표치에 맞출 수 있는 실행방법을 찾아보라고 독려하였다.[14] 8월종파사건으

앙위원회 전원회의에서 한 결론, 1956년 12월 13일)」, 『김일성저작집 10』(조선로동당출판사, 1980), 403~414쪽.

13) 이태섭, 『김일성 리더십 연구』, 77쪽.

14) 이태섭, 『김일성 리더십 연구』, 79~80쪽 ; 김삼복, 『인간의 노래』, 73쪽.

로 김일성의 리더십이 도전받은 상황에서 목표치를 낮추고 계획을 변경한다는 것은 김일성의 정책 실패를 인정하는 것이며 이는 리더십의 약화로 이어지는 빌미를 제공하는 것이므로 그렇게 하지 못하였던 것이다.

어쩔 수 없는 상황으로 인해 투자는 줄이더라도 성장 속도는 계속해서 높게 유지하자는 당시 결정은 한마디로 '저투자－고성장' 전략이었는데, 이는 당시 개별 기업들이 취하고 있던 생산활동 방식의 변화가 뒤따라야만 성공할 수 있는 것이었다. 당시 개별 기업들은 이윤이나 효율성(efficiency)보다 계획과제 달성 여부(효과성, effectiveness)에 따라 평가받고 있었기 때문에 기술혁신 등을 통한 생산능률 향상에는 관심을 거의 기울이지 않고 있었다.[15] 국가적 차원에서는 기술혁신을 통해 생산능률이 향상하게 되면 적은 자원으로 더 많은 재화를 생산할 수 있기 때문에 적극 장려했지만, 개별 기업 입장에서는 성공을 보장할 수 없는 기술혁신을 위해 자원을 할당하는 것이 부담스러웠을 뿐만 아니라 기술혁신이 성공되더라도 그로 인해 계획과제 자체가 상향 조정되기 때문에 기술혁신을 억지로 추구해야 할 이유가 별로 없었다. 특히 개별 기업들의 계획달성 여부가 곧 자신들에 대한 평가와 직결되었던 행정 부처 관료들과 기업소의 지배인들은 과제 할당량을 최소화시킴과 동시에 생산활동에 투입되는 자원을 최대한 확보하는 것에만 관심을 기울였다. 따라서 저투자-고성장 전략을 성공적으로 추진하기 위해서는 더 이상 계획달성에만 매달려 효율성을 등한시할 수 없었고, 자신들의 편리함만을 위해 자원을 과다하게 비축해두는 개별 기업들의 행위도 더 이상 묵과할 수 없었다. 1956년 12월 전원회의 결정에서 '예비'를 적극 활용하라는 주문은 줄어든 투자재원을 보충하기 위해 지금까지 보고하지 않고 비축해두었던 각종 자원들을 적극 활용하자는 뜻이었고, '절약'과 '증산'을 주문한 것은 그동안 생산활동에서 우선순위에 놓이지

---

15) 이태섭, 『김일성 리더십 연구』, 81~89쪽.

못했던 효율성 향상, 생산능률 향상을 최우선 순위에 올려놓으라는 뜻
이었다.

　이러한 내용의 1956년 12월 전원회의 결정은 예전과 달리 중간관료
층을 거치지 않고 생산현장에서 일하고 있는 근로대중에게 직접 전달
되었다. 즉, 기존에는 최상층에서 정책이 결정되면 관련된 성과 관리국
등 중간 집행기관들을 순차적으로 경유하여 생산현장에 그 내용이 전
달되었지만, 이번에는 그러한 중간 절차를 생략한 채 당중앙위원회 위
원들이 생산현장으로 직접 내려가서 실제 생산을 담당하고 있는 근로
대중에게 정책을 설명하면서 계획을 성공적으로 실행하도록 호소하였
다. 12월 전원회의 결정에 중간관료층의 활동방식을 바꾸는 내용이 들
어 있었기 때문에, 정책 집행과정에서 중간관료들의 영향력을 최소한
으로 줄임과 동시에 정책 집행을 담당할 새로운 인력층을 형성하기 위
해 중간단계를 생략하고 상층부에서 하층부로 직접 접촉하였던 것이다.

　천리마운동의 시작점이 된 1956년 12월 28일 김일성의 강선제강소
방문은 이러한 당중앙위원회의 결정에 따라 시행된 첫 현지지도였다.
당중앙위원회 위원들은 12월 전원회의 결정을 생산현장의 근로대중에
게 설명하고 그들의 분발과 적극적인 참여를 독려하기 위해 황해제철
소, 김책제철소, 흥남비료공장(김창만) 등 중요 공장, 기업소를 분담하
여 직접 찾아갔다.[16]

─────────────

16) 북한과 중국의 대중운동이 다른 성격을 갖게 된 이유 중 하나가 여기서 관찰
된다. 북한 대중운동사에서 김일성의 정치력, 개인적인 카리스마가 강했다는
것은 중국 대중운동사에서 모택동이 갖는 것과 비슷하다. 하지만 김일성의 행
보는 철저히 집단주의적 입장에 맞게 이루어졌지만 모택동의 경우 집단의 결
정을 따르지 않고 자의적인 판단에 따라 이루어진 것이 많았다. 즉, 김일성이
강선제강소를 찾은 이 당시의 일은 자의적인 판단에 의한 것이 아니라 북한
최고 의사결정 기구라고 할 수 있는 '당중앙위원회'라는 집단의 결정에 따른
것이었다. 하지만 모택동은 1955년 7월 31일 중국공산당 성, 시, 구 위원회 서
기회의에서 전날 폐막된 전국인민대표대회 제1기 제2차 회의의 방침을 번복
하면서 농업협동화운동을 급진적으로 추진할 것을 요구하였다. 또한 문화대
혁명도 모택동이 당 중앙공작회의에서 자신의 의견이 관철될 수 없다고 판단

2. 과학기술 지원의 필요성 증대

당시 내각 수상이면서 당중앙위원회 위원장이던 김일성이 직접 강선제강소로 현지지도를 나간 이유는 북한 지역에서 '분괴압연기'를 보유하고 있는 곳이 강선제강소뿐이었기 때문이다.[17] 압연기는 회전하는 두 개(혹은 여러 개)의 롤러를 이용하여 강괴를 판이나 봉과 같은 최종 제품으로 만드는 설비로써 철강생산 공정의 마지막을 담당하는 설비였다.[18] 평로, 용광로 등 선행공정에서 사용되는 다른 설비들은 대부분 두 개 이상이었지만 마지막 압연공정에 사용되는 압연기 중 분괴압연기는 강선제강소에만 있었다. 따라서 강선제강소의 생산활동은 전체 철강생산에서 매우 중요한 역할을 담당하고 있었다. 김일성이 직접 강선제강소로 현지지도를 나간 것은 중공업을 우선적으로 발전시키는 방향으로 1차 5개년계획을 확정하였고 철강재 생산에서 목표를 달성할 수 있느냐의 여부가 이 계획의 성공과 직결된 것이라는 판단에 따른 것이었다.[19]

강선제강소는 일제시기에 건설된 것으로, 해방 직후 공장 직원들이

하고 급히 북경을 벗어나 상해에서 북경의 당 중앙을 공격하면서 시작되었다고 한다. 고지마 도모유키(小島朋之), 백완승, 장미희 역,『중국 정치와 대중 노선』(논장, 1989), 143~186쪽 ; 한광수 편역,『현대 중국의 정치 구조』(온누리, 1988), 55~57쪽(이태섭,『김일성 리더십 연구』, 92쪽에서 재인용).

17) 『〈천리마의 고향〉 강선 땅에 깃든 불멸의 이야기』, 46쪽 ; 김삼복,『인간의 노래』, 50쪽.

18) 아래 그림은 철강생산공정을 간략하게 설명한 것이다.

철광석	→	고 로	→	선 철	→	전 로	→	강(鋼)	→	압 연	→	제 품
산화철 (Fe₂O₃)		산소제거 (환원)		Fe(탄소함유량: 3~4%)		탄소제거		Fe(탄소함유량: 2.11% 이하)				형강(形鋼)

19) 당시 북한 지도부는 강선제강소를 '핵심 고리', '결정적 고리', '중심고리'라고 지칭하면서 철강생산 전체 시스템에서 가장 취약하지만 중요한 곳이므로 집중적으로 지원해야 한다는 논리를 전개하였다. '중심고리론'에 대해서는『영도체계』(사회과학출판사, 1985), 57~62쪽.

정상화시키려고 노력한 결과 상당히 빠른 시기인 1945년 12월 20일부터 정상 가동되기 시작하였던 곳이다. 한국전쟁 당시 강선제강소도 심각한 피해를 입었는데 정전협정이 체결된 직후인 1953년 후반기부터 복구사업을 시작하여 그해 9월 20일에 전기로를 가동시켰으며 핵심 설비인 압연기는 1955년에 들어가서야 복구하였다.[20] 복구된 강선제강소의 압연기는 공칭능력 6만 톤 수준이었는데 복구한 다음 해인 1956년에 5만 톤을 생산하여 완전치는 않지만 분괴압연기는 거의 정상적으로 운영될 수 있는 수준에 도달하였다.

1956년까지는 전후복구사업계획 기간이었고 이 기간 동안에는 해외 원조를 통해 강재를 비롯해 복구사업에 필요한 각종 자재들을 충분히 공급받을 수 있었기 때문에 강선제강소 분괴압연기는 생산량 증대를 위한 압박을 심하게 받지 않았다. 하지만 1957년부터는 상황이 완전히 달라졌다. 우선 다른 부문보다 철강재 소비가 많은 중공업 부문을 우선적으로 육성하려는 1차 5개년계획이 시작되었고, 이전까지 경제계획을 수행하는 데 큰 힘이 되었던 해외 원조가 급감하였다. 더욱이 원조의 상당량을 부담하고 있던 소련에서 1956년 11월에 갑자기 강재 지원량을 2만 톤가량 축소해버리기까지 하였다.[21] 1957년에 13만 톤을 생산한 북한의 강재 생산 수준에서 2만 톤의 양은 경제계획 전반을 수정해야 할 정도로 큰 규모였다. 이런 상황에서 강선제강소 분괴압연기는 생산량 증대에 대한 압박을 강하게 받았는데, 1957년도 계획을 수립하던 초기에는 8만 톤을 생산할 것을 요구받다가 소련이 강재 지원량을 일방적으로 줄인 이후에는 1만 톤이 더 늘어 강선제강소 분괴압연기의 다음 해 생산계획량은 9만 톤까지 늘어났다.

문제는 계획의 구체적인 실현가능성 여부였다. 상층 지도부 차원에

---

20) 강선제강소의 역사에 대해서는 『〈천리마의 고향〉 강선 땅에 깃든 불멸의 이야기』를 참고.

21) 김삼복, 『인간의 노래』, 73쪽.

서는 원래 계획된 1차 5개년계획의 수준을 바꾸지 않기 위해서 강선제
강소가 9만 톤을 생산해 주기를 원하였지만 실무를 담당한 중간 관리
인 지배인과 기사장들은 모두 공칭능력 6만 톤인 압연기로 7만 2천 톤
이상은 무리라고 이의를 제기하였다. 이에 대한 논란은 1차 5개년계획
첫해인 1957년도 계획을 확정하기 위해 전국의 중요 생산현장의 지배
인과 기사장까지 모두 모여 개최한 12월 전원회의에서도 결론나지 않
았다. 결국 김일성을 비롯한 당중앙위원회 위원들은 전체 계획은 이대
로 확정하되 구체적인 실행방안을 좀 더 연구하자는 수준에서 회의를
마무리하였다. 그리고 대신 중앙위원들이 직접 생산현장에 나가서 실
제 생산활동을 담당하고 있는 근로대중에게 직접 1957년 계획의 의미
와 계획 수치를 확정하게 된 이유를 설명하고 중간 관료 차원에서는 찾
지 못하였던 구체적인 계획 실행방법을 찾아보자고 하였다.[22]

　김일성을 비롯한 당중앙위원회 위원들이 1956년 12월 말에 조직적
으로 중요 생산현장에 현지지도를 나간 이유가 바로 여기에 있었다. 단
순히 근로대중을 선전, 선동하여 1957년 계획에 동원하는 차원을 넘어
실제 계획 실행방법을 구하기 위함이었다. 이를 뒤집어보면 1957년 이
후 북한의 경제성장이 치밀한 준비과정을 거쳐 이루어진 것이 아니라
우연성에 많이 기댄 것이었음을 알 수 있다. 실제 1차 5개년계획이 실
행되기 3~4일 전까지도 북한 지도부는 1957년 계획을 실행할 구체적
인 방법을 마련하지 못하였지만 운 좋게도 무리하게 잡았던 계획을 훨
씬 뛰어넘는 성과를 거두었던 것이다.

　결국 1956년 12월 28일 강선제강소를 찾은 김일성의 호소에 호응한
강선제강소의 노동자들은 요구받은 대로 9만 톤 생산이 가능하다고 결
의하였고 실제로 1957년 말까지 3만 톤이나 더 많은 12만 톤을 생산하
였다. 뿐만 아니라 19만 톤 이상 생산하는 것이 어렵다고 하던 김책제

22) 이태섭, 『김일성 리더십 연구』, 91~93쪽 ; 김삼복, 『인간의 노래』, 124~133,
176~180쪽.

철소에서도 생산계획 23만 톤을 4만 톤이나 넘어선 27만 톤을 생산하였고, 흥남비료공장에서는 13톤 능력의 합성탑에서 38톤의 암모니아를 생산해내었다.[23] 이처럼 대부분의 중요 생산현장에서 계획을 초과달성한 결과, 1957년 공업 총생산액 성장률은 목표치 22%의 두 배인 44%가 되었다. 마지막까지 논란을 거듭한 저투자-고성장 정책이 성공한 것이었다. 이러한 경제정책 기조는 1차 5개년계획이 일찍 마무리되던 1959년까지 계속 이어졌고 이 기간 동안 경제성장률은 계속해서 40%를 상회하였다.[24]

1956년 12월 김일성의 현지지도를 계기로 시작된 천리마운동이 이처럼 예상을 뛰어넘는 성과를 거두게 된 것을 북한 자료에서는 김일성의 뛰어난 정치력에 근로자들이 감화되어 자신들의 능력을 십분 발휘한 결과라고 이야기한다.[25] 남한의 많은 연구논문들도 천리마운동을 김일성의 현지지도 이후 강력하게 형성된 주민동원체제로 인한 결과라고 평가하면서 다만 이것은 노동시간 연장이나 노동인력의 증원과 같은 노동의 양적 팽창에만 의존한 것이라서 기술혁신과 같은 질적 성장 면에서는 실패하였다고 평가한다.[26] 하지만 당시 김일성이 강선제강소에서 어떤 일을 했는지, 또 공장사람들은 어떤 근거로 기사장이나 지배인이 불가능하다고 이야기했던 목표량을 달성할 수 있다고 자신할 수 있었는지 자세히 살펴본다면 천리마운동에 대한 기존의 평가와 다른 모습들을 발견할 수 있다.

---

23) 『천리마기수독본』, 18쪽.

24) 이태섭, 『김일성 리더십 연구』, 94쪽.

25) 림수웅 편, 『우리나라 사회주의 건설에서의 천리마작업반운동』; 『천리마기수독본』; 『〈천리마의 고향〉 강선 땅에 깃든 불멸의 이야기』; 『위대한 수령 김일성동지께서 창시하신 천리마운동, 천리마작업반운동』; 『우리 당의 천리마운동』.

26) 김연철, 「북한의 산업화 과정과 공장관리의 정치」; 이정철, 「사회주의 북한의 경제동학과 정치체제」.

1956년 12월 27일 강선제강소를 방문한 김일성은 일단 제강소 운영 간부들을 만나서 당시 북한이 처한 어려운 사정을 설명하고 12월 전원회의 결과를 자세하게 이야기해 주었다. 그리고 다음 강선제강소가 1957년에 강재 9만 톤을 생산해야만 하는 사정을 설명하였고 이를 실현할 방법을 제시해달라고 부탁했지만 강선제강소 간부들은 별 다른 대책을 내놓지 못하였다. 그들은 여전히 공칭능력을 절대적 기준으로 제시하면서 9만 톤을 생산하기 위해서는 기중기, 가열로, 가스발생로 등의 부대설비들을 증설해야 한다는 의견만 내놓았다.[27) 이에 김일성은 토론참가대상을 확대하여 강선제강소에서 일하고 있는 모든 노동자들을 토론에 참석시켰다.[28) 그는 일반 노동자들이 형식적인 논리나 기존의 자료에 얽매이기 쉬운 중간관료들과 달리 자신들의 현장경험을 바탕으로 새로운 대안을 제시할 수 있을 지도 모른다는 기대감에서 이들과 직접 토론하기로 결정하였던 것이다.

현장의 노동자들 중에는 김일성이 지난 1956년 11월 중순에 강선제강소를 방문했을 당시 강재생산량이 절대적으로 부족하여 이것이 1차 5개년계획 수행과정에서 제일 큰 걸림돌이 될 것이라고 하면서 강재 증산 방법을 구체적으로 찾아봐달라고 부탁하였던 연설을 듣고 나름대로 궁구하고 있던 사람들이 있었다.[29) 그러나 현장 노동자들의 이야기는 중간간부들에 의해 자주 무시되었을 뿐만 아니라, 무시되지 않았다고 하더라도 12월 전원회의가 개최될 때까지는 의견수렴을 위한 시간적 여유도 거의 없었다. 따라서 이날 현장 노동자들이 제시한 새로운 강재 증산 방법은 이전까지 전혀 거론되지 않았던 것이었으며, 중간간부들이 가능하다고 했던 7만 톤 이외의 강재를 생산할 수 있는 대안으

---

27) 김일 외, 『붉은 해발아래 창조와 건설의 40년 (3) : 1953.7~1961.9』(조선로동당출판사, 1981), 194쪽 ; 김삼복, 『인간의 노래』, 124쪽.

28) 『〈천리마의 고향〉 강선 땅에 깃든 불멸의 이야기』, 40~51쪽 ; 김일 외, 『붉은 해발아래 창조와 건설의 40년 (3) : 1953.7~1961.9』, 192~198쪽.

29) 김삼복, 『인간의 노래』, 176~180쪽.

로 삼기에도 충분하였다. 중간층을 거치지 않고 최고위층과 기층이 직접 접촉하여 토론한 결과, 1957년 생산 목표량 달성을 위한 새로운 가능성이 모색된 것이다.

현장 노동자들이 찾아낸 증산 방법 중 가장 중요했던 것은 분괴압연기 가동률을 높이는 방법이었다. 당시 분괴압연기 가동규정에는 압연기를 3일 동안 가동한 이후 보수를 위해 하루 동안 가동을 멈추고 전반적인 보수작업을 하도록 되어 있었다. 강괴를 압착하는 롤러의 균형을 잡아주는 '메달[베어링]'이 3일이면 모두 닳아버려 이를 교체하기 위해서는 어쩔 수 없이 압연기의 가동을 멈춰야 했으므로 중간관료들은 '3일 가동, 1일 보수'라는 규정은 당연히 지켜져야 할 것이라 여겼고 설비를 개조하지 않는 이상 가동 일수를 더 이상 늘릴 수 없다고 생각하였다. 하지만 이를 실제로 운영하던 노동자들은 분괴압연기를 개조하지 않더라도 보수준비작업만 잘해두면 보수시간이 단축되어 가동시간을 더 많이 확보할 수 있다고 주장하였다. 일부 노동자들은 자신들의 경험을 토대로 핵심적인 보수작업인 베어링교체작업도 준비만 잘하면 교체시간을 24시간에서 16시간으로, 많게는 12시간까지도 줄일 수 있다는 것이다.[30] 이렇게 작업공정의 효율화를 통해 증산방법을 찾아낸 이날 토론으로 강선제강소 분괴압연기 보수기일은 100일에서 75일로 줄어들었다. 그만큼 늘어난 설비 가동일 수는 9만 톤이라는 다음 해 생산계획을 불가능에서 가능으로 바꾸어 주었다.

또한 이날 토론에서 작업공정의 효율화를 통해 기존의 작업일수만 가지고도 증산할 수 있는 방법이 더 있다고 제기되었다. 당시 강선제강소는 3교대로 작업하고 있었는데 교대작업반들이 설비운영의 연속성을 고려하지 않고 자기 교대 시간의 작업만 신경 썼기 때문에 설비를

---

30) 『〈천리마의 고향〉 강선 땅에 깃든 불멸의 이야기』, 48~51쪽 ; 김일 외, 『붉은 해발아래 창조와 건설의 40년 (3) : 1953.7~1961.9』, 192~198쪽 ; 김삼복, 『인간의 노래』, 186~189쪽.

충분히 가동시키지 못하는 경우가 많았다. 예를 들면 자신들의 작업 시간 동안의 생산량을 늘리는 데에만 신경을 써서 노(爐)가 식는 것을 방치하는 바람에 다음 교대 사람들은 노의 온도가 다시 올라갈 때까지 생산 작업을 할 수 없는 경우가 자주 발생하였던 것이다.³¹⁾ 이처럼 매개 작업반들이 개별 교대작업반 위주의 작업방법에서 벗어나 설비 가동률을 최대로 높이는 차원에서 작업하게 하여 생산량을 증대시키자는 주장이 제기되었다. 이것도 공칭능력에 따라 더 이상 증산할 수 없다고 했던 중간간부들의 주장을 무색하게 만들었다.

이러한 주장 이 외에도 현장 노동자들은 자신들이 작업하는 과정에서 발견했던 설비나 작업방법의 불합리함을 개선하자고 건의하기도 하였다. 발생로 가스관에 제진기를 설치하면 청소주기를 1주일에서 한 달로 늘릴 수 있다는 주장이 나왔고, 연료장입방법을 개선하여 장입시간을 단축하고 1회당 평균용해시간을 단축하는 방법, 노천정과 노벽을 개조하여 노 수명을 연장하는 방법 등이 제시되었다.³²⁾ 일종의 기술혁신을 통해 증산 가능성을 모색한 것이었다.

이처럼 김일성이 기층 노동자들과 직접 대화한 끝에 마침내 4일 뒤 시작될 1차 5개년계획의 첫해 계획을 수행할 수 있는 방법이 마련될 수 있었다. 이는 단순히 김일성의 정치력에 감화된 노동자들이 강화된 동원 체제 속에서 열심히 일하는 수준, 즉 노력투입량을 증가시켜 생산량을 늘리는 수준이 아니었다. 현장 노동자들을 정책 결정과정에 적극 참여시킴으로써 기존의 시각과 다른 관점에서 문제해결방법을 모색한 결과였으며, 공칭능력이나 작업규정과 같은 문서화된 자료보다 실제 수행해본 경험치를 바탕으로 실현 가능성을 구체적으로 점검한 것이었다. 나름대로 합리적이고 과학적인 대안을 찾아 생산활동의 효율을 높

31) 김삼복, 『인간의 노래』, 189쪽.
32) 『〈천리마의 고향〉 강선 땅에 깃든 불멸의 이야기』, 52쪽 ; 김삼복, 『인간의 노래』, 186쪽.

임으로써 자원을 추가 투입하지 않고 생산량을 늘리는 방법을 찾아나
간 것이었다.

효율성을 대폭 강조한 이러한 대안들은 중간관료들에게 기존의 행동
양식인 효과성보다 효율성이라는 새로운 행동양식을 따르도록 이끄는
효과까지 가져왔고, 결국 새로운 중간관료층이 형성되는 계기가 되었
다. 이때부터 새롭게 부상하기 시작한 정책 실행 집단은 생산현장에서
생산활동을 직접 담당하는 노동자와 과학기술자 중 일부였다. 노동자
중에서는 오랫동안 일하면서 기술을 나름대로 체득한 '오랜 노동자'나
정책방향에 충실히 따르려는 '열성 노동자'가 중심세력을 형성하기 시
작하였고, 과학기술자 중에서는 과학기술 활동의 이론 연구적 측면보
다 실천적 측면의 가치를 더욱 중요하게 생각한 '현장지향성이 강한 과
학기술자'가 정책 집행의 핵심세력으로 부각되기 시작하였다. 이들의
실질적인 세력화는 1958년 하반기 이후부터 부각되었는데, 그중에서
과학기술자들은 1958년에 구성된 3기 과학원 상무위원에 대거 진출하
였고 노동자들은 1959년 이후 천리마기수, 천리마작업반장으로 선출되
었다.

이처럼 1956년 12월 전원회의에서 결정된 1차 5개년계획은 뒤이어
실행된 당중앙위원회의 현지지도를 통해 구체적인 실행방법을 마련한
후, 1957년에 들어서자마자 본격적으로 추진되기 시작하였다. 하지만
새해를 며칠 남겨놓지 않은 시점에서 실행방법들이 마련되었기 때문에
1월 한 달 동안에는 지역별·생산현장별로 계획을 다시 점검하여 구체
적인 실행방법들을 재 검토하면서 결의대회를 진행했고, 실질적인 계
획 수행은 2월이 거의 다 되어서야 이루어졌다.

당시 증산을 위해 세운 대책 중에는 새로운 기술의 개발이나 생산
설비의 개선과 같이 기술혁신과 관련된 일들도 포함되어 있었지만, 초
기에는 출근율을 높이고 작업 준비를 철저히 하며 실제 작업시간을 최
대한으로 늘리는 일과 같이 작업규율을 확립하고 정상적인 생산활동이

원활하게 이루어지게 하는 일이 위주였다. 전후복구사업을 마무리하였다고는 하지만 1956년까지 개별 생산현장은 전쟁으로 인해 발생한 혼돈을 완전히 정리하지 못한 상태였다. 당시 노동자들의 유동성이 꽤 커서 공장노동자의 교체율이 32%나 되었는데 그중에서도 특히 기본건설 부문은 70%나 되었다. 전체 노동자의 18%가 훨씬 넘는 약 15만 명의 공업 부문 노동자들이 1956년 한 해 동안 채용과 퇴직으로 이동하였고 작업규율 또한 제대로 지켜지지 않아 평균 출근율은 95% 수준이었다고 한다.[33] 즉, 전쟁으로 인해 노동력 손실이 컸던 만큼 노동자를 새로 받아들이는 곳이 많아졌고, 노동자를 필요로 하는 곳이 많아졌던 만큼 노동자들의 유동성은 커졌으며, 새로 들어온 노동자의 비율이 높아진 만큼 생산현장의 작업규율이 제대로 지켜지기 힘들었던 것이다.

초기에 기술혁신과 관련한 활동들이 부진했던 이유 중에는 생산현장에 배치된 기술인력의 수가 많이 부족했던 이유도 있었다. 해방 직후부터 북한 지역에는 인재가 매우 부족하여 조금이라도 학식이 있고 재능이 있는 사람들은 모두 정부 관료로 진출하였다. 심지어 학식은 없지만 오랜 현장경험으로 생산활동의 흐름을 나름대로 알고 있던 오랜 노동자들도 상부 행정기관으로 뽑혀갔다.[34] 그 결과 1954년 초 북한의 기술자, 전문가 중에서 생산현장에서 직접 일하고 있는 사람은 28%에 불과하였다. 나머지 72%들은 모두 중앙행정기관에서 행정적 업무만 수행하고 실질적인 현장 작업은 수행하지 않고 있었다. 그나마 중공업성 소속 기술자(기사, 기수)들이 현장에 많이 진출해있었는데 이마저도 68%에 지나지 않았다.[35] 절대적으로 부족했던 기술인력들이 생산현장에

33) 김연철, 「북한의 산업화 과정과 공장관리의 정치」, 112쪽 ; 전동건, 「위대한 수령 김일성동지의 현명한 령도밑에 전후복구건설시기 긴장한 로력 문제를 풀기 위한 근로자들의 투쟁」, 『력사과학』 2004년 4호, 7~8쪽.

34) 리국순, 「흥남비료공장 로동자들이 걸어 온 승리의 길」, 183~196쪽.

35) 김일성, 「산업운수부문에서 나타난 결함들과 그것을 고칠 대책에 대하여 (1954년 3월 21일)」, 『김일성저작집 8』(조선로동당출판사, 1980), 306쪽.

배치되어 있지 않고 행정사무만 담당하고 있었기 때문에 생산현장에서 기술혁신활동이 원활하게 전개될 수 없었던 것이다.

1차 5개년계획이 기본적으로 저투자－고성장 전략이었으므로 기술혁신에 의한 노동의 질적 성장 없이는 목표를 달성하는 것이 거의 불가능하다는 것을 북한 지도부도 잘 알고 있었다. 비록 초기에는 노동의 양적 팽창을 통해 일시적으로 목표량을 달성할 수는 있겠지만 이런 상황이 오래가지 못할 것이라는 것을 누구보다 잘 알고 있었다. 이는 1956년부터 1961년까지 공업 부문의 노동자 수를 정리한 〈표 3-1〉에도 잘 나타난다.[36] 1956년에 29만 4천 명 수준이던 공업 부문의 종업원 수는 1957년과 1958년까지 매년 평균 30.2% 증가하여 1959년에는 64만 9천 명 수준에 도달하였다. 그러나 1959년에는 증가율이 7.7%로, 1960년에는 3.7%로 낮아져 결국 1961년에는 72만 5천 명 수준이 되었다. 따라서 천리마운동이 전개되던 초기에는 노동인력을 대폭 늘리는 방식으로 노동의 양적 성장을 꾀할 수 있었지만 1959년 이후로는 더 이상 이런 방식을 사용할 수 없었던 것이다. 1959년 이후 공업 부문 종업원 수의 증가율이 다른 부문보다 낮았던지 1961년 공업 부문 종업원 수

〈표 3-1〉 공업 부문 종업원 수의 변화(1956~1961)

	총 종업원수/전년대비 증가 (천명/%)	공업 부문		
		종업원수(천명)	전년대비 증가(%)	전체 비중(%)
1956	808	294	-	36.4
1959	1,381/(평균)19.6	649	(평균)30.2	47.0
1960	1,458/ 5.6	699	7.7	47.9
1961	1,538/ 5.5	725	3.7	47.1
1963	1,872/10.3	853	(평균)8.5	45.6
1964	2,018/ 7.8	884	3.6	43.8

자료 : 『조선중앙년감』(각 년도)를 참고하여 작성.

---

36) 『북한 경제 통계집』, 105쪽.

의 비중은 전년보다 줄어들었다.

결국 부족한 자금을 조달하고도 남을 만큼 증산하기 위해서는 기존의 경제활동 수준으로는 불가능하므로 경제활동의 수준, 즉 노동생산능률을 최대로 높이는 것이 절대적으로 필요했다. 노동생산능률의 향상은 기술혁신을 수반해야만 가능한 것이고 기술혁신은 과학기술의 발전이나 지원 없이는 도달 불가능한 것이다. 그래서 1956년의 8월종파사건을 정리하기 위한 사상검열을 진행하면서 과학기술계에서는 사상검열과 더불어 과학기술자들의 재배치문제도 적극적으로 논의하였다.[37]

하지만 단순히 과학기술자들의 근무지를 변경시키는 것만으로는 과학기술자들이 생산현장의 일에 적극적으로 동참하려고 하지 않을 것이라는 문제가 있었다. 재배치사업을 기획한 의도를 과학기술자 자신들이 충분히 납득할 수 있도록 설득해야 그들의 적극성을 유도할 수 있었다. 왜냐하면 과학기술자들 중에는 외부와 독립된 공간에서 자유롭게 사색할 수 있어야 제대로 과학연구활동을 수행할 수 있다고 생각하면서 생산현장에 나가서 일하라고 하는 것을 과학연구활동에 대한 방해로 받아들이는 사람들이 있었기 때문이다. 또한 상급기관에서 행정사무일을 보는 것이 생산현장에서 직접 노동을 하는 것보다 우월하다고 생각하는 사람들도 많았다. 이들을 설득하여 생산현장에서 일을 하는 것이 국가적 차원에서는 물론, 과학기술자 개인의 차원에서도 의미 있는 일이라고 받아들이게 하는 것이 근무지를 재배치하는 형식적인 일보다 더 중요한 것이었다. 자발성에 기인하지 않고서는 과학기술자들이 적극적으로 계획 실행에 동참하여 그들의 능력을 최대한 활용하도록 만드는 것이 쉽지 않았기 때문이다. 그래서 1957년 8월부터 약 3개

---

37) 사상검열사업은 1956년 말부터 1958년 초까지 계속되었고 1958년 3월에 열린 1차 당대표자회에서 마무리되었다. 당시 진행된 사상 검열사업에 대해서는 서동만, 『북조선 사회주의체제 성립사』, 567~589쪽을 참고.

월간 진행된 과학원에 대한 중앙당 집중지도사업은 종파사건을 정리하는 사상검열과정이자, 동시에 과학기술 활동에 대한 전반적인 변화를 과학기술자들에게 설득하고 논의하는 과정으로 적극 활용되었다.[38]

요컨대 북한 지도부는 급변하는 국내외 정세 속에서 1차 5개년계획을 어렵게 마련한 후 기층 노동자들의 적극적인 참여 속에서 1957년부터 실행에 들어갔다. 생산현장에서 공칭능력이라는 문서상 근거보다 실제 생산 경험을 더욱 중요시하면서 증산계획을 예상보다 높은 수준에서 수행해나가는 동안, 과학기술계에서는 과학기술 활동의 변화와 과학기술자들의 합리적인 재배치를 통해 기술혁신과 생산의 질적 성장을 뒷받침할 수 있는 방법을 적극 모색하였다. 1차 5개년계획이 원래 중공업 부문을 중심으로 저투자-고성장 전략에 입각하여 작성된 것이었으므로 시간이 지남에 따라 과학기술 지원활동에 대한 요구가 점차 높아졌다. 생산활동이 정상화될수록 실제 작업시간을 늘리고 작업규율을 강화하는 등의 증산방법은 한계에 도달하게 되고 설비개조와 새로운 작업공정의 도입과 같은 생산능률의 향상에 의한 증산방법이 더 중요해졌던 것이다.

이러한 상태에서 북한 과학기술계를 전적으로 책임지는 과학원의 활동도 상황의 흐름에 맞추어 변화가 요구되었다. 이전까지 부차적인 활동으로 자리매김되었던 과학원의 현장활동이 이제는 정권의 사활이 걸린 필수적인 것이 되었기 때문이다. 그래서 1956년 초 새롭게 2기 상무위원회를 구성하고 장기적인 활동방향을 모색하던 북한 과학원은 1차 5개년계획 실행 이후 활동계획을 전면적으로 수정하면서 생산현장에 적극적으로 뛰어들게 되었다. 1차 5개년계획이 탄력을 받으면서 전개

38)『과학원의 연혁』, 97쪽 ; 백남운, 「과학원 창립 5주년 기념보고」, 『과학원 통보』 1958(1), 3~11쪽 ; 「조선로동당 제3차 대회가 과학자들 앞에 제기한 과업 실천 정형과 앞으로의 과업」, 『과학원 통보』 1959(3), 1~8쪽 ; 박성욱, 「15년간의 자연과학부문에서의 발전」, 『과학원 통보』 1960(5), 1~9쪽 ; 서동만, 『북조선 사회주의체제 성립사』, 581쪽.

〈표 3-2〉 과학원 2기 상무위원회(1956년)

위 원 장	백남운(경제학)
부위원장	최삼열(화학, 1대부원장)
서 기 장	신건희(물리학)
기타위원	홍명희(문학, 1대원장), 장주익(경제학, 1대서기장), 려경구(화학)
부문 위원장	사회과학 부문위원회 위원장 : 리청원(후보원사, 역사학) 자연 및 기술과학 부문위원회 위원장 : 리승기(원사, 공업화학) 의학 부문위원회 위원장 : 최명학(원사, 외과학)
8개의 연구소(소장)/ 42개의 연구실/ 1개의 직속연구실(실장)	역사연구소(김석형), 고고학 · 민속학연구소(도유호), 언어 · 문학 연구소(김병제), 경제법학연구소(윤행중), 물리수학연구소(리재 곤), 화학연구소(려경구), 공학연구소(김덕모), 의약학연구소(최명 학)/생물학 연구실(원홍구=겸임)

자료 :『조선중앙년감』1956, 131쪽 ;『조선중앙년감』1957, 107-108쪽 ;『과학원 통보』,『조선민주주의인민공화국 과학원의 연혁 (1953~1957)』(과학원출판사, 1957) 등을 참고하여 작성.

되던 1958년부터는 과학원의 역할이 더욱 중요해졌다.

제 2 절 과학기술계의 정비 : 과학원 2기 상무위원회 구성

전쟁 복구 사업이 마무리 단계에 접어드는 1956년이 되면서 북한 과학원을 비롯한 과학기술계를 정비하는 사업에 더욱 많은 재원이 배정되었다.[39) 이렇게 늘어난 지원을 바탕으로 북한 과학원은 1956년부터 조직정비사업에 착수하였다. 3년 임기의 상무위원회 교체 시기와 맞물

---

39) 기본건설 총 투자액에 대한 과학연구기관 건설 부분의 비율이 1954년 0.3%(1백만 원대)에서 1955년 0.5%(2백만 원대)로 증가하였고, 1955년 과학원 기본건설자금은 1953년에 비해 9배나 늘어났으며, 1956년에는 북한 과학원에 대한 연구비 지원 규모가 1955년에 비해 167.78% 증가하였다. 「과학원 1956년도 사업 총결 보고」,『과학원 통보』1957(2), 4쪽 ;『조선중앙년감』1958, 127쪽 ; 국가계획위원회 중앙통계국,『조선민주주의인민공화국 인민경제발전통계집 1946-1960』, 117쪽 ; 윤명수,『조선 과학기술 발전사 1』, 87쪽.

리면서 과학원은 구체적인 활동방안을 구상하는 동시에 지도부를 새롭게 구성하였다. 예정보다 2개월이 늦은 1956년 1월에 과학원 원장은 홍명희에서 백남운으로 교체되었고 21일에 열린 '4차 과학원 총회'에서 2기 상무위원회가 구성되었다.[40]

〈표 3-2〉를 〈표 2-20〉과 비교해보면, 과학원 핵심 지도부라 할 수 있는 원장과 서기장이 새롭게 바뀐 것을 알 수 있다. 상징적인 차원에서 추대된 홍명희와 달리, 2대 과학원 원장으로 취임한 백남운은 과학원 활동을 실질적으로 지도하기 위해 선출된 사람이었다.[41] 백남운은 일제시기부터 학술운동과 조선경제사의 체계화, 마르크스주의 과학진흥을 위해 많은 노력을 기울인 좌파 경제학자로서 경제학 원사 칭호를 받을 정도로 경제학에 능통하였다. 또한, 과학원 원장으로 선출되기 직전까지 초대 교육상(1948.9~1956.1)으로 있었기에 북한이 기르고 확보한 인력들을 최대한 활용하여 과학원 활동을 북한의 발전방향과 잘 조화되도록 지도할 수 있는 인물이었다. 무엇보다 그는 일제시기부터 '조선경제학회'와 '중앙아카데미'를 만드는 등 학술 진영의 조직화를 위해 많은 노력을 기울였고 해방 직후에는 조선인 직원, 강사, 학생, 졸업생 등을 모아 '경성제국대학 대학자치위원회 위원장'을 맡기도 했으므로 당시 학계 상황을 누구보다 잘 알고 있었다. 때문에 그는 김일성종합대학이 설립될 당시 남한의 지식인들을 김일성종합대학 교원으로 초빙하기 위해 내려온 김광진에게 많은 사람을 소개시켜줄 수 있었다.[42] 또한 그는 실제로 1945년 8월 16일에 출범한, 조선 전체를 대표하는 전문 학술기구 '조선학술원'을 남한에서 조직, 운영해 보았기 때문에, 전체 학술연구기관을 대표하는 조직으로 과학원을 자리 잡게 하기에 매우 적

40)『과학원의 연혁』, 63쪽 ;「과학원 1956년도 사업 총결 보고」,『과학원 통보』 1957(2), 3~16쪽.
41) 월북 직전 시기의 백남운에 대해서는 방기중,『한국근현대사상사연구-1930·1940년대 백남운의 학문과 정치경제사상』(역사비평사, 1992)을 참고.
42) 김광운,『북한 정치사 연구 1』, 96쪽.

합한 인물이었다고 할 수 있다. 백남운 개인적인 차원에서 보면, 북한 과학원 원장이 됨으로써 조선학술원을 세우면서 가졌던 자신의 이상을 실현할 수 있는 기회를 갖게 된 것이었다. 실제로 백남운이 재임한 시기에 과학원은 본격적인 활동을 시작하였을 뿐만 아니라 안정된 모습을 찾게 되었고 많은 성과들을 거두었으며 나아가 북한식 과학기술의 특징을 강하게 형성하기 시작하였다.

서기장은 장주익에서 신건희로 교체되었는데, 신건희는 경도제대 물리학과를 졸업하고 대동공전(후에 평양공전)에서 교수로 근무하다가 김일성종합대학 설립 당시 초대 공학부장을 맡았던 인물이다. 그는 남한 과학기술자 월북유도사업에 책임자로 일하기도 하였고 월북과학자들을 중심으로 세워진 흥남공업대학의 초대 학장을 역임하는 등 해방 직후부터 북한 과학기술 정책의 중심에 서 있었다. 또한 그는 비록 제대로 운영되지는 못하였지만 북한 최초의 과학기술 관련 종합연구기관인 북조선중앙연구소의 소장을 역임했기 때문에 과학원이 북한 최고의 과학기술 연구기관으로 정상화되는 데 도움이 될 경험을 누구보다 많이 갖고 있었다.[43] 유임된 부원장 최삼열과 함께 서기장을 과학기술계 인사로 구성한 것은 과학원 운영에서 과학기술계에 더욱 큰 비중을 두려는 조치라고 생각된다.

〈표 3-2〉의 연구소 부분을 보면 〈표 2-20〉에서는 포함되어 있던 농학연구소가 빠져서 과학원이 8개의 연구소와 1개의 독립연구실로 구성되어 있는 것을 알 수 있다. 2기 상무위원회가 구성되기 전인 1956년 1월 10일에 농학부문이 과학원에서 분리되어 농업성 중앙농업연구소와 함께 농업성 직속 '농업과학연구원'을 새롭게 조직하였기 때문이다. 과학원 농학연구소의 생물학 연구실을 제외한 6개 연구실이 농업성으로 이관되었고, 생물학 연구실은 소속될 연구소가 없는 관계로 과학원

---

43) 김근배, 「월북 과학기술자와 흥남공업대학의 설립」, 95~130쪽 ; 「김일성종합대학의 창립과 분화」, 192~216쪽.

상무위원회에 직속되었다. 이렇게 세워진 농업과학연구원은 1958년 8월 8일 내각결정 78호에 의해 '농업과학위원회(위원장 계응상)'로 승격되었고, 1963년 8월에는 '농업과학원'으로 개편되었다. 따라서 2기 상무위원회가 출범할 당시 과학원은 8개의 연구소와 1개의 상무위원회 직속 연구실 및 3개의 실험기구제작 부서, 과학도서관 및 출판부서로 구성되었다.44)

　농학연구소가 분리될 당시 과학원의 기구에도 변화가 있었는데 일부 연구소들이 새로운 연구실을 추가로 더 구성하였다. 물리수학연구소는 수리통계 연구실과 핵물리 연구실을 새로 열었고, 경제법학연구소는 남조선경제 연구실을, 의학연구소는 동방의학 연구실을 추가로 확보하였으며 역사연구소와 언어문학연구소는 각각 철학 연구실과 외국어문 연구실을 새로 구성하였던 것이다. 이 외에도 고전편찬위원회와 조선문자개혁위원회가 새로 설치되었다. 보건성으로부터 미생물학 관계 일체 실험시설 및 인원과 약초원을 이관받았고, 교육성으로부터 학술용어 사정위원회의 기구 정원도 이관받았다. 공학연구소 공작부가 종합공장으로 분리, 독립, 확대되었고, 화학연구소와 의학연구소는 각각 한 개의 중간공장(pilot plant)을 건설하였다. 2기 상무위원회 기간 동안 과학원 본원 청사도 마련되었는데 1956년 11월부터 공사를 시작하여 1958년 상반기에 완공하였다.45)

　과학원의 조직재정비 사업은 과학원 지도사업 강화로부터 시작되었다. 이전까지 개별적인 차원에서 분산적으로 진행되던 북한 과학원 활동을 더욱 조직적으로 계획, 지도하기 위해 과학원 상무위원회 활동이 강화되었던 것이다. 상무위원을 비롯한 과학원 지도부가 전임 직책을 보장받아 과학원 활동에 전념할 수 있게 되었고, 과학원 상무위원회는

44) 『과학원의 연혁』, 64쪽 ; 「과학원 56 사업 총결 보고」, 『과학원 통보』 1957(2), 3~16쪽.
45) 『과학원의 연혁』, 93~94쪽.

『과학원 학보』를 폐간하고 상무위원회 기관지인『과학원 통보』를 창간
하였다.46) 이 잡지는 과학원 구성원들이 학술적인 내용뿐만 아니라 과
학원 지도부의 방침, 과학기술정책에 대한 해설, 국내외 과학기술계의
동향 등 과학원 활동과 관련된 다양한 정보들을 공유하게 하여 과학원
상무위원회의 지도가 원활히 이루어지도록 돕기 위한 것이었다.

　북한은 과학원 구성원뿐만 아니라 북한 전체 과학기술자들을 포괄하
기 위해 과학원에 소속되지 않은 과학기술자들까지 모두 포함하여 '조
선 민주 과학자 협회(협회장 백남운)'를 1956년 4월 10일에 새로 조직
하였다.47) 조선 민주 과학자 협회는 1956년 12월 1일 '세계 과학자 협
회'에 가입하면서 국제 교류활동도 활발하게 전개하기 시작하였다.

　1956년 4월 23일에 열린 '3차 당대회'는 다음 시기 경제발전에서 과
학기술이 가지는 의미를 강조하면서 과학원으로 하여금 장기적인 과학
발전계획을 수립할 것을 결정하였다. 이 결정에 따라 1956년 7월 30일
에 개최된 과학원 상무위원회는 '과학발전 10개년 전망계획(1957~
1966)'을 작성하기 시작하였다. 이를 위해 '과학연구 10개년 전망계획
작성 위원회(위원장 신건희)'가 12명으로 구성되었고, 각 연구소들에서
는 부문 별로 '작성 꼬미샤(commission)'를 조직하여 "각 대학 과학성
원, 생산성의 해당전문 일꾼과 실무 기관 일꾼들을 광범히 인입"시켜
장기 전망계획을 작성하기로 하였다.48) 장기 전망계획을 세우기 시작
한 시점이 늦었기 때문에 1957년 6월에 가서야 연도별, 단계별 초안이
겨우 마련되었지만 그 시행은 1차 5개년계획과 함께 1957년 초부터 곧
바로 시작되었다.

---

46) 백남운, 「과학원 창립 5주년 기념보고」, 『과학원 통보』 1958(1), 13쪽.

47) 과학원 원장인 백남운이 조선 민주 과학자 협회 회장까지 겸임하는 것으로
　　보아서 조선 민주 과학자 협회는 북한 과학원 활동과 관련된 과학자 대중조
　　직인 듯하다.

48) 「과학원 1956년도 사업 총결 보고」, 『과학원 통보』 1957(2), 3~17쪽 ;『과학
　　원의 연혁』, 71쪽.

여기서 주목해야 할 점은, 장기 전망계획 초안작성 작업이 1956년 11월 2일부터 12월 27일까지 북한을 방문한 소련 전문가들에 의해 본격적으로 진행되었다는 사실과[49] 작성이 마무리된 장기 전망계획 초안을 검토 받기 위해 과학원 지도부가 그 초안을 가지고 1957년 9월 13일부터 10월 25일까지 소련을 직접 방문하였다는 사실이다.[50] 이는 북한이 과학기술 활동을 전개하는 데 있어서 소련의 도움에 절대적으로 의지하고 있었다는 것을 말해준다. 이처럼 1957년 말까지 소련에 대해 절대적으로 의존해서 전개되던 북한의 과학기술 활동은 1958년에 들어서면서 급속하게 자립의 방향으로 선회하였다.[51] 즉 소련 의존적인 과학기술 활동에서 탈피하여 자체 인력과 자체의 기술을 바탕으로 북한의 현실을 충실히 반영한 과학기술 활동을 목표로 삼기 시작한 것이다. '과학기술계의 독자노선'이 시작된 것이다. 소련 방문을 통해 검토까지 마친 과학발전 10개년 전망계획은 처음부터 다시 검토되기 시작하여 1959년에 가서야 공식 확정되었다.[52]

과학원이 과학발전 10개년 전망계획 초안을 작성하는 과정에서 마련된 과학기술 정책들을 『과학원 통보』와 『과학원의 연혁』을 통해 정리해보면 다음과 같이 대략 다섯 가지로 요약할 수 있다.[53] 첫째는 북한

49) 「쏘련 전문가단 과학원 사업을 협조」, 『과학원 통보』 1957(1), 88~89쪽.

50) 「쏘련 과학원 방문 조선 과학원 대표단의 귀환 보고 요지」, 『과학원 통보』 1957(4), 6~8쪽. 당시 과학원 지도부가 소련을 직접 방문한 또 다른 이유는 소련과 '과학원간의 과학 협조에 관한 협정'을 체결하는 것이었다.

51) 「최고인민회의 제2기 제1차 회의에서 한 김일성 수상의 연설과 우리의 과업」, 『기술과학』 1957(6) (공학연구소), 3~4쪽.

52) 자연과학부문은 4개 분과(자연조사, 물리, 수학, 화학), 기술과학부문은 9개 분과(기계화 및 자동화, 광업, 금속, 연료, 기계, 전기, 수공학, 력학, 화학공업), 그리고 사회과학부문은 8개 분과(력사, 철학, 경제, 언어학, 문학, 고고학, 민속학, 예술사)로 구분되어 계획이 수립되었다. "우리나라 자연과학 부문의 과학발전 장기 전망계획", 『과학원 통보』 1959(1), 14~20쪽 ; 「우리나라 사회과학 부문의 과학발전 장기 전망계획」, 『과학원 통보』 1959(2), 1~6쪽 ; 「과학원 기술과학 부문의 과학연구발전 전망계획」, 『과학원 통보』 1959(3), 9~19쪽.

의 과학기술 수준을 최대한 빨리 선진국 수준으로 끌어올리는 것이고, 둘째는 과학기술 활동을 생산현장과 긴밀하게 연계시키는 것이며, 셋째는 부족한 과학기술 인력을 최대한 빨리 양성하는 것이었다. 또한 과학기술자들의 '사상성'을 높여야 한다는 네 번째 정책과 과학기술활동에 대한 과학원 상무위원회의 지도력을 높여야 한다는 다섯 번째 정책도 제기되었다. 이 정책들은 북한 과학기술 정책이 크게 변한 1958년 이후에도 조금씩 변형되었을 뿐 기본 형태는 계속 유지되었다.

과학원은 당초 전문 과학연구기관으로 출범하였으므로 위의 다섯 가지 정책 중에서 첫 번째와 세 번째 정책은 과학원 1기 상무위원회 시기(1952~1955)부터 중점적으로 추진되었다. 또한 네 번째와 다섯 번째 정책은 과학원 규모가 늘어나고 활동성이 커짐에 따라 제기된 것이지만 북한 사회에서 일반적으로 요구되는 사항이라는 점에서 북한 과학원의 활동과 특별히 관계된 정책은 아니라고 할 수 있다. 다만 과학원이 아직 북한 과학기술계 전체를 총괄하여 지도하는 기관으로 자리 잡지 못하였기 때문에 이 정책이 더욱 강조되었던 것이다.

그렇다면 여기서 주의해서 보아야 할 부분은 과학기술 활동의 '현장성'을 강조한 두 번째 정책이다. 지난 시기 과학원은 당시 북한이 처한 상황적 특수성으로 인해 생산현장에 대한 기술지원활동을 수행하고는 있었지만 본래 임무라 할 수 있는 과학연구활동과 기술지원활동을 크게 연관시키지 못하고 있었다. 생산활동과 긴밀히 연관된 주제를 연구하던 오랜 과학기술자들도 아직 연구실 활동의 연장인 중간공장 단계에 머물러 있었기 때문에 과학연구활동의 현장성은 아직 공고화되지 못하고 있었던 것이다. 이런 상황에서 과학원 2기 상무위원회에서는 생산현장과 직접적으로 연관된 과학원 활동을 보장하기 위해 여러 가지

---

53) 주로 1955년에서 1957년 사이 발간한 『과학원 통보』에 당시 정책적 방향에 대한 언급이 많이 나와 있다. 또한 『과학원의 연혁』, 71~85쪽에 '10개년 전망계획' 작성에 대한 과정이 비교적 자세하게 나와 있다.

방법들을 찾기 시작하였다.

　　사실 1946년에 열린 '과학자 기술자 대회(1946.10.17~18)' 당시부터 김일성은 "과학자, 기술자의 역할은 경제 건설과정에서 발생하는 문제를 제때 푸는 데 있다"고 계속 강조하였을 정도로 과학기술의 가치가 '직접적 생산력'으로 전환될 때 가장 크다는 인식을 강하게 갖고 있었기 때문에, 과학원 활동에서 현장성을 높이는 문제가 계속 강조되었던 것이었다.[54] 하지만 이와 관련해서 제기된 대부분의 정책들이 "과학연구가 생산과 연계되도록 하라", "연구소들은 생산현장과의 연계성을 강조하라", "연구활동을 집체적으로 수행하라"는 것과 같이 구체적이지 못한 구호성 정책에 그치는 것으로 보아, 아직은 이런 생각들이 과학연구활동에까지 강하게 적용되지 못하고 있었던 것으로 보인다.[55] 그나마 구체적이라고 할 수 있는 정책은 "연구를 담당했던 연구사는 연구결과가 생산에 도입될 때까지 책임지라"는 것과 "연구 계획을 작성할 때 생산현장에서 요구하는 것을 우선하라"는 정책 정도였다. 하지만, 『과학원 통보』에 "생산과 직접적으로 연관되지 않고 과학 자체만의 발전을 위한 연구들은 금지하겠다"는 엄포성 발언들이 계속해서 자주 등장하였다는 점에서 어떤 정책들도 제대로 수행되지 못하고 있었다는 것을 추측할 수 있다.[56]

　　따라서 북한 지도부는 과학기술 활동의 현장성을 강화하기 위해 기존의 정책들과 달리, 더욱 구체적이고 효과적인 조치를 마련해야만 하였다. 더욱이 천리마운동의 전개로 말미암아 생산현장에 대한 과학기술 지원활동이 더욱 절실해졌기 때문에 서둘러 새로운 정책을 마련해야만 하였다. 과학기술 활동의 현장성 강화는 단순한 과학기술계 내부

54) 김일성, 「현 시기 과학자, 기술자들의 임무에 대하여」, 『우리나라의 과학기술을 발전시킬 데 대하여』(조선로동당출판사, 1986), 1~5쪽.
55) 「과학원 57년도 사업 총결 보고(요지)」, 『과학원 통보』 1958(2), 16~25쪽.
56) 백남운, 「과학원 창립 5주년 기념보고」, 『과학원 통보』 1958(1), 3~17쪽.

의 문제가 아니라 1차 5개년계획의 성공이 달린 국가적 차원의 문제가
되어버렸던 것이다. 결국 북한 지도부는 과학원을 생산현장에 직접 진
출시키는 방법을 통해, 과학기술계의 생산현장에 대한 지원 방법을 원
거리-간접적 지원에서 근거리-직접적 지원으로 바꾸기로 결정하였다.
이는 '현지연구사업'이라는 이름으로 1958년 1월 3일부터 본격적으로
추진되었다.

제 3 절   현지연구사업 : 현장 중심의 과학기술 정책

1. 과학원의 현장진출에 대한 의견 수렴

당초 북한 과학원은 외국의 원조를 전제로 전문 과학연구기관으로
세워졌다. 소련과 중국을 비롯한 사회주의 국가들이 과학원 활동에 필
요한 다양한 지원들을 해주고 있었고, 전후 복구사업을 비롯한 생산현
장의 기술지원 사업을 담당한 생산성 산하 연구소들이 해외 원조에 의
지하여 활동하고 있었기 때문에 과학원은 전문 과학연구활동에만 전념
하려고 계획하였던 것이다. 물론 전후복구사업을 추진하던 시기에는
과학원과 생산성 산하 연구소 간의 이런 역할분담을 뒷받침할 현실적
조건들이 충분치 못하여 과학원도 현장에 대한 기술지원활동에 자주
동원되었다. 전후복구사업이 끝나고 경제개발계획을 전개하기 시작하
던 시기에도 빈도나 정도는 줄었지만 과학원의 기술지원활동은 계속
이루어지고 있었다. 하지만 전문 연구활동이라는 것이 그것에만 전념
하여도 제대로 된 성과를 거두기 어려운 것이어서 과학원 구성원들은
기술지원활동을 연구에 대한 방해로 인식하고 있었다. 기술지원활동이
과학연구활동과 대등한 것이라는 인식을 아직 충분히 받아들이지 않고
있던 과학원 구성원들은 현장활동을 꺼려하면서 연구소 안에서의 연구
활동만 수행하려 하였다.[57]

이런 과학원 구성원들의 태도는 북한 지도부의 시각에는 상당히 불만스러운 것이었다. 과학기술을 직접적 생산력이라고 인식하고 실천활동과 연계되지 않은 이론 연구는 의미 없다는 생각하고 있던 북한 지도부에게, 비록 설립의도는 전문연구활동을 주로 하는 것이었지만 그 활동방향이 점차적으로 생산현장에서 멀어지는 쪽으로 변해가는 당시 과학원의 모습은 용납하기 힘든 것이었다. 특히 전사회적으로 높은 경제성장을 이룩하여 1차 5개년계획을 성공시키기 위해 매진하고 있던 상황에서 이런 활동들과 유리된 채 연구소 내 연구활동에만 전념하려는 과학원의 모습은 비판의 대상이 되기에 충분하였다. 이에 당시 과학원 지도부는 『과학원 통보』를 통해 "당과 정부의 결정 지시들을 구현하려는 사상 동원 태세가 미약하다", "일부 성원들에게는 안일성과 개인 리기주의, 소영웅주의 등 부정적인 사상 경향들이 의연히 발로되고 있다", "극히 세분된 견지에서 볼 때 전문과 방향이 약간 다르다고 하여, 또는 자기의 취미에 맞지 않는다 하여 자기의 고집을 세우는 경향을 청산하고 인민이 요구하는 방향에서 대담하게 현실 속으로 뛰어 들어가 제기된 문제를 해결하는 계급성이 필요하며 당성이 필요하다", "연구쩨마(테마)의 선택부터 결함이 있는 바 당과 정부의 정책으로부터 출발하며 현실성과 가능성을 타산하지 않고 개별적 연구사들의 취미와 공명심으로부터 선택되고 있다", "과학자들은 연구실이나 실험실의 울안에서만 앉아 사업할 것이 아니라(중략) 생산에 수시로 접근하여 거기에서 현실적 과제들"을 풀라고 하는 등 이런 불만들을 자주 거론하였다.58)

---

57) 북한 지도부는 당시 일부 과학자들이 현장활동을 꺼리는 모습을 다음과 같이 비판하였다. "그들은 과학과 기술의 신비성만을 부르짖으며 이른바 상아탑 속에 틀어 박혀서 순수리론만을 추구하기를 즐겼다. 그들은 현실에 귀를 기울이고 생활이 요구하는 문제를 해결한다면 과학자로서의 위신이 훼손이나 되는 듯이 생각하고 또 그렇게 행동하였다." 「조선로동당 제3차 대회가 과학자들 앞에 제기한 과업 실천 정형과 앞으로의 과업」, 『과학원 통보』 1959(3), 1~8쪽

과학원 구성원들이 생산현장에서 기술지원활동을 꺼려하는 경향은
당시 학생들이 일반계열을 선호하고 기술계열이나 실업계열을 꺼려하
는 것과 비슷한 맥락이었다. 학생들이 기술을 천시했던 까닭은 과학기
술보다 인문학을 더 선호했던 전통이 사라지지 않았기 때문이기도 하
지만 일제의 차별적인 식민지 교육정책으로 인해 이런 경향이 더욱 커
졌기 때문이다. 이런 분위기 속에서 일부 고등중학생들은 기술, 기능
학교에 다니는 학생들을 깔보고 놀리기도 하였다.59) 또한 일반계가 아
니라 기술계로 진학하라는 교사들의 권유에 대해 학생들 뿐만 아니라
학부모들의 반발도 거셌다. 학교에서 사회주의 사상을 가르치면서 노
동의 중요함을 역설했음에도 불구하고 노동을 천시하는 경향은 여전하
였고 출세를 위해서는 일반계로 진학하여 인문학을 배워야 한다고 생
각하는 학생이 많았던 것이다.60)

따라서 과학원의 본격적인 활동을 전개하기 시작한 과학원 2기 상무
위원회는 끊임없이 과학원 활동의 '현장성'을 강조하였고 생산현장과
연계된 연구활동을 유도해 보려고 애를 많이 썼다. 과학원 활동의 현장
성을 강화하려는 이런 노력은 과학발전 10개년 전망계획을 작성하는
과정에서도 일부분 드러났지만 천리마운동과 함께 1차 5개년계획이 시
작되면서 급격히 강화되기 시작하였다. 더욱이 해외원조가 급감함에
따라 생산활동에 필요한 각종 자원들을 공급하는 데 어려움이 많아졌
고 생산현장에 대한 기술지원도 줄어들어 북한이 본격적인 경제개발
정책을 수행하는 데 많은 문제가 발생한 상황에서 과학원의 현장진출

58) 「우리나라 과학 발전을 위한 제언」, 『과학원 통보』 1957(1), 3~12쪽 ; 「과학원
1956년도 사업 총결 보고, 결정서, 토론 내용」, 『과학원 통보』 1957(2), 3~23
쪽 ; 신건희, 「현 시기 우리 과학자들의 과업」, 『과학원 통보』 1957(4), 9~14쪽 ;
백남운, 「과학원 창립 5주년 기념 보고」, 『과학원 통보』 1958(1), 3~17쪽 ; 백남
운, 「과학 전선의 획기적 발전을 위하여」, 『과학원 통보』 1958(2), 6~15쪽 ; 「과
학원 1957년도 사업 총결 보고(요지)」, 『과학원 통보』 1958(2), 16~25쪽.
59) 문득의, 「단판기능공의 수기」, 『나의 수기』(아동도서출판사, 1960), 12쪽.
60) 조정아, 「산업화 시기 북한의 노동교육」, 55~56쪽.

은 적극적으로 추진될 수밖에 없었다. 과학연구활동에만 전념하려던 과학원은 아직 독자적인 기술지원활동을 충분히 소화할 수 있는 수준이 되지 못한 생산성 산하 연구소들을 통솔하여 생산현장에 대한 과학기술 지원활동까지 수행해야만 했던 것이다.

　과학원 자체의 입장에서도 현장진출은 일면 긍정적인 측면이 있었다. 해외원조의 급감으로 인해 연구활동에 필요한 각종 설비들을 자체적으로 구비하기 어렵게 된 마당에 생산현장에 갖추어져 있던 각종 설비들을 활용할 수 있게 되었던 것이다. 당시 생산현장에는 외국의 선진기술로 복구된 각종 설비들이 작동하고 있었고 그 설비 운영법을 전수받은 기술자들이 그 기술력을 유지·발전시키고 있었기 때문에, 기술적인 측면과 각종 생산설비들을 운영하는 측면에서는 나름대로 안정된 수준에 도달해 있었다.[61] 설비운영과 관련한 기술을 유지 발전시키기 위해 생산현장에서는 '기술전습상금제'가 시행되고 있었는데, 이는 숙련된 기술자가 미숙련 노동자를 일정한 기간 내에 규정된 기능자로 육성했을 때 숙련기술자에게 상금을 주는 제도였다. 이 제도는 이후 미숙련 노동자에게 기능을 전습한 숙련기술자에게 가르치는 사람의 수에 따라 기능전습보수금을 지불하고, 만일 규정된 전습기간을 단축하게 되면 보수금이 처음 정한 금액보다 더 많아지는 '직장기능전습제'로 발전하였다.[62] 따라서 적어도 시설의 경우에는 생산현장이 과학원보다 다양하고 풍부하게 보유하고 있었던 것이다.[63] 결과적으로 과학원은

61) 특히 김책제철소, 성진제강소, 수풍발전소, 흥남비료공장, 남포제련소, 2·8 마동세멘트공장, 사리원 뜨락또르 수리공장 등. 「국제적 원조」, 『조선중앙년감 1956』, 125쪽 ; 「우리나라 과학발전을 위하여 쏘련 인민이 준 프로레타리아 국제주의적 원조」, 『과학원 통보』 1959(5), 4~7쪽.
62) 김연철, 「북한의 산업화 과정과 공장관리의 정치」, 169~170쪽.
63) 과학원의 현장 진출을 과학원과 생산현장의 시설 차이에 대해 이야기하면서 설명하고 있는 모습은 곳곳에서 보이지만, 「당의 과학정책에 엄밀히 립각하여 1958년도 과학연구사업을 성과적으로 보장하기 위하여」, 『기술 과학』 1958(1) (조선민주주의 인민공화국 과학원 출판사), 1~5쪽 ; 김인식, 「과학 연

생산현장에서 부족했던 기술지원활동을 해결해주고, 생산현장은 그 당
시 보유하고 있던 각종 설비들과 선진 기술을 과학원에 공급해주어 연
구활동을 보조해 줄 수 있었기 때문에 과학원의 현장 진출은 서둘러 추
진될 만한 것이었다.

과학원의 현장 진출은 중공업 우선론을 바탕으로 한 자립경제노선의
채택으로 더욱 강화되었다. 중공업 발전을 위해서는 대규모 연구설비
가 필요하였지만 과학원 자체적으로는 이런 연구설비들을 갖출 여력이
없어서 생산현장에서 운영되고 있던 각종 설비들이라도 활용하기 위해
과학원의 활동범위를 넓혀야 하였기 때문이다. 또한 경제 활동을 자체
의 자원과 기술력만으로도 가능하게 만들려는 자립경제노선은 과학기
술이 북한의 현실을 충분히 반영한 모습으로 발전할 것을 강제하였다.
생산현장이 처한 상황과 전혀 무관하게 발전된 과학기술은 아무런 의
미가 없을 뿐만 아니라 북한에서는 필요조차 없는 것이었으므로, 자체
적으로 보유하고 있는 각종 자원들을 바탕으로 과학기술을 발전시켜야
만 자립경제체제 구축에 도움이 된다는 것이었다.[64] 따라서 과학원은
수입에 의존하지 않고 자체적으로 공급 가능한 자원을 바탕으로 중공
업을 발전시키기 위해, 무연탄과 카바이드 등 북한 지역에 풍부하게 매
장되어 있는 자원이나 그로부터 얻어지는 산물을 이용한 연료공급법,
제철제강법, 화학제품 생산법 등을 개발하려고 적극적으로 노력하였다.

하지만 해방 직후부터 북한 과학기술계의 고질적인 약점이었던 과학
기술 인력 부족이 여전하였다면 이런 과학원 활동의 중심이동도 불가
능한 것이었다. 다행히 그동안 확보되었던 과학기술인력들이 과학기술
인력 보호정책을 통해 전쟁으로부터 보호될 수 있었다. 또한 유학생들
이 전쟁이 끝난 후 귀국하기 시작하였고 전공과 무관한 영역에 배치되

구사업을 현지에 더욱 접근시키자」,『과학원 통보』1958(4), 44~48쪽에 좀
더 구체적으로 나온다.
64) 정태식,『우리 당의 자립적 민족 경제 건설 로선』, 6~23쪽.

었던 과학기술자들이 간부재배치사업을 통해 자신들의 전공영역에 맞게 재배치됨에 따라 이제 과학기술계는 예전과 달리 나름대로 안정적인 인력층을 확보할 수 있었던 것이다.[65]

이러한 과학원의 적극적인 현장진출은 기술지원활동, 현장활동을 꺼려하던 과학원 구성원들에 대한 사상검열사업, 사상교육사업이 진행된 후에야 구체적으로 추진될 수 있었다. 과학원의 역할변경이 성과를 거두기보다 자칫 과학원 원래의 사업까지 망칠 수 있었기 때문에 현장활동에 대해 거부감을 가지고 있던 과학원 구성원들이 그에 대한 공감대를 형성하는 것이 중요하였기 때문이다. 과학원이 1957년 8월부터 받은 '중앙당 집중지도사업'은 과학원의 역할변경에 대한 사상교양사업으로 적극 활용되었다.[66] 이는 8월종파사건으로 촉발된 전사회적인 사상검열 사업의 일환으로 진행된 것으로 정치권력의 직접적인 개입이 과학원 활동에까지 깊이 침투하기 시작한 사업이었다.[67] 이 사업을 통해 과학원 구성원들은 과학기술 활동의 현장성을 깊이 주지하게 되었다. 초기에 과학연구활동을 생산현장에서 벌이는 활동과 다른 차원의 것이라고 주장하던 일부 과학원 구성원들의 저항은 사상교육사업을 통해 점차적으로 극복되었거나, 적어도 대폭 완화되어갔다.[68] 비록 과학

---

65) 1953년 10월 10일에 기사는 1837명, 기수는 6763명, 전문가는 1만 3272명으로 모두 2만 1872명이었는데, 1957년 9월 20일에 이르면 기사 5860명, 기수 2만 2439명, 전문가 4만 5069명으로 모두 7만 3358명으로 늘어났다. 기술자 및 전문가 수가 대략 3.4배 증가한 것이다. 1959년 10월 1일에 이르면 기사 8837명, 기수 3만 8615명, 전문가 4만 6716명으로 모두 9만 4168명이 되었다. 국가계획위원회 중앙통계국, 『조선민주주의인민공화국 인민경제발전 통계집 1946~ 1960』, 131쪽 ; 『북한 경제 통계집』, 111~112쪽.
66) 『과학원의 연혁』, 97쪽 ; 백남운, 「과학원 창립 5주년 기념보고」, 『과학원 통보』 1958(1), 3~11쪽 ; 「조선로동당 제3차 대회가 과학자들 앞에 제기한 과업 실천 정형과 앞으로의 과업」, 『과학원 통보』 1959(3), 1~8쪽 ; 박성욱, 「15년간의 자연과학부문에서의 발전」, 『과학원 통보』 1960(5), 1~9쪽.
67) 서동만, 『북조선 사회주의체제 성립사』, 581쪽.
68) 『과학원 통보』에서 과학원의 현장활동에 대한 비판적인 의견들이 있었음을

기술자는 아니지만 8월종파사건에 연루된 과학원 구성원들이 심한 비
판을 받은 뒤 좌천되는 모습은 더 이상 지도부의 정책적 방침에 반대하
지 못하는 분위기를 조성하였던 것이다.[69]

2. 현지연구사업의 시작

　북한 사회의 변화에 발맞추어 현장활동을 강화하려던 과학원은 "과
학자들은 현지에 나가서 연구하라"는 김일성의 1958년 1월 3일자 지시
를 받고 '현지연구사업'이라는 형태로 그 활동의 중심에 전문 과학연구
활동과 기술지원활동을 동시에 두기 시작하였다.[70] 이는 이때까지도
여전히 과학원 구성원들 사이에서 현장활동에 대한 완전한 합의를 이
루지는 못하고 있었지만 더 이상 사업 추진을 지체할 수 없다고 판단한
김일성이 최고지도자의 권위로 당시까지 남아있던 저항을 불식시키고
과학원 구성원들의 현장진출을 강제하기 위해 취한 조치였다. 북한의
생산현장에 파견되었던 소련 과학기술자들이 1957년 10월 이후로 대거
귀국하게 되면서 생긴 공백도 현지연구사업을 서둘러 도입하게 했던
원인 중 하나였다.[71]

　이런 과학원의 역할 변경은 과학연구활동과 기술지원활동 양쪽 모두

　자주 언급하는 것으로 보아 과학원이 현장활동을 강화하는 데 대한 반대의견
　이 상당하였음을 알 수 있다. 「조선로동당 제3차 대회가 과학자들 앞에 제기
　한 과업 실천 정형과 앞으로의 과업」, 『과학원 통보』 1959(3), 1~8쪽에서는
　당시 현지연구사업을 추진하기 위해 사상적인 갈등이 있었음을 밝히고 있다.

69) 1940년대 말 소련으로 유학 갔다가 1950년대 중반에 잠시 귀국했던 장학수는
　자신의 수기에서 당시 사상검열사업, 사상교육사업을 과학기술자들이 어떻
　게 느꼈는지에 대해 현장감 있게 보여준다. 장학수, 『붉은 별 아래 청춘을 묻
　고-북한과 소련에서의 성공과 좌절 42년의 기록』(문학사상사, 1990).

70) 현지연구사업에 대한 김일성의 지시는 「조선로동당 제3차 대회가 과학자들
　앞에 제기한 과업 실천 정형과 앞으로의 과업」, 『과학원 통보』 1959(3), 1~8
　쪽에 나온다.

71) 리국순, 「흥남비료공장 로동자들이 걸어 온 승리의 길」, 251쪽.

를 활성화시킬 수도 있는 반면, 어느 쪽도 제대로 수행될 수 없게 만들 위험성도 컸기 때문에 논의과정이 거의 1년이 지나서도 과학원 내부적으로는 여전히 완전한 합의에 이르지 못하고 있었다. 자립경제노선이 강화되면서 생산활동에 대한 지원과 과학연구활동 양쪽 모두를 발전시키기에 자금 부족을 비롯하여 국가적 역량에 무리가 발생하였기 때문에, 북한 지도부는 논의과정을 서둘러 끝내버리고 우선 시급한 생산활동을 발전시키는 데 과학기술계 활동을 집중하기로 결정하였다.

현지연구사업의 초기 구상은 생산현장에서 긴급히 요구되는 과학기술적 지원을 과학원 자체의 능력으로 공급하고 그에 필요한 각종 설비와 자원은 생산현장에 있는 것들을 직접 이용한다는 것이었다. 즉 과학원 구성원들이 직접 생산현장에 진출하여 그곳에서 발생하는 과학기술적 문제들을 해결해 나가는 과정을 통해 과학원 활동을 생산현장과 더욱 연계시키기 위한 정책이었다.[72] 이는 과학발전 10개년 전망계획 중에서 '생산과의 연계를 강화하라'는 정책이 확대 강화된 것으로서, 연구주제 선정과 연구결과를 생산에 도입하는 부분에서만 생산과의 연계성 강화를 거론하던 이제까지의 소극적인 모습에서 벗어나 연구활동 자체를 생산현장에 적극 밀착시키는 방향으로 발전한 것이었다. 현지연구사업의 도입은 과학연구활동의 한 방법인 '집체적 연구활동'도 더욱 적극적으로 변하게 하였다. 이전까지는 과학 관련 연구소들만이 집체적 연구활동의 주요 대상이었지만, 이제는 과학원 연구소, 각 생산성 산하 연구소, 대학, 생산현장 등 과학기술 활동과 관련된 모든 단위들이 그 대상으로 포함된 것이다. 과학기술계 내부 차원에서 강조되던 집체적 연구활동이 국가경제 발전을 위한 전 국가적 차원의 협력 체계를 구축하는 형태로 발전한 것이라 할 수 있다.

현지연구사업의 출발을 1958년 1월 3일에 있었던 김일성의 지시로

72) 김인식, 「과학연구 사업을 현지에 더욱 접근시키자」, 『과학원 통보』 1958(4), 44~48쪽.

부터 찾기 때문에 현지연구사업이라는 아이디어가 마치 김일성 개인에 의해 어느 날 갑자기 착안된 것이라고 오해하기 쉽지만, 사실 이날 김일성의 지시는 이전까지 있었던 여러 과학기술 정책 중 하나인 현지연구사업에 힘을 실어주기 위한 것이었다. 그는 1957년에 이미 공학연구소가 과학연구사업을 생산현장과 밀접히 연결시키기 위해 생산현장에서 직접 연구 실험을 진행하였고 그 결과가 좋았다는 보고를 받았기 때문에, 생산현장에 대한 기술지원활동을 강화할 방법으로 현지연구사업을 본격적으로 시행하라고 지시하였던 것이다.[73]

일단 김일성의 권위를 빌어 공식적으로 추진되기 시작한 현지연구사업은 빠른 속도로 시행에 옮겨졌다. 1958년 2월 13일에 열린 '북한 과학원 7차 총회'는 과학기술 정책의 핵심으로 현지연구사업을 공식 확정하였고 곧이어 전국 중요 생산현장에 현지연구기지들이 건설되기 시작하였다.[74] 1958년 3월 3일에 열린 '로동당 1차 대표자회'[75]는 과학원으로부터 현지연구사업의 시행결과에 대해 보고받은 후, 다음과 같이 더욱 적극적으로 현지연구사업을 추진할 것을 결정하였다.[76]

---

73) 「과학원 1957년도 사업 총결 보고(요지)」, 『과학원 통보』 1958(2), 16~25쪽.

74) 「과학원 제 7차 총회 진행」, 『과학원 통보』 1958(2), 40~41쪽.

75) 당대표자회는 당대회 기간 사이에 급한 일이 생겼을 때 소집하는 일종의 임시 당대회와 같은 것이었다. 1956년 3차 당대회에서 만들어진 조선로동당 규약 제5장 제41조에서는 당대표자회에 대해 다음과 같이 규정하고 있다. "당중앙위원회는 당대회와 당대회 사이에 필요에 따라 당 대표자회를 소집할 권리를 가진다. 당 대표자회는 당의 정책과 전술상 긴급한 문제들을 토의하며, 자기의 의무를 수행하지 못한 당 중앙 위원회 위원을 그 성원으로부터 소환하고 그를 보선 또는 새로 선거할 권리를 가진다." 「당대표자회」, 『정치사전 1』(사회과학출판사, 1985), 202쪽. 북한에서는 지금까지 두 차례 당대표자회가 열렸는데 1차 5개년계획을 변경한 1958년 3월의 당대표자회가 1차였고, 1966년 10월에 열렸던 제2차 당대표자회에서는 1차 7개년계획을 변경하였다. 1차 당대표자회에서는 1956년 3월 3차 당대회 결정이 8월종파사건으로 인해 변경된 결과를 확정하였고, 2차 당대표자회에서는 1961년 9월 4차 당대회에서 결정한 1차 7개년계획 기간을 베트남 전쟁 등의 발생으로 인해 3년 연장하기로 결정하였다.

실험설비 및 기구가 충분히 구비되지 못한 현 조건하에서 과학일
꾼들의 연구사업을 개선하며 그것을 생산에 접근시키기 위하여 과
학일군들을 생산에 적극적으로 참가시키며 그들로 하여금 현지에
서 연구사업을 진행하게 할 것이다.[77]

1차 당대표자회는 이미 시행되고 있던 1차 5개년 경제개발 계획을 사
후 추인하기 위해 소집된 회의였는데 이 회의에서 "인민 경제 각 부문
에서 기술발전은 결정적인 의의를 가진다. 이제는 기술을 발전시킴 없
이는 인민경제를 전진시킬 수 없다"고 강조하면서 현지연구사업을 비
롯한 과학기술 활동을 국가적인 차원에서 적극적으로 지원할 것을 결
정하였던 것이다. '1차 당대표자회 결정서'에는 '과학 및 기술발전과
기술인재의 양성'이라는 특별 항목이 있어 과학원, 대학, 생산현장에서
과학기술 활동을 강화하기 위한 구체적인 정책들이 제시되어 있다.[78]

당시 설립된 대표적인 현지연구기지와 그곳에서 진행하고 있던 연구
는 〈표 3-3〉과 같다. 이뿐만 아니라 성진제강소, 황해제철소, 덕천탄광,
성천탄광, 흥남비료공장, 안주탄광, 대안전기공장, 주을전기기계공장,
서평양전기공장 등에도 현지연구기지가 건설되어 활발하게 활동하였
다. 이처럼 중요한 경제활동이 이루어지고 있는 곳 대부분에 현지연구
기지들이 세워졌고, 역으로 대부분의 경제활동은 현지연구사업의 지원
을 받으면서 이루어졌다. 또한 이와 같은 공장이나 기업소뿐만 아니라

---

76) 「로동당 1차 대표자회 결정 실현을 위한 과학자들의 의무」, 『과학원 통보』
   1958(3), 1~4쪽.

77) 「조선민주주의 인민공화국 인민경제발전 제1차 5개년(1957-1961)계획에 관하
   여」, 『로동신문』(1958년 3월 8일).

78) 1차 당대표자회의 결정서 항목은 다음과 같다. 1. 공업, 2. 농촌경리, 3. 운수
   및 체신, 4. 기본건설, 5. 과학 및 기술발전과 기술인재의 양성, 6. 인민의 물질
   문화 생활수준의 향상, 7. 노동생산능률의 제고, 내부원천의 동원, 엄격한 절
   약제도의 실시. 「조선민주주의 인민공화국 인민경제발전 제1차 5개년(1957~
   1961)계획에 관하여」, 『로동신문』(1958년 3월 8일)(밑줄은 인용자).

〈표 3-3〉 1950년대 말에 세워진 대표적인 현지연구기지

연구성원 소속 기관	현지연구기지 설치 장소	연구내용
공학연구소	강선제강소, 청진제강소	전기제철법에 대한 연구, 립철의 열 선연에 대한 연구
공학연구소	성진제강소	규소, 망간, 티탄의 원소들로 니켈-크롬을 대체하는 새로운 강종 연구
공학연구소 (이후 중앙연료연구소 철코크스 연구실)	황해제철소	함철코크스 연구
공학연구소	락원기계공장	치차 가공하는 표준치절공구, 흡쁘 개조 연구
공학연구소	김책제철소	함용 소결광 연구사업
공학연구소 야금연구실	김책제철소	구단광 연구
화학연구소 무기 및 규산염 화학연구실의 무기화학 연구성원	남포제련소	아연 제련 부산물인 아연 케크로부터 게르마늄을 회수하는 연구
화학연구소 콕스화 연구실	김책제철소	무연탄으로 콕스를 생산하는 연구
연료연구소 무연탄가스화연구실	황해제철소	무연탄가스화 연구
화학연구소	본궁화학공장	'비날론', '염화비닐'
화학연구소 고분자화학연구실	본궁화학공장	4염화에틸렌 공업화 연구
화학연구소 유기화학연구실	본궁화학공장	농약 〈펠밤〉 생산을 위한 연구
공학연구소와 석탄공업연구소 협력	현봉탄광 상덕갱	수력채탄법 연구
북한 과학원과 중공업위원회가 협력	안주탄전, 람전탄광	수력채탄법에 대한 연구
공학연구소와 김책공대가 협력	2·8마동세멘트공장, 천내리세멘트공장	세멘트회전로에 전화실 도입 연구

자료 : 『과학원 통보』, 『기술 과학』.

농업협동조합 등에도 현지연구기지가 설립되었다.

현지연구기지의 설치는 필요에 따라 가변적이었으므로 이후 시기 현지연구기지의 수는 일정하지 않았다. 현지연구기지의 수가 1958년 말에는 31개, 1959년 6월에는 30개였지만 1962년 초에는 20여 개로 줄었다가 1962년 말에 다시 40여 개로 늘어났다. 또한, 굳이 현지연구기지의 형태가 아니더라도 현장에서의 자료수집 활동, 현지답사, 현지조사, 견학사업 등도 현지연구사업의 일환으로 추진되었다.[79] 현지연구사업이 도입되기 이전부터 시행되던 사업들도 현지에서 진행되는 것이라면 현지연구사업이라는 이름으로 불리게 되었고 현지연구사업의 의미가 확장되면서 이전의 연구활동과 새로운 연구활동들이 모두 현지연구사업이라는 이름으로 포괄되기 시작한 것이다.

현지연구사업을 추진한 지 약 6개월이 지난 1958년 하반기에 접어들면서 과학원 지도부의 과학기술 활동에 대한 긍정적인 평가가 본격적으로 나타나기 시작하였고, 급기야 "우리 당 과학정책의 빛나는 승리"라는 자신감에 가득 찬 글까지 『과학원 통보』에 실리게 되었다.[80] 1957년 초 북한의 과학기술 수준이 너무 뒤떨어져 있어 경제 발전 속도를 못 따라가고 있다고 한탄하던 북한 과학원 지도부가 변화된 과학원의 활동에 만족하기 시작하였던 것이다.[81] 이처럼 현지연구사업은 "우리 과학연구사업에서 획기적인 발전을 가져 올 수 있는 요인의 하나"로 거론되었을 정도로 과학원 지도부로부터 남다른 기대를 받으면서 추진되었다.[82]

일단 현지연구사업 추진 성과에 만족하였던 북한 지도부는 이를 더욱 안정적으로 추진하려고 현지연구사업을 제도화・법제화하기로 결

79) 「로동당 1차 대표자회 결정 실현을 위한 과학자들의 의무」, 『과학원 통보』 1958(3), 1~4쪽.
80) 백남운, 「우리 당 과학정책의 빛나는 승리」, 『과학원 통보』 1958(4), 1~8쪽.
81) 김지정, 「과학 발전을 위한 몇 가지 의견」, 『과학원 통보』 1957(1), 3~6쪽.
82) 「과학원 1957년도 사업 총결 보고(요지)」, 『과학원 통보』 1958(2), 16~25쪽.

정하였다.[83] '1차 당대표자회' 결정을 법적으로 보장하기 위해 1958년 6월 11일에 마련된 법령은 우선적으로 해결해야 할 과학기술계의 과제와 함께 이를 해결하는 방법으로 현지연구사업을 구체적으로 거론하였다.[84]

이제 법적 보장까지 받으면서 적극적으로 추진된 현지연구사업은 과학원의 기술지원활동을 더욱 강화시켰고 과학원 활동이 생산현장의 사정에 더욱 민감하게 반응하도록 만들었다. 자립경제노선의 강화로 인해 경제활동에 필요한 연료, 원료 등 각종 자원을 자체적으로 충당해야 하는 생산현장의 상황은 과학원으로 하여금 자체 과학기술역량, 자체 자원을 강조하는 '북한식 과학기술'이 형성되도록 유도하였다. "조국의 현실과 결부되는 과학의 주체성을 심각히 인식해야 한다"[85], "(선진국가의) 과학기술 성과를 널리 섭취하여 그를 주체성 있게 창조적으로 우리나라 현실에 적용하며",[86] "과학연구사업에서 주체를 살려야 하며 우리의 과학은 전적으로 완전히 우리 혁명과업 수행에 이바지하여야 한다"[87]는 말들에서 볼 수 있듯 1958년도에 들어오면서 과학기술계에서 '주체'라는 말이 정책적인 차원에서 공식적으로 쓰이기 시작하였다.[88] 이는 현지연구사업이 도입된 것과 같은 시기였다. 주체라는 말이

83) 백남운, 「우리 당 과학정책의 빛나는 승리」, 『과학원 통보』 1958(4), 1~8쪽.

84) 「조선민주주의 인민공화국 인민경제발전 제1차 5개년(1957-1961)계획에 관한 법령」, 『로동신문』(1958년 6월 12일).

85) 백남운, 「과학원 창립 5주년 기념보고」, 『과학원 통보』 1958(1), 16쪽.

86) 백남운, 「우리나라 과학전선의 획기적 발전을 위하여」, 『과학원 통보』 1958(2), 15쪽.

87) 「당의 과학정책에 엄밀히 립각하여 1958년도 과학연구사업을 성과적으로 보장하기 위하여」, 『기술과학』 1958(1), 2쪽.

88) '주체'라는 말이 공식적으로 처음 쓰이기 시작한 것은 1955년 12월 28일 김일성이 당 선전선동 일꾼들 앞에서 한 연설 "사상사업에서 교조주의와 형식주의를 퇴치하고 주체를 확립할 데 대하여"부터라고 한다.(이종석, 『조선로동당 연구』, 35쪽.) 그 이후 한동안 '주체'라는 말의 사용이 자제되다가 이 당시 과학기술계에서부터 다시 '주체'라는 말이 사용되기 시작하였다. 주체, 주체사

쓰인 위의 글에는 현지연구사업도 같이 거론되고 있었고 현지연구사업의 내용이 독자적인 과학기술 활동을 강화하기 위한 것이었으므로 주체라는 말로 대변되는 북한식 과학기술의 형성과 현지연구사업의 도입은 밀접한 연관성을 가지고 있다.

북한이 현지연구사업을 이처럼 열성적으로 빠르게 추진할 수 있었던 이유는 과학기술계 자체적으로도 어느 정도 준비가 되어 있었기 때문이었다. 리승기, 려경구, 리재업 등 일제시기부터 활동했던 과학자들은 "성과를 빨리 내놓을 수 있는 분야와 '준비된 과학자'들에게 우선적으로 지원한다"[89]는 당시 북한의 과학기술 지원 정책에 의해 과학원 개원 직후부터 지원받았기 때문에 1958년경에는 여러 연구들이 이론 연구 수준을 넘어 생산에 도입할 단계까지 발전할 수 있었다. 일제시기 말엽의 전시상황에서 교육, 연구활동을 수행했던 이들 준비된 과학자들 대부분은 대용품 연구개발에 참가했던 경험을 직간접적으로 가지고 있었기 때문에 그들의 연구활동 자체가 북한의 현실상황을 잘 반영할 수 있는 방향으로 추진되고 있었던 것이다. 또한 비록 현지연구사업처럼 강력하게 추진되지는 않았지만 과학자들이 연구주제를 선정할 때 실제 생산현장에 도입되어 효과를 나타낼 수 있는 것을 우선시하라는 정책이 이미 시행되고 있었기 때문에, 당시 과학연구 결과들은 생산현장에 도입되기 비교적 쉬운 형태를 띨 수 있었다. 물론 지난 시기 전후복구사업에 참여했던 경험과 현장활동 경력자들이 이 당시 과학원 구성원으로 상당수 유입된 것도 이러한 정책적 변화가 설득력 있게 추진될 수 있었던 까닭이라고 할 수 있다.

상과 과학기술의 관계에 대해서는 김근배, 「리승기의 과학'과 북한사회」, 3~25쪽 ; 「봉한학설」, 194~220쪽을 참고하라.

89) 도봉섭, 「생약발전을 위한 집체적 연구 체계 확립에 대해」, 『과학원 통보』 1957(1), 7~12쪽.

3. 현지연구사업의 의미 확장

이제 그 추진이 더욱 적극적인 모습을 띠게 된 현지연구사업은 초기보다 더욱 확대된 의미를 부여받게 되었다. 지금까지 단편적으로만 거론되던 현지연구사업의 의미가 정리·종합되면서, 현지연구사업은 과학원과 생산현장이 서로에게 연구시설과 과학기술적 지원을 공급해주는 차원을 넘어 과학자, 기술자, 근로대중에 대한 훌륭한 사상교육사업으로 거론되기 시작하였던 것이다.[90]

물론 초기에도 현지연구사업이 과학기술자들의 사상교육에 도움이 될 것이라는 인식은 있었겠지만 당시에는 아직 그 의미가 부각되지 않고 있었다. 현장활동에 대해 거부감을 가지고 있던 과학원 구성원들을 설득하기 위해 생산현장에 구비되어 있는 앞선 기술력과 생산설비를 강조하는 데에도 여력이 없던 과학원 지도부는 자칫 구성원들로부터 또 다른 반발을 살 수 있는 현지연구사업의 사상교육적인 측면을 적극적으로 강조할 수 없었던 것이다. 그러나 사업이 일정궤도에 올라서면서 현지연구사업의 도입으로 과학원 활동에서 현장과의 연계성 부족문제는 어느 정도 해결되었지만 과학자들의 사상적인 문제는 여전히 해결되지 않고 있었으며 오히려 현지연구사업을 추진하는 데 계속 걸림돌로 작용하고 있었기 때문에, 현지연구사업의 사상교육적인 측면이 점차적으로 부각되었다.

당시 과학기술자들의 사상적 문제점으로는 소련 과학기술에 대한 교조주의적인 태도, 겸손성 결여, 노동천시, 북한의 현실과 괴리된 연구활동, 개인주의적인 성향, 당성의 부족 등이 주로 지적되었다.[91] 이런 문

---

90) 현지연구사업을 종합적인 정리한 것으로 김인식, 「과학 연구사업을 현지에 더욱 접근시키」, 『과학원 통보』 1958(4), 44~48쪽이 대표적이다. 이 글에는 현지연구사업을 추진하게 된 상황과 현지연구사업 추진으로 예상되는 효과, 현지연구사업을 전개할 구체적인 방법 등이 소개되고 있다.

제들에 대한 대책으로 현지연구사업이 주목받았던 이유는 현지연구사업이 과학기술의 자립성을 강화하기 위한 조치였다는 점과 현지연구사업이 국가적 위기상황을 타개하기 위해 당의 결정에 따라 도입된 사업이라는 점, 그리고 무엇보다도 현지연구사업은 과학자들이 연구소를 떠나 생산활동이 급박하게 진행되고 있는 현장에서 직접, 근로대중과 함께 활동하게 하였다는 점이었다.

현지연구사업의 사상교육적인 측면은 생산현장의 근로대중에 대해서도 긍정적인 효과를 지닐 것으로 기대되었다. 이제까지 생산현장에서 발생하는 과학기술적인 문제들을 자체적으로 해결하는 것이 불가능하므로 외국에 의존할 수밖에 없다고 생각하던 근로대중은 현장에 파견된 과학기술자들과 함께 문제를 해결해보는 경험을 쌓게 되면서 '기술신비주의'로 대변되는 과학기술에 대한 두려움과 소극적인 자세, 의존적인 자세 등을 고칠 수 있다고 생각했던 것이다.[92] 또한 현장에 파견된 과학기술자들이 현장의 근로대중에 대한 과학기술 교육까지 수행할 수 있었으므로 근로대중의 기술적 능력이 전반적으로 향상될 수 있었다. 이처럼 북한 지도부는 현지연구사업이 생산활동에 대한 과학기술적 지원활동뿐만 아니라 과학기술자와 근로대중 각각의 사상 교육적 효과까지 가져오고, 더 나아가 과학기술자들과 근로대중 사이의 거리감을 줄여주는 데에도 큰 역할을 수행할 것이라고 판단하였다.

생산활동과 과학연구활동 사이의 연결 통로를 확보해 서로 간의 거리감을 줄여준 현지연구사업은 이전까지 막연하게 설정되어 있던 생산력으로서의 과학연구활동과 생산활동에 대한 관점에도 변화를 가져왔다. 북한은 초기부터 대중적 합의를 중요시하는 편이었지만 천리마운동을 통해 대중적 합의와 열의가 생산 결과에 미치는 영향력이 엄청나

---

91) 107쪽의 주 58)에 나와 있는 글에 당시 과학자들의 이런 사상적 문제점이 많이 언급되어 있다.

92) 백남운, 「과학원 3개년(1956~1958) 사업 총화 보고(요지)」, 『과학원 통보』 1958(6), 5~15쪽.

다는 것을 더욱 실감하면서, 과학기술 발전이 생산력으로 전환되는 중
요한 중간단계로 '근로대중이 과학기술력을 보유하는 것'을 설정하게
되었다.[93] 즉 직접적 생산력으로서의 과학기술은 과학기술력을 자체적
으로 보유하고 있는 근로대중에 의해 달성된다고 판단하게 되었던 것
이다. 이런 관점의 변화는 현지연구사업을 통해 현장에 파견된 과학기
술자들을 이용하여 생산현장의 근로대중의 과학기술력을 높여주는 '대
중적 과학기술운동', '집단적 기술혁신운동'이 전개될 수 있게 하였다.
생산현장 곳곳에서 과학기술 강연회가 개최되었고 과학지식 보급 사업
이 활성화되었다. 물론 이런 활동들은 현장에 파견된 과학원 구성원들
을 중심으로 진행되었다. 북한식 과학기술의 특징 중에서 "인민대중의
창조적인 힘에 의거한다"는 부분이 들어가게 된 것은 이런 과정을 통
한 것이라 할 수 있다.[94]

또한 과학연구활동의 중심이 생산현장에서 발생하는 문제들을 푸는
데 두어졌기 때문에 연구활동이 생산활동의 일부로 확실하게 자리 잡
게 되었을 뿐만 아니라, 역으로 생산활동도 과학연구활동의 일환으로
인정되기 시작하였다. 생산활동 과정에서 성과를 올린 생산혁신자와
창의고안자들은 그들의 과학기술적 재능을 인정받아 과학원 연구성원
으로 발탁되기도 하였고 학술발표회에서 자신들의 현장 경험을 다른
과학연구 결과들과 동등한 차원에서 발표하기도 하였다.[95]

현장활동 과정에서 얻은 지식을 이용하여 학위논문을 작성할 것을
장려하였고 학위논문을 작성하는 과정 중에도 생산현장에서 이탈되지
않도록 하기 위해 '통신연구생 제도'까지 마련한 것은 생산활동과 과학

---

93) 리명서, 「사회주의 건설에서 조선로동당 중앙 위원회 9월 전원 회의가 가지는
    거대한 의의」, 『과학원 통보』 1958(5), 9~17쪽.
94) 윤명수는 『조선 과학기술 발전사 1』, 7쪽에서 북한 과학기술의 특징을 '자체
    의 과학기술력량과 인민대중의 창조적 힘 그리고 자체의 자원'에 의거하여 발
    전시키는 것이라고 이야기한다.
95) 「전국 기술과학 부문 학술 보고회」, 『과학원 통보』 1958(6), 56~60쪽.

연구활동 간의 거리가 많이 줄어들었다는 것을 반영한다고 할 수 있다.96) 통신연구생 제도는 기존의 연구생 제도를 보완하기 위한 제도로서 생산활동에 참여하면서 과학연구사업을 계속해서 할 수 있게 만든 제도였다. 연구생으로 교육받고 있는 사람들을 생산활동과 떨어지지 않게 하여 현장성을 계속 유지할 수 있도록 돕고, 생산현장의 인력 중에서 과학기술적 재능이 뛰어난 사람들을 수준 높은 과학기술 교육을 받도록 하여 고급 과학기술자로 길러내기 위한 제도였다.97) 이 제도는 생산현장과 연구생의 교육을 담당하고 있는 기관이 서로 협조하여 생산활동과 교육활동을 병행하자는 것이므로 1960년부터 설립되기 시작한 '공장대학'과 함께 '교육활동의 현지연구사업' 혹은 '현지교육사업'이라 할 수 있겠다.98) 현지연구사업을 도입한 1958년 이후 1962년까지 생산혁신자, 창의고안자들 중에서 400여 명 정도가 연구생으로 영입되었다.99)

4. 과학원 지도부의 세대교체 : 3기 상무위원회 구성

이처럼 현지연구기지를 건설하고 과학원 구성원들을 현장에 파견함으로써 과학기술적 지원활동과 과학연구활동을 생산현장에서 동시에 추진한다는 제한된 의미를 지녔던 현지연구사업이 그 외연을 넓혀 과학기술자와 근로대중에 대한 사상교육사업과 집단적 기술혁신운동, 과

---

96) 김인식, 「과학연구사업을 현지에 더욱 접근시키자」, 『과학원 통보』 1958(4), 44~48쪽.

97) 김인식, 「과학연구사업을 현지에 더욱 접근시키자」, 『과학원 통보』 1958(4), 44~48쪽 ; 백남운, 「해방 후 15년간의 우리나라 과학발전」, 『과학원 통보』 1960(4), 1~9쪽.

98) 공장대학의 설립과 운영에 대해서는 이은영, 「북한 공장대학 연구 : '교육과 노동의 결합'을 중심으로」(서울대학교 석사학위논문, 1993)를 참고하라.

99) 강영창, 「당의 과학정책을 철저히 관철하여 전면적 기술개건과 문화혁명을 더욱 촉진시키자」, 『과학원 통보』 1962(6), 1~11쪽.

학기술인력 확충사업까지 포괄함에 따라, 현지연구사업은 과학원의 과
학기술정책 전체를 대표하는 사업이 되었다. 이제 과학원 구성원들을
생산현장으로 파견하는 것만으로는 현지연구사업에 걸었던 목표들을
제대로 달성할 수 없다고 판단한 북한 지도부는 과학원 조직을 전반적
으로 재정비할 것을 결정하였다.100) 1952년 과학원이 설립될 때 마련한
'과학원에 대한 규정'을 1958년 11월 7일에 개정하면서 그와 함께 과학
원 3기 상무위원회와 부문위원회를 예정된 시기보다 조금 앞서 조직하
였다. 이 과정을 통해 '붉은 과학자'라고 불리는 새로운 과학기술자들
이 과학원 지도부에 대거 등장하기 시작하였다. 과학기술계의 세대교
체가 단행되었던 것이다.

　당시 북한 사회의 대내외적인 변화에 대응하기 위해 도입된 현지연
구사업은 과학원 활동을 많이 달라지게 하였고 1952년에 마련된 초기
과학원 규정은 달라진 과학원 활동을 뒷받침하기에 부족한 점이 많았
다. 이에 과학원 지도부는 현지연구사업을 도입한 후 그 추진에 박차를
가하기 시작하면서 상무위원회 사업과 과학원 규정을 재검토할 것을
결정하였다. 그리하여 그해 11월 7일에 이전과 구성이 많이 달라진 과
학원 3기 상무위원회와 부문위원회가 예정보다 빨리 조직되었고 '과학
원 규정'도 새롭게 개편되었다.101) 〈표 3-4〉, 〈표 3-5〉는 과학원 3기 상
무위원회와 부문위원회와 관련한 사항들을 정리한 것이다.

　〈표 3-4〉과 〈표 3-5〉가 보여주는 바와 같이, 과학원 3기 상무위원회
와 부문위원회에는 새로운 인물들이 많이 등장하였는데 북한에서는 이
들을 "붉은 과학자", "붉은 과학전사", "붉은 인테리(Red Expert)"라고
불렀다.102) 이들 중 박성욱, 전두환, 정준택, 강영창, 배기영, 강혜구, 오

---

100)「과학원 1957년도 사업 총결 보고(요지)」,『과학원 통보』1958(2), 16~25쪽.
101)「과학원에 관한 규정」,『과학원 통보』1958(6), 1~4쪽.
102)「과학연구사업에서 그의 질을 제고하자」,『기술 과학』1959(1), 1~3쪽 ;「조선
　　로동당 제3차 대회가 과학자들 앞에 제기한 과업 실천 정형과 앞으로의 과업」,
　　『과학원 통보』1959(3), 1~8쪽 ; 백남운, 「8.15해방 14주년을 맞이하는 우리나

〈표 3-4〉 과학원 3기 상무위원회(1959년)

위 원 장	백남운(경제학)
부위원장	박성욱(52.1지질광물학학사)
서기장	전두환(공학)
위 원 (사회:자연:기술=4:0:6)	정준택(48.7공학학사), 강영창(공학), 리승기(공학), 배기영, 강혜구(공학), 김광진, 도유호, 오동욱(공학), 김석형(55.3역사학학사), 김덕모(공학)
8개의연구소(소장)/ 37개의 연구실/ 1개의 직속연구실(실장)	역사연구소(김석형), 고고학·민속학연구소(도유호), 언어·문학연구소(김병제), 경제법학연구소(김광진), 물리수학연구소(리재곤), 화학연구소(려경구), 공학연구소(김덕모), 자연조사연구소(박태훈?)/생물학 연구실(원홍구?)

자료 :「과학원에 관한 규정」, 『과학원 통보』 1958(6), 1~4쪽 ;『조선중앙년감』
     1956, 448쪽 ;『과학원 통보』, 『조선중앙년감』 등을 참고하여 작성.

동욱, 남춘화, 최재오, 한순덕 등은 과학기술계 인사로 과학원의 조직
개편 과정에서 급부상한 사람들인데 대표적인 붉은 과학자들이라고 할
수 있다. 이들은 대부분 일찍 소련 유학을 다녀와 학문적 수준도 높았
을 뿐만 아니라, 생산현장에서 기사장을 역임하는 등 현장 경험이 풍부
한 사람들이었기 때문에 현지연구사업을 지도하기에 적합한 인물들이
었다. 이들 새로운 과학기술자 집단은 과학자들 속에서 '핵심진지'를
강화하라는 결정에 의해 형성되기 시작하였다. 이들은 "사업을 통하여
단련되고 대중 속에서 신망이 높으며 당과 혁명을 위해서는 목숨까지
라도 바칠 수 있는 당적 사상으로 준비된 학자들로 구성"되었고, 북한
지도부는 이들을 통해 "과학자들 속에서 당의 과학정책을 실현케하며
핵심 대렬을 확대 강화"하려는 목적을 가지고 있었다.[103] 즉 붉은 과학
자 집단은 '과학적 능력' 뿐만 아니라 '사상성'까지 겸비하고 있는 인물
들로 구성되어 과학원 활동 속에서 당의 정책이 철저하게 관철되도록

─────────

라 과학의 현 상태와 전망」, 『과학원 통보』 1959(3), 1~6쪽.
103) 「과학 대렬의 순결성을 위하여」, 『과학원 통보』 1958(3), 5~10쪽.

〈표 3-5〉 과학원 3기 부문위원회(1959년)

	사회과학부문	자연과학부문	기술과학부문
위원장	김석형(상무위원)	박성욱(상무위 부위원장)	김덕모(상무위원)
부위원장	남춘화	최재오	한순덕
위 원 14:10:21	홍명희(문학원사), 백남운(경제원사, 상무위원), 한설야, 리극로(후보원사, 언어학), 박시형(역사원사), 김광진(경제후보원사, 상무위원), 도유호(고고학후보원사, 상무위원), 배기영(상무위원), 김경인, 김병제, 김한주, 채희정(경제학, 54.2경제학학사), 김시중, 황장엽(53.10 철학학사), 김후선	도상록(물리학원사), 김지정(수학원사), 신건희(물리학후보원사), 원홍구(생물학후보원사), 신상국, 한기만, 박태훈, 리세훈, 김재길(55.6 화학학사), 최여구	정준택(상무위원), 강영창(상무위원), 리승기(화학원사, 상무위원), 최삼열(화학원사), 려경구(화학후보원사), 김인식(공학후보원사), 전두환(서기장, 상무위원), 강혜구(상무위원), 최성세, 오동욱(상무위원), 곽대홍, 김정희(53.7건축학학사), 김종성, 김응상(52.7공학학사), 박인빈(53.11공학학사), 박명초(53.11공학학사), 리재우(55.10공학학사), 최제식(54.11공학학사), 김운집(김은집?), 54.4공학학사), 송정기, 박찬희

자료 : 「과학원에 관한 규정」, 『과학원 통보』 1958(6), 1~4쪽 ; 『조선중앙년감』 1956, 448쪽 ; 『과학원 통보』, 『조선중앙년감』 등을 참고하여 작성.

하는 임무를 맡았다. 1956년 12월 천리마운동 전개 이후, 열성 노동자를 중심으로 생산현장의 중간관료층이 교체된 것처럼 과학기술계는 붉은 과학자 집단이 부상하면서 새로운 중간관료층이 형성되기 시작하였던 것이다.

이러한 붉은 과학자들이 과학원 지도부로 진출하게 된 계기가 된 큰 사건은 1957년에 있었던 '중앙당 집중지도' 사업과 1958년에 있었던

'전국 과학자, 교육 부문 당원들의 협의회'와 당의 붉은 편지 접수사
업'104)이었다.105) 중앙당 집중지도 사업이 과학기술 활동의 현장성 강
화를 중심에 둔 사업이었다면 붉은 편지 접수사업에서는 당성, 사상성
강화가 우선시되었다고 할 수 있다.

과학원과 관련된 각종 변화들은 개정된 과학원 규정 속에 잘 나타나
있다.106) 우선 과학원 규정에는 과학원의 임무와 조직구성, 구성원에
대한 규정이 담겨 있다. 과학원의 임무에 '과학지식보급사업'과 함께
"국내 자연 부원을 바탕으로 생산 직장과의 긴밀한 연계 하에 연구사
업을 진행한다"는 내용과 "과학원의 연구일군들과 생산 혁신자들과의
협동연구사업을 광범히 조직 집행한다"는 내용이 들어간 것은 현지연
구사업을 추진하면서 얻은 결과를 담은 것이다. 또 과학원 조직이 총
회, 상무위원회, 부문위원회 등으로 구성된다는 것은 예전과 동일하지
만 그 역할구분이 더욱 명확해졌다. 원사나 후보원사, 명예원사 칭호를
박탈할 수 있는 조건을 명시한 조항이 들어간 것은 과학원 후보원사들
이 연루된 8월종파사건의 결과라고 할 수 있다.107)

---

104) 붉은 편지의 정확한 내용을 알 수는 없지만 여러 문헌들 속에서 간접적으로
확인할 수 있다. 붉은 편지의 대략적인 내용은 229~231쪽을 참고하라. 이항구
는 당에서 보낸 붉은 편지를 접수하면서 낡은 인테리들을 숙청하였다고 이야
기하고 있다. 붉은 편지 접수 사업도 일종의 사상검열 사업이므로 숙청이 전혀
없었다고 할 수는 없지만, 숙청이라는 말로는 구성원들 간의 역할 분담과 같은
긍정적인 부분을 간과할 수 있으므로 일종의 세대교체 사업이라고 하는 편이
좋겠다. 사실, 과학기술 부문에서는 1960년대 후반까지 숙청이 거의 없었다.
이항구, 「북한의 「천리마운동」」, 『북한』 90(북한연구소, 1979.6), 250~257쪽.
105) 과학원 조직구성이 이런 사업들을 통해 새롭게 변하였다는 이야기는 『과학원
통보』 곳곳에서 나오지만 리명서, 「사회주의 건설에서 조선로동당 중앙위원
회 9월전원회의가 가지는 거대한 의의」, 『과학원 통보』 1958(5), 9~17쪽 ; 「조
선로동당 제3차 대회가 과학자들 앞에 제기한 과업 실천 정형과 앞으로의 과
업」, 『과학원 통보』 1959(3), 1~8쪽에 구체적으로 나온다.
106) 「과학원에 관한 규정」, 『과학원 통보』 1958(6), 1~4쪽.
107) 최창익, 리청원, 김두봉, 김정도, 김원규, 손군창, 최정환 등이 8월종파사건에
연루되어 과학원에서 축출되었다. 특히 김두봉은 원사 칭호를 박탈당하였고,

〈표 3-4〉의 과학원 3기 상무위원회에서 부원장으로 급부상한 박성욱은 경성대학 야금학과를 졸업한 후, 1947년 8월 24일에 파견된 2차 소련유학생으로 지질광물학을 전공하고 귀국하여 1952년 1월 학사학위를 받았다.[108] 북한은 일찍부터 각종 지질조사활동을 활발하게 벌였고 이런 조사활동과정에서 최초의 지질광물학 전공자인 그의 지위는 자연스럽게 상승할 수 있었다.[109] 귀국 직후 김책공업대학에서 교무행정을 담당했던 그는 1954년부터 자신의 전공을 살려 지질탐사사업을 주도하게 되었고, 1957년 9월에 이르면 소련과 북한 간의 과학원 협정을 체결할 때 자연과학부문 대표로 협정 검토작업에 참가하는 등 그는 이미 과학원 활동의 중심에 서 있었다.[110]

〈표 3-2〉의 과학원 2기 상무위원회에서 2대 부위원장과 서기장을 역임하였던 최삼열과 신건희는 정치적인 사업에서 물러나 부문위원의 신분으로 과학연구활동만 전담하였다. 〈표 3-4〉, 〈표 3-5〉을 보면, 이들 이외에도 리승기, 김광진, 도유호를 제외한 대부분의 원사, 후보원사들은 과학원 상무위원에서 물러나 부문위원직만 맡고 있었는데 이는 그들이 과학연구활동에만 전념할 수 있도록 돕기 위한 조치라고 볼 수

최창익과 리청원은 후보원사 칭호를 박탈당하였다. 백남운, 「과학원 창립 5주년 기념보고」, 『과학원 통보』 1958(1), 3~11쪽 ; 「과학 대열의 순결성을 위하여」, 『과학원 통보』 1958(3), 5~10쪽.

108) 『조선중앙년감 1956』, 448쪽 ; 박성욱, 「그 동무에게 나라의 지하자원을 찾는 연구사업을 시켜야 합니다」, 『위대한 사랑의 품속에서 2』, 161~180쪽.

109) 북한에서는 1954년부터 1 : 20만 지질도를 작성하기 시작하여 1961년에 완성하였고, 뒤이어 1 : 5만 지질도를 작성하기 시작하였다. 박성욱, 「그 동무에게 나라의 지하자원을 찾는 연구사업을 시켜야 합니다」, 『위대한 사랑의 품속에서 2』, 161~180쪽 ; 김영희, 「위대한 수령 김일성동지의 현명한 령도밑에 1 : 20만 국가지질도작성을 위한 지질탐사일군들의 투쟁」, 『력사과학』 1999(2), 15~16쪽.

110) 「쏘련 과학원 방문 조선 과학원 대표단의 귀환 보고 요지」, 『과학원 통보』 1957(4), 6~8쪽. 당시에 기술과학부문은 김덕모 공학연구소장이, 사회과학부문은 김광진 경제연구소장이 대표로 협정을 검토하였다.

있다. 과학원 활동영역의 확장은 과학원 구성원, 특히 지도부의 역할분담을 뚜렷하게 만들었던 것이다. 상무위원들과 각 연구소 소장들은 현지연구사업을 중심으로 진행되는 과학원의 현장 지원활동을 지도하는 등 정치적인 일들을 주로 담당하였고, 각 부문위원들은 해당 부문에서 펼치는 과학연구활동과 연구생 교육 사업을 비롯한 과학관련 사업들을 주로 담당하였다. 이는 붉은 과학자라는 새로운 과학자 집단이 등장하는 등 이 당시에 이르러 과학기술 인력층이 더욱 두터워졌기 때문에 가능한 것이었다.

  세대교체와 조직개편사업을 마무리한 과학원은 1959년에 들어서면서 대외활동을 활발하게 벌이기 시작하였다. 1959년 4월 11일에 국제과학동맹이사회(ICSU)에 가입하는 것으로 과학원은 대외활동을 본격적으로 전개하기 시작하였다. 1957년에 소련 과학원과 맺은 협정이 유일했던 북한 과학원은 1959년 10월 21일에 헝가리 과학원과 협정을 체결하였고, 1960년 1월 29일에는 체코슬로바키야 과학원, 1960년 7월 4일에는 중국 과학원, 1961년에는 불가리아 과학원과 협정을 체결하였다. 또, 북한 과학원은 1959년 6월 28일에 '재일 조선인 과학자 협회'를 조직하여 해외에 있는 동포 과학기술자들에게 그 영향력을 미치기 시작하였다. 더욱이 1959년 9월 27일에 개최된 '세계과학자연맹 6차 총회'에 참가한 북한 과학원 대표들은 발표까지 하는 등 적극적으로 활동하였는데,[111] 그 발표내용이 현지연구사업을 수행하면서 겪었던 자신들의 경험이었다는 점에서 현지연구사업이 당시 북한 과학원의 대표적인 정책이었다는 것을 다시 한 번 확인할 수 있다.

---

111) 1959년 9월 27일에서 29일까지 열린 세계과학자연맹 제6차 총회에 박성욱을 단장으로 하여 박시형 등 모두 4명의 대표가 참가한 북한은 '과학과 생산과의 련계 강화에서 얻은 경험', '과학간부 양성에서 얻은 경험', '우리나라에서의 농업에 대한 공업의 방조'라는 제목으로 발표하였다. 「세계 과학자 련맹 제6차 총회」, 『과학원 통보』 1959(6), 51~54쪽.

5. 현장 중심의 과학기술 정책 개발

현지연구사업이 도입된 지 1년이 지나면서 자연과학·기술과학, 농학, 의학 등 부문과학별로 그 추진 양상과 정도가 조금씩 달라졌다. 자연과학·기술과학분야는 공장이나 기업소에 현지연구기지를 건설하여 현지연구사업을 수행하였고 과학원 구성원 중 약 85.9%가 참여하였다. 농학 분야에서는 협동농장에 현지연구기지를 건설하였고 구성원 중 약 65.1%가 참가하였다. 의학분야는 연구 인력을 현지로 파견하는 것보다 이미 현지에서 의료활동을 하고 있던 인력들을 연구성원으로 도입하는 사업을 주로 추진하였다.[112]

이전까지는 드러나지 않던 여러 가지 정책적 오류와 사업 시행상의 문제점들이 도출되기 시작하여 1959년 중반을 넘어서면서 현지연구사업에 대한 중간총화사업과 제도정비사업이 진행되었다.[113] 당시 제기되었던 현지연구사업의 문제점들은 크게 세 가지로 나누어 이야기할 수 있다. 첫 번째는 인력이 분산되어 지도사업이 제대로 되지 않았다는 점이고, 두 번째는 생산기관과 과학원 사이의 책임구분이 명확하지 않았다는 점이며, 세 번째는 현지연구기지에 대한 설비 보장이 원만하지 못하였다는 점이다.

이에 대한 대책으로 우선, 현지연구기지를 무조건 세우기보다 임시적인 것과 정착적인 것을 구분하여 건설하도록 하였고, '지도 문제'를 더욱 명확하게 보장하기 위하여 현지연구기지 보조성원들에 대한 당적

112)「과학원 연구성원들에게 주신 수상 동지의 교시 실천 정형」,『과학원 통보』 1959(3), 41~43쪽.
113) 1959년 4월에 열린 과학원 7차 상무위원회에서 '현지연구사업을 일층 강화할 데 대한 토의'가 진행되었고, '현지연구사업 경험교환회'는 1959년 6월 12일에 열렸다. '북한 과학원 지도성원들의 현지지도활동'은 1959년 7월에서 8월 사이에 추진되었다.

지도는 해당 지역 당에서 책임지게 하고 각 지구마다 배치된 과학원 지도성원이 자신의 지구 안에 있는 모든 과학원 구성원들의 지도를 담당하게 하였다. 책임소재의 불분명함에 대한 대책으로는, 과학원이 과학원 구성원과 각종 계기류에 대하여 책임지고, 생산기관이 보조성원과 설비자재류에 대하여 책임지도록 하였다. 현지연구기지에 필요한 설비를 현지연구기지가 건설되어 있는 해당 생산기관보다 상위기관인 국가계획위원회가 직접 보장하게 한 것은, 현지연구사업에 대한 지원을 다른 사업보다 우선시하여 과학기술 활동이 자재와 설비를 보장받지 못해 더디어지는 일이 없도록 하기 위한 조치라 할 수 있다.[114]

1959년 말에 제도 점검을 마친 현지연구사업은 1960년 9월에 이르러 '과학원 함흥분원'을 거대한 현지연구기지의 형태로 건설하면서 매우 적극적이고 과감하게 추진되었다. 이전처럼 이미 생산활동이 벌어지고 있던 곳에 연구기지를 덧붙여 건설하는 차원을 넘어, 함흥이라는 한 지역에 화학공업과 관련된 연구시설 뿐만 아니라 생산시설까지도 새롭게 건설하고 더 나아가 다른 지역의 연구시설과 생산시설도 함흥으로 집중시켜 화학공업과 관련된 모든 활동들이 한 곳에서 수행되도록 한 것이 바로 함흥분원이었다. 즉, 함흥분원은 비날론과 염화비닐, 합성고무 등을 생산하는 화학공업 관련 공장이면서 동시에 화학공업 연구소이었을 뿐만 아니라 현장인력들의 교육까지 담당하는 학교였던 것이다.[115] 북한은 '생산현장'의 의미를 생산 시설과 연구소, 학교의 기능까지 모두 통합한 것으로 인식하였는데 이는 현지연구기지에 의해, 특히 함흥분원의 설립에 의해 구체화되었다.[116]

---

114) 「과학원 상무위원회의 최근 중요 결정」, 『과학원 통보』 1959(3), 60~61쪽 ; 김태윤, 「현지연구사업 경험교환」, 『과학원 통보』 1959(4), 45~48쪽 ; 「과학원 지도성원들의 현지지도 사업」, 『과학원 통보』 1959(5), 48~50쪽 ; 「현지연구사업을 가일층 강화하자」, 『과학원 통보』 1960(3), 1~4쪽.

115) 함흥분원과 흥남화학공업도시에 대해서는 '제5장 제2절 2. 1)함흥분원과 함흥화학공업도시 건설 : 현지연구사업의 강화'를 참고하라.

현지연구사업을 추진한 이후, 1950년대 말, 1960년대 초에 북한 과학기술계가 거둔 성과들은 대략 세 가지로 나누어질 수 있다. 이전부터 수행되던 과학기술활동이 현지연구사업에 의해 가속, 증폭되어 거둔 성과와 현지연구사업에 의해 과학기술활동의 내용과 성격이 변화된 후 거둔 성과, 마지막으로 현지연구사업의 도입 이후 시작되어 거둘 수 있었던 성과가 그것이다. 이렇게 현지연구사업의 성과라고 거론되는 것들에는 현지연구사업을 도입하기 이전에 거둔 성과들까지 포함되는 경향이 있었지만, 이는 현지연구사업이 점차로 과학원 정책을 대표하는 것으로 되어감에 따라 현지연구사업과 비슷한 형태의 각종 사업들도 현지연구사업이라는 이름으로 정리되어갔기 때문에 생긴 현상이었다. 즉 현지연구사업에 의한 성과라는 것은 직접적으로 현지연구사업이 추진되면서 거둔 성과를 가리키기보다 생산현장에 좀 더 가까워지려는 과학연구활동의 성과들을 일반적인 의미에서 지칭하는 것이 되었다.

첫 번째 성과의 대표적인 예로는 리승기의 비날론, 마형옥의 갈섬유, 려경구의 염화비닐 생산 공장 건설과 한홍식의 무연탄 가스화 성공, 주종명의 함철콕스 생산성공 등을 들 수 있다. 이것들은 대부분 월북과학자들에 의해 연구되던 것이었고, 과학원이 창립될 때에 이들 연구는 이미 일정 수준에 도달해 있었다. 현지연구사업이 도입될 당시에 이것들에 대한 연구는 이미 중간 공장(pilot plant)까지 건설할 정도로 진행되어 있었기 때문에, 공업화에 의한 성과가 제일 빠를 것이라고 판단되어 막대한 지원을 받으면서 대규모 공업화 단계로 곧바로 전환될 수 있었

---

116) 당시 북한에서 생산현장이란 다음과 같은 의미를 지니고 있는 것이었다. "혁명의 가장 영예스러운 투쟁 마당이고, 과학일군들이 현실적 문제를 신속하게 해결할 수 있게 하는 가장 훌륭한 연구실 실험실이며, 생산 투쟁을 통해 세련되고 단련되었으며 풍부한 경험을 축적한 근로자들과 기술자들은 과학자들의 가장 친근하고 귀중한 방조자이다." 「조선로동당 제3차 대회가 과학자들 앞에 제기한 과업 실천 정형과 앞으로의 과업」, 『과학원 통보』 1959(3), 1~8쪽. 북한에서의 노동과 교육의 관계에 대해서는 이은영, 「북한 공장대학 연구 : '교육과 노동의 결합'을 중심으로」, 7~37쪽을 참고하라.

다. 즉 현지연구사업의 취지를 잘 살릴 수 있는 이러한 연구들이 부분적이나마 그 성과를 가시적으로 드러내고 있었기 때문에 이들을 바탕으로 현지연구사업이 급속히 추진될 수 있었고, 역으로 현지연구사업을 공식으로 추진함에 따라 이러한 연구들은 이전보다 훨씬 많은 지원을 받으면서 그 규모를 급속히 키울 수 있었던 것이었다.

중간 공장은 연구소 수준의 활동인데 연구가 이 단계를 통과하더라도 공업화 도입에 대한 시험을 또 한 번 거쳐야만 실제 공업화 단계로 전환 가능한 것이다. 따라서 중간 공장 단계와 공업화 도입 시험단계를 합쳐놓은 현지연구사업은 공업화의 단계를 단축시키는 효과가 있어 일정 수준에 도달한 연구성과들을 공업화 단계로 급속하게 전환시키는데 효과가 있었다. 그 결과 불과 1, 2년 만에 염화비닐 공장은 연산 6천 톤을 생산할 수 있는 대규모 공장으로 건설되었고 비날론 공장은 연산 2만 톤을 생산할 수 있는 세계 최대의 공장으로 건설되었다.[117] 특히 비날론 공업화 연구는 1954년에 일산 20kg(연산 7톤) 규모에서 겨우 성공하고 1957년에 일산 200kg(연산 70톤) 생산을 위한 중간시험공장을 건설하다가, 1958년에 들어서면서 그 규모를 대폭 늘려 1959년에는 연산 1만 톤 규모의 비날론 공장이 건설되고 있었고 1961년에는 연산 2만 톤 수준의 공장이 완공되었다. 이런 모습은 비날론 공업화 연구 규모를 가속, 증폭시키는 데 현지연구사업의 도입이 중요한 요인으로 작용하였음을 보여준다.[118]

두 번째 성과 중에서는 리재업의 합성고무 생산을 대표적인 예로 들

---

117) 김근배, 「리승기의 과학'과 북한사회」, 16쪽.

118) 염화비닐과 관련해서는 「과학원 연구성원들에게 주신 수상 동지의 교시 실천 정형」, 『과학원 통보』 1959(3), 41~43쪽 ; 「(내각결정 제122호) 비날론 및 염화 비닐 공장 건설을 촉진시킬 데 관하여(1958.10.9)」, 『조선중앙년감 1959』, 125~126쪽 ; 「과학원 화학연구소 고분자 화학연구실에 천리마 작업반 칭호 수여(후보원사 려경구 반장)」, 『과학원 통보』 1961(2), 61~62쪽 ; 렴태기, 『화학공업사 1』, 189~193쪽 ; 리종옥, 『영원한 인민의 태양 2』, 98~105쪽을 참고.

수 있다. 리재업은 해방 직후 월북하여 홍남지구인민공장 연구과장으로 일하고 있다가 1947년 2차 소련유학생으로 선발되어 고분자화학을 전공하고 돌아온 사람이다. 귀국 후 그는 청수화학공장 기사로 일하다가 과학원의 지원을 받으면서 합성고무 개발을 위한 연구에 착수하였고 1958년 4월에 일단 감자와 고구마에서 알코올을 추출하여 그것으로 합성고무까지 생산하는 데 성공하였다. 그러나 이 결과를 보고 받은 김일성은 북한에서 귀한 감자와 고구마를 원료로 삼는 것은 현실에 적합하지 않다고 이야기하면서, 북한에 매장량이 풍부한 무연탄을 통해 얻을 수 있는 카바이드를 원료로 알코올을 만들어 합성고무를 생산하는 새로운 방법을 개발해보라고 지시하였다.[119] 당시 김일성은 리승기와 같은 핵심 과학기술자들의 조력을 받으면서 10여 년 동안 비날론 공업화 과정을 지도하고 있었기 때문에 비날론 생산공정에 대해 자세히 이해하고 있었다. 따라서 합성고무를 생산하기 위해 굳이 감자나 고구마를 원료로 삼을 것이 아니라 카바이드에서 알코올을 만들어 합성고무를 생산하는 방법을 개발해 보라고 권할 수 있었다. 이 지시를 받은 리재업은 주원료를 카바이드로 바꾸어 1963년 말에 합성고무를 만드는 데 성공하였고, 그해 말부터 중간규모의 시험공장을 건설하기 시작하였다.[120]

이는 당시에 이미 과학기술 성과가 '기술의 자립'만으로는 북한 사회에서 큰 의미를 못 가지고 '원료의 자립'까지 도달하여야만 의미를 가질 수 있게 되었음을 보여주는 것으로서, 북한 과학기술 발전 방향이 변하기 시작한 모습을 반영한다. 과학기술 활동이 현장을 중심으로 전개되면서 기술뿐만 아니라 원료와 연료의 자립까지 추구하게 되면서 점차 북한식 과학기술의 특징을 갖추기 시작하였던 것이다.

---

119) 리재업, 「제정신을 가져야 한다고 깨우쳐주시며」, 『수령님과 주체과학 40년』, 53~61쪽.
120) 리종옥, 『영원한 인민의 태양 2』, 71~79쪽.

'조강공업'이라는 이름을 얻은 무연탄 제철법은 세 번째 성과 중에서 대표적인 것이다. 조강공업이란 리방근 등의 주도에 의해 연구된 것으로서, 북한에서 생산되지 않는 코크스를 쓰지 않고 북한에 풍부하게 매장되어 있는 무연탄과 갈탄을 이용하여 강철을 생산하는 일련의 체계를 가리킨다. 코크스를 쓰지 않는 제철법이 개발되지 않은 상황에서 무연탄을 코크스로 만들어보려는 시도는 주종명에 의해 1950년대 초부터 연구되고 있었지만,[121] 코크스 자체를 사용하지 않는 제철법은 현지연구사업의 추진으로 과학원과 대학, 그리고 각 생산성 산하 연구소 구성원들이 청진제철소를 비롯한 각종 생산현장에 대거 파견되는 1958년경부터 본격적으로 연구되었다고 한다. 조강공업의 전체적인 생산 공정이 완성된 것은 1973년경이었는데, 1960년대 '주체공업'인 리승기의 비날론 공업화에 비교될 만한 성과로 거론되면서 조강공업이라는 이름 앞에 '주체공업'이라는 칭호가 붙여지게 되었다.[122]

이처럼 북한 사회가 현장 중심으로 변하고 과학기술의 발전이 생산활동으로 전환되는 데 현지연구사업이 많은 역할을 수행하였지만 그 속에는 분명 순기능뿐만 아니라 역기능도 있었을 것이다. 우선 현지연구사업의 도입으로 북한식 과학기술이 형성되는 계기가 마련되기도 하였지만 오히려 과학기술 활동을 왜곡시키는 계기가 되었다고 할 수도 있다. 과학기술의 발전을 위해서는 새로운 이론과 기술을 기초적인 수준에서 개발해내는 전문연구활동이 필요하고 이런 전문연구활동이 성과를 발휘하기 위해서는 과학기술자들이 연구활동에만 전념할 수 있는 환경이 필요하지만 현지연구사업은 전문연구활동과 생산지원활동을 병행해서 진행하는 것이었으므로 이런 조건들을 충분히 만족시켜 줄 수 없었다.

121)「영예의 첫 인민상 계관인들」,『과학원 통보』1959(5), 61~64쪽.

122) 리방근,「주체가 바로 여기에 있습니다」,『위대한 사랑의 품속에서 1』(과학백과사전 출판사, 1978), 140~163쪽.

또한 현지연구사업이 공업화 단계에서는 큰 효과를 거둘 수 있는 형태였기에 일찍부터 진행된 연구활동의 결과를 바탕으로 1950년대 말에는 많은 성과들을 거둘 수 있었지만 전문연구활동의 위축으로 인해 원천기술 개발과 기초학문의 발전이 저해되어 이후 시기에는 오히려 공업화 단계로 전환시킬 만한 연구결과가 축적되지 못할 위험도 있었다. 이런 측면에서 보았을 때, 1960년부터 계획을 세우기 시작한 과학원도시(평성과학도시)에 과학원의 연구기관과 실험공장만 입주시켜 과학원 구성원들이 전문연구활동에 집중할 수 있는 환경을 만들어 주었던 것은 생산지원활동에 비해 상대적으로 위축되었던 전문연구활동을 충분히 보장해 주기 위한 노력이었다.[123]

제4절 소결

북한 지도부는 내우외환의 위기 속에서도 중공업 우선론을 바탕으로 한 1차 5개년계획을 고수하였다. 나빠진 조건 속에서 목표치를 낮추지 않고 오히려 더 높여 잡았다. '저투자-고성장' 전략을 선택한 북한 지도부는 이를 달성하기 위해 직접 생산현장의 인민대중에게 호소하는 방법을 사용하였다. 기층 인민대중의 혁명적 열의를 최대한 끌어올려 생산능률을 향상시킴으로써 계획을 달성하려고 하였고 이 과정에서 추진된 대중운동이 바로 천리마운동이었다.

천리마운동이 점차 탄력을 받으면서 추진될수록 생산현장에 대한 과학기술 지원 활동에 대한 요구가 커져갔다. 생산능률 향상을 위해서는 무엇보다 기술혁신을 통해야 했는데 생산현장의 과학기술적 능력만으로는 생산과정에서 발생하는 과학기술적 어려움을 풀면서 동시에 기술

---

123) 박봉송, 「과학도시를 꾸려주시기 위하여」, 『수령님과 주체과학 40년』, 78~88쪽. 과학원도시(평성과학도시)에 대해서는 '제5장 제2절 2. 2)과학원도시 건설 : 전문 과학연구활동의 강화'를 참고.

혁신도 이루기에는 턱없이 부족하였기 때문이다. 이에 북한 과학기술계의 중추기관인 과학원이 생산현장 속으로 진출하게 되었다. 과학원이 보유하고 있던 고급 과학기술자들이 생산현장 속으로 들어가 현장의 부족한 과학기술 지원능력을 보완해주었던 것이다.

과학원의 현장진출은 1958년 1월 3일부터 시작된 '현지연구사업'을 통해 이루어졌는데 이로 인해 과학원의 활동계획은 급격히 수정되었다. 전문 과학연구활동에만 전념하려던 과학원의 원래 계획은 생산현장에 대한 기술지원활동까지 겸하는 것으로 바뀌었다. 즉, 생산현장에서 과학연구활동뿐만 아니라 기술지원활동까지 모두 수행하라는 현지연구사업의 도입으로 '전문 과학연구기관'으로 설립되었던 과학원은 기술지원활동까지 겸하는, 한마디로 '현지연구사업 주도기관'으로 변모하였다.

북한 최고지도자의 후원을 받으면서 추진된 현지연구사업은 기술지원활동뿐만 아니라 사상교육적 측면에서도 긍정적인 효과를 거두기 시작하였다. 이런 흐름에 만족한 북한 지도부는 과학원 지도부를 새롭게 구성하면서 젊고 현장 경험이 많은 사람들로 세대교체를 단행하였다. 현지연구사업의 도입이 과학원의 활동목표만 바꾸었던 것이 아니라 과학원의 인적 구성도 새롭게 바꾼 계기가 되었던 것이다.

이처럼 북한 과학기술계의 전반적인 모습을 변화시키면서 추진된 현지연구사업은 북한 경제에 도움이 되는 실질적인 성과도 많이 거두었는데 리승기의 비날론, 마형옥의 갈섬유, 려경구의 염화비닐 생산 공장 건설과 한홍식의 무연탄 가스화 성공, 주종명의 함철콕스 생산성공, 리재업의 합성고무 생산, 리방근의 조강공업체계 완성 등이 대표적인 예이다. 생산현장에서 과학연구활동과 기술지원활동을 동시에 수행하라는 현지연구사업은 과학기술 연구결과를 신속히 공업화시키는 데 큰 도움이 되었을 뿐만 아니라 기술과 연료, 원료의 자립을 더 강하게 추구할 수 있도록 하였다.

그 결과 북한의 과학기술 활동은 독특한 특징을 형성하기 시작하였다. 자체적으로 생산 가능한 연료와 원료를 활용하여, 자체적으로 보유한 기술을 바탕으로, 자신들의 과학기술 인력과 일반 인민대중의 적극적인 참여에 의지하여 과학기술 활동을 펼친다는 '북한식 과학기술'은 이런 과정에서 탄생하였다. 과학기술 활동이 생산현장을 중심으로 전개됨에 따라 생산현장의 상황이 과학기술 활동에 민감하게 반영된 결과였다.

현지연구사업을 통해 과학기술 지원활동이 활발하게 전개되기 시작하면서 생산현장의 기술혁신운동은 새로운 모색을 시작하였다. 개별적으로 진행되던 기술혁신운동에 집단주의가 결합되기 시작하였고 공산주의 교양도 강조되기 시작하였다. 1958년 이후 변화, 발전해가던 기술혁신운동은 1959년 3월에 도입된 천리마작업반운동으로 이어졌다.

제 4 장 천리마작업반운동 :
기술혁신운동의 구체화

　천리마운동 이후 북한이 적극적으로 추진하였던 사회운동인 '천리마 작업반운동'을 좀 더 자세히 살펴본다면 현지연구사업의 추진에 의한 과학기술자들의 현장 진출이 생산활동과 과학기술활동을 연결시켜주 고 있음을 알 수 있다. 천리마작업반운동은 공식적으로 1959년 3월 8일 에 조직된 강선제강소의 '진응원작업반'으로부터 시작되었다고 하는데 천리마운동 전개 이후 시작된 기술혁신운동이 발전한 것이었다. 1957년 일부 기업소에서 시작된 개별적 기술혁신운동이 1958년 들어서면서 집 단적 기술혁신운동으로 발전하였고 급기야 공산주의 교양과 결합하면 서 전개된 것이 바로 천리마작업반운동이었다. 이처럼 기술혁신운동이 발전할 수 있었던 까닭은 현지연구사업을 통한 과학원의 기술지원활동 이 실질적인 효과를 내면서 과학기술 활동에 대한 자신감이 쌓였기 때 문이었다.

　이번 장에서는 1958년에 들어서면서 기술혁신운동이 집단주의를 기 반으로 하는 집단적 기술혁신운동으로 발전하고 이것이 천리마작업반 운동으로 이어지는 과정을 세부적으로 살펴볼 것이다. 그러면서 실제 천리마작업반운동이 전개되던 모습을 부문별로 나누어 살펴보면서 현장에 진출한 과학기술자들이 천리마작업반운동에 적극 결합되어 있었던 사실을 확인해 보자.

제1절 천리마작업반운동의 도입 배경

1. 기존의 기술혁신운동에 대한 재검토와 대책 논의

1958년 1월 현지연구사업 도입 이후, 북한 지도부는 그 진행과정을 고려해서 1차 5개년계획(1957~1961)을 수정하였다. 그리고 1958년 3월 3일에 '1차 당대표자회'를 개최하고 수정된 계획을 토론, 확정하였다.[1] 1957년 12월 당중앙위원회 전원회의에서 1958년 공업 총 생산액 목표를 1957년에 비해 122% 높여 잡았는데, 공장별 종업원 대회와 공업부문별 열성자 회의에서 이를 검토한 노동자들은 9.8% 더 증산할 것을 결의하였다. 그리고 이렇게 얻어진 생산 목표치는 1차 당대표자회 결정에 반영되었다. 과학원의 현지연구사업을 통해 기술혁신운동을 뒷받침할 과학기술 지원활동이 안정적으로 이루어질 수 있게 되었으므로 남은 1차 5개년계획 기간 동안 더 높은 경제성장을 이룰 수 있다는 자신감의 표출이었다.

새로운 목표가 제시된 만큼 경제활동의 기본 형태인 '사회주의 경쟁운동'도 이름뿐만 아니라 내용과 형식면에서도 새롭게 변화, 발전할 것이 기대되었다.[2] 이에 사회주의 경쟁운동을 담당한 직업총련맹은 1958년 3월에 열린 중앙위원회 9차 확대전원회의에서 1차 당대표자회 이후 새

---

1) 당대표자회에 대해서는 161쪽의 주)75를 참고.
2) 『경제사전』에 '사회주의경쟁운동'은 다음과 같이 소개되고 있다. "서로 돕고 이끌면서 앞서기를 겨루어 집단의 사업을 양양시키는 것을 통하여 전반적인 사회주의건설을 추동하는 대중운동. 사회주의경쟁은 사회주의사회의 고유한 대중운동. … 천리마작업반운동은 가장 높은 형태의 사회주의 경쟁운동이었다." 「사회주의경쟁」, 『경제사전 1』, 694쪽.

롭게 전개될 사회주의 경쟁운동을 '공화국 창건 10주년 경축 증산 경쟁운동 (공화국 창건 10주년 기념 사회주의 경쟁운동)'(이하 '10주년 기념 경쟁운동')으로 명명하였다. 그리고 1957년의 사회주의 경쟁운동을 비판적으로 검토한 끝에 새로운 목표로 '집단적 기술혁신운동'을 제시하였다.[3] 당시 직업총동맹 중앙위원회 9차 확대전원회의 보고서는 다음과 같은 이야기를 담고 있다.

> 지난 해 증산 경쟁운동이 보여 주는 바와 같이 그것은 <u>개개의 혁신자 운동으로부터 선진적 기술에 기초한 집단적 혁신운동</u>에로 발전하고 있습니다. 각 급 동맹 단체들은 증산경쟁운동의 이러한 변화 발전에 상응하게 자기의 조직 지도 수준과 역할을 일층 높이여야 하겠습니다.[4] (밑줄은 인용자)

이는 1957년에 전개된 기술혁신운동의 가치를 인정하면서도 기술혁신운동이 개인의 차원에서만 전개된 것을 그 한계로 파악하고 부분적으로 전개되기 시작한 집단적 기술혁신운동의 가치를 강조한 것이다. 즉 생산혁신자들의 수준과 일반 노동자들의 수준이 너무 벌어지는 것이 문제가 되어 일반 노동자들의 수준을 생산혁신자들의 수준으로 끌어올리려고 노력하였지만 생산혁신자의 개별적인 차원에서는 한계가 있음을 인정한 후, 개인 단위가 아니라 집단을 단위로 기술혁신운동을 전개해야 최대한 빨리 일반 노동자들의 수준을 높일 수 있겠다고 인식한 것이다. 집단별로 기술혁신활동을 추진하고 평가한다면 앞선 기술을 가진 생산혁신자들이 일반 노동자들을 적극적으로 가르쳐줄 것이고 일반 노동자들도 적극적으로 앞선 기술과 작업방법을 배우려 할 것이라는 정책적 판단이었다.[5] 이는 북한의 독특한 발전전략이자 갈등 해소 대

---

3) 「공화국 창건 10주년 경축 증산 경쟁 운동을 광범히 조직 전개할 것을 호소」, 『로동신문』(1958년 3월 13일).

4) 「직업총동맹 중앙위원회 제9차 전원회의 보고문」(김덕호, 「우리나라에서 집단적 혁신운동의 발생 발전」, 99쪽에서 재인용).

책인 '집단주의'가 기술혁신운동에서도 강조되기 시작하는 모습이었다.[6]

'10주년 기념 경쟁운동'은 남포제련소에서 1958년 3월 20일에 처음으로 발기되었다. 남포제련소 노동자들은 발기대회에서 1958년 초에 생산 목표를 결의한 것을 포함하여 절약과 증산의 목표치를 추가로 제시하면서 다른 기업소 노동자들의 참여를 독려하였다.[7] 이 당시에 이미 '10주년 기념 경쟁운동'을 전개하면서 '집단적 기술혁신운동'을 강화하는 방향으로 사회주의 경쟁운동을 발전시키라는 직업총동맹 중앙위원회 9차 확대전원회의 결정이 나왔지만, 아직까지 사회주의 경쟁운동이 구체적으로 변화하는 모습은 보이지 않았다. 즉 증산의 구체적인 방법으로 "자기 결의보다 1%씩 더 증산하자"는 구호 이외에 다른 내용이 나오지 않고 있었다.

집단적 기술혁신운동을 강화하기 위한 대책들이 구체화되기 시작한 것은 이로부터 2개월가량이 흐른 1958년 5월 16일에 열린 직업총동맹 상무위원회부터였다. 이 회의에서는 생산활동의 기술 수준을 높이는 것과 이렇게 높아진 기술 수준을 보편화·일반화시켜 모든 노동자들의 작업수준을 생산혁신자들의 수준으로 높이는 것을 최대의 목표로 삼고 토론하였다. 토론 결과, 이런 목표를 달성하는 방법으로 집단적 기술혁신운동이 명시적으로 거론되었고 이를 강화시키기 위한 구체적인 방법으로 몇 가지 대책들이 제시되었다.[8]

---

5) 1958년 9월 13일에 개최된 '전국 생산혁신자 대회'에서 국가기술위원회 위원장 최성세는 집단적 혁신운동의 핵심을 선진기술을 도입하여 일반화하는 것이라고 거듭 강조하였다. 최성세, 「기술혁명의 촉진을 위한 과업」, 『집단적 혁신운동』(직업동맹출판사, 1958), 158~164쪽.

6) 이태섭은 『김일성 리더십 연구』에서 북한의 독특한 발전전략이 바로 '집단주의'였고 주장하면서, 이러한 전략적 선택에 의해 북한 사회의 독특한 특징인 수령체제가 형성될 수 있었다고 한다.

7) 「〈공화국 창건 10주년 경축 증산 경쟁에 궐기〉 년초 결의를 포함하여 7천만 원의 절약과 5억 원분의 증산을 결의」, 『로동신문』(1958년 3월 22일).

그중에서 가장 중요한 대책으로 제시된 것이 '실천 브리가다〔작업 반〕'와 '종합 브리가다〔작업반〕'를 조직, 활용하는 것이었다. '실천작 업반'이란 "창발적 발기를 실험과 제작을 통하여 생산에 도입하는 데 성공함으로써 그를 직접 해당 부분에 도입, 보급시켜주는 림시적인 특 수한 브리가다〔작업반〕"를 말하는 것으로, 이를 구성하는 사람은 '선 진적 발기'들을 실현시킨 '생산혁신자'와 해당 부문에서 '경험 있는 로 동자〔오랜 노동자〕', '직맹 일군'뿐만 아니라 '기술자'도 포함되었다.9) 이는 생산현장에서 제기되는 창의고안 및 발명 등을 사장시키는 것을 방지하기 위해 기술자들의 도움을 받아 생산활동에 적극적으로 도입할 수 있도록 발전시키는 것을 목표로 한 임시조직이었다.

'종합작업반'도 실천작업반과 마찬가지로 노동자와 과학기술자를 함 께 묶어서 협동 작업이 원활하게 진행되도록 도와주기 위한 조직이었 지만 실천작업반에 비해 기술수준이 월등히 높았다. 종합작업반에 배 속되는 노동자들은 관련 분야에서 최고의 작업 숙련도를 가지고 있는 사람이었고 기술자들도 마찬가지였다. 게다가 여기에는 과학원에서 파 견된 기술자와 과학자들이 적극 참여하도록 되어 있었다.10) 실천작업 반이 직장이나 작업반 단위로 조직되었다면 종합작업반은 공장이나 기 업소 단위로 조직되었다.

두 조직 모두 과학기술자들을 좀 더 적극적으로 생산활동에 참여시

---

8) 당시 회의 결정서에는 "현 시기 집단적 혁신운동의 주되는 내용은 인민 경제 각 부문 앞에 제기한 당의 정책적 요구들을 철저히 관철시키는 데로부터 출발 하여 창의 고안 및 발명 합리화 제의들을 적극 발양시킴과 동시에 〈개개의 생산 혁신자〉들의 선진 기술과 작업방법을 광범히 도입 보급함으로써 로동 생산능률을 현재 생산 혁신자들이 달성하고 있는 수준에까지 끌어올리며 내 부 예비를 최대한으로 동원리용하는 등 '절약하여 증산하자'는 당의 구호를 실현하는 데 있다"라고 되어 있다(결정서 내용은 김덕호, 「우리나라에서 집단 적 혁신운동의 발생 발전」, 101쪽에서 재인용).

9) 김덕호, 「우리나라에서 집단적 혁신운동의 발생 발전」, 101쪽.

10) 김인식, 「과학연구사업을 현지에 더욱 접근시키자」, 『과학원 통보』 1958(4), 44~48쪽.

키기 위한 장치였는데, 이들을 활용하여 생산에 필요한 실험이나 제작을 효율적으로 진행하고 생산활동의 과학기술적 발전을 꾀하려는 것이었다. 노동자들 중에서 그나마 기술수준이나 작업 수준이 높은 생산혁신자와 오랜 노동자들이 과학기술자들을 생산활동으로 인도하는 안내자 및 통로 역할을 수행하였다고 할 수 있다.

1958년 5월 직업총동맹 상무위원회에서 제기된 또 다른 대책으로는 '혁신자 학교'를 운영하는 것이 있었다. 혁신자 학교는 "생산 혁신자들과 그 뒤를 따라 가고 있는 선진 노동자들이 작업방법을 습득함에 있어서 실제적인 방조〔도움〕를 주며, 기술 일군들을 집단적 혁신운동에 적극 인입〔참가〕시킴에 있어서 중요한 수단으로 되며 노동자들의 기술기능 제고에 중요한 역할을 하는 것"으로 정의되었다. 이 학교의 운영에 대해서는 "직맹 단체가 직접 운영하며 그의 조직은 기업소 실정에 적응하게 공장 또는 쩨흐〔직장〕 단위로 조직되며, 학습 방법은 교실에서 강의를 하는 일반 학교와는 달리, 직접 기대〔생산설비〕 앞에서 혹은 작업장에서 실지 동작과 설명으로 진행되며, 일정한 기간이 끝나면 선진 경험의 도입으로 실지 생산에서 달성한 성과와 구두시험을 통하여 해당한 혁신자 학교를 졸업시키는 방법으로 진행된다"고 소개되었다.[11] 제2장 제1절에서 살펴본 바와 같이 노동자들의 기술 수준을 높이기 위해 생산현장에는 다양한 형태의 기술기능 교육체계가 운영되고 있었는데, 이제부터는 그중에서 과학기술자들을 적극 활용하여 고급 과학기술 지식을 전수해주는 혁신자 학교를 더욱 적극적으로 강화하겠다는 뜻이었다. 생산현장에서 생산 시설을 직접 이용하여 현장에 파견된 과학기술자들에게 고급 과학기술을 배우겠다는 아이디어는 1960년 9월부터 설립되기 시작한 '공장대학'으로 이어졌다.[12]

당시 회의에서는 과학기술자들을 활용하여 생산현장의 기술 수준 향

---

11) 김덕호, 「우리나라에서 집단적 혁신운동의 발생 발전」, 102쪽.
12) 이은영, 「북한 공장대학 연구 : '교육과 노동의 결합'을 중심으로」.

상을 꾀하면서 생산활동에 대한 관리방식의 변경까지 시도하였는데,
이는 향후 산업관리체계의 전반적인 변화를 예고한 것이었다. 해방 직
후부터 운영되고 있던 '생산협의회'의 운영방식에 변화를 가하면서 그
기능을 강화시킬 수 있는 방법을 이때부터 모색하기 시작하였기 때문
이다. 당시 북한의 산업관리체계로 작동하고 있던 지배인유일관리제
아래에서는 모든 권한이 지배인에게 몰려있기 때문에 생산협의회에서
논의하는 것이 무의미할 때가 많았다. 지배인이 생산협의회에서 논의
된 결과를 따라야 할 의무가 없었기 때문에 지배인이 논의의 결과와 다
르게 처리해도 어쩔 수 없었다. 행정 관료적 지도체계인 지배인유일관
리제의 한계였던 것이다. 이에 대한 대책으로 지배인의 독주를 막고 생
산과 관련된 당사자들이 광범위하게 참여하고 그 논의 결과에 권한을
부여할 수 있는 방법을 찾기 시작하였지만, 이는 산업관리체계의 전반
적인 변화를 동반하는 것이었으므로 직업총동맹 수준에서 결정할 수
있는 일이 아니었다. 직업총동맹에서는 생산협의회의 운영상의 문제점
과 전반적인 방향성만 논의한 후 뒤이어 열린 당중앙위원회 상무위원
회의 결정을 기다렸다.

  1958년 5월 직업총동맹 상무위원회에서는 위와 같은 대책들과 함께
'공무수리 부문 사업'을 개선하는 것도 거론되었다.[13] 공무수리 부문이
란 각종 설비들을 고쳐주고 관리하며 부족한 부속들을 마련해주는 사
업부문을 말한다.[14] 설비를 제때 고치지 못하거나 낡은 부속을 미리 교
체하지 못했을 때 생산활동이 지연되기 때문에 이를 철저히 방지하라
는 주문이었다. 1956년 12월 천리마운동이 처음 도입될 당시, 늘어난
생산 목표에 맞추기 위해 찾아낸 예비 중 핵심적인 것이 바로 생산설비
점검과 수리에 걸리는 시간을 최대한 줄이는 것이었으므로 이의 중요

---

13) 김덕호, 「우리나라에서 집단적 혁신운동의 발생 발전」, 102쪽.
14) 공무수리직장은 이후 동력을 보장하는 기능까지 합하여 공무동력직장으로
   바뀌었다. 「공무동력직장」, 『경제사전 1』, 152쪽.

성을 계속 강조하였던 것이다. 당시 공무수리부문의 책임자는 공장에 소속된 기술자들의 수장인 기사장이었으므로 이 또한 기술자들의 활동과 관련된 대책이었다.

당시 회의에서는 일반 노동자들에게 '기술규정과 표준 조작법'을 준수할 것도 당부하였다.15) 그들에게 생산 기술을 익히고 기술수준을 높이는 것이 중요하다는 것을 가르쳐주기 위한 대책들도 마련되었는데, '생산기술 선전의 날'을 제정하고 '혁신자관'을 설치하기로 하였던 것이다. 일주일 중 하루를 선택하여 생산 기술을 배울 수 있도록 하고 생산혁신자들의 경험을 모아서 많은 사람들이 볼 수 있게 전시하라는 것이다. 혁신자관이 설치되는 곳은 기존의 중앙과 각 도(시)의 공업 및 농업 전람관이었다.

이와 같이 집단적 기술혁신운동을 강화하기 위해 마련된 구체적인 대책들은 다음 날인 1958년 5월 17일에 열린 당중앙위원회 상무위원회에서 최종 확정되었다. 이 회의에서 제일 강조한 것은 '생산협의회'의 강화방안이었다. 직업총동맹의 보고를 바탕으로, 생산협의회를 "기업관리에 광범위한 로동자 대중을 인입하며 그들의 창발적 열성을 제고시키는 가장 중요한 형식"이라고 평가하면서 이를 "공장, 기업소 당위원회의 지도 밑에 두라"고 결정하였다.16) 행정적 지도체계의 문제를 고치기 위한 당적 지도체계의 강화였다. 1957년부터 진행시켜온 당적 지도체계 강화조치가 생산현장에서 적극 추진되기 시작하였던 것이었다.17) 생산협의회 참가 대상도 대폭 확대하여 기업관리 기관의 대표들과 당, 직맹, 민청, 기술련맹 대표들뿐만 아니라 일반 노동자나, 기술자들도 모두 참가하게 하여 대중적 협의기관으로 기능할 수 있게 하였다. 행정 관료들이 불가능하다고 하던 1957년 계획을 생산노동자들의 적극

15) 김덕호, 「우리나라에서 집단적 혁신운동의 발생 발전」, 102쪽.
16) 김덕호, 「우리나라에서 집단적 혁신운동의 발생 발전」, 100쪽.
17) 이태섭, 『김일성 리더십 연구』, 123~173쪽.

성에 힘입어 달성할 수 있었기 때문에 생산노동자들이 기업 관리에도
적극 참여할 수 있도록 보장하였다. 당적 지도체계는 이후 계속 강화되
어 결국 1961년 12월에 마련된 '대안의 사업체계' 속에서 기존의 지배
인유일관리제를 대체하기에 이르렀다.[18]

   1차 당대표자회 결정 이후 집단적 기술혁신운동을 강화하기 위한 각
종 정책들을 개발, 시행함과 동시에 이를 법률적으로 뒷받침하기 위한
노력도 진행되었다. 그 결과 1958년 6월 11일에 열린 최고인민회의 제2
기 제3차 회의에서 1차 5개년계획에 대한 법령이 제정되었다.[19] 이 회
의 연설에서 김일성은 당시에 전개되고 있던 사회주의 경쟁운동을 "도
시와 농촌에서, 공장과 광산에서, 어장과 목장에서 근로자들의 혁명적
기세와 로력적 열성은 비상히 높아지고 있습니다. 이 모든 것은 우리나
라 력사에서 일찍이 볼 수 없었던 일대 혁명적 고조를 보여주는 것입니
다"라고 평가하면서 "모든 근로자들은 당의 부름에 따라 천리마를 타
고 사회주의를 향하여 앞으로 달리고 있습니다"라고 표현하였다.[20] '천
리마'라는 말이 공개석상에서 처음 언급되는 순간이었다.[21] 이후 1959년
3월에 천리마작업반운동이 시작되면서 1956년 12월에 시작된 북한의
사회주의 경쟁운동은 '천리마운동'라는 고유의 이름을 갖게 되었다. 노
동생산능률의 향상이 1차 5개년계획에서 차지하는 중요함으로 인해 노
동생산능률의 향상목표도 법령 속에 포함되었는데 특히 공업 생산 증
가의 63%를 새로운 노동력을 투입하지 않고 오직 노동생산능률의 향

18) 대안의 사업체계에 대해서는 '제5장 제1절 대안의 사업체계 도입 및 생산현
   장의 변화'를 참고하라.
19) 「조선민주주의 인민공화국 인민경제발전 제1차 5개년(1957~1961)계획에 관
   한 법령」, 『로동신문』 (1958년 6월 12일).
20) 김일성, 「모든 것을 조국의 륭성발전을 위하여(최고인민회의 제2기 제3차 회
   의에서 한 연설, 1958년 6월 11일)」, 『김일성저작집 12』(조선로동당출판사,
   1981), 342쪽.
21) '천리마'라는 말이 제일 처음 쓰인 것은 「〈오체르크〉 천리마(만년 광산 박영
   수 고속도 굴진 브리가다에서)」, 『로동신문』(1958년 6월 8일)이다.

상만으로 해결하라고 되어 있었다.[22]

　최고인민회의가 개최된 직후인 1958년 6월 14일에 과학원에서는 '과학자 집회'가 개최되었다. 과학원 구성원들 전체가 최고인민회의 결정을 받아들이고 집단적 기술혁신운동을 적극적으로 실행에 옮길 것을 결의하는 자리였다. 여기에서 '현지연구사업'을 강력하게 추진할 것을 다시 한 번 결의하였다.[23] 이를 통해, 집단적 기술혁신운동이 구체화되면서 천리마작업반운동으로 발전하는 것과 현지연구사업을 통한 과학원의 현장진출이 긴밀하게 연관되어 추진되었다는 사실을 알 수 있다. 기술혁신운동과 현지연구사업이 함께 추진되면서 과학원의 움직임은 예전과 달리 생산현장의 변화, 경제 활동의 변화에 매우 민감해졌다. 경제활동과 관련하여 큰 결정이 있기 직전이나 직후에 과학원에서도 그와 관련한 움직임이 있음을 많이 관찰할 수 있는데, 그중에 한 가지 사례가 이 당시 열렸던 '과학자 집회'이다.

　결국 1958년 3월 직업총동맹 중앙위원회 제9차 확대전원회의에서 모색되기 시작한 집단적 기술혁신운동의 구체적인 대책은 5월 16일의 직업총동맹 상무위원회와 5월 17일 당중앙위원회 상무위원회에서 마련되었고, 이는 6월 11일 최고인민회의 제2기 제3차 회의에서 법적인 보장을 받게 되었다. 노동자와 과학기술자들 사이의 협력을 강화하면서 개인 차원보다는 집단을 하나의 단위로 하여 생산활동에서 과학기술적 수준을 높이는 것을 위주로 한 집단적 기술혁신운동은 이제 모색단계를 지나 확대, 강화단계로 접어들게 되었다. 이처럼 집단적 기술혁신운동이 본격적으로 전개되기 위해서는 생산현장에 대한 원활한 과학기술 지원활동이 보장되어 있어야 했는데, 이는 1958년 1월부터 추진되었던 과학원의 현지연구사업이 담당하였다. 현지연구사업을 통해 생

---

22) 전정산, 「로동생산능률의 부단한 제고는 제1차 5개년 계획 수행에서의 중심문제」, 『근로자』 1958(8), 40~44쪽.

23) 「제1차 5개년 계획에 관한 법령을 집행하기 위한 과학자들의 집회」, 『과학원 통보』 1958(4), 53~54쪽.

산현장에 파견된 과학기술자들은 집단적 기술혁신운동에 다양한 방법으로 참가하였던 것이다.

2. 집단적 기술혁신운동의 확대, 강화

집단적 기술혁신운동은 1958년 5월 이후 전면적으로 확대, 강화되기 시작하였다. '10주년 기념 경쟁운동' 기간 동안 전국적으로 1만 1097명의 노동자와 기술자들이 1368개의 '실천작업반'을 조직하였고, 여기서 638건의 창의고안들이 기술적으로 해결되어 802개의 직장과 3442개의 작업반에 조직적으로 보급, 일반화되었다.[24] '종합작업반'과 함께 기술자와 노동자의 협동 작업을 보장하기 위해 마련된 '실천작업반'은 단순히 창의고안을 생산에 도입하는 것에서 그치지 않고 다른 생산 단위에 널리 보급하는 것까지 담당하였다. 집단적 기술혁신운동이 생산활동의 기술 수준을 높임과 동시에 이렇게 높아진 기술 수준을 보편화·일반화시켜 모든 노동자들의 작업수준을 생산혁신자들의 수준으로 높이는 것을 최대의 목표로 삼았기 때문이다.

처음에는 여느 해처럼 단기적인 목표를 설정하고 그 목표에 맞춰 생산경쟁을 전개하기 위해 시작된 '10주년 기념 경쟁운동'이 이제는 사회주의 경쟁운동 전개 양상 자체를 새롭게 변화시키는 계기가 되었다. 집단적 기술혁신운동을 조직적으로 강화, 육성시킨 결과였다. 개별적 기술혁신운동이 자연발생적으로 집단적 기술혁신운동의 형태를 띠면서 발전한 것이 1957년의 집단적 기술혁신운동이었다면, 1958년의 집단적 기술혁신운동은 북한 지도부의 적극적인 개입으로 인해 조직적·의식적인 차원에서 구체적인 정책을 바탕으로 확대 실시된 것이었다. 노력동원 차원에서 시작된 사회주의 경쟁운동이 기술혁신운동을 강조하면서 생산의 질적 성장을 강조하는 단계로 발전하였고, 이것이 다시 개인

24) 림수웅 편, 『우리나라 사회주의 건설에서의 천리마작업반운동』, 30쪽.

중심이 아니라 집단중심의 기술혁신운동으로 발전한 것이다.

1957년에는 전체 노동자들의 85.2%가 사회주의 경쟁운동에 참가하였지만, 1958년에는 거의 모든 노동자들이 각종 경쟁운동에 참가하였다고 한다.[25] 경쟁운동의 형태는 다양했는데 같은 직종별로 진행되기도 하였고 서로 다른 부문 간의 경쟁도 전개되었다. 아직 '집단적'이라는 의미가 구체적으로 확정되지 않았기 때문에 '집단'을 구성해서 진행되는 경쟁운동은 모두 집단적 경쟁운동이라고 인정되었다.[26]

1958년 당시, 용해공, 선반공, 직포공, 굴진공, 소성공을 비롯한 직종별 경쟁에는 총 1만 518명의 노동자들이 참가하여 115개의 직종별 경쟁을 전개하였다. 제철, 제강, 기계, 광산, 석탄, 방직, 화학을 비롯한 부문별 경쟁에는 648개의 공장 기업소에서 259개의 '그루빠〔그룹〕'들이 서로 경쟁협정을 체결하였다. 또한, 동일 산업부문에서 여러 기업소를 포괄한 지역별 경쟁도 추진되었다. 예를 들면, 함경북도와 평안남도 내의 10개 탄광들이 참가한 석탄부문 지역별 경쟁과 자강도와 량강도의 임업부문 간의 경쟁, 전기성 산하의 20개 기업소 사이의 지역별 경쟁이 그것이다. 이 경쟁에 107개의 직장과 624개의 작업반이 참가하였다.[27]

1) 부문별 집단적 기술혁신운동

집단적 기술혁신운동은 사회주의 경쟁운동의 전개 형식, 방법에 대한 규정일 뿐이어서 구체적인 경쟁의 내용은 분야별·작업반별로 달랐다. 1958년에 전개된 집단적 기술혁신운동 중 일부를 분야별로 정리해보면 〈표 4-1〉과 같다.

---

25) 김덕호, 「우리나라에서 집단적 혁신운동의 발생 발전」, 103쪽.
26) 사회주의 경쟁운동에서 집단의 의미가 구체적으로 확정되고 단계화된 것은 1959년 초의 일로, '작업반'을 집단의 가장 기본적인 단위로 규정한 '천리마작업반운동'이 시작되면서부터였다.
27) 김덕호, 「우리나라에서 집단적 혁신운동의 발생 발전」, 103쪽.

〈표 4-1〉 1958년도에 전개된 부문별 집단적 기술혁신운동의 예

부문	집단적 기술혁신운동의 실례
야금공업	로수명연장운동 용해시간 단축운동 압연기 가동률 제고운동
채취공업	고속도 굴진운동 운광에서 1인1대밀기 운동 운광시설 능력제고운동
석탄공업	김직현 고속도 굴진운동 예비 채탄장의 확보와 채취율 제고운동 운탄시설 능력제고운동
기계공업	고속도 절삭 및 480분 합리화운동 주물 오조 퇴치운동
화학공업	련속시 답뻥 작업 방법의 도입보급운동 소성로 150일 무사고 가동운동 실수률 제고운동
경공업	다기대 다추 운동 품종 확대, 품질 제고 운동 초 지속도 제고 운동 정성범 채염방법의 도입보급운동
건설	건설 조립속도 및 질 제고운동
건재공업	면 맞추기 요적방법의 도입 보급 운동
철도	화차 체류시간 단축운동 적재 적량 제고운동 수리주기 연장운동 정시 무사고 운동 무화상 주파운동 김생연 보수방법의 도입 보급 운동
자동차	2교대운행 효율제고운동 련결차 견인운동 무사고 애차운동 국내 연료 대용 운동 리 막동 원심 확상기 도입보급운동
해상	선박 리용률 제고운동
체신	경과 시 분 단축운동
림업	자동식 운재 작업의 도입보급운동 다폭 다동갱 류벌 방법의 도입보급운동 엑쓰형 깡떼 류벌 방법의 도입보급운동 6모지게 톱쓸기 방법의 도입보급운동

〈표 4-1〉 계속

부문	집단적 기술혁신운동의 실례
기타	1인1건합리화 제기 운동(강선제강소에서 시작됨) 나의 기계 운동 종합 절약 운동 작업 준비 완성 운동 설비리용률 제고 운동 기술규정과 표준조작법 준수 운동

자료 : 김덕호, 「우리나라에서 집단적 혁신운동의 발생 발전」, 과학원 력사연구소
　　　근세 및 최근세사 연구실, 『력사논문집 4 (사회주의 건설 편)』(과학원출판사,
　　　1960), 103~105쪽.

　〈표 4-1〉의 운동들을 좀 더 자세히 살펴보면 이들 운동이 지향하는
실질적인 내용이 기술혁신과 깊이 연관되어 있었음을 알 수 있다. 우선
야금 공업 부문부터 살펴보자. 이 부문에서 전개된 '용해시간단축운동'
의 경우 야금로를 조작하는 새로운 방법인 '공기취입법'을 도입하여 용
해시간을 단축하는 것으로, 이는 강선제강소에서 도입을 추진하였다.[28]
야금로 안으로 공기를 불어넣으면 공기 속의 산소가 쇳물 속에 있는 탄
소, 유황, 인을 비롯한 불순물들을 더 빨리 타게 하고 이때 생긴 산화열
에 의하여 쇳물의 온도가 빨리 높아지게 되므로 용해시간이 대폭 단축
된다. 또한 야금로에 산소농도를 높인 공기를 불어 넣으면 연소온도가
높아지고 연소생성물의 양이 적어지므로 열효율이 높아지고, 야금로
안에서 반응이 활발해지므로 생산성이 높아진다. 용해시간이 단축되면
생산성이 높아짐은 물론 연료와 전기도 절약되고 강철의 질도 좋아진
다.[29] 특히 북한에서 생산되지 않는 코크스를 절약할 수 있으므로 이
방법은 적극 지지받아 이후 산소만 따로 모아서 불어넣는 '산소취입법'
으로 발전하였다.[30] 이 당시 강선제강소에서는 이 방법을 사용하여 강

---

28) 김인식, 「강철공업의 획기적 발전을 위하여」, 『과학원 통보』 1959(1), 21~24쪽.
29) 「산소취입법」, 『광명』(중앙과학기술통보사, 2002), (『과학기술대백과사전』(북
　　한과학기술네트워크 http://nktech.net)에서 재인용).

철 용해 시간은 평균 2시간 반이나 단축하였다고 한다.[31] 1959년에 다시 2시간 단축한 결과가 6시간 15분이라고 하니 이 당시 용해시간은 대략 10시간 45분에서 8시간 15분으로 줄었다고 추정할 수 있고 이런 추정대로라면 생산성은 20%가량 증가한 셈이었다. 1958년 현지연구사업의 도입 이후 강선제강소에도 공학연구소 구성원들이 현지연구기지를 세워놓고 현지연구활동을 전개하고 있었기 때문에 이처럼 높은 수준의 기술 발전이 가능했을 것이라 짐작할 수 있다.[32]

채취 공업과 석탄 공업에서 채굴 속도를 높이는 방법은 높은 수압을 이용하는 채굴방법인 '수력채굴법', '수력채탄법'의 도입이었다. 수력채굴법은 일반 기계나 삽을 이용할 때보다 먼지도 덜 발생하고 경사만 잘 잡아놓으면 캐어놓은 광물들이 물과 함께 자연스럽게 흘러나오기 때문에 수송에도 편리한 방법이다.[33] 이 방법을 도입할 수 있었던 것은 과학원 공학연구소, 석탄공업 연구소의 연구성원들이 덕천지구 현봉탄광 상덕갱에서 현지연구사업을 진행한 결과였다. 여기서 개발된 수력채탄법은 1958년 10월 말에 일반화 단계로 넘어갔다. 하성광산 굴진공들은 수력채굴법을 적용하여 로동생산능률을 수배로 높여 원가를 50%이하로 낮추었다고 보고하기도 하였다. 1959년에 10명의 과학원 구성원들이 5개조로 나뉘어 수력채탄법 도입을 위한 여러 가지 현지연구사

30) 김인식, 「강철공업의 획기적 발전을 위하여」, 『과학원 통보』 1959(1), 21~24쪽 ; 윤성철, 김영진, 주경식, 양태봉, 김응균, 김원호, 「전기 제강로에서 산소를 효과적으로 리용할 데 대한 몇 가지 문제」, 『금속』 1962(3), 5~11쪽 ; 윤성철, 「립철을 주원료로 하는 전기 제강로에서 산소의 리용」, 『과학원 통보』 1962(4), 23~24쪽.

31) 김동전, 「첫 봉화를 든 사람들 - 강선제강소 진응원 천리마작업반에서」, 『천리마시대 사람들 2』(조선로동당출판사, 직업동맹출판사, 1961), 53쪽.

32) 「로동당 1차 대표자회 결정 실현을 위한 과학자들의 의무」, 『과학원 통보』 1958(3), 1~4쪽.

33) 「수력채굴」, 「수력채탄」, 『광명』(중앙과학기술통보사, 2002), (『과학기술대백과사전』(북한과학기술네트워크 http://nktech.net)에서 재인용).

업을 진행하였고 1960년에는 과학원과 중공업 위원회의 이 부문 전문
가들이 안주탄광과 람전탄광에 총집결하여 수력채탄법을 적용한 탄광
개조사업을 본격적으로 전개하였다.[34] 이것 이외에도 새로운 기계의
개발도 채굴, 석탄 부문의 생산능률을 향상시키는 데 중요한 역할을 수
행하였다. 송남청년탄광의 김영하는 천공 장약, 적재, 동반 등의 작업을
연속적으로 처리할 수 있는 장치인 '종합 고속도 굴진기'를 개발하여
시간과 노동력을 상당히 절약할 수 있었다. 기존에 100m 굴진하던 것
을 500m 이상 굴진할 수 있게 하여 작업능률을 5배나 늘렸던 것이다.[35]

기계공업과 화학공업 부문은 그 자체가 과학기술의 발전에 의해 형
성된 것이므로 생산활동이 정상화되어 있다면 그 속에서 이루어지는
사회주의 경쟁운동은 대부분 기술혁신운동이라 할 수 있다. 희천공작
기계공장에서는 '고속도 절삭 작업반'을 꾸림과 동시에 '480분 합리화
작업반'을 꾸려 절삭속도를 높였다. 절삭공구를 혁신하여 작업 속도를
높이고, 이렇게 높아진 작업속도를 유지할 수 있도록 작업에 필요한 재
료, 원료, 공구 등을 원활하게 지원하면서 480분이라는 작업시간을 합
리적으로 사용할 수 있는 방법을 찾으려고 했던 것이다.[36]

화학공업 부문에서 전개된 '소성로 150일 무사고 가동 운동'은 높은
온도를 유지해야 하는 소성로를 150일 동안 멈추지 않고 계속 가동하
기 위한 것으로서, 철저한 열관리와 내화벽돌을 비롯한 소성로 구성요

---

34) 「로동당 1차 대표자회 결정 실현을 위한 과학자들의 의무」, 『과학원 통보』
1958(3), 1~4쪽 ; 「과학원 기술과학부문의 과학연구 발전 전망계획에 관하여」,
『과학원 통보』 1959(3), 9~19쪽 ; 「과학원 연구성원들에게 주신 수상 동지의
교시 실천 정형」, 『과학원 통보』 1959(3), 41~43쪽 ; 조현섭, 「수력채탄법을
광범히 도입하자」, 『과학원 통보』 1959(5), 16~20쪽 ; 신문규, 「급경사 후층
무연탄 채굴에서 얻은 경험」, 『과학원 통보』 1960(2), 8~9쪽 ; 「현지연구사업
을 가일층 강화하자」, 『과학원 통보』 1960(3), 1~4쪽.

35) 김덕호, 「우리나라에서 집단적 혁신운동의 발생 발전」, 106쪽.

36) 한상두, 「사회주의 건설을 촉진시키기 위한 집단적 혁신운동의 발전을 위하여」,
『근로자』 1958(6), 54~62쪽 ; 김덕호, 「우리나라에서 집단적 혁신운동의 발생
발전」, 106쪽.

소들의 관리, 그리고 소성로 안에서 일어나는 화학반응에 대해서도 완벽하게 조절할 수 있어야 가능한 것이다.37) 이를 위해서는 소성로를 다루는 노동자들의 과학기술적 수준이 향상되어야 하는 것은 기본이다. '실수률 제고운동'이라는 것도 화학반응을 마치고 난 후 찌꺼기와 함께 묻어나가는 원료들을 최대한 회수하기 위한 운동이므로 화학반응을 철저하게 연구하여 원료를 더 많이 회수할 수 있는 방법을 찾아야 하는 것이었다. 이 당시 북한의 과학기술계에서 화학공업과 관련된 분야는 다른 어떤 분야보다 앞서 있었다. 리승기, 려경구와 같은 뛰어난 과학자가 활동하고 있었고 이들을 중심으로 비날론과 염화비닐의 연구가 대규모공업화 단계로 접어들고 있었으며 흥남비료공장과 황해제철소의 복구 확장 공사가 한창 진행되고 있었다. 흥남비료공장에서 질소 압력을 높이는 방법으로 내부 반응을 촉진시키는 한편 반응로 안의 온도를 합리적으로 조절하는 작업방법을 도입하여 시간 당 석회질소 생산량을 292kg에서 335kg으로 높이면서 품질도 3% 이상 높인 것은 생산현장의 과학기술 수준이 높아진 결과라 할 수 있다.38)

경공업 부문의 '다기대 다추 운동'은 노동자들의 기능 급수를 높이기 위한 운동이었는데, 한 사람의 직포공이 담당하는 기대 수를 계속 높이자는 것이었다. 한 사람이 여러 대의 직포 기계를 담당하기 위해서는 효율적인 작업 방식을 개발하고 이를 여러 사람이 익혀서 최대한 짧은 시간 안에 직포 기계들을 돌볼 수 있게 만들어야 한다. 다기대 다추 운동의 방법들은 평양방직공장의 주변선, 신복순에 의해 도입되어 광범하게 퍼지기 시작한 것이었다. 이 운동을 통해 미숙련공은 빠르게 숙련공으로 바뀌어갔고 생산능률도 빠르게 높아졌다. 그 결과 1958년 상반

37) 김윤환, 「어떻게 고속도 소성법을 도입할 수 있었는가-해주 세멘트공장 소성직장 리주봉 천리마작업반」, 『천리마작업반 4』(직업동맹출판사, 1963), 97~106쪽.
38) 리국순, 「흥남비료공장 로동자들이 걸어 온 승리의 길」, 125~311쪽. 김덕호, 「우리나라에서 집단적 혁신운동의 발생 발전」, 106쪽.

기 직포공 1인당 담당 기대수는 1953년에 비해 평균 4배로 늘어났다고 한다.[39]

'1인 1건 합리화 제기 운동'과 '나의 기계 운동', '설비 이용률 제고 운동', '기술규정과 표준조작법 준수 운동' 등은 부문에 관계없이 작업 방법의 효율, 작업 기술의 혁신을 강조하는 기본적인 운동이어서 이후 에도 꾸준히 강조되었다.

이러한 부문별 사회주의 경쟁운동뿐만 아니라 대규모 복구, 건설 과 정에서도 집단적 기술혁신운동이 전개된 양상을 확인할 수 있다. 1958년 에는 대규모 복구, 건설사업 중에서 마무리되는 것이 여럿 생겼다. 4월 20일 흥남비료공장 질안공장 복구개건사업, 4월 30일 황해제철소 제1 호 용광로, 해탄로 복구개건사업, 8월 12일 해주-하성간 광궤철도 부설 공사, 8월 30일 수풍발전소 복구개건사업 등이 그것이다. 전후 복구 사 업을 마쳤다고는 하지만 아직도 사회간접시설과 산업시설들을 완전히 갖추지 못하였기 때문에 북한 지도부는 1차 5개년계획 기간에도 대규 모 복구, 건설사업들을 많이 진행시켰고 그 결실을 이 시기에 와서 본 것이었다.

북한 지도부는 급박한 경제사정을 강조하면서 일부 대규모 복구, 건 설사업에 대해서는 1957년 안에 마무리 지어줄 것을 당부하였다. 하지 만 현장의 집단화, 조직화 정도가 뒷받침되지 않아 공사가 생각처럼 빨 리 진행되지 않았다. 기존의 사업 방식을 고수하려는 관리간부나 일부 기술간부들의 고정관념을 깨는 데 시간이 많이 걸렸기 때문이다.[40] 이 런 상황에서 과학기술자들의 적극적인 지원을 받으면서 개인 단위가

39)『천리마기수독본』, 98쪽 ; 김덕호, 「우리나라에서 집단적 혁신운동의 발생 발 전」, 106쪽. '다기대 다추 운동'은 작업 숙련도와 관련한 문제라 엄격하게 이 야기하면 기술혁신이라고 말하기 어렵다. 하지만 북한에서는 숙련도를 높이 는 것도 생산자의 기술수준이 높아지는 것으로 파악하여 기술혁신의 일종으 로 인식하였다.
40) 이태섭,『김일성 리더십 연구』, 81~94쪽.

아니라 작업반과 같은 집단 단위로 기술혁신운동을 진행시킨다는 새로운 사업방식이 노동자들의 적극성을 높이는 면에서나 새로운 작업 기술을 개발, 도입하는 면에서 이전 사업 방식보다 뛰어나다는 것을 설득하기 쉽지 않았을 것이다.

새로운 기술, 새로운 작업 방법의 도입은 항상 실패할 가능성을 동반한다. 성공할 때에는 이전보다 막대한 이득이 돌아오겠지만 실패할 때에는 안하는 것만 못하게 되는 경우가 대부분이다. 더욱이 당시 복구, 건설하던 생산 설비들은 망치게 되면 대체할 수조차 없는 것이어서 실패로 인한 손실은 일개 사업장 수준이 아니라 국가 경제에 막대한 피해를 입히는 수준이었다. 이런 사정으로 인해 기존의 관리 간부나 기술 간부들은 실패의 위험을 최대한 줄인 방식, 자신들이 익숙한 방식, 소극적인 방식을 선호하였다. 김일성이 "대담하게 생각하고 대담하게 실천하라"는 것을 자주 강조한 것은 이러한 자세를 바꾸라는 주문이었다.41) 주종명이 1955년에 함철콕스를 용광로에 도입하는 실험을 하다가 당시 단 한 기뿐이었던 용광로를 멈추게 한 사건의 뒤처리과정에서 볼 수 있듯이, 김일성이 새로운 기술을 도입하다가 실패한 경우에도 질책보다는 격려를 해준 이유가 바로 이러한 기존 인식들을 바꾸기 위한 노력이었다.42)

---

41) 김일성, 「시, 군 인민위원회의 당면한 몇 가지 과업에 대하여(시, 군인민위원회 위원장 강습회에서 한 연설. 1958년 8월 9일)」, 『김일성저작집 12』, 405쪽에서 김일성은 황해제철소 복구 과정을 예로 들면서 "대담하게 생각하고 대담하게 달라붙으면 못할 일이 없다"고 강조한다.

42) "함철콕스 생산 및 이용에 대한 연구"를 통해 코크스를 절약하는 무연탄 제철법을 완성시키는 데 크게 기여한 주종명은 1955년 함철콕스를 생산에 도입하다가 당시 북한에서 단 1기뿐이었던 김책제철소의 용광로를 멈추게 하는 사고를 저질렀다. 주위사람들은 이로 인해 주종명이 문책을 당할 것이라고 예상하였지만, 김일성은 주종명을 질책하기보다 오히려 연구를 계속하도록 독려하였다. 주종명, 「믿음을 주시고 지혜를 주시며」, 『위대한 사랑의 품속에서 2』, 299~312쪽 ; 리종옥, 『영원한 인민의 태양 2』, 168~174쪽.

2) 기업단위 집단적 기술혁신운동 : 황해제철소

　대규모 복구, 확장 공사 중에서 특히 자체의 기술로 완성하였다는 황해제철소 제1호 용광로, 해탄로 복구개건사업은 북한의 사회주의 경쟁운동, 나아가 기술혁신운동이 1958년에 접어들면서 점차 변화 발전해가는 모습을 잘 보여준다.[43] 1957년까지 북한 지역에는 용광로가 김책제철소에서 단 한 기만 운영되고 있었기 때문에 황해제철소의 용광로 복구개건 공사는 중공업을 우선적으로 발전시킨다는 북한의 경제정책에서 가장 핵심적인 부분이었다고 할 수 있다. 그런 만큼 이 사업에 대한 북한 지도부의 관심은 컸는데, 김일성은 정전 협정 체결 바로 다음날인 1953년 7월 28일에 황해제철소부터 현지지도하였고 1957년의 첫 현지지도도 1월 3일에 황해제철소를 찾아 용광로와 해탄로 복구개건 공사의 중요성을 강조하는 것으로 시작하였다. 또한 복구개건 공사가 제대로 진척되지 않아 1957년 4월과 11월, 두 차례에 걸쳐 '당중앙위원회 지도 그루빠〔그룹〕'가 황해제철소에 파견되었고 1958년 12월 25일에는 김일성도 다시 이곳을 방문하여 각종 문제점들을 함께 논의하였다.[44] 이처럼 황해제철소의 사회주의 경쟁운동은 북한 최고 지도부의

---

43) 황해제철소 제1호 용광로, 해탄로 복구, 확장 공사에 대해서는 다음 글을 참고하라. 김일성, 「황해제철소 지도일군 및 모범로동자들과 한 담화 (1957년 12월 25일)」, 『김일성저작집 11』(조선로동당출판사, 1981), 476쪽 ; 김일성, 「황해제철소 제1호용광로와 해탄로조업식에서 한 연설(1958년 4월 30일)」, 『김일성저작집 12』, 232~241쪽 ; 김용석, 「용광로 복구에 대한 당정책 집행에서의 거대한 성과」『근로자』 1958(5), 83~87쪽 ; 엄창종, 「제1호 용광로와 해탄로의 복구개건을 위한 황해제철소 로동자들의 투쟁」, 과학원 력사연구소 근세 및 최근세사 연구실, 『력사논문집 4 (사회주의 건설 편)』(과학원출판사, 1960), 312~338쪽 ; 윤세중, 『용광로는 숨쉰다』(문예출판사, 1960) ; 원도중, 『강철전사의 수기』(직업동맹출판사, 1963). 특히 윤세중의 글은 당시 황해제철소 용광로 복구개건 공사를 소재로 한 소설이고, 윤도중의 글은 이 공사에 참가한 오랜 제관공의 수기이다. 이는 공사가 끝난 직후에 나온 책이라 다른 자료들보다 당시 상황을 생생하게 전해준다.
44) 엄창종, 「제1호 용광로와 해탄로의 복구개건을 위한 황해제철소 로동자들의

직접적인 지도를 받으면서 진행되었으므로 다른 생산현장들보다 전개속도나 변화, 발전의 속도가 빨랐다고 할 수 있다. 따라서 이를 통해 이후 정책전개양상을 미리 볼 수 있다. 1958년 4월 30일 완공한 황해제철소의 용광로, 해탄로 복구개건사업은 이후 집단적 기술혁신운동의 모범으로 선전되었다.

황해제철소 용광로 연간 25만 톤의 선철을 생산할 수 있는 규모였고 해탄로 연간 30만 톤의 코크스를 생산할 수 있는 수준이었다. 이는 210만 공수(工數, man-day)의 노동력과 200만 톤의 자재, 8,000여 매의 설계도, 6,000여 건의 부속품과 설비들이 필요할 정도로 규모가 큰 공사였다.[45] 철강재 생산을 위해서는 용광로를 세워야하고 용광로를 정상적으로 운영하려면 코크스가 많이 필요하게 되므로 코크스를 생산하는 해탄로(骸炭爐)를 세워야 하였다. 또 해탄로를 세우려면 고온에 견딜 수 있는 내화벽돌을 생산해야 하므로 1956년 3월부터 성진내화물 공장에서 해탄로에 들어갈 내화물을 만들기 위한 실험생산을 시작하였고 이때부터 용광로와 해탄로 복구개건 사업은 준비단계에 들어갔었다.

용광로와 해탄로의 규모와 완공기일을 명확히 확정한 것은 1956년 11월 9일 당중앙위원회 상무위원회였다. 1년 반 후인 1958년 5월 1일까지 25만 톤/년 규모의 용광로와 30만 톤/년 규모의 해탄로를 건설하라는 결정을 내린 것이었다. 강선제강소에서 천리마운동을 촉발시킨 직후인 1957년 1월 3일에 황해제철소로 현지지도를 나온 김일성은 계획된 기간까지 1호 용광로와 해탄로를 복구개건하고 1차 5개년 계획기간 안에 용광로와 해탄로를 1기씩 더 만들자고 제안하였다.[46] 3~4년 안에

투쟁」, 326~331쪽.

45) 김용석, 「용광로 복구에 대한 당정책 집행에서의 거대한 성과」, 『근로자』 1958(5), 83~87쪽.

46) 김일성, 「황해제철소 지도일군 및 모범로동자들과 한 담화(1957년 12월 25일)」, 『김일성저작집 11』, 476쪽 ; 김일성, 「황해제철소 제1호용광로와 해탄로조업식에서 한 연설 (1958년 4월 30일)」, 『김일성저작집 12』, 232~241쪽.

2기씩의 용광로와 해탄로를 만들라는 계획이 세워진 것이었지만 당시 사정으로는 1기씩만 건설하는 것으로도 매우 힘든 일이었다. 일반적인 북한의 계획 수행 양상은 예정된 기일보다 앞당겨 달성하는 것이었는데 황해제철소의 용광로와 해탄로는 예정일(5월 1일)보다 하루 앞선 날(4월 30일)에 겨우 완공된 것에서 이를 알 수 있다. 예정된 기일을 6일 앞당기자는 1957년 12월 공장당위원회의 결정도 지켜지지 못했던 것이다. 그만큼 용광로, 해탄로 복구개건 사업은 황해제철소의 역량만으로는 달성하기 힘든 것이었다. 물론 사업 시작 초기인 1957년 1월 23일에 열린 종업원궐기대회에서 1957년 계획의 초과완수와 더불어 해탄로 설비는 90%, 용광로 설비는 80%이상 달성하겠다고 밝히기도 하였지만, 용광로, 해탄로 복구개건 사업은 1956년 말에 중앙으로부터 유능한 설계사를 45명이나 지원받고도, 당중앙위원회의 직접적인 지도를 4월과 11월에 2번이나 받고서야 겨우 계획된 기일들을 맞출 수가 있었다.[47] 이 사업은 국가적 차원에서 적극 추진한 사업이었던 만큼 집단의 규모가 작업반 수준을 벗어나 직장, 기업소, 나아가 국가 전체가 하나의 집단을 구성하여 완성시킨 경우라 할 수 있다.

1957년 4월에 '당중앙위원회 지도 그룹'이 현지지도를 나온 이유는 사업의 선후나 중요도를 구분하지 못하고 진행하는 문제가 심각해졌음에도 불구하고 공장의 지도간부들이 이를 조정하지 못했을 뿐만 아니라 나아가 그들 속에서 목표에 대한 불신이 생겨나기 시작하였기 때문이었다. 당시 황해제철소 기술자와 노동자들은 긴급히 해결해야 할 각종 기초공사, 용광로 축조, 각종 배관 장치, 송풍기 설치 등의 공사 대신 부차적인 설계연구소 청사 건축공사, 기계 직장 바닥 콘크리트 포장공사 등에 동원되었고, 축로공이 땅파기에, 연공이 건설장 정리에, 토공

---

47) 김용석, 「용광로 복구에 대한 당정책 집행에서의 거대한 성과」, 『근로자』 1958(5), 83~87쪽 ; 엄창종, 「제1호 용광로와 해탄로의 복구개건을 위한 황해제철소 로동자들의 투쟁」, 312~338쪽 ; 윤세중, 『용광로는 숨쉰다』.

들이 부차적인 자재 운반 등에 동원되는 등 전문성을 배려하지 않는 일들이 주어졌다. 또한 자체의 힘으로 '송풍기'를 건설할 모든 준비가 갖추어졌음에도 불구하고 송풍기를 수입하지 않고서는 용광로 복구개건 공사를 5월 1일은 커녕 8월 15일까지도 끝내지 못할 것이라고 공공연하게 기본 계획을 부정하는 말들이 공장의 간부들 사이에서 퍼져 나왔다. 황해제철소를 관리하는 금속공업성의 담당 관리들은 이러한 문제들을 풀지 못했을 뿐만 아니라, 용광로 직장 총계획도를 여러 번 변경하여 혼란을 가중시켰고 나아가 용광로 복구에 써야 할 자재들을 부차적인 공사에 공급해주는 바람에 복구개건 공사에서 자재부족을 겪게 만들기도 했었다.[48]

이때 현지지도를 나온 당중앙위원회 지도 그룹은 1957년 4월 23일 '전체 황해제철소 당위원회 열성자 회의'를 소집하여 그 대책을 논의하였다. 이 회의에서 지도체계의 문제점에 대한 해결책으로 당위원회의 역할과 책임성을 강화하기로 결정하였다.[49] 당시 지도사업의 문제를 당의 결정에 대한 행정관료들의 반발로 파악한 것이었다. 당위원회를 강화한 상태에서 생산 관리 및 생산 조직 사업의 업무분담이 명확하지 않은 문제와 설계가 공사를 뒤따르는 문제, 현장조사를 제대로 하지 않고 현실적인 조건을 구체적으로 타산하지 않은 계획 등을 시정하기로 하였다. 이처럼 지도조직을 정비하고 계획을 조정하고 이를 일관되게 추진하도록 한 이후에야 복구개건 공사가 비로소 제 궤도에 오를 수 있었다.

공사가 제 궤도에 올랐다고 하더라도 공사 일정이 계획보다 많이 늦어졌기 때문에 작업 속도를 높일 수 있는 다양한 형태의 사회주의 경쟁운동들이 서둘러 도입되었다. '한 번 더 다지기와 한 번 더 나르기 운

---

48) 엄창종, 「제1호 용광로와 해탄로의 복구개건을 위한 황해제철소 로동자들의 투쟁」, 325~326쪽.

49) 엄창종, 「제1호 용광로와 해탄로의 복구개건을 위한 황해제철소 로동자들의 투쟁」, 326~327쪽.

동'과 같이 노력동원을 더 많이 하려는 운동도 전개되었지만 늦어진 작업일정을 만회하기 위해 새로운 작업방법이 도입되는 경우가 점차 많아졌다. 굴뚝 내부 축조작업을 담당한 김광, 김상태 작업반원들은 운반작업을 기계화하여 노동력을 절약하면서 작업 기일을 앞당길 수 있었다고 한다. 작업의 기계화는 노동력 절약과 작업 속도 향상을 위해 이후로도 계속 강조되던 작업방법이다. 소화탑 공사를 맡은 '유재윤 작업반', '박윤섭 작업반'도 운반작업을 기계화하여 매일 계획을 150% 이상 초과 수행하였다고 한다.[50] 굳이 새로운 기술을 도입한 것은 아니더라도 작업도구나 자재를 정리정돈만 잘하여도 작업 효율이 올라가는 효과를 볼 수 있는데 복잡한 '침전로 철근'을 미리 규격별로 정리 운반해둠으로써 작업속도를 높인 '임대식 작업반'이 이런 경우에 해당한다. 여러 사람이 참가하는 경우나 여러 작업반이 참가하는 경우에는 작업배치나 조정을 합리화하면서 작업속도를 높이는 경우도 있었다. 해탄로사업소 청년작업반은 목공들과 협력해야 하는 작업을 '흐름식 작업방법'을 도입하여 기일을 앞당겨 완성하였다고 보고하였다.[51] '오랜 제관공'인 윤도중은 전기용접방법을 새롭게 개발하여 철골물 제작 조립작업을 예정보다 20일 이상 앞당겨 끝내기도 했고, 용광로의 철피를 구부리는 기계인 '대형 철판 굴곡기'를 개발하여 작업 기일을 10일 이상 앞당겼을 뿐만 아니라 8500공수 이상을 절약할 수 있었다.[52]

당시 황해제철소는 용광로와 해탄로를 새롭게 복구 개건하는 작업을 진행하는 동시에 제철소 본연의 임무인 강재 생산도 계속해서 진행하

---

50) 엄창종, 「제1호 용광로와 해탄로의 복구개건을 위한 황해제철소 로동자들의 투쟁」, 328~329쪽 ; 김용석, 「용광로 복구에 대한 당정책 집행에서의 거대한 성과」, 『근로자』 1958(5), 83~87쪽.

51) 엄창종, 「제1호 용광로와 해탄로의 복구개건을 위한 황해제철소 로동자들의 투쟁」, 329~331쪽 ; 김용석, 「용광로 복구에 대한 당정책 집행에서의 거대한 성과」 『근로자』 1958(5), 83~87쪽.

52) 윤도중, 『강철전사의 수기』, 46~65쪽.

였다. 처음하는 낯선 작업에서 기술혁신을 도모하는 것보다 기존의 익숙한 작업들에서 새로운 기술을 도입하는 것이 더 쉬웠으므로 건설 공사가 지체되던 때에도 생산활동에서 여러 가지 기술혁신들이 이루어졌다. 강재를 생산하는 경우 가장 중요한 기술혁신의 목표가 제강 시간 단축과 1회 출강량의 증가라 할 수 있다.[53] 1957년 2월경에는 평균 제강시간이 11시간 52분, 11시간 32분 정도였는데 이는 1956년보다 1시간 37분에서 1시간 58분가량을 줄인 것이었다. 1957년 하반기에는 9시간 30분까지 줄였다.[54] 앞에서도 살펴봤듯이 1958년 강선제강소에서 제강 시간을 10시간대에서 8시간대로, 1959년에는 8시간대에서 6시간대로 줄였던 흐름과 연결된다. 적어도 1956년부터 평균 제강시간이 매년 2시간씩 줄어들었던 셈이다. 다만 새로운 작업 기술의 도입이 중요했던 1958년 이후와 달리, 1957년 이전에는 작업 숙련도를 높이거나 작업 조직을 개선하려는 노력이 제강시간을 단축하는 데 더 중요하였다. 당시 제철소에는 제대한 군인을 비롯하여 새로 배치된 노동자들이 많았고 제철소를 정상적으로 가동한 지 오래되지 않았기 때문이다.

1회 출강량은 1958년 2월에 원래 계획보다 5톤 이상 높았다고 한다. 또한 중요한 부품인 '롤'을 교체하는 시간이 8시간에서 6시간으로 줄었고, 평로 용착시간이 월 평균 45시간에서 25시간으로 단축되어 평로 가동률이 예전보다 훨씬 늘어날 수 있었다.[55] 한 번에 제강할 수 있는 양이 늘어났음에도 불구하고 더 짧은 시간이 소요되었고, 같은 기간 동안에 이런 작업을 더 많이 할 수 있게 되어 결국 같은 기간에 생산할 수 있는 강재의 양이 예전보다 많이 늘어나게 되었다.

이처럼 생산활동과 병행해야 했던 복구 개건사업이었던 만큼 작업

53) 「전국 생산혁신자 대회 결의문」, 『집단적 혁신 운동』, 210~216쪽.

54) 엄창종, 「제1호 용광로와 해탄로의 복구개건을 위한 황해제철소 로동자들의 투쟁」, 329쪽.

55) 엄창종, 「제1호 용광로와 해탄로의 복구개건을 위한 황해제철소 로동자들의 투쟁」, 322쪽.

진행은 순조롭지 못하였다. 1957년 4월에 당중앙위원회 지도 그룹의 지원을 받아서 복구개건사업 조직을 새롭게 재정비하였지만 그해 말이 되어서도 작업이 예정대로 진행되지 않아 완성기일을 맞추기 쉽지 않았다. 이에 당중앙위원회 지도 그룹은 1957년 11월에 다시 한 번 현지 지도를 수행하였다.[56] 이번에는 전반적인 지도체계나 계획 수립의 문제보다는 작업방법을 혁신하는 데 초점을 맞추었다. 당중앙위원회 지도 그룹은 먼저 '일체식 건설공사방법'보다 속도도 높일 수 있고 건설원가도 낮출 수 있으며 거기에다가 건설의 질까지 높일 수 있는 '조립식 시공방법'을 적극 도입할 것을 강조하였다. 이는 1957년 10월 당중앙위원회 전원회의의 결정과 직접 연관된 것이었다. 1956년부터 조립식 시공방법을 도입하라고 강조하였지만 잘 되지 않았다고 하면서 블록과 같은 규격화된 부재와 기계화된 작업방법을 사용하여 조립식 시공방법을 사용하라는 결정이 이 회의에서 내려졌다.[57] 황해제철소는 광범위하게 조직된 '기능전습사업'을 통해 '조립식 시공방법'을 적극적으로 받아들이기 시작하였다.

　당중앙위원회 지도 그룹은 또한 아직까지 완성되지 못한 설계도를 늦어도 1958년 2월까지는 모두 마치도록 지시하였고 건설 작업의 기계화 수준을 더욱 높일 것을 거듭 강조하였다. 설계가 늦어진 만큼 설계를 빠르게 진행하고 개별 설계와 동시에 시공이 착수될 수 있도록 설계사와 현장 노동자, 나아가 기술자와 노동자 사이의 협력을 강화하라고

56) 엄창종, 「제1호 용광로와 해탄로의 복구개건을 위한 황해제철소 로동자들의 투쟁」, 330~332쪽.

57) 김일성, 「건설분야에서 당정책을 관철할 데 대하여 (조선로동당 중앙위원회 전원회의에서 한 결론, 1957년 10월 19일)」, 『김일성저작집 11』, 333~351쪽. 이 결정 이후, 기본건설부문 현장에 조립식 시공방법이 대거 도입되면서 건설속도가 매우 빨라졌다. 당시 1년도 안 되는 기간 안에 2만여 세대를 건설하려던 평양시 복구계획은 9개월 만에 완료되었다. 이는 14분에 1세대를 건설한 것으로 '평양속도'라는 말이 만들어지는 계기가 되었다. 「평양속도」, 『경제사전 2』, 557쪽.

더욱 강하게 주문하였다.[58]

그 결과 수입하지 않으면 기한 내에 제대로 공사를 마칠 수 없다던 용광로의 핵심부품인 '송풍기'가 1958년 2월 26일에 완공되는 등 작업 속도는 급속히 빨라졌다. 정책적 판단에서 기술혁신을 추진함과 동시에 밤낮을 가리지 않고 노력동원까지 이끌어낸 것이 효과를 나타내었던 것이다. 1958년 4월 11일에는 노체(爐體) 건조를 끝내고 용광로 설비의 종합 시운전을 성공적으로 진행하였고 4월 24일에는 용광로 화입식이 진행되었다. 마침내 1958년 4월 30일에는 예정기일을 하루 남겨놓고 조업식이 거행되었다.[59] 우여곡절을 겪으면서 완공기일을 겨우 맞춘 것이었지만 수풍발전소나 흥남비료공장 질안공장과 달리 다른 나라에 의지하지 않고 자체의 기술력으로 완공하였다는 것에 북한 지도부는 큰 만족감을 나타내었다. 또한 실제로 복구개건 공사를 시작한 것은 1957년 2월로 총 15개월이 걸린 것이었지만 자존심을 지키기 위해 실질적인 용광로, 해탄로 공사가 1957년 7월부터 진행되었다고 주장하면서 작업이 1년도 채 걸리지 않았다고 선전하였다.

3. 새로운 대중운동의 모색 :
집단적 기술혁신운동과 공산주의교양의 결합

1) 사회주의적 제도정비와 대중노선

집단주의를 경제적 관점에서 설득하는 가장 핵심적인 논점은 집단의 이익이 개인의 이익과 일치한다는 점을 밝히는 것이라 할 수 있다. 개인들이 집단을 위해 노력해야 하는 이유가 집단을 위한 노력이 곧 자기 자신의 이익을 극대화하는 방법이라는 것을 납득시키는 것이다. 이런

---

58) 김용석, 「용광로 복구에 대한 당정책 집행에서의 거대한 성과」, 『근로자』 1958(5), 83~87쪽.

59) 김일성, 「황해제철소 제1호용광로와 해탄로조업식에서 한 연설(1958년 4월 30일)」, 『김일성저작집 12』, 232~241쪽.

점에서 소유구조를 개인 중심이 아니라 집단이나 국가를 중심으로 개편한 것은 개인의 이익과 집단의 이익이 합치될 수 있는 사회경제적 토대를 구축하여 집단주의를 설득하는 데 좋은 환경을 마련해 주었다. 북한은 개인농민들을 농업협동조합으로 전환시키고 개인상공업자들을 생산협동조합이나 생산판매협동조합으로 전환시키는 사회주의적 개조사업을 1958년 8월에 완료하였다고 선언하였다. 이제 북한 지역의 모든 자산은 자신을 포함한 북한 사람 모두의 것이 되었기 때문에 열심히 일해서 얻게 되는 모든 이득은 결국 자신의 소유 안에 있게 된다는 선전논리가 더욱 힘을 받게 되었다. 이로 인해 당시 본격적으로 전개되기 시작한 집단적 기술혁신운동은 더욱 탄력을 받으면서 추진될 수 있었다.

소유구조의 집단화는 집단주의 전략의 강화와도 연관된 것이었지만 기본적으로 경제체제의 정비와도 연관된 것이었다. 북한 사회가 사회주의, 공산주의 사회를 지향했기 때문에 경제체제는 시장경제가 아니라 계획경제를 추구하였고 계획경제를 제대로 시행하기 위해서는 개인소유의 생산설비들이 집단소유 혹은 국가소유로 전환되어야 하였다. 개인 소유의 생산설비에 대해서는 국가가 제대로 통제할 수 없고 이런 경우가 많아지면 생산설비들에 대한 통제가 완전하게 보장되지 못하게 되므로 계획경제가 제대로 가동될 수 없었다. 생산설비를 공동소유로 전환하는 문제는 또한 생산활동의 효율성을 보장하기 위한 것이기도 하였다. 개인별로 낡은 생산 기구를 활용하여 구시대적 방법을 사용하는 것보다 상호 협력을 바탕으로 현대적인 생산 기구를 사용하여 생산활동을 수행한다면 생산 효율이 훨씬 좋아질 것이기 때문이다.

농업과 상공업에 대한 집단화는 전쟁이 끝난 1953년부터 시작되었다. 농업의 경우, 1946년 3월 5일에 단행된 '토지개혁사업'에 의해 1차적으로 토지 소유구조가 개편되었지만, 이 당시에는 사회주의적 소유구조가 추구되지 않았다. 대규모 토지를 소유한 부농은 완전히 사라졌고 대부분의 농민들은 자신이 직접 경작할 수 있는 정도의 조그마한 토지를 소유한 수준으로 토지개혁사업이 마무리되었던 것이다. 토지에 대한 소유욕이 강하게 남아있던 농민들의 마음을 외면할 수 없었기 때문이다. 상공업의 경우, 1946년 8월 10일 산업 국유화 조치를 통해 1차적인 소유구조 개편이 이루어졌다. 대부분의 중요 산업 시설들은 국가 소유로 넘어갔지만 영세한 개인상공업자들의 생산 설비들은 여전히 개인 소유로 남아있었다.[60]

북한의 농업협동화는 외형적으로 1953년부터 1958년까지 5년간 진행된 것처럼 보이지만 실제 진행양상을 살펴보면 마지막 2~3년간에 대부분의 협동화가 진행되었음을 알 수 있다.[61] 농업협동화가 나름대로 주민들의 요구를 바탕으로 진행되었고 그 과정이 큰 무리 없이 진행되었으며 이를 위해 북한 정권이 여러 가지 합리적인 유인책을 사용하였다는 사실에서 당시 북한 사회가 일반적인 인식처럼 과도한 전체주의 사회를 형성하고 있었던 것은 아니었다고 할 수 있다.[62] 토지개혁 과정에서도 그렇고 농업협동화 과정에서도 그렇듯, 북한의 정책 결정과 추진과정은 주민들의 요구를 파악한 바탕 위에 적절한 지도를 통해 진행되었다. 한마디로 지도부의 요구가 일방적으로 주민에게 내려 먹히는 '하향성'뿐만 아니라 주민들의 요구가 정책에 반영되는 '상향성'이 넓게는 당시 북한 사회 전체에서, 좁게는 정책 입안과 추진 과정 안에서 나름대로 균형을 맞추면서 작동하고 있었던 것이다.

또 이런 상향성과 하향성이 결합된 형태를 잘 살펴보면 북한의 대중노선의 특징을 찾아볼 수 있다. 흔히 김일성의 대중노선과 모택동의 그

---

60) 북한의 토지개혁과 농업 집단화 사업에 대해서는 김성보, 『남북한 경제구조의 기원과 전개 ─ 북한 농업체제의 형성을 중심으로』(역사비평사, 2000)를 참고하라. 전후 농업과 상공업의 집단화에 대해서는 서동만, 『북조선사회주의체제성립사』, 495~764쪽을 참고.

61) 김성보, 『남북한 경제구조의 기원과 전개 ─ 북한 농업체제의 형성을 중심으로』, 307~313쪽.

62) 김성보, 『남북한 경제구조의 기원과 전개 ─ 북한 농업체제의 형성을 중심으로』, 305~320쪽.

것이 비슷하다고 하여 김일성이 모택동을 모방하였다고 주장하는 사람들도 있다.[63] 하지만 두 이론은 세부적으로 차이난다. 모택동이 정책의 출발을 철저히 대중 속에서 근거해야 한다고 밝히면서 대중으로부터 나와서 다시 대중 속으로 들어가는 흐름을 자신의 대중노선이론을 통해 구체화한 반면 김일성은 이런 모택동의 흐름 앞에 한 가지 더 추가하였다. 대중 속으로 무작정 들어가는 것이 아니라 지도부가 방향성을 가지고 대중 속으로 들어가는 것이다. 즉, 대중 속에서 지도부로 나왔다가 다시 대중 속으로 들어가는 흐름의 전 단계에서 지도부가 대중 속으로 들어가는 것을 강조한 것이다.[64] 따라서 김일성은 무작정 대중의 요구를 따라가는 것이 아니라 대중을 지도하여 그들의 요구를 모아내고 그것을 바탕으로 정책을 수립한 후 그 결과를 대중 속에서 거둔다는 새로운 방식의 대중노선이론을 제시하였던 것이다.

모택동보다 김일성이 지도의 중요성을 더 강하게 의식하였고 이런 모습은 북한의 정책 입안과 추진 과정에서 많이 나타났다. 완전히 대중의 요구에서 벗어난 것도 아니지만 그렇다고 지도부의 의도, 방향성이 완전히 사라진 상태에서 대중을 만나는 것이 아니었다. 커밍스는 모택동식 대중노선을 "from the masses, to the masses"로, 김일성식 대중노선을 "to the masses, from the masses, to the masses"로 정리하여 대비시켰다.[65]

---

63) 이강석, 「김일성 주체사상의 근원 : 모택동 사상과의 비교연구」, 『북한』 1981 (9)(북한연구소, 1981), 58~69쪽.

64) 모택동의 대중노선에 대해서는 小島朋之 저, 백완승·장미희 공역, 『중국정치와 대중노선 : 대중운동과 모택동, 중앙 및 지방의 정치 동태』(논장, 1989) ; 이주상, 「모택동의 대중노선」, 서진영 편, 『모택동과 중국혁명 : 중국혁명의 전개와 사상적 노선』(태암, 1989) ; 김수희, 「모택동의 대중노선이론과 그 실천과정」(효성여자대학교 석사학위논문, 1995)을 참고하라. 김일성의 대중노선에 대해서는 김근식, 「북한의 '혁명적 군중노선' 연구」(서울대학교 석사학위논문, 1991)를 참고하라. 북한 문헌 중에서 대중노선, 군중노선을 체계적으로 정리한 것은 『영도체계』 ; 『영도예술』(사회과학출판사, 1985)이 있다.

65) Bruce G. Cumings, 「Kim's Korean Communism」, *Problems of Communism* 23(2) (US Information Agency, 1974), 33쪽.

이태섭은 이런 북한 대중노선의 특징을 '당적 지도와 대중의 결합'이라고 평가하면서 이것의 구체적 구현이 바로 천리마운동이라고 소개하였다.66) 이렇게 봤을 때, 천리마운동의 진행과정에서 등장하기 시작한 집단적 기술혁신운동도 지도와 대중의 의사가 적절히 조화를 이루면서 추진되었다고 할 수 있다.

2) 집단적 기술혁신운동의 공론화

역사적 유물론에 의하면 생산력의 발전 정도에 조응하여 생산관계가 발전한다고 되어 있지만 대부분의 사회주의 국가들과 마찬가지로 북한은 생산력보다 생산관계가 더 앞서 발전하였다. 순서가 거꾸로 되었지만, 이제 생산관계가 먼저 사회주의적으로 개조되었으니 이에 걸맞게 생산력이 발전해야 할 상황이었다. 그러나 생산력의 발전을 위해서는 당시까지 적용되던 생산활동 방법이 전면적으로 변화될 필요가 있었다. 기존의 생산활동 방식은 기존의 생산관계 속에서 형성된 것이므로 생산 관계의 변화에 맞춰 생산활동 방식도 변해야 한다는 것이다. 즉 생산 관계에서 오는 모순, 사회제도적 모순에서 발생할 저항이 사라진 만큼, 이전보다 더 활발하게 생산활동이 전개될 수 있는 바탕이 마련되었으므로 이런 변화에 발맞춰 생산활동 방식의 변화를 꾀해야 했다. 이에 북한 지도부는 당시까지 다듬어온 집단적 기술혁신운동을 공론화시키고 전면화시키기로 결정하였다.

사회주의 경쟁운동의 구체적인 집행방법으로 집단적 기술혁신운동을 공론화·전면화시킨 계기는 1958년 9월 13일에 개최된 '전국 생산혁신자 대회'였다.67) 이 대회는 1958년 9월 9일 '공화국 창건 10주년' 기념행사를 하면서 당시까지 전개해온 '공화국 창건 10주년 기념 사회

---

66) 이태섭, 『김일성 리더십 연구』, 93쪽.

67) '전국 생산혁신자 대회'에 대해서는 대회 보고서라 할 수 있는 『집단적 혁신운동』을 참고.

주의 경쟁운동'을 마무리하고 이 운동을 통해서 시험적으로 시행되었던 집단적 기술혁신운동을 최종적으로 점검하는 대회였다. 1958년 3월 이후 집단적 기술혁신운동을 사회주의 경쟁운동의 발전방향으로 설정한 북한 지도부는 이미 1958년 5월에 구체적인 실행 방법을 마련한 후 이를 좀 더 효과적인 것으로 다듬기 위해 일부 핵심 사업장에서 집단적 기술혁신운동을 실행하고 있었다. 산발적인 시행단계에서 조직적·체계적 시행단계로 발전하였던 것이다. 이러한 조직적·체계적 시행의 경험을 점검한 후, 집단적 기술혁신운동을 모든 사업장에서 전면적으로 추진하기 위해 조직한 것이 바로 이 대회였다. 집단적 기술혁신운동이 또 한 단계 발전하는 순간이었다.

전국 생산혁신자 대회에 생산혁신자들은 물론 사회주의 경쟁운동을 주관하는 직업총동맹, 민주청년동맹 등 사회단체 관계자들과 당, 정부 관계자들 모두 포함하여 1,700여 명이 모였다. 이 대회에서는 1958년 5월 16일 직업총동맹 상무위원회와 5월 17일 당중앙위원회 상무위원회 이후 당시까지 집단적 기술혁신운동을 추진한 경험들을 종합 분석하였다. 그중에서 기술자들과 노동자들의 협력활동을 위한 '실천작업반'과 노동자들의 기술수준을 높일 수 있도록 만든 '로력혁신자 학교', 기술혁신 내용을 널리 알리기 위한 '생산기술 선전실'과 '집단혁신 전람회'의 효과가 특히 강조되었다. 또한 과학원에서 파견된 과학자, 기술자들이 생산활동에 직접적으로 관여할 수 있게 만든 '종합작업반'의 도입 결과도 긍정적으로 평가되었다. 당위원회를 중심으로 지도체계를 변경한 '생산협의회'의 운영에는 아직 문제가 많았는지 좀 더 원활한 운영을 요구하는 수준 이외의 평가는 없었다. 현장의 과학기술자들이 생산활동에서 차지하는 역할에 비해 지도부 구성에서 차지하는 비중이 약하다는 지적이 나와서 이를 수정하기로 결정하였다.[68]

---

68) 한상두, 「집단적 혁신운동을 가일층 확대발전시킬 데 대하여」, 『집단적 혁신운동』, 20~56쪽 ; 김덕호, 「우리나라에서 집단적 혁신운동의 발생 발전」,

이 대회는 집단적 기술혁신운동을 점검하는 자리이기도 했지만 이를 공론화하고 모든 사업장으로 확대 실시하기 위한 것이기도 하였으므로 '전국 집단적 혁신 전람회(혹은 과학원 전람회, 과학전람회)'가 함께 개최되었다. 집단적 혁신 전람회는 대회가 끝난 이후에도 한동안 계속 진행되었다. 집단적 혁신 전람회 개최 상황은 〈표 4-2〉와 같다. 1958년 8월 13일부터 약 두 달 간 진행된 집단적 혁신 전람회에는 분야별로 1870건이나 되는 창의고안과 4,917건이나 되는 선진 작업방법들이 소개되었는데 대부분 실물들이 전시되었으나 규모가 큰 경우에는 모형을 제작하여 전시하였다.[69] 이 전람회는 단순히 창의고안과 선진작업방법을 사람들에게 보여주는 것에서 그치지 않고 이를 전국적으로 확산하는 것에 방점을 두었다. 전람회장에서 창의고안자와 도입 희망자들이 단순히 만나기만 한 것이 아니라 이후 도입하는 과정까지 관리되었고

〈표 4-2〉 1958년 9월 집단적 혁신 전람회 개최 상황

전시 건 수	1,870건
관람자 수	연인원 10만 3,000여 명
선진 작업방법 해명 건 수	4,917건
도입하기 위하여 스케치해간 건 수	3,572건
창안자와 도입 희망자와의 상봉 조직	201회 307명 참가
서신으로 약도 및 기술적 해명 해준 건 수	377건
선진 작업 방법 도입을 약속한 사람 수	3,408명
도입 정형을 서신 또는 구도로 전달하여 온 건 수	306건
성(중앙 기관)적 보급 대책	534건

자료: 직총 중앙위원회의 집단적 혁신 전람회 총화 보고서(김덕호, 「우리나라에서 집단적 혁신운동의 발생 발전」, 과학원 력사연구소 근세 및 최근세사 연구실, 『력사논문집 4(사회주의 건설 편)』(과학원출판사, 1960), 113~114쪽에서 재인용).

112~114쪽.

[69] 「전국 집단적 혁신 전람회」, 『집단적 혁신운동』, 243~257쪽에 일부 창의고안들이 사진과 함께 소개되어 있다.

중앙기관 수준의 보급대책도 세워졌던 것이다.

지금까지 이야기했듯이, 1957년 접어들면서 기술혁신에 대한 강조로 인해 사회주의 경쟁운동은 개별적 기술혁신운동을 거쳐 집단적 기술혁신운동으로 발전하였다. 초보적인 단계에서 일부 사업장에서만 추구되던 집단적 기술혁신운동은 조직적·계획적인 형태를 띠게 되면서 1958년 초부터 본격적으로 추진되기 시작하였다. 이런 집단적 기술혁신운동의 변화에서 결정적인 역할을 담당한 것은 바로 과학원 구성원들의 현장 진출이었다. 초기단계에서도 집단적 기술혁신운동에 참가하는 과학기술자들의 역할이 중요하였지만 이후 기술발전이 가속화되면 될수록 과학기술자들의 역할이 더욱 높아질 것이다. 이런 측면을 예측한 과학원 지도부는 1958년 한 해 동안 과학원 구성원들의 활동양식의 변화를 비롯하여 과학원의 역할과 위상까지 새롭게 바꾸기 위해 많은 노력을 기울였다. 이는 제3장에서 살펴본 바대로, 1958년 11월 3기 상무위원회를 조직하고 과학원 규정을 새롭게 개정하는 과정에서 구체화되었다.

전국 생산혁신자 대회 마지막 날의 김일성 연설도 이런 점을 분명하게 지적하였다. 이날 연설문의 제목은 "사회주의건설에서 소극성과 보수주의를 반대하여"였지만 그 실질적인 내용은 집단적 기술혁신운동에서 무엇보다 중요한 것이 과학기술의 발전이라는 것과 이를 위해서는 노동자와 기술자의 협력이 무엇보다 중요하다는 점을 강조하는 것이었다.[70]

김일성의 발언은 대부분 일반 대중을 대상으로 하는 것이므로 간결하고 쉽다. 그리고 글이 아니라 말로 이루어진 것이므로 강조하고자 하는 바는 몇 번에 걸쳐 반복되는 경향이 있다. 또한 그는 정책 결정의 최고 책임자이므로 그의 말을 통해 앞으로 정책발전의 방향을 가늠해

---

70) 김일성, 「사회주의건설에서 소극성과 보수주의를 반대하여 (전국 생산혁신자 대회에서 한 연설. 1958년 9월 16일)」, 『김일성저작집 12』, 511~525쪽. 이하 김일성의 발언은 이 글에서 인용한 것이다.

볼 수 있다.71) 그런 의미에서 집단적 기술혁신운동을 공론화·공식화
하는 자리에서 이루어진 김일성의 연설은 집단적 기술혁신운동에 대한
핵심적인 사항들을 대부분 담고 있는 것이므로 좀 더 세밀하게 읽어볼
필요가 있다. 더욱이 이 연설은 천리마운동의 전반적인 흐름 속에서 과
학원, 구체적으로는 과학원의 현지연구사업이 매우 중요한 역할을 했
음을 보여주는 직접적인 증거라 할 수 있으므로 그의 발언을 하나하나
꼼꼼하게 살펴볼 필요가 있다.

김일성은 이날 연설에서 이제 "생산관계의 사회주의적 개조"가 완성
된 만큼 북한 사회는 사회주의 사회가 되었다고 하면서도 완전한 사회
주의 나라를 이룩하기 위해서는 공업을 발전시켜 "사회주의 공업화"를
실현해야 한다는 것을 단정적으로 밝히고 있다. 생산관계에 조응하도
록 생산력을 발전시켜야 함을 강조하면서 경제 발전 노선의 핵심이 중
공업의 우선적 발전이라는 것을 동시에 밝힌 것이다. 사회주의 공업화
를 위해서는 "기술혁명"이 중요하고 기술혁명은 금속공업, 화학공업,
기계공업의 발전이 핵심이라고 하면서 현재의 경제정책까지 연결시켜
간결하게 설명하고 있다.

김일성은 사회주의 발전상에서 사회주의 공업화와 기술혁명, 경제정
책을 정리한 다음, 연설의 핵심인 집단적 기술혁신운동을 다음과 같이
설명하였다. 그리고 집단주의라는 개념이 추상적인 것이므로 좀 더 쉽
게 설득하기 위해 비유적인 설명방법을 도입하였다.

> 우리가 강조하는 것은 혁신운동을 한사람이나 몇 사람에게만 국한
> 시킬 것이 아니라 많은 사람들이 하자는 것입니다. 한 사람뿐만 아
> 니라 많은 사람이 영웅이 되어야 합니다. 어떤 사람은 영웅이 많다
> 고 걱정하는데 나는 영웅이 많으면 많을수록 좋다고 생각합니다.
> … 오늘 조선 사람이 다 천리마를 타고 다 영웅이 된다면 그 이상
> 좋은 일은 없을 것입니다. 새것을 창조하기 위한 투쟁에서 혼자서

71) 전미영, 『김일성의 말 그 대중설득의 전략』(책세상, 2001).

애를 써서 안 되는 일은 여러 사람이 힘을 합쳐서 하는 것이 좋습
니다. 여러 사람이 지혜와 힘을 합쳐서 혁신을 일으키면 거기에 참
가한 사람은 다 혁신자입니다. 여러 사람이 힘과 지혜를 합쳐서 집
단적으로 하면 일이 더 흥겹고 더 큰 성과를 거둘 수 있습니다.
그렇기 때문에 당은 집단적 혁신운동을 널리 전개할 것을 요구합
니다.

개인적 기술혁신과 집단적 기술혁신이 대립되는 것이 아니라 개인적
기술혁신을 달성하는 사람이 많아지는 것이 집단적 기술혁신운동의 목
표라는 설명이다. 특히 기술혁신의 핵심적 역할을 수행하는 과학기술
자와 생산혁신자들의 개별적인 실험, 연구활동에 대해 집단이란 형식
을 통하지 않았다고 하여 비판하는 좌경적 편향을 고려하여 "혼자서
연구하고 노력하는 것을 개인영웅주의라고 비판하는 것은 옳지 않다"
고 분명히 지적하고 있다. 집단적 기술혁신운동에서 연구, 개발 활동에
대한 평가가 논란이 많았음을 보여주는 것이라 할 수 있다.72) 그는 '영
웅'이라는 선동성이 강한 단어를 사용하여 집단주의가 단순한 평준화
가 아니라 상향평준화를 지향하는 점을 강조하였다.

집단적 기술혁신운동에서 '집단적'이라는 말이 가진 의미를 설명하
면서 집단적 기술혁신운동의 지향을 설명한 다음, 김일성은 집단적 기
술혁신운동을 전개하는 데 가장 중요한 점을 지적하였다. 그것은 바로
"로동자들과 기술자들의 합작"이었다. 그는 이것의 중요함을 다음과
같이 설명하였다.

기술자들이 로동자들의 창발성을 도와주지 않고 배척하는 옳지 않
은 경향을 볼 수 있습니다. 기술자들이 로동자들의 좋은 의견을 받

72)「우리나라 과학 발전을 위한 제언」,『과학원 통보』 1957(1), 3~12쪽 ;「과학원
1956년도 사업 총결 보고, 결정서, 토론 내용」,『과학원 통보』 1957(2), 3~23
쪽 ; 신건희,「현 시기 우리 과학자들의 과업」,『과학원 통보』 1957(4), 9~14쪽 ;
백남운,「과학원 창립 5주년 기념 보고」,『과학원 통보』 1958(1), 3~17쪽 ; 백남
운,「과학 전선의 획기적 발전을 위하여」,『과학원 통보』 1958(2), 6~ 15쪽 ;
「과학원 1957년도 사업 총결 보고(요지)」,『과학원 통보』 1958(2), 16~25쪽.

아가지고 발전시킨다면 더 훌륭한 발명이나 창안이 나올 수 있는데 로동자들을 도와주지 않는 것은 옳지 않습니다. 기술자들은 응당 로동자들을 도와주어야 하며 로동자들은 기술자들에게서 배워야 합니다. 새로운 창안은 로동자들에게서 많이 나올 수 있습니다. 그것은 로동자들이 직접 기계를 다루며 어떻게 하면 생산을 더 많이, 더 잘할 수 있겠는가를 늘 생각하기 때문입니다. 그렇기 때문에 더 좋고 더 완전한 것을 창조하기 위해서는 로동자들과 기술자들의 합작을 강화하여야 합니다.

과학기술자가 노동자를 도와주는 것에 대해서는 오랫동안 논의해왔기 때문에 김일성이 여기서 굳이 설명할 필요는 없었다. 과학기술자들이 하는 궁극적인 역할이 바로 생산활동에서 제기되는 과학기술적 문제들을 해결해주는 것이기 때문이었다. 이를 위해서 그들은 연구를 하고 실험을 하는 것이었다. 따라서 김일성은 과학기술자들이 노동자를 도와주는 것을 "응당" 그렇게 해야 하는 일로 설명하였다. 그리고 노동자들은 과학기술을 따로 배우지는 않았지만 생산활동에 누구보다 정통해 있기 때문에 생산활동을 중심으로 하는 과학기술 활동에서도 중심된 역할을 할 수 있다는 설명이다. 여기에서 간결하게 설명된 과학기술자들의 역할과 활동방법, 그리고 과학기술 발전 과정에서 노동자들이 기여할 수 있는 측면은 이후 북한 과학기술의 특징으로 발전하였다. 북한의 과학기술 활동은 강한 '현장지향성'을 갖게 되었던 것이다.

집단적 기술혁신운동을 성공적으로 전개하기 위해서 과학기술자와 노동자의 협력이 가장 중요함에도 불구하고 아직 원활하게 이루어지지 않고 있는 현실을 지적하면서 김일성은 그 이유를 "보수주의와 소극성"에서 찾고 있다. 이는 연설문의 제목이 가리키는 것으로 핵심주제에 해당한다. 여기서 보수주의와 소극성은 일반 사람들의 것이 아니라 바로 과학기술자들, 좁게는 과학원 구성원들이 보여주는 그릇된 태도를 가리키는 것이었다. 김일성은 보수주의자들의 태도에 대해 다음과 같이 이야기하였다.

> 첫째로 그들(일부 과학기술자들)은 신비성에 매달리고 있습니다. 보수주의자들은 공업이 신비하다, 과학이 신비하다, 기술이 신비하다, 기계가 신비하다고 합니다. … 보통사람들은 알 수 없으며 자기만이 과학도 공업도 기술도 《귀신》처럼 안다는 것입니다. <u>과학원의 어떤 사람들</u>은 과학이란 한두 해에는 연구할 수 없으며 적어도 10~20년 걸려야 된다고 말하는데 그런 사람들은 10년이 지나가도 별로 자랑할 만한 일을 해놓은 것이 없습니다. 그들 자체가 신비성의 포로가 되고 말았습니다. 로동자와 기술자들은 철콕스를 생산하고 갈대와 강냉이대로 섬유를 생산하는 데 성공하고 농민들은 벼랭상모와 목화영양단지가식법을 전면적으로 받아들여 혁신을 일으키고 있는데 <u>과학원의 일부 《선생》들</u>은 과학이 신비하고 기술이 신비하니 함부로 연구할 수 없다고 말합니다(밑줄은 인용자).

이렇듯 김일성은 이례적으로 과학원 내부의 논쟁을 소개하면서 과학원의 현장진출에 대한 반대의견을 직접 비판하였다.[73] 과학원이 1958년 1월부터 현지연구사업을 진행하고 있었지만 충분히 내부의견의 통일이 이루어진 상태에서 추진한 것이 아니라 최고결정권자의 권한으로 서둘러 논의를 마무리한 여파가 아직 남았음을 볼 수 있다. 1년 넘게 논의를 해왔고 여러 가지 방법으로 설득했지만 여전히 과학원 구성원들의 현장활동에 대해 동의하지 않는 사람들이 있다는 것이다. 특히 철콕스 생산, 갈대와 강냉이대로 섬유 생산, 벼랭상모와 목화영양단지가식법 개발 등 여기서 과학기술적 성과라고 거론한 예가 모두 과학원 구성원이 아닌 일반 기술자에 의해 개발된 것처럼 김일성은 설명하고 있지만, 이런 성과들 모두 과학원 구성원들에 의해 개발된 것이라는 사실을 고려하면 김일성이 비판하는 지점은 명확해진다.

김일성은 과학기술자를 과학자와 기술자로 분류하여 과학자로 대변되는 과학원 구성원의 일부를 비판하고 기술자들을 옹호하려는 의도가

---

73) 『김일성저작집』에서 이처럼 과학원의 일부 사람들을 구체적으로 거론하면서 비판한 것은 이 연설이 처음이자 마지막이었다.

아니었다. 그는 과학기술자들 중에서 현장활동에 적극적인 사람을 지지하고 그에 반대하는 사람만 강하게 비판한 것이었다. 다시 말하면, 과학기술자들의 연구분야나 소속 혹은 과학자냐 기술자냐 하는 정체성이 아니라 현장활동에 대한 입장, 혹은 정책 수용 정도에 따라 비판의 대상을 구분한 것이었다. 이런 점으로 볼 때 당시 집단적 기술혁신운동의 발전, 나아가 사회주의 공업화의 달성에서 과학원의 현장 진출과 역할 변화가 매우 중요하다는 점을 김일성이 깊이 인식하고 있었다는 사실을 알 수 있다. 이런 김일성의 인식은 1958년 11월 과학원의 조직 개편과정에 깊이 반영되어 지도부가 대폭 교체되게 하였다.

김일성은 과학기술자들의 현장활동과 관련한 논쟁을 이어가면서 '주체'에 대한 개념을 좀 더 구체적으로 다듬어나갔다. 과학기술자들의 보수주의와 소극성의 근원이 일제 식민지 지배의 결과라고 설명하면서 이에 대한 대항 논리로 주체를 내세웠던 것이다. 아래 글은 주체라는 말이 쓰이지는 않았지만 그 내용은 명백히 주체를 가리키는 것이었다.

> 다음으로 보수주의자들에게는 일본 제국주의 사상 잔재가 많이 남아있습니다. 이러한 사람들은 《그래도 나는 그전에 일본의 모모한 대학을 다녔는데 당신들이야 무엇을 아는가?》고 하면서 일제 때의 《공칭능력》을 추켜들고 그것으로 사람들을 내려누르려고 합니다. … 우리는 더 빨리 나가기 위해서 앞선 나라인 쏘련을 비롯한 다른 나라들의 우수한 경험을 배워야 합니다. 그런데 어떤 사람들은 구라파 나라들의 것은 무조건 다 선진적이라고 생각하면서 그것을 덮어놓고 우상화하는 나머지 자신이 쌓은 선진적인 경험이나 커다란 성과들을 깔보는 경향이 있습니다. 물론 좋은 것은 배워야 하지만 자기의 좋은 것을 보지 못하고 남의 것만 다 좋고 자기의 것은 다 나쁘다고 생각하는 것은 그릇된 사상입니다. … 보수주의자들은 또한 남의 기준량을 내걸고 《앞선 나라의 기준량이 이러하니 우리가 어떻게 그것을 돌파할 수 있겠는가?》고 하면서 근로자들의 창발성을 마비시키려고 합니다. 이것도 위험한 경향입니다.

원래 주체의 개념은 1955년 12월 김일성이 당 선전선동 일꾼들 앞에서 한 연설 '사상사업에서 교조주의와 형식주의를 퇴치하고 주체를 확립할 데 대하여'에서 처음으로 사용되기 시작하였다.74) 소련파를 사상적인 측면에서 비판하면서 '주체'라는 개념이 처음 사용되었는데 이는 8월종파사건으로 시작된 반종파투쟁 과정에서 위력을 발휘하였다. 하지만 이에 대한 '수정주의적 편향'이라는 비판이 강해짐에 따라 반종파투쟁이 일단락되는 1958년부터 주체라는 용어를 사용하기 꺼리는 경향이 생겨났다.75) 그러나 과학원의 현장 진출이 시작된 후 자체적인 과학기술의 강화와 더불어 과학기술적 성과들이 하나 둘 가시화되면서 과학기술계에서는 오히려 조금씩 주체라는 말을 명시적으로 쓰기 시작하였다.76) 주체라는 개념에 대한 비판이 강해진 상황에서 비판의 세기를 줄이기 위해 주체라는 말을 최대한 자제하면서도 과학기술분야의 구체적인 성과들을 바탕으로 논리를 좀 더 가다듬기 시작한 것이었다. 주체라는 말이 다시 일반적으로 쓰이기 시작한 것은 1960년대에 들어가서였다.77)

이러한 김일성의 연설이 있었던 '전국 생산혁신자 대회'가 열리던 당시에 '전국 집단적 혁신 전람회(혹은 과학원 전람회, 과학전람회)'도 한창 진행되고 있었는데 이는 과학기술 활동에 대한 자신감의 표출이었

74) 이종석, 『조선로동당연구』, 35쪽.

75) 김근배, 「리승기」, 20~21쪽.

76) 이 당시 『과학원 통보』와 『기술과학』에 나오는 "조국의 현실과 결부되는 과학의 주체성을 심각히 인식해야 한다", "(선진국가의) 과학기술 성과를 널리 섭취하여 그를 주체성 있게 창조적으로 우리나라 현실에 적용하며", "과학연구사업에서 주체를 살려야 하며 우리의 과학은 전적으로 완전히 우리 혁명과업 수행에 이바지하여야 한다"라는 말들에서 볼 수 있듯 과학기술계에서는 1958년도에 들어오면서 '주체'라는 말이 정책적인 차원에서 공식적으로 쓰이기 시작하였다. 백남운, 「과학원 창립 5주년 기념보고」, 『과학원 통보』 1958(1), 16쪽 ; 백남운, 「우리나라 과학전선의 획기적 발전을 위하여」, 『과학원 통보』 1958(2), 15쪽 ; 「당의 과학정책에 엄밀히 립각하여 1958년도 과학연구사업을 성과적으로 보장하기 위하여」, 『기술과학』 1958(1), 2쪽.

77) 김근배, 「리승기의 과학'과 북한사회」, 3~25쪽 ; 「봉한학설」, 194~220쪽.

다. 과학기술적 성과를 바탕으로 경제 활동에서 거둔 결과들을 주체 개념에 대한 물질적 근거로 받아들이면서 주체 개념에 대한 자신감을 쌓아가고 있는 모습이 당시 북한의 상황이었다. 하지만 아직은 공식적으로 주체를 내세우기에는 조심스러웠기 때문에 주체라는 용어는 사용하지 않고 주체라는 개념의 내용만은 사용하기 시작한 것이었다. 김일성은 당시 기계공업에서 거둔 성과들로 인해 자신의 생각이 바뀌었음을 다음과 같이 명확히 밝히고 있다.[78] 명확한 대비효과로 인해 이 구절은 이후 과학기술에 대한 신비주의를 비판할 때 주로 인용되었다.

> 기계공업이 신비하다고 하는데 <u>우리도 처음에는 그것이 매우 어려운 것이라고 생각하였으나 알고 보니 거기에는 신비한 것이란 없습니다.</u> 쇠를 깎아 기계를 만드는 것이 무엇이 신비하겠습니까? 대패로 나무를 깎는 것이나 선반으로 쇠를 깎는 것이 리치상 무슨 차이가 있습니까? 노력만 하면 최신설비를 가지고 있는 우리 기계 제작 공장들은 여러 가지 중형기계들도 얼마든지 생산할 수 있습니다(밑줄은 인용자).

과학원의 현장 진출이 집단적 기술혁신운동을 성공적으로 추진하는데 매우 중요하기 때문에 김일성은 이를 적극 지지하고 반대의견에 대해서 강하게 비판하기는 하였지만 반대의견을 완전히 무시하지는 않았다. 분명 과학원의 현장진출은 안정된 연구환경을 보장해주는 것이 아니었으므로 자칫 과학연구활동 자체를 망칠 수도 있는 위험성을 안고 있었기 때문이다. 과학원 지도부가 현지연구사업을 추진하면서 생산현장으로부터 연구에 필요한 재료와 설비를 지원받을 수 있다는 점을 자주 강조했던 이유가 바로 이러한 비판을 일면 수긍했기 때문이었다.

---

78) 당시 북한의 생산현장에서는 자체의 힘으로 트랙터, 굴착기를 만들었고 용광로 송풍기, 평량차를 복구하는데 성공하였다. 비록 자체 설계를 바탕으로 만든 것이 아니라 소련 제품을 보고 역설계(Reverse-engineering) 방식으로 만든 것이었지만 당시 북한의 공업 수준에 비추어보면 이는 거의 기적에 가까운 것이었다.

> 그렇다고 하여 과학원이나 과학일군들이 필요 없다거나 과학을 무
> 시하여도 좋다는 것은 결코 아닙니다. 과학원에서의 연구사업도
> 발전시켜야 하며 과학자, 기술자들은 로동자와 농민들을 도와주어
> 야 하며 또한 로동자, 농민들은 그들에게서 선진과학과 기술지식
> 을 꾸준히 배워야 합니다. 로동자, 농민, 기술자, 과학자들이 서로
> 돕고 힘을 합쳐서 더 훌륭한 것들을 발명해야 합니다.

이처럼 반대 의견 중에서 합당하다고 판단되는 부분을 받아들이는 모
습에서, 과학원의 현장진출이라는 현지연구사업이 위로부터 강압적으
로 밀어붙인 정책이 아니라 나름대로 충분한 토론을 거치면서 추진되
었다는 또 다른 단서를 찾을 수 있다. 과학기술의 발전을 위해 더욱 안
정된 연구활동 공간이 보장되어야 한다는 주장에 대해, 김일성은 현지
연구사업의 확장판이라 할 수 있는 '함흥분원'을 설립하기로 결정하던
1960년 9월에 과학원만으로 구성된 '과학원도시(평성과학도시)' 건설
도 추진하기로 동시에 약속하였던 것이다.[79]

여기서 전국 생산혁신자 대회의 이름을 관심 깊게 살펴보면 집단적
기술혁신운동의 변화에 대한 또 하나의 단서를 발견할 수 있다. 이 당
시까지는 '천리마'라는 말이 수사적 표현이었을 뿐 1959년 이후 공식화
되는 천리마운동, 천리마작업반운동과 같은 직접적인 표현은 등장하지
않았다. 물론 천리마운동, 천리마작업반운동에 참가한 사람을 가리키
는 '천리마기수'라는 표현도 당연히 없었다. 따라서 이 대회에서 집단
적 기술혁신운동의 핵심인물들은 여전히 사회주의 경쟁운동의 핵심을
지칭하는 '생산혁신자'로 불리고 있었다. 사회주의 경쟁운동의 형식과
내용은 계속 변화하고 있지만 이를 가리키는 명칭은 그대로 유지되고
있었다. 집단적 기술혁신운동이 천리마작업반운동으로 발전하기 이전
에 한 번 더 변화의 계기가 생길 것이라고 예상할 수 있는 대목이다.

---

79) 함흥분원과 평성과학도시 건설과 관련해서는 '제5장 제2절 과학기술계 재정
비 : 과학원의 분화와 과학원도시 건설'을 참고.

그 변화는 집단적 기술혁신운동을 공론화하는 과정에서 공산주의 교양의 중요성이 부각되면서 일어났고 새로운 사회주의 경쟁운동의 형식과 내용에 맞춰 새로운 이름도 만들어졌다.

집단적 기술혁신운동을 위한 공론화 작업은 전국 생산혁신자 대회를 열고 집단적 혁신 전람회를 개최하는 것만으로 끝나지 않았다. 생산혁신자는 핵심 대중에 해당하므로 아직 완전히 대중 단계까지 공론화가 진행된 것은 아니었고 일반 대중에 대한 공론화 작업이 남아있었다.[80] 하지만 집단적 기술혁신운동에 대한 대중 공론화 작업을 진행시키기 이전에 이에 대한 과학기술계의 의견을 수렴하는 작업을 몇 차례 더 진행하였다. 집단적 기술혁신운동을 전개하는 데 과학기술계의 활동이 그만큼 중요했기 때문이었다.

우선 김일성은 1958년 8월 13일부터 개최되었던 '전국 집단적 혁신 전람회(혹은 과학원 전람회, 과학전람회)'의 폐막에 맞춰 1958년 9월 23일에 전람회장을 찾아 과학원 구성원들을 비롯한 과학기술자들과 토의하였다. 그런 직후, '전국 과학·교육 부문 당원 협의회'가 개최되어 전국 생산혁신자 대회 폐막 연설과 과학원 전람회에서 김일성이 이야기한 바가 토의되었다. 이렇게 과학기술계의 의견을 충분히 수렴한 후, 1958년 9월 26일에 열린 당중앙위원회 상무위원회에서는 당시까지 논의된 결과를 바탕으로 '전체 당원들과 근로자들에게 보내는 붉은 편지'를 작성하여 모든 사람들이 읽어보고 토의하도록 하였다. 이제야 집단적 기술혁신운동을 위하여 일반 대중에 대한 공론화 절차를 밟기 시작한 것이다.

붉은 편지에 대한 토의는 그해 11월까지 약 한 달 반 동안 진행되었다. 한 달 반 동안 진행된 '붉은 편지 토의사업'은 1959년부터 경제활동

---

80) 북한에서는 대중을 균질하게 보지 않고 몇 단계로 구분되어 있다고 여긴다. 가장 핵심에는 조선로동당원이 있고 그 다음에는 로력혁신자를 비롯한 열성 대중이 있고, 마지막으로 일반 대중이 있다고 파악한다.

을 새로운 차원에서 전개할 것을 예고하는 것이었다. 일반적으로 한 해의 계획은 12월 말 경에 나오고 결의대회는 그 다음 1월경에 개최되고 결의대회를 거쳐 수정된 계획을 바탕으로 각 단위 사업장에서는 그 해 생산계획을 구체적으로 세우지만 붉은 편지 토의 사업은 9월에 이미 전체 계획을 마련하고 10월부터는 각 사업장에서 결의대회를 통해 검토, 수정해 나간 것이었다. 급박한 상황으로 인해 급하게 준비된 계획을 가지고 곧바로 실행에 옮겼던 1956년 12월과 달리, 이번에는 사전에 치밀하게 준비된 계획들을 미리미리 공론화시키고 확정하는 과정을 거쳤다.

게다가 경제활동에서 결정적인 역할을 담당할 과학원을 생산현장으로 투입한 이후 대대적인 구조조정까지 단행하여 새로운 경제활동에 적극 참여할 수 있는 조직으로 개편해 둔 상태였다. 앞 장에서 살펴본 대로, 과학원 지도부를 새롭게 구성하면서 현장활동을 적극 지원할 수 있는 새로운 인물들을 중심으로 세대교체까지 단행하였다. 또한 과학원 창립 당시 만든 규정까지 고쳐 가면서 새로운 상황에 맞춘 새로운 역할을 규정하였다. 조직, 인적 구성, 역할까지 모두 바꾼 과학원은 다시 한 번 새로 세워진 셈이었다.

붉은 편지의 내용은 아직까지 완전 공개되지 않았지만 여러 문헌들에서 단편적인 내용들이 소개되어 있어 대강의 내용은 추정할 수 있다.[81] 1차 5개년 계획을 처음 작성한 1956년과 상황이 많이 달라졌으므로 이 계획을 1년 반 앞당겨 끝내고 2차 5개년 계획을 빨리 실행하자는 이야기가 이 편지의 핵심내용이었다.[82] 공업 부문에서는 사회주의 공업화를 달성하자는 것이 핵심 목표였는데 이를 위해 전기화와 자동화

---

81) 장길준, 「편지토의사업에서 얻은 성과와 그를 공고 발전시키기 위한 몇 가지 문제」, 『근로자』 1959(2), 100~106쪽 ; 『로동신문』 1958년 9월~10월 사이의 신문기사.

82) 이 당시까지는 1차 5개년계획을 마친 다음, 5개년계획을 한 번 더 시행하려고 하였다. 하지만 이런 구상은 최종적으로 변경되어 7개년계획으로 늘어났다.

를 빨리 진행시키고, 전력, 강철, 세멘트, 비료, 석탄 등 핵심 생산 물품의 목표치가 제시되었다. 농업 부문에서는 수리화를 가장 중요한 목표로 제시하였고 공업의 목표달성과 연관하여서는 전기화와 기계화를 진행하자고 호소하였다. 협동농장의 규모가 커졌으므로 트랙터와 자동차 등 기계를 적극 활용하자는 것이었다.

물론 붉은 편지는 형식상 공식적인 작업 지시서가 아니라 최고 지도부인 당중앙위원회에서 각 개인들에게 동참을 호소하는 편지였다. 이 경우에도 집단주의 정신을 지키도록 하기 위해 각 사업장별로 모여서 각 개인들이 편지를 받으면서 토의하는 방식을 적용하였다. 하지만 이 편지를 받고 집단적으로 토의하는 개인들은 강한 압박감을 느꼈을 것이다. 이때 느끼는 개인들의 압박은 위에서 내려오는 하향식 압박보다 현장의 분위기에서 오는 상향식 압박이었다. 늦어도 1956년 12월부터 강해지기 시작한, 소위 말하는 '혁명적 열기' 같은 것에 의한 압박이었다. 이 압박은 이 당시부터 1961년 제4차 당대회까지 점점 강해지는 분위기였다.

이러한 집단적 열광은 동원체제를 더욱 강화하여 정책적 방침에 대해 더 이상 반론을 제기하지 못하도록 단속하고 더욱 열심히 생산활동에 참여하지 않으면 안 되는 분위기를 만들기도 하였지만, 생산활동에서 주관주의가 팽배하도록 만드는 부작용도 있었다. 치밀한 타산과 면밀한 검토보다 열정만 앞세워 불합리한 계획을 세우더라도 비판하기 힘든 분위기를 조성하였던 것이다. 이런 현상은 계획의 잘못으로만 그치지 않고 계획경제의 가장 기초가 되는 통계의 왜곡으로 이어지기도 하였다. 농업 부문에서는 일찍부터 이런 통계상의 왜곡 현상이 있었지만, 공업 부문에서는 성장률이 마이너스를 기록하기 시작한 1960년대 중반 이후에 주로 나타나기 시작하였다고 한다.[83]

---

83) 농업 부문의 곡물생산량 통계가 왜곡되는 것에 대해서는 서동만, 『북조선사회주의체제 성립사』, 720~745쪽을 참고하고, 공업 부문의 성장률 발표치가

3) 공산주의 교양 강조

붉은 편지를 토의하는 과정에서 북한 지도부가 제시한 목표치는 더 높게 수정되었다. 생산을 직접 담당하는 당사자들이 붉은 편지를 토의 하는 과정에서 북한 지도부가 미처 발견하지 못했던 숨은 예비를 찾았 다는 형식으로 목표치를 더욱 높였던 것이다. 1957년 들어서면서부터 생산활동이 더욱 활발해졌고 기술 수준도 높아졌지만 아직 개선할 수 있는 여지가 많았기 때문에 생산성을 더 높이는 것이 충분히 가능하다 는 판단이었다. 특히 자동차나 트랙터, 굴착기 등의 정밀한 기계설비들 을 자체의 힘만으로 생산하는 데 성공하고 함철콕스에 의한 제철법, 무 연탄에 의한 동 제련법 등과 같은 새로운 기술공정과 최신 작업 방법을 자체적으로 개발하여 생산에 도입하는 데 성공하여 기술적 개선에 의 한 생산성 향상에 더욱 자신감을 가질 수 있었던 것이 이러한 목표치 상향 수정을 가능하게 하였다.[84] 복잡한 기계는 수입에 의존해야 한다 는 인식을 가진 사람들이나 새로운 기술을 자체적으로 개발하거나 도 입한다는 것은 자신들의 힘으로는 무리라고 생각하던 사람들에게 이러 한 성과들은 충격적인 일로 받아들여졌고, 기계화 등을 통한 생산능률 향상이 충분히 가능하다는 생각이 널리 받아들여진 계기가 되었다.

결국 1차 5개년 계획을 1년 반 앞당겨 완료하자던 '붉은 편지'의 제 안은 2년 앞당겨 완료하는 것으로 수정되었다. 김일성은 붉은 편지 토 의사업이 거의 끝나가던 1958년 11월 20일 연설에서 "1957년에 공업생

부풀려지는 것에 대해서는 이태섭, 『김일성 리더십 연구』, 307~316쪽.

84) 당시 북한에서 생산된 기계제품으로는 트랙터, 굴착기, 자동차, 불도저, 광산 용 전기 기관차, 50톤급 랭동선, 4,000kw의 수력 발전기, 만능 후라이스반, 라 지알볼반, 자동직기, 디젤기관, 로라식 가마니 직조기, 맥류 광폭 파종기, 자동 탈곡기, 오토바이, 삼륜차, 우리말 타자기, 전기세탁기 등이 있다. 『조선중앙 연감 1959』, 182쪽 ; 김덕호, 「우리나라에서 집단적 혁신운동의 발생 발전」, 114쪽.

산은 전해에 비하여 44%나 늘어났습니다. 올해에는 공업생산이 지난해에 비하여 35~36% 늘어날 것입니다. (중략) 우리는 명년에 공업생산을 올해실적에 비하여 50~60% 높이면 벌써 5개년계획에 예견된 1961년 생산수준을 훨씬 넘어서게 됩니다"라고 이야기하면서 1차 5개년 계획의 2년 단축이 불가능한 것은 아니라고 하였는데,[85] 실제 1958년 공업 생산액 성장률은 이 당시 김일성이 예상한 35~36%보다 높은 42%이나 되었고 1959년 성장률은 53%까지 높아졌다.[86] 이처럼 1차 5개년계획이 원래 계획보다 2년 반이나 앞당겨 마무리된 것은 1958년 말 붉은 편지 토의과정에서 다시 높인 목표치를 훨씬 넘어서는 계획 실행이 있었기 때문에 가능하였다. 1957년부터 시작된 초고속 성장세가 적어도 1959년까지는 유지되었던 것이다.

붉은 편지 토의 사업이 전개되는 동안, 집단적 기술혁신운동은 또 한 번의 변화를 겪게 되었다. 지금까지 사회주의 경쟁운동은 일반적인 노력동원형 운동에서 기술혁신을 통하여 생산력의 질적 성장을 추구하는 운동으로 발전하였고 이것도 개인 중심의 운동에서 집단 중심의 운동으로 발전하였다. 이렇게 발전해온 집단적 기술혁신운동에서 사상성의 중요성이 크게 부각되는 계기를 맞게 되었던 것이다. 물론 이전에도 사상성의 강조나 공산주의 교양에 대한 강조가 없었던 것은 아니지만 이전 시기에는 기술혁신의 문제가 매우 컸기 때문에 적어도 기술혁신운동의 영역에서 사상의 문제는 부차적인 수준에만 머물러 있었다. 앞에서 언급한 1958년 9월에 열린 '전국 생산혁신자 대회' 폐막연설에서도 김일성은 사회주의공업화를 위해 중요한 임무로 기술혁명과 사상혁명, 두 가지를 거론하면서도 기술혁명과 관련한 부분만 구체적으로 언급하였을 뿐이었다. 사상혁명과 관련해서는 "우리의 사회제도는 개조 되였

---

85) 김일성, 「공산주의교양에 대하여(전국 시, 군 당위원회 선동원들을 위한 강습회에서 한 연설, 1958년 11월 20일)」, 『김일성저작집 12』, 579~605쪽.

86) 이태섭, 『김일성 리더십 연구』, 94쪽.

으나 아직까지 사람들의 머리 속에는 자본주의사상 잔재가 남아있습니다. 이 낡은 사상 잔재를 뽑아버리고 근로자들을 공산주의사상으로 무장시켜야 합니다. 근로자들의 사상의식을 개조하는 동시에 그들의 문화기술수준도 높여야 합니다. 그래야 사회의 생산력을 높이 발전시킬 수 있습니다"라는 언급과 "당성 단련"에 대해 강조하는 몇 마디 당부가 전부였다.[87] 과학원 내부의 의견대립들까지 구체적으로 언급하면서 기술혁명을 강조하던 모습과 상당히 대조적이었다. 과학기술에 대한 신비성을 극복하였다고는 하지만 아직 완전한 자신감을 갖지는 못하였다. 붉은 편지 토의 사업이 거의 끝나갈 무렵에 와서야 비로소 김일성을 비롯한 북한 지도부가 과학기술에 대한 자신감을 상당한 정도로 가질 수 있게 되었다. 김일성이 집단적 기술혁신운동에서도 사상성이 중요하다는 점을 처음으로 길게 강조하는 "공산주의 교양에 대하여"라는 연설을 하게 된 것은 바로 이 즈음이었다.[88]

집단적 기술혁신운동의 발전 과정에서 큰 변곡점이 되었던 이 연설에서 사상의 문제가 기술혁신운동에서 어떤 의미였고 어느 정도의 지위를 갖는 문제였는지 드러나 있으므로 세밀하게 살펴볼 필요가 있다.

김일성은 이 연설의 첫머리에서 일본의 공업생산량과 북한의 공업생산량을 비교하면서 일부 품목에서 북한이 일본을 거의 따라잡았거나 이미 넘어섰다는 것을 강조하면서 이야기를 시작하였다. 전력생산량은 1959년이 되어야 1957년 일본의 생산량을 넘어서게 되지만, 석탄, 선철, 시멘트의 경우 이미 일본의 생산량을 넘어섰다는 것을 구체적인 수치를 제시하면서 이야기하였다. 월등히 뒤졌다고 판단하였던 기계공업의 경우에도 최근의 성과들을 근거로 조만간에 일본을 앞설 수 있다는

---

87) 김일성, 「사회주의건설에서 소극성과 보수주의를 반대하여(전국생산혁신자대회에서 한 연설. 1958년 9월 16일)」, 『김일성저작집 12』, 511~525쪽.

88) 김일성, 「공산주의교양에 대하여(전국 시, 군 당위원회 선동원들을 위한 강습회에서 한 연설, 1958년 11월 20일)」, 『김일성저작집 12』, 579~605쪽. 이하 김일성의 발언은 모두 이 글에서 인용하였다.

자신감을 피력하였다. 이처럼 김일성이 일부 품목에서나마 일본을 앞섰고 혹은 조만간에 앞설 수 있다는 판단을 가지게 되었다는 것은 경제성장에 대한 자신감, 그것도 과학기술의 발전을 통한 경제 성장에 대한 자신감이 이제는 굳건한 수준에 올라섰다는 것을 의미한다.

김일성은 이러한 경제성장의 결과와 경제성장 가능성에 대한 자신감의 근거를 최근에 완비된 "우월한 사회주의제도"와 "사람들의 전진하려는 각오", 그리고 중공업 우선주의를 철저하게 지켜나간 "당중앙위원회의 령도가 정확"했던 것과 "당의 경제정책이 정당"했던 것에서 찾았다. 이러한 이야기 다음에 곧바로 붉은 편지의 내용과 이를 가지고 토의한 결과를 연결시키면서 처음에 보여주었던 자신감의 이미지로 이들 내용까지 갈무리하였다. 조선로동당의 경제정책에 의하면 당시까지 거둔 결과들이 보여주는 것처럼 앞으로의 경제활동들도 분명히 달성 가능할 것이라는 확신을 사람들에게 심어주고자 하였던 것이다. 아직 불가능해 보이는 과학기술적 문제들도 당중앙위원회의 지휘를 받아 성실히 수행한다면 모두 해결 가능하게 된다는 설명이었다. 이제 중공업 우선이라는 정책적 방향의 타당성이나 과학기술과 관련된 구체적 실행 능력 여부가 더 이상 사회주의 공업화를 실현하는 데 걸림돌로 작용하지 않게 되었다는 것이다.

이렇게 되면 유일하게 걸림돌로 작용할 수 있는 것은 바로 정책을 수행하는 사람의 마음자세, 즉 사상성이라는 것이 김일성이 이 글에서 주장하는 바였다. 나아갈 방향이 정확하고 수행 능력이 갖추어졌다면 남은 문제는 이를 수행하는 사람들의 마음자세뿐이라는 것이었다. 이 글에서 강조하는 공산주의 교양은 이러한 사람들의 사상성을 바로 잡아주기 위해 그가 제시한 해법이었다. 공산주의 교양의 가치가 집단적 기술혁신운동에서도 급부상하는 대목이다. 사상성을 무엇보다 강조하던 북한 지도부가 여태까지 그렇게 하지 못했던 기술혁신 분야에서도 사상성의 중요성을 강조하기 시작한 것으로 "이데올로기의 재발견"이

라 불리는 변화였다.[89]

그러면 이 글에서 김일성이 이야기하는 공산주의 교양의 내용은 무엇이었을까? 그는 흔히 공산주의라고 하면 떠올리는 유물론이나 계급투쟁과 같은 이론적인 이야기는 전혀 하지 않았다. 오히려 다음과 같이 그런 이야기를 하지 말아야 한다고 지적하고 있다.

> 지난날에 행세거리로 《공산주의운동》을 하던 사람들은 어떻게 했는가 하면 아는 것은 없고 공산주의냄새는 피워야 하겠으니 목책에다 무슨 《이데올로기》요, 《헤게모니》요, 《프로레타리아》요 하는 등의 서양말술어를 적어 넣어 가지고 다니면서 이야기할 때에는 남이 알아듣지 못할 이러한 말들을 섞어서 올리엮고 내리엮고 하였습니다. … 이런 식으로 군중 앞에 나서서 연설한다면 로동자, 농민들이 무슨 소린지 알리가 없습니다. 이런 행세거리로 《공산주의운동》을 하는 자들의 본을 딸 생각으로 철없는 사람들은 또 이 행세군들한테서 그 목책을 빌려서 베껴가지고 다닙니다. 이런 버릇은 아예 걷어치워야 합니다.

어려운 말이나 이론으로 공산주의를 교양하지 말라는 것이다. 이 직전 대목에서 김일성은 맑스-레닌주의를 언급하고는 있지만 맑스-레닌주의의 구체적인 내용은 전혀 언급하지 않았다. 오히려 맑스-레닌주의를 북한의 구체적인 현실에 잘 구현시킨 "우리 당의 정책"을 열심히 공부하라고 당부하고 있다. 벌써부터 맑스-레닌주의는 일반적인 원리 수준에서만 의미가 있고 더욱 구체적인 의미를 가지는 것은 조선로동당의 정책이라고 구분하여 설명하고 있는 것이다. 여기서 재미있는 점은, 당시

---

89) '이데올로기의 재발견'이란 말은 이태섭이 김일성의 "공산주의 교양에 대하여"를 분석하면서 내린 결론인데, 그는 이 말의 구체적인 내용을 '빨치산 노선의 재발견과 생산에서 혁명전통의 복원'이라고 설명하였다. 이는 기술혁신 분야에서도 사상성(이데올로기)을 강조하기 시작하는 것으로 이날 연설을 분석한 이 논문과 약간 다른 내용이지만, 서로 다른 측면에서 분석하였기 때문에 세부적인 의미가 약간 다르게 해석되었을 뿐 큰 틀에서는 같은 내용이므로 이 말을 이태섭의 결론에서 빌려와 사용하였다. 이태섭, 『김일성 리더십 연구』, 197~213쪽.

까지 조선로동당의 정책에 반대하고 어려움을 일으켰던 사람들을 대부분 종파주의자라고 비판하였는데 여기서는 이들을 "지난날 행세거리로 공산주의운동을 하던 사람들"이라고 비판하고 있는 점이다. 조선로동당의 정책이 아직 맑스-레닌주의에서 완전히 독립하지는 못하였지만 맑스-레닌주의만을 언급하는 것은 자칫 잘못하면 종파주의자로 몰릴 수도 있다는 분위기를 보여주는 대목이라 할 수 있다.

김일성이 강조하고자 하는 공산주의 교양의 핵심인 조선로동당 정책은 위 대목 직전에 길게 설명되고 있다. 많은 부분이 집단적 기술혁신운동을 추진할 때 강조하던 논리와 연관되어 있다. 그는 모두 6가지 요소를 거론하고 있는데 대부분 쉽고 간명하게 설명하였다. "자본주의에 비해 사회주의와 공산주의가 우월하다", "새것은 반드시 승리하고 낡은 것은 멸망한다", "개인주의와 리기주의를 반대하는 문제", "사회주의적 애국주의와 프로레타리아 국제주의 정신으로 교양하는 문제", "로동을 사랑하는 정신을 길러주는 문제", "계속혁명의 사상으로, 계속 전진하고 계속 혁신하는 혁명적 사상으로 교양"이 그것이다. 네 번째 항목만 제외하고 대부분의 항목이 기술혁신운동이 도입되고 발전하는 과정에서 강조되었던 것과 연관되어 있다.

예를 들면, 첫 번째 항목은 착취제도가 없어졌고 개인의 이익과 집단의 이익이 합치될 수 있는 제도가 생겼으니 열심히 일할 수 있는 동기를 마련해주는 논리로 1958년 9월 이후 집단적 기술혁신운동을 공론화시키는 배경으로 활용하였던 논리이다. 두 번째는 새로운 작업기술을 도입하고 기술혁신을 추진할 때, 기존의 방법을 고수하면서 저항하던 사람들을 비판할 때 활용하였던 논리이다. 세 번째는 개별적 기술혁신운동에서 집단적 기술혁신운동으로 발전할 때 적극 활용하였던 논리로 북한의 발전전략 자체가 이 논리를 기반으로 하고 있다. 다섯 번째는 과학원 구성원들을 현장으로 진출시킬 때 적극적으로 활용하였던 것으로 생산현장을 중심에 세우는 논리의 기반이라 할 수 있다. 여섯 번째

는 기술혁신은 한번으로 끝나서는 안 된다고 하면서 계속적인 기술혁
신운동을 강조하던 때의 논리이다.

물론 이들 논리가 조선로동당 정책의 기본이었으므로 다른 영역에서
도 적극 활용되었을 것이지만 여기서 중요한 것은 집단적 기술혁신운
동을 본격적으로 추진하기 위한 것으로도 적극 활용되었다는 사실이
다. 집단적 기술혁신운동을 공론화·전면화하면서 더욱 적극적으로 추
진하려고 할 때 등장한 공산주의 교양의 강조는 집단적 기술혁신운동
과 별개의 것이 아니라 서로 긴밀하게 연관되어 있었다. 1959년 이후의
집단적 기술혁신운동이 공산주의 교양의 강조와 긴밀하게 연관되어 전
개되었다는 사실 때문에 사상성이 전문성보다 강조되었다고 주장하거
나 북한의 사회주의 경쟁운동에서 기술혁신의 가치가 떨어지기 시작하
였다는 주장은 옳지 않다.[90] 오히려 이 당시 강조하기 시작한 공산주의
교양은 오히려 기술혁신을 더욱 적극적으로 추진하기 위한 것이었다.

이 연설에서 김일성이 의도하였던 것은 혁명과업 우선순위에서 기술
혁명보다 뒤져있던 사상혁명을 첫 번째 자리로 올려놓는 것이었다기보
다 기술혁명을 한 단계 높은 수준에서 추진하기 위한 방법으로 사상혁
명을 활용하기 위함이었다.[91] 당시 김일성은 과학원의 현장진출을 통
해 기술혁신운동에서 가장 큰 걸림돌이었던 과학기술적 문제들을 해결
할 수 있는 장치가 마련되었으므로 이제 남은 문제는 사람들이 기술혁
신운동을 더욱 열심히 전개하도록 만드는 것뿐이라고 판단하였고, 공
산주의 교양의 강화를 이를 위한 해법으로 제시하였다.

이처럼 집단적 기술혁신운동과 관련하여 공산주의 교양이 강조되면
서 사회주의 경쟁운동의 형식과 내용은 더욱 변화, 발전하였고, 이제
이런 변화를 따라가지 못하고 있던 기존의 용어로는 상황을 제대로 설

---

90) 이태섭, 『김일성 리더십 연구』, 197~222쪽.

91) 이태섭은 이 연설을 통해, 기술혁명, 문화혁명, 사상혁명의 순서로 되어 있던
    혁명과업의 우선순위가 사상혁명을 가장 우선시하는 것으로 바뀌었다고 주장
    하고 있다. 이태섭, 『김일성 리더십 연구』, 192쪽.

명하기 힘들어졌다. 새로운 상황에 맞는 새로운 용어가 필요하게 된 것
이다. 이렇게 해서 공산주의 교양과 결합하게 된 집단적 기술혁신운동
을 표현할 수 있는 새로운 용어가 개발되었고, 그것이 바로 '천리마'였
다. 즉, 당시에 진행되고 있던 사회주의 경쟁운동의 총노선은 '천리마
운동'이라 명명되었고, 작업반을 단위로 진행되던 집단적 기술혁신운
동은 '천리마작업반운동'이라는 새로운 이름으로 불리게 되었다. 그리
고 천리마운동과 천리마작업반운동에 참가하고 있는 사람들은 이제 단
순한 생산혁신자가 아니라 '천리마기수'가 되었던 것이다. 이는 1차 5
개년 계획과 관련된 법이 제정되던 1958년 6월 11일 최고인민회의 제2
기 제3차 회의에서 김일성이 한 연설에 나오는 "모든 근로자들은 당의
부름에 따라 천리마를 타고 사회주의를 향하여 앞으로 달리고 있습니
다"라는 표현을 활용해서 만든 말이었다.92) 이렇게 해서 기술혁신을 집
단적으로 추구하면서 그 속에 공산주의 교양까지 담는 천리마작업반운
동이 시작되었다.

제 2 절 천리마작업반운동의 추진

1. 천리마작업반운동의 시작

1) 천리마작업반운동 직전 상황

1차 5개년 계획이 계획 이상으로 수행되는 데 일등 공신은 단연코
강선제강소이었다. 거의 달성 불가능할 것이라는 예상을 깨고 1957년
목표 성장률 22%를 2배나 초과한 44%로 목표 성장률을 초과 달성할
수 있었던 데에는, 1956년 12월 당중앙위원회로부터 첫 요구를 받은 뒤
요구사항을 훨씬 초과하여 강재를 생산해낸 강선제강소의 역할이 매우

---

92) 김일성, 「모든 것을 조국의 륭성발전을 위하여(최고인민회의 제2기 제3차 회
의에서 한 연설, 1958년 6월 11일)」, 『김일성저작집 12』, 342쪽.

컸다.

전쟁의 피해로부터 1955년에 복구된 뒤 1956년 한 해 동안 5만 톤밖에 생산하지 못했던 강선제강소의 생산설비를 가지고 9만 톤의 강제를 생산해달라는 것이 당시 당중앙위원회의 위임을 받아 현장에 파견 나온 김일성의 요구였다. 당시 강선제강소 생산설비의 '공칭능력', 즉 '적정 생산능력'은 6만 톤밖에 안 되었으므로 거의 실현 불가능한 요구였지만 강선제강소 사람들은 여러 가지 요소들을 타산한 끝에 9만 톤 생산을 결의하였고, 결국 결의보다 3만 톤을 더 생산하여 1957년 말에 총 12만 톤의 생산 실적을 올렸던 것이다. 이에 김일성은 1958년부터 강선제강소의 성과를 자주 선전하고 다녔다.[93] 사람들이 기술혁신을 신비하게 생각하고 공칭능력을 절대적으로 받아들이는 경향을 깨고 자신감을 심어주기 위한 것이었다. 강선제강소의 이후 생산활동도 순조롭게 진행되어 1958년 8월까지 16만 톤의 강재를 생산하였다.[94]

하지만 1958년 하반기를 넘어서면서 생산량 증가현상이 정체되기 시작하는 것이 감지되었다.[95] 1958년 1월부터 과학원 구성원들이 이곳에 파견되어 현지연구사업을 진행하였고 노동자들과 과학자, 기술자들의 협력이 나름대로 잘 이루어져 왔기 때문에 이런 정체 현상의 원인은 기술혁신의 문제로 보이지 않았다. 특히 1958년 후반에는 공학부문 후

---

93) 김일성이 1957년에 강선제강소에서 거둔 성과를 처음으로 언급한 것은 1958년 1월 17일 영화예술인들과 만나서 한 연설에서였다. 강선제강소와 아무 관련이 없는 영화예술인들에게 이런 이야기를 했을 정도로 그는 당시 성과에 대해 크게 만족하고 있었고 이를 대대적으로 선전하고 싶었던 것 같다. 김일성, 「영화는 호소성이 높아야 하며 현실보다 앞서나가야 한다(영화예술인들 앞에서 한 연설, 1958년 1월 17일)」, 『김일성저작집 12』, 6~14쪽.

94) 김일성, 「자강도 당단체들 앞에 나서는 몇 가지 과업(자강도 당, 정권기관, 경제기관 및 사회단체 일군들 앞에서 한 연설, 1958년 8월 5일)」, 『김일성저작집 12』, 379쪽.

95) 김일성, 「당사업방법에 대하여(생산기업소 당조직원 및 당위원장들, 도, 시, 군 당위원장들의 강습회에서 한 연설, 1959년 2월 26일)」, 『김일성저작집 13』 (조선로동당출판사, 1981), 117쪽.

보원사 김인식을 중심으로 과학원 공학연구소 연구성원들이 현지연구
사업을 진행하고 있었기 때문에 과학기술적 문제로 생산이 정체되었다
고 보기 어려웠다.[96]

1958년 11월 집단적 기술혁신운동에서 공산주의 교양을 강조하기
시작한 김일성은 이 문제를 당사업방법에서 찾았다. 아직 행정적 지도
체계에서 당적 지도체계로 완전히 전환하지 못한 상태였기 때문에
1958년 5월부터 집단적 기술혁신운동에 도입되기 시작한 '공장당위원
회' 중심의 지도체계가 제대로 작동하지 못하고 있는 점을 발견했던 것
이다. 이런 문제점은 강선제강소에서만 발생한 것이 아니라 다른 곳에
서도 공통적으로 발생하고 있던 문제였다.

이에 김일성은 1959년 2월 전원회의가 끝난 직후인 2월 26일에 '생
산기업소 당조직원 및 당위원장들, 도, 시, 군 당위원장들의 강습회'에
서 당시의 문제점들을 지적하면서 그 대안을 제시하였다.[97] 1958년 9
월부터 진행된 집단적 기술혁신운동에 대한 공론화 절차까지 끝났으므
로 모든 생산현장에서 이를 적극 추진해나가면서 성과를 내기 시작해
야 할 때임에도 불구하고 당적 지도 활동의 문제로 인해 걸림돌이 발생
하고 있는 상황을 분명히 지적하고 이를 시정하기 위한 강습회였다. 따
라서 이날 강습 대상자들은 집단적 기술혁신운동을 현장에서 직접 지
도하던 실무 당사자들이었다. 1958년 5월에 공장당위원회를 중심으로
집단적 기술혁신운동을 전개하라는 결정이 내려진 이후 구체적인 지도
방법에 대한 새로운 지시가 없었기 때문에, 이번 기회에 변화된 상황에
맞추어 집단적 기술혁신운동의 지도체계를 더욱 구체화시키기 위한 시
도였다. 김일성은 이 연설에서 공장당위원장이나 군당위원장, 지배인
과 군인민위원회 위원장 사이의 역할 분담에 대해 이야기하였고 당사

---

96) 김인식, 「강철공업의 획기적 발전을 위하여」, 『과학원 통보』 1959(1).

97) 김일성, 「당사업방법에 대하여(생산기업소 당조직원 및 당위원장들, 도, 시,
    군 당위원장들의 강습회에서 한 연설, 1959년 2월 26일)」, 『김일성저작집 13』,
    107~146쪽.

업의 행정적, 관료주의적 폐단과 같은 사업 방식의 문제점에 대해서도 지적하였으며 당원과 당 간부들의 자질을 향상시킬 수 있는 방법에 대해 구체적으로 제시하였다.

이제 집단적 기술혁신운동이 새롭게 진행될 수 있는 모든 요소들이 갖추어졌다. 과학기술자들을 생산활동에 적극 결합시킬 수 있는 방법이 마련되었고 이를 포함한 구체적인 사업 진행 방식이 정해진 이후, 공론화 절차를 밟으면서 공산주의 교양까지 함께 진행할 수 있게 되었으며, 나아가 이를 총괄하여 실제로 진행시켜나갈 구체적인 지도체계까지 완비하였던 것이다. 1958년 10월과 1959년 2월, 짧은 시간간격을 두고 두 차례나 김일성의 현지지도를 받은 강선제강소 사람들은 이러한 집단적 기술혁신운동의 변화를 어느 사업장보다 잘 파악할 수 있었다. 특히 1959년 2월 26일 당사업방법에 대한 연설이 있기 직전인 2월 17일부터 19일까지 자신들의 공장을 찾은 김일성으로부터 당사업의 문제점과 함께 1959년 경제계획 자체에도 심각한 문제가 발생하고 있다는 사실을 전해들은 강선제강소 사람들은 새로운 돌파구가 필요한 상황이라고 판단하게 되었다.[98] 새로운 기술의 도입이나 작업 방법의 개선을 통해 노동생산능률과 설비이용률 향상을 꾀하기보다 기본적인 건설에 치중하고 노동자의 수를 늘려 노동량의 증가에 따른 증산효과만 노리는 경향이 1959년 계획에도 여전히 강하게 자리 잡고 있다는 것은 아직까지 집단적 기술혁신운동에 대한 이해가 전반적으로 깊지 않았다는 것을 보여준다.[99] 집단적 기술혁신운동을 명확하게 각인시킬 수 있

---

98) 「과학원 연구성원들에게 주신 수상 동지의 교시 실천 정형」, 『과학원 통보』 1959(3), 41~43쪽 ; 『천리마기수독본』, 21쪽 ; 김삼복, 『인간의 노래』, 381~412쪽.

99) 김일성, 「모든 문제해결에서 중심고리를 튼튼히 틀어잡고 거기에 력량을 집중하자(황해제철소당위원회 확대회의에서 한 연설, 1959년 9월 4일)」, 『김일성저작집 13』, 356~386쪽 ; 김일성, 「사회주의경제건설에서 나서는 당면한 몇 가지 과업들에 대하여(조선로동당 중앙위원회 전원회의에서 한 결론, 1959년 12월 4일)」, 『김일성저작집 13』, 438~509쪽.

는 방법이 필요하게 된 것이었다.

이에 강선제강소 사람들은 1956년 12월의 난국을 자신들이 앞장서서 돌파하였던 것처럼 1959년의 어려움 역시, 자신들이 앞장서서 돌파하고 싶다는 생각을 강하게 가지게 되었다. 강선제강소 작업반장 진응원이 천리마작업반운동을 제기하고 나선 것은 이런 상황에서였다.

2) 최초의 천리마작업반 : 강선제강소 제강직장 진응원작업반

경기도 이천군에서 태어난 진응원은 1924년생으로 한국전쟁 당시 인민군 병사로 복무하고 1954년 3월 제대한 군인출신이었다.[100] 군대에서 제대하자마자 강선제강소로 배치받아 용해공으로 일하기 시작하였고 1959년 3월 8일 천리마작업반운동을 결의할 당시에는 강선제강소 제강직장(강철직장) 3호로의 여러 작업반 중 하나를 책임지고 있던 작업반장이었다.

북한에서 최초로 천리마작업반운동을 전개하기로 선언한 진응원작업반원들은 1959년 3월 8일 결의대회를 열고 연간계획을 11% 초과수행하여 1차 5개년계획을 1959년 안에 초과 완수할 것을 공개적으로 밝히면서, 집단적 기술혁신운동을 더 높은 수준에서 발전시킴과 동시에 "공산주의 사상으로 튼튼히 무장"하여 "공산주의적 집단생활에 무한히 충실한 당의 붉은 전사"가 될 것도 약속하였다.[101]

이는 당시까지 다듬어온 집단적 기술혁신운동을 '작업반'을 기본 단위로 하여 구체적으로 적용시킨 것이었다. 즉 '천리마작업반운동'이라는 새로운 용어가 만들어짐으로써 계속 새롭게 변화, 발전하고 있던 집

---

100) 「진응원」, 『북한인명사전』(코리아콘텐츠랩, 2002)
101) 「결의문(《천리마 작업반》 운동을 전개할 데 대한 강선 제강 직장 진응원 작업반 총회)」, 『로동신문』 1959년 3월 10일 ; 「《천리마 작업반》 운동을 발기」, 『로동자』 1959년 3월호(직업동맹출판사, 1959), 1쪽 ; 「모두 다 《천리마 작업반》 운동에 참가하자」, 『로동자』 1959년 4월호(직업동맹출판사, 1959), 2~3쪽.

단적 기술혁신운동의 형식 및 내용과 이를 설명하는 용어 사이의 괴리
가 줄어들었고, 작업반이 구체적인 실행 단위로 확정됨에 따라 '집단
적'이라는 추상적이고 불명확한 개념이 가시적으로 인지할 수 있게 되
었다. 형식과 내용에 맞는 용어의 사용은 기존의 사회주의 경쟁운동과
새롭게 추진되고 있던 집단적 기술혁신운동이 어떻게 다른 지 혼돈스
러워 하던 사람들에게 많은 도움을 주었다. 그리고 작업반이 기본단위
로 선택된 것은 작업반에서 시작해서 점차 직장, 기업소 단위로 확장해
나가는 식으로 집단적 기술혁신운동의 단계적 추진방법이 마련된 셈이
었다. 따라서 진응원작업반이 처음으로 시작한 천리마작업반운동은 개
인주의를 배격하고 작업반을 기본단위로 집단주의를 지향하면서 기술
혁신운동과 공산주의 교양을 동시에 추구하는 새로운 양식의 사회주의
경쟁운동이었다.

여기서 작업반이 기본단위로 설정된 이유는 북한 생산현장에서 가장
기본적인 생산단위가 바로 작업반[브리가다]이었기 때문이다. 각 기업
소에는 작업 분야에 따라 여러 개의 직장[쩨흐]이 있었고, 각 직장 아
래에는 여러 개의 작업반이 있어 2개 혹은 3개의 작업반이 같은 설비를
교대로 사용하였다. 개인 단위의 기술혁신운동의 한계를 인식한 이후
집단적 기술혁신운동을 새로운 목표로 설정할 1958년 5월까지만 하여
도 집단의 의미는 단순했고 아직 명확하게 확정되지 않았다. '집단적'
이란 의미는 혼자가 아니라 여러 명이 함께 어울려 일하는 것을 뜻하는
수준이어서, 어떠한 형태라 하더라도 개인이 혼자서 추진하는 것만 아
니면 모두 집단적 기술혁신운동으로 인정되었다. 작업반을 단위로 이
루어지는 것은 물론이고 아예 처음부터 직장이나 기업소 전체를 단위
로 이루어지는 것도 있었다. 또한 몇 개의 작업반만 따로 꾸려서 기술
혁신운동을 진행하기도 하였고 작업반 내 몇 명만 따로 꾸리는 경우도
집단적 기술혁신운동으로 인정되었다. 실천작업반이나 종합작업반처
럼 임시로 다양한 단위 소속의 사람들을 모아 하나의 집단을 꾸리는 것

도 집단적 기술혁신운동의 한 형태로 인정되었다.

이런 식으로 처한 환경이나 조건에 따라 여러 종류의 집단들이 모두 기술혁신운동의 단위로 인정되어 다양한 형태의 집단적 기술혁신운동이 진행되다가, 1959년 3월에 들어서면서 작업반이 기본단위가 되는 것으로 집단적 기술혁신운동의 기본 형태가 고정되었다. 개인이 아닌 집단의 최소 단위를 생산의 최소 단위인 작업반으로 정하고 이 단위에서 집단적 기술혁신운동이 성공적으로 진행되는 조건에서 직장 단위, 나아가 기업소나 지역 단위의 집단적 기술혁신운동이 진행되도록 단계를 설정하였다. 집단주의 정신이 개인주의를 완전히 대체하지 못한 상황에서 집단적 기술혁신운동이 한꺼번에 정착하기 어렵다는 판단이 들면서 이를 추진하는 형태를 점진적·단계적·구체적인 것으로 정리하였던 것이다.

이처럼 천리마작업반운동은 당시까지 집단적 기술혁신운동을 논의해오던 연속선상에서 도입되었으므로 진응원 혼자만의 힘으로 '최초'의 문을 열 수는 없었다. 새로운 형태의 운동을 처음 시작하는 것이었던 만큼 진응원과 그의 작업반원들의 자발성도 중요하였겠지만 이를 사전에 계획, 준비하고 분위기를 조성했던 기획의 힘도 컸을 것이다. 김일성을 비롯하여 북한 지도부는 천리마작업반운동이 촉발될 수 있는 분위기를 조성하고 이러한 운동에 필요한 갖가지 지원을 충분히 해주었던 것이다. 하지만 천리마작업반운동의 시작에 대한 설명에서 북한 지도부의 직접적인 지시가 있었다는 설명은 거의 없다. 분명 김일성의 영도를 강조하는 북한의 특성에 비추어 보면, 천리마작업반운동도 김일성의 지시에 의해 촉발되었다는 설명이 있을 법하지만 이러한 이야기가 극히 자제되고 있는 것이다. 그 이유는 천리마작업반운동의 속성이 이전 사회주의 경쟁운동과 다른 특징을 가진 것이라 설명되고 있기 때문이다.[102]

---

[102] 당중앙위원회 기관지 『근로자』에서 천리마작업반운동을 처음 거론한

천리마작업반운동은 집단적 기술혁신운동에 공산주의 교양을 결합시킨 것이므로 천리마작업반운동을 실천한다는 것은 공산주의 사상을 철저히 체득하겠다는 의미도 포함되어 있다. 공산주의 사상을 충실히 따르는 사람은 공산주의 사회를 건설하는 모든 사업에 자발적으로 참여하여야 하며 피동적인 사람이 아니라 능동적인 사람이 되어야만 한다.[103] 따라서 천리마작업반운동은 상부의 지시에 의해 발생하여 수행되는 것이 아니라, 하부에서부터 자발적으로 발생하여 수행되는 것이어야 했다. 이후로도 참가자 자신의 자발성으로부터 천리마작업반운동을 결의하게 되는 형식을 계속해서 유지하였다. 그리고 천리마작업반운동을 결의할 때, 참가 결의문을 이전처럼 개인단위로 작성하지 않고 작업반이나 직장과 같은 집단 단위로 작성하도록 하였다. 집단성을 계속 견지하기 위한 장치였다. 만일 김일성의 직접적인 지시에 의해 천리마작업반운동이 발생하였다고 한다면 자발성으로부터 출발하는 공산주의 사상의 실천 양상이 완전히 무너지게 되는 셈이므로, 김일성에 의한 천리마작업반운동의 촉발은 불가능한 서술이 되는 것이었다. 따라서 김일성은 대중에게 호소하고 대중은 그 호소를 접한 후 자발적이고 적극적으로 참여하는 형식으로 천리마작업반운동이 운영되었다. 수령의 호소(呼訴)와 그에 호응(呼應)하는 대중의 결합, 이는 북한에서 가장 이상적으로 생각하는 사회상이고 대중운동상이다.[104] 지도와 대중의 결합, 이를 실제로 구현하는 모습을 천리마작업반운동에서 찾고 싶은 것이 북한 지도부의 생각이었다. 따라서 천리마작업반운동을 처음으로 제기한 사람이 김일성 자신이 되어서는 안 되는 것이었다.

진응원이 호응하게 된 김일성의 직접적인 호소는 길게 잡으면 1959

허재수의 글에서 천리마작업반운동은 "대중의 밑으로부터의 창발적 활동으로 발생"하였다고 이야기하고 있다. 허재수, 「우리 로동계급의 공산주의적 발기 - 《천리마 작업반》 운동」, 『근로자』 1959(5)(근로자사, 1959), 16~21쪽.

103) 『천리마기수독본』, 56~68쪽.

104) 북한의 대중운동에 대한 이론적인 측면은 『영도체계』를 참고.

년 2월 17일 김일성의 강선제강소 현지지도에서 찾아볼 수 있다.[105] 1958년 후반부터 후보원사 김인식이 주축이 되어 시작한 전기제철로 도입 공사가 성공하여 1959년 1월 1일 첫 쇳물을 뽑았으므로, 1959년 2월 17일 현지를 방문한 김일성은 현장에 파견된 과학기술자들의 활동이 예전보다 더 잘 진행되고 있었고 강선제강소의 기술수준이 한 단계 높아졌음을 알 수 있었다.[106] 하지만 이와 동시에, 앞에서 이야기한 바와 같이 강선제강소의 운영 방식, 혹은 지도 방법의 미숙함으로 인해 제강소 전반적인 운영상태가 좋지 않음과 기술혁신 활동이 다시 퇴보하고 있음을 간파할 수 있었다. 이에 김일성은 강선제강소 운영을 전반적으로 정상화시킬 것을 구체적으로 주문하였다.[107] 당연히 이 당시 주문 내용은 그때까지 생산활동에서 강조하던 내용, 즉 집단적 기술혁신을 전반적으로 시행하고 이와 함께 공산주의 교양을 강화하는 것과 관련되었을 것이다. 생산활동과 관련한 구체적인 방안이 세워졌음에도 불구하고 모든 생산 단위들에서 이것이 제대로 지켜지지 않고 있음을 지적하면서 생산 단위별로 이러한 원칙에 입각하여 생산활동을 정상화시키라는 김일성의 호소는 진응원작업반원들에게 많은 영향을 미쳤을 것이라고 충분히 짐작할 수 있다.

만일 김일성의 호소가 있은 시기를 짧게 잡는다면 1959년 2월 25일에 개최된 당중앙위원회 2월 전원회의나 2월 26일 '생산기업소 당조직원 및 당위원장들, 도, 시, 군 당위원장들'의 강습회에서 찾아 볼 수 있

---

105) 「과학원 연구성원들에게 주신 수상 동지의 교시 실천 정형」, 『과학원 통보』 1959(3), 41~43쪽 ; 『천리마기수독본』, 21쪽 ; 김삼복, 『인간의 노래』, 381~ 412쪽.

106) 김인식, 「강철공업의 획기적 발전을 위하여」, 『과학원 통보』 1959(1), 21~24 쪽 ; 「1959년도 과학원 연구사업의 중심방향」, 『과학원 통보』 1959(1), 62~64 쪽 ; 「과학원 기술과학부문의 과학연구 발전 전망계획에 관하여」, 『과학원 통보』 1959(3), 9~19쪽 ; 「과학원 연구성원들에게 주신 수상 동지의 교시 실천 정형」, 『과학원 통보』 1959(3), 41~43쪽.

107) 김삼복, 『인간의 노래』, 381~412쪽.

다. 앞에서 이야기한 바와 같이 이 당시에 이루어진 김일성의 연설은 계속 지적되던 문제들이 아직도 여전히 풀리지 않고 있으며 이를 푸는 것이 매우 시급한 문제라는 것을 강조하였다.[108] 이에 자극받은 진응원 작업반원들은 자신들이 알고 있는 모범 답안에 맞추어 자신들이 앞장 서서 이런 문제들을 해결하고 위기 상황을 돌파하겠다는 생각을 더욱 굳혔을 것이다. 이러한 일들이 있은 이후 진응원작업반이 천리마작업 반운동을 결의하기까지 강선제강소의 여러 지도간부들도 분명 이들의 준비작업을 적극적으로 도와주었다. 목표설정과 결의문 작성, 그리고 구체적인 실행방법 등에 이르기까지 진응원작업반 반원들 스스로의 결 의도 중요하였지만 이들의 도움도 매우 중요하였다.

진응원 작업반이 천리마작업반운동을 처음 선언할 때만 하더라도 작 업반 상황은 매우 좋지 않았다. 다른 작업반에서 이들을 '신입대원 작 업반'이라고 부를 정도로 새로 들어온 작업반원이 많았다. 용해기술을 아는 사람은 작업반장 진응원과 작업 경험이 많은 김유한, 그리고 금속 전문학교를 갓 나와서 나중에 김책공업대학 야간학부에 입학하는 허인 환뿐이었고 나머지는 대부분 제대 군인으로 막 배치받은 사람들이었 다. 다른 작업반에 비해 기능급수가 평균적으로 2급이나 낮았다. 이런 상황이다 보니 작업반의 계획 수행률은 70~80% 수준에 머무르고 있 었다.[109] 여기서도 1956년 12월에 보였던 북한의 위기 돌파전략의 특 징을 살펴볼 수 있다. 전체 시스템에서 가장 약한 부분을 찾고 거기에 모든 역량을 집중시켜 어려운 상황을 타개한다는 '중심고리' 이론이 적 용되었다.[110] 진응원작업반과 같이 뒤쳐진 곳에서 위기 상황을 돌파할

---

108) 김일성, 「당사업방법에 대하여(생산기업소 당조직원 및 당위원장들, 도, 시, 군 당위원장들의 강습회에서 한 연설, 1959년 2월 26일)」, 『김일성저작집 13』, 107~146쪽.

109) 진응원, 「천리마 종합작업반으로 되기까지」, 『천리마작업반 2』(직업동맹출판 사, 1960), 74~91쪽 ; 김동전, 「첫 봉화를 든 사람들(강선제강소 진응원천리마 작업반에서)」, 『천리마시대 사람들 2』, 35~63쪽.

수 있게 되면 그보다 상황이 좋은 다른 작업반에서는 당연히 더 쉽게 위기를 극복할 수 있게 되는 셈이므로 이곳에서 모범을 창출하려고 하였던 것이다.

작업반원들의 기술수준이 이처럼 낮았기 때문에 진응원작업반이 실적을 올리기 위해서는 작업반원의 기술적 능력을 높이는 것이 최우선이었다. 진응원 작업반장은 틈날 때마다 기본 조작법을 가르쳤고 안정규정을 익히도록 도와주었다. 기능이 있는 사람들이 신입 기능공들을 작업과정에서나 작업장 밖에서도 개별적으로 기술을 가르쳐주기 위해 노력하였다. 쉬는 시간 틈틈이 작업 동작을 연습하게 하여 전기로 안에서 실제 작업할 때 안전하고 빠르게 작업할 수 있도록 하였다. 이런 노력 끝에 작업반원들의 기술수준은 점차 올라갔지만 여전히 실적은 크게 달라지지 않았다. 이 문제의 원인을 진응원은 작업반원들의 사상적인 부분에서 찾았다.111) 서로가 서로를 도와주면서 함께 일하는 집단주의적 정신이 튼튼하게 뿌리내리지 못한 것에서 원인을 찾았다.

집단주의에 가장 반대되는 이데올로기는 개인주의라 할 수 있다. 자기 단위의 이익만 주장하는 것을 일컫는 '본위주의'도 개인주의의 일종이라 할 수 있다.112) 다른 단위의 이익에는 안중에도 없고 자기 단위의 이익에만 관심을 가지는 것이므로 개인주의와 속성이 같다는 뜻이다. 진응원작업반의 실적이 늘어나지 않은 원인에 같은 전기로를 다루는 다른 교대 작업반들의 본위주의적 행태가 있었다.113) 자기 교대의 생산

---

110) 『영도체계』, 57~62쪽.

111) 최석화, 「영예로운 칭호」, 『로동자』 1959(4)(직업동맹출판사, 1959), 4~6쪽 ; 진응원, 「천리마 종합작업반으로 되기까지」, 『천리마작업반 2』, 74~91쪽 ; 김동전, 「첫 봉화를 든 사람들(강선제강소 진응원천리마작업반에서)」, 『천리마 시대 사람들 2』, 35~63쪽.

112) 정치사전에서는 '기관본위주의'를 "나라와 사회의 전반적리익보다 협소한 자기 기관, 기업소의 리익을 앞세우는 낡은 사상관점과 사업태도"라고 정의하고 있다. 「기관본위주의」, 『정치사전 1』(사회과학출판사, 1973), 123쪽.

113) 진응원, 「첫 봉화를 높이 올린 영예를 지니고」, 『천리마작업반운동』(1960),

량이나 작업 실적만 신경 쓰면서 전기로의 보수나 원료 장입, 부재 투입에는 크게 관심을 기울이지 않았던 것이다. 전기로를 보수하거나 원료나 부재를 제때에 투입하게 되면 전기로의 수명이나 이용률은 올라가지만 그런 작업을 하는 동안에는 작업 실적을 거둘 수가 없게 되므로 이런 작업을 꺼려하기 마련이었다. 실적이 줄게 되면 그만큼 자기의 이익이 줄기 때문에 이러한 교대 본위주의는 기본적으로 개인주의에 맥이 닿아있다고 해석하였다. 따라서 진응원은 자기 작업반원들의 기술 수준을 높이려고 노력하면서 동시에 교대 본위주의를 극복하기 위해 노력하였다.

진응원작업반은 자기들 교대 시간에 남들보다 일을 더 하는 한이 있더라도 전기로의 상태를 최상으로 만들어놓은 상태에서 다음 교대에게 작업을 넘기려고 노력하였다. 교대 시간을 넘기더라도 제때에 원료와 부재를 투입하고 전기로 수리를 완성하려고 노력하였고 이로 인해 자신들은 일을 더 많이 하게 되고 생산량은 오히려 다른 작업반들보다 낮아졌지만 전기로 전체의 생산량이 올라가는 것을 기준으로 작업을 진행하였다. 이런 과정에서 작업반원들은 자기 교대의 이익보다 전기로 전체의 생산량을 우선시 하는 것이 진정한 집단주의 정신이라고 교육받았다.[114] 교대 본위주의를 극복하는 과정을 공산주의 교양의 한 방법으로 삼았던 것이다. 결국 몇 달 지나지 않아 다른 교대들도 진응원작업반에게 영향을 받아 자기 교대만 위하려고 하지 않고 전기로 전체의 생산량 증대를 위해 전기로의 보수, 정상 유지를 위해 노력하게 되었다. 그 결과 전기로 전체의 생산량을 기준을 했을 때 그전보다 월 70톤이나 더 생산할 수 있었다.

135~144쪽.

114) 진응원, 「천리마 종합작업반으로 되기까지」, 『천리마작업반 2』, 74~91쪽 ; 진응원, 「첫 봉화를 높이 올린 영예를 지니고」, 『천리마작업반운동』(1960), 135~144쪽 ; 김동전, 「첫 봉화를 든 사람들(강선제강소 진응원천리마작업반에서)」, 『천리마시대 사람들 2』, 35~63쪽.

진응원작업반은 기술혁신을 통해서도 생산량을 늘렸다. 공산주의 교양과 함께 기술혁신을 동시에 추구하였다. 진응원은 전기로를 보수 정비할 때 '천개'를 조립하는데 걸리는 시간이 너무 길다고 생각하여 이를 줄이는 방법을 고안하였다. 그는 '천개'와 '랭각 링그', 그리고 '안전 발판'을 제각각 들어 올려 조립하는 방법을 바꿔, 바닥에서 이들을 모두 조립한 다음 한꺼번에 들어 올려 맞추는 방법을 고안하였다. 이를 통해 한 달에 4~5회씩 하던 보수작업에서 3시간가량 걸리던 천개조립 작업은 1시간 이내로 끝날 수 있게 되어, 한 번에 2시간 이상, 한 달에서 8~10시간 이상을 줄일 수 있었다.115) 그만큼 전기로 가동시간이 길어졌고 같은 전기로를 가지고 더 많은 강재를 생산할 수 있었다.

진응원 작업반에 배속된 기술자 출신 허인환은 전기로 설계를 변경하여 전극 아크 반사로 천개가 녹아내리는 현상을 방지하여 생산량을 늘렸다. 전극의 위치와 냉각 아치의 위치를 변경하는 방법을 통해 천개의 수명을 늘렸던 것이다. 한 번에 15번의 방전밖에 못 견디던 것을 20번 이상의 방전을 견딜 수 있게 하여 보수작업 횟수를 줄였고 그만큼 전기로 가동시간을 늘릴 수 있었다. 또한 신입 작업반원 중 한사람인 유재일은 원료 장입 때마다 출강구로 1~2톤의 쇳물이 떨어지는 것을 방지하기 위해 철판 등을 가지고 출강구를 막는 방법을 고안하여 손실되던 쇳물을 완전히 확보할 수 있게 하였다. 이 외에도 여러 가지 기술혁신들을 도입하여 전기로 설비와 작업방법을 개선한 결과, 진응원작업반은 용해시간을 6시간 15분으로 2시간가량 앞당겼고 한 번에 용해시키는 쇳물의 양도 30톤에서 42톤으로 늘릴 수 있었다.116)

---

115) 최석화, 「영예로운 칭호」, 『로동자』 1959년 4월호(직업동맹출판사, 1959), 4~6쪽 ; 진응원, 「천리마 종합작업반으로 되기까지」, 『천리마작업반 2』, 74~91쪽 ; 진응원, 「첫 봉화를 높이 올린 영예를 지니고」, 『천리마작업반운동』(1960), 135~144쪽 ; 김동전, 「첫 봉화를 든 사람들(강선제강소 진응원천리마작업반에서)」, 『천리마시대 사람들 2』, 35~63쪽 ; 『〈천리마의 고향〉 강선 땅에 깃든 불멸의 이야기』.

1년 정도 천리마작업반운동을 전개한 결과 진응원작업반은 자기들의 생산실적뿐만 아니라 자기들이 담당했던 전기로 전체의 생산량을 높일 수 있었다. 이후, 진응원을 비롯한 핵심 작업반원들은 생산활동이 정상화되어 높은 수준을 유지하고 있던 자신들의 전기로를 떠나 다른 전기로로 파견되었다.[117] 다른 전기로를 3호로의 경험을 바탕으로 정상화시키고 높은 수준으로 유지하기 위함이었다. 우수한 구성원을 다른 집단에 파견하여 경험을 공유하면서 우수한 집단의 수준으로 다른 집단들을 끌어올리는 이러한 방법은 집단적 기술혁신운동이 추구하던 상향평준화를 위한 한 가지 방법이었다.

결국 1960년 8월 22일 제1회 전국 천리마작업반운동 선구자 대회 당시 진응원은 이미 2중 천리마작업반 칭호를 받은 상태였다. 강선제강소에서는 '쇠돌투입기'를 만들어 용해공들의 손작업을 기계화시켰고 각종 혁신·창안 등을 토대로 강선제강소의 전기로를 20톤짜리로 개조하였다가 다시 40톤짜리로 개조하였다. 1957년에 12만 톤을 생산한 이후 1959년경에는 한 해 생산량이 20만 톤을 넘어섰고 1960년대 초반에는 40만 톤을 넘어섰다.[118]

2. 천리마작업반운동의 추진 절차

1) 천리마작업반운동 참가

천리마작업반운동은 구체적인 방법을 통해 집단적 기술혁신운동을

---

116) 최석화, 「영예로운 칭호」, 『로동자』 1959년 4월호(직업동맹출판사, 1959), 4~6쪽 ; 진응원, 「천리마 종합작업반으로 되기까지」, 『천리마작업반 2』, 74~91쪽 ; 진응원, 「첫 봉화를 높이 올린 영예를 지니고」, 『천리마작업반운동』(1960), 135~144쪽 ; 김동전, 「첫 봉화를 든 사람들 (강선제강소 진응원천리마작업반에서)」, 『천리마시대 사람들 2』, 35~63쪽 ; 『〈천리마의 고향〉 강선 땅에 깃든 불멸의 이야기』.

117) 진응원, 「천리마 종합작업반으로 되기까지」, 『천리마작업반 2』, 74~91쪽.

118) 『〈천리마의 고향〉 강선 땅에 깃든 불멸의 이야기』, 55~57쪽.

전개하기 위한 것이었으므로 참가 선언만으로 아무나 천리마작업반운동에 참가할 수 없었다. 달성할 목표를 분명하게 제시할 수 있어야 하였고 그 목표를 달성할 수 있는 능력이 있어야 하였으며, 무엇보다도 그 목표가 다른 작업반들에게 모범이 될 수 있어야 하였다. 천리마작업반운동 참가와 관련한 세부 사항들은 1959년 9월 22일에 직업총동맹 중앙위원회 상무위원회에서 승인한 '천리마작업반 칭호 수여에 관한 규정(잠정)'에서 명문화되었다. 이때 제정된 잠정 규정은 1960년 8월에서 1961년 7월 사이에 정식 규정으로 대체되었는데, 이 규정에서는 천리마작업반운동에 참가하려고 준비할 때부터 마지막으로 천리마작업반 칭호를 받을 때까지의 과정을 구체적으로 밝히고 있다.119)

이 규정에 의하면, 천리마작업반운동에 참가를 희망하는 작업반은 우선 작업반별로 조직되어 있던 해당 직업총동맹 조직(분초급 위원회)에서 자기들의 구체적인 결의를 토의하고 점검받아야 하였다.120) 천리마작업반운동에 참가한 후 목표 달성에 성공하여 천리마작업반 칭호를 받게 된다는 것은 해당 작업반뿐만 아니라 그를 포함한 직장이나 공장, 기업소의 명성을 드높이는 것과 직결되는 것이었으므로 그들이 제기한 결의 내용이 달성 가능한 것인지, 그리고 그들이 그만한 능력을 가지고 있는지 세밀하게 검토되었다. 결의문의 내용과 형식은 시간이 지나면서 좀 더 다양해졌지만 처음으로 천리마작업반운동을 결의하였던 진응

---

119) 확정된 '천리마작업반 칭호 수여에 관한 규정' 전문은 1961년 8월 23일에 간행된 『천리마작업반 3』(직업동맹출판사, 1961)에서만 확인할 수 있다. 1960년 7월 20일에 발간된 『천리마작업반 2』에서는 규정에 대한 언급이 전혀 없는 것으로 봐서 규정을 확정한 것은 두 책이 출간된 시기 사이의 일이라 추정된다. 규정 전문은(부록1)을 참고.

120) '천리마작업반 칭호 수여에 관한 규정'의 二. 1 "천리마 작업반 운동에 참가할 것을 희망하는 작업반, 직장, 공장들은 자기의 구체적인 결의를 해당 동맹 회의들에서 토의하고 공장, 기업소 및 직장 종업원 회의 (생산 협동조합, 수산 협동조합은 조합원의 회의)에서 참가 여부를 인정받아야 하며 공장, 기업소 직맹 초급 단체 위원회에 이를 등록한다(공장, 기업소는 해당 도 직맹 위원회에 등록한다)."

원작업반의 경우에는 7가지 목표만을 담고 있었다. 다음은 진응원작업
반의 결의문이다.

① 로동생산능률을 계통적으로 높이여 생산 계획을 일별, 월별, 분
    기별로 어김없이 초과완수하고 제품의 질을 결정적으로 높일 것.
② 창의 고안 및 합리화와 선진작업방법을 대담하게 도입하며 대
    중적인 절약투쟁을 강화하고 원가를 백방으로 저하시킬 것.
③ 작업반의 전체 생산공정에 정통하고 모두가 다기능을 소유하며
    4~5년 내에 기사, 기수로 될 것.
④ 보통 지식 수준을 초, 고중 졸업 정도 이상으로 높일 것.
⑤ 작업반 내의 제도와 질서를 확립하며 로동 보호 안전 규정을 철
    저히 준수하며 사고를 근절할 것.
⑥ 우리 당의 정책과 빛나는 혁명전통을 깊이 연구 습득하고 집단
    과 동지를 사랑하며 로동과 사회적 소유에 대한 공산주의적 태
    도로 무장하기 위하여 노력할 것.
⑦ 생활을 문화 위생적으로 꾸리며 사회질서를 모범적으로 준수하
    며 각종 문화 휴식과 체육 스포츠 사업에 적극 참가할 것.[121]

결의문의 7가지 항목 중에서 ①, ②, ③, ⑤번의 내용이 기술적인 측면
과 관련된 것이고 사상적 측면과 관련된 것은 ⑥번 항목이 유일하였다.
오히려 문화적인 측면에 해당하는 것이 ⑤번과 ⑦번에 두 항목이나 들
어있었다. 천리마작업반운동이 사상적 측면보다 기술적 측면을 더 중
요하게 취급하면서 시작된 대중운동이었음을 알 수 있다.

　이후 천리마작업반운동 참가 결의문은 좀 더 세밀하게 다듬어져서,
향후 2~3년간 목표를 담은 '전망 결의문'과 매월 수행할 목표를 담은
'월간 결의문'으로 나뉘어 작성되었다. '전망 결의문'에는 위에서 소개
한 진응원작업반의 결의문보다 자세한 항목들이 기술적 측면과 사상적
측면, 그리고 문화적 측면으로 나눠져 포함되었고, '월간 결의문'에는
'전망 결의문'에 근거하여 그 달에 수행할 목표치가 정확히 제시되었고
그것을 해결하기 위한 구체적인 방법과 담당자(집행자), 그리고 기간까

121) 진응원, 「천리마 종합작업반이 되기까지」, 『천리마작업반 2』, 77쪽.

지 포함되었다. 아래는 '전망 결의문'에 포함되어야 할 내용 중에서 기술적 측면과 관련된 내용들이다.

1. 천리마기수들이 공산주의적으로 일해야 한다는 천리마작업반운동의 요구를 실지 로동과정에서 구현하기 위한 구체적인 실행방도가 제시되어야 한다.

① 작업반 내 모든 사람들이 당이 가르치는 대로 대담하게 생각하고 대담하게 실천하며 창의고안 및 발명, 합리화 사업 전개하여 생산과 건설 공정의 기계화를 완성하고 자동화를 촉진시키며, 새 기술과 선진 작업 방법 적극 도입하여 종업원 1인당 생산액과 로동생산능률을 백방으로 높이며,

② 기계 설비를 자기의 몸과 같이 애호 관리하고 점검보수사업을 강화하며 공구, 지구를 충분히 갖추고 한 달 이상의 원자재와 3개월 분 이상의 예비 부속품을 확보함으로써 설비리용률을 선진적 수준에까지 제고하며,

③ 기능 전습, 기술 학습을 보다 강화하여 작업반 전체 성원이 한 가지 이상의 기술을 소유하고 가까운 기간에 기수, 기사가 되기 위해 노력하며,

④ 자체 정량 운동을 광범히 전개하여 자기 공장에서만이 아니라 전국적으로 되는 새 로력기준량을 부단히 창조하며,

⑤ 로동 규률을 자각적으로 준수하며 로력 조직 합리적으로 하여 480분 로동시간을 최대한으로 리용하며,

⑥ 표준 조작법을 비롯한 제반 기술규정을 엄격히 준수하고 모든 제품의 질을 1등품으로 제고할 뿐만 아니라 선진국가 수준을 따라 앞서며,

⑦ 작업반 내부 채산제와 개인 채산제를 적극 도입하여 원료, 자재, 로력, 자금 지출을 극력 절약하며 선진적인 원 단위 소비기준을 창조하여 원가를 계통적으로 저하시키며,

⑧ 대안의 사업체계에 의거하여 계획 작성과 생산조직, 로력조직을 비롯한 기업관리의 전 행정에 자각적으로 참가하며,

⑨ 직일 작업반장제를 광범히 실시하고 그를 더욱 발전시켜 작업반 모든 성원을 작업반장, 나아가서는 직장장 수준에까지 끌어올리며,

⑩ 직장과 작업반 내 불비한 로동보호시설을 군중적 운동으로 완비하고 로동안전기술 규정을 엄격히 준수하여 사소한 사고도 없이 하여야 한다.[122)]

여기서 집단적 기술혁신운동이 본격적으로 전개된 후 3년, 천리마작업
반운동이 시작된 후 2년가량이 되면서 기술혁신운동이 세부적으로 구
체화된 모습을 볼 수 있다. 새 기술 및 선진 작업방법 도입, 설비 개보
수 및 능력 향상, 기술수준 향상, 새 기준량 창조, 노동 규율 준수, 표준
조작법 준수, 직일 작업반장제 도입 등 이전까지 추진된 다양한 활동들
을 구체적으로 분류하여 항목별로 정리, 제시한 것이었다.

　해당 직업총동맹에서 천리마작업반운동에 참가하는 것을 인정받게
되면, 신청한 작업반의 소속과 구성원, 그리고 그들의 결의문 등이 공
장, 기업소 단위의 직업총동맹 위원회(초급 위원회)에 공식적으로 등록
된 후 상부에 보고되었다. 그런 이후 전체 공장, 기업소의 종업원회의
가 개최되어 이들의 천리마작업반운동 참가가 공개적으로 선포되었다.
종업원 회의에는 천리마작업반운동 참가 작업반원의 가족들도 모두 참
석시켜 그들이 목표 달성을 위해 매진하도록 자극하였다.[123] 천리마작
업반운동에 참가하여 칭호를 수여받는 것이 작업반원 개개인의 일이
아니라 공장, 기업소 전체의 일이고 나아가 자신의 가족들을 대표하는
일이라는 집단적 자각을 높이기 위한 조치였다.

2) 천리마작업반운동 평가, 칭호 수여

　'천리마작업반 칭호'를 받는 것은 천리마작업반운동에 참가하는 것
보다 더 어려웠다. 천리마작업반 칭호를 받는다는 것은 전국적인 차원
에서 가장 모범이 되는 작업반이 되었다는 의미였으므로 천리마작업반
운동 참가 결의를 심의하는 것보다 더 엄격하게 점검하여 칭호를 수여
하였다.[124] 규정에 의하면, 해당 단위의 직업총동맹 단체(분초급 위원

---

122) 『천리마기수독본』, 337~345쪽. '전망 결의문'에 포함되어야 할 전체 내용은
　　부록 2 참고.
123) 『천리마기수독본』, 337~346쪽.
124) 〈표 4-3〉에 의하면 천리마작업반운동에 참가한 작업반 중에서 '천리마작업반
　　칭호'를 받은 작업반은 대략 5%~8%에 불과하였다.

회)가 천리마작업반운동에 참가한 작업반이 칭호 수여 기준에 도달하였다고 판단되면 해당 기관의 종업원 총회에 제기하여 칭호 심사 신청 여부를 토의하도록 되어 있었다.[125] 종업원 총회에서 토의를 제대로 진행하기 위해 해당 단위의 직업총동맹 간부들은 회의 10여일 전부터 종업원들에게 '천리마작업반 칭호 수여에 관한 규정'에 대해 설명하였다.[126] 천리마작업반운동을 대중적인 수준에서 전개하기 위해 매 단계마다 일반 대중을 계속 참가시키기 위한 조치였다.

종업원 총회에서 칭호심사를 받기로 결정하면 이 결정은 곧바로 상급 직업총동맹(도, 시, 군 직업총동맹 위원회) 심사위원회에 제기되었다.[127] 심사 신청을 받은 도, 시, 군 직업총동맹 심사위원회는 반드시 현지에 내려가서 신청서의 내용이 정확한 지 세밀하게 확인한 후, 최종 심의 담당기구인 '직업총동맹 중앙위원회 상무위원회'에 칭호 수여 신청서를 제출하도록 되어 있었다. 직업총동맹 중앙위원회 상무위원회에서는 도, 시, 군 직업총동맹 심사위원회에서 현지 실사를 통해 점검한 서류를 토대로 칭호 수여 여부를 결정하였다.[128]

칭호 수여를 위한 평가는 기본적으로 천리마작업반운동 참가 결의문을 얼마나 잘 수행하였는가를 점검하는 것이 가장 중요하였는데 그중에서도 대략 12가지 정도의 항목이 핵심적인 것이었다.[129] 평가 항목에

---

125) '천리마작업반 칭호 수여에 관한 규정'의 二. 2 "영예로운 천리마 작업반 칭호는 천리마작업반운동에 참가한 집단이 자신들의 꾸준한 노력을 통하여 일상 사업과 생활이 천리마 작업반 칭호 수여 평가 기준의 요구 수준에 도달하였을 때에 해당 단위 직맹 단체에서 토의하고 기관, 기업소 또는 직장 종업원 총회 결정으로 추천하며 도, 시, 군 천리마작업반 칭호 수여 심사 위원회의 심의를 거쳐 조선 직업 총동맹 중앙위원회 상무위원회가 이를 비준한 후 수여한다."

126) 『천리마기수독본』, 391쪽.

127) '천리마작업반 칭호 수여에 관한 규정'의 二. 2.

128) 『천리마기수독본』, 391쪽.

129) 홍만기, 「우리나라에서의 사회주의 경쟁운동의 발전과 천리마작업반운동」, 『8·15해방 15주년 기념 경제론문집』(과학원출판사, 1960), 182쪽.

대해 정확하게 알 수는 없지만 대략 생산 실적, 창의고안, 기술개발, 규칙준수, 기술학습참가, 일반지식 수준향상, 공산주의 교육, 조직 활동, 기계와 공구 정비 정도, 로동생산능률 향상, 질 향상, 원가 저하 정도였을 것이다. 결의문 내용 중에서 실행 여부를 명확하게 판단할 수 있는 항목을 중심으로 평가하였던 것 같다. 최종적으로 칭호를 수여 심사를 통과한 작업반은 '천리마 깃발'을 받고, 작업반원들은 '천리마 휘장'을 받았다.[130)

3. 부문별 천리마작업반운동의 구체적인 사례들

1959년 3월부터 시작된 천리마작업반운동이 전개되는 양상은 1956년 12월부터 시작된 천리마운동과 다른 모습이었다. 1956년 당시는 전쟁으로 인해 운영이 중단되었던 공장과 기업소가 다시 운영되기 시작하던 때였으므로 운영의 정상화를 꾀하는 데 집중하였다면, 1959년에는 이미 정상화된 공장과 기업소의 운영 수준을 끌어올리는 데 집중하고 있었다. 즉 1956년에는 노동인력을 최대한 확보하고 이직률을 최대한 낮추며 노동시간을 최대한으로 늘리는 등 노동의 양적 성장에 집중하였다면, 1959년 이후에는 생산 설비의 성능을 높이고 작업 방법을 새롭게 바꾸고 생산자들의 기술수준을 높여 노동의 질적 성장에 더 집중하였던 것이다. 물론 생산량을 늘리기 위해서는 노동의 양적 성장과 함께 질적 성장도 동시에 이루어져야만 한다. 하지만 1959년경이면 대부분의 생산현장들이 정상화되었고 더 이상 노동인력을 확보할 수도 없는 상태였으며 노동시간도 더 이상 늘리지 못하는 상황에 도달하였으므로 생산활동의 초점은 양적 성장보다 질적 성장에 맞추어질 수밖에 없

---

130) '천리마작업반 칭호 수여에 관한 규정'의 二. 4 "천리마 작업반 칭호를 수여받은 작업반, 직장, 공장에는 높은 영예의 표식으로 천리마 깃발을 수여하며 천리마 작업반 성원들에게는 천리마 휘장을 수여한다."

었다.[131] 당시 노동생산의 질적 성장을 위한 구체적인 목표치는 노동생산능률 향상, 원가절감, 제품의 질 제고라는 항목으로 제시되었다. 생산설비의 경우에 시간당 생산액으로, 노동자의 경우에는 1인당 생산액으로 계산되었으며, 원료와 연료 등 기본 자재를 절약한 정도로도 계산되었다.

천리마작업반운동에 참가하는 천리마기수들에 대한 교양 자료집인 『천리마기수독본』을 비롯하여 천리마작업반운동의 초기에 발간된 천리마작업반운동 관련 자료들에서는 기술혁신이 핵심 목표였음을 분명히 밝히고 있다.[132] 이 당시 자료들에서는, 기술혁신 및 기술혁명이 핵심 목표가 될 수밖에 없는 이유로 생산관계에 비해 생산력의 발전이 더딘 점을 지적하였다. 1958년까지 비교적 짧은 기간 안에 사회주의 제도를 갖추기는 하였지만 이를 뒷받침할 생산력이 아직 수준이 떨어지고 있어 사회주의 제도가 제대로 정착하지 못하였다는 설명이었다. 그래서 기술혁신을 통해 최대한 빨리 생산력을 발전시켜 사회주의 제도를 지탱할 자립적 민족경제를 최대한 빨리 갖추어야 한다는 주장이었다. 이처럼 기술혁신을 통한 생산력의 발전을 핵심 목표로 제시할 수 있는 조건으로, 예전에 비해 많아진 생산현장의 기술간부와 중공업 우선정책으로 인해 마련된 중공업 기지들에서 각종 기계 설비를 제대로 마련할 수 있게 되었다는 점이 거론되었다. 또한 1956년부터 시작된 종파주의 퇴치운동이 마무리되어 정치, 사상적 통일성이 더욱 높아진 것도 기

---

131) 〈표 3-1〉 참조. 김일성, 「모든 문제해결에서 중심고리를 튼튼히 틀어잡고 거기에 력량을 집중하자(황해제철소당위원회 확대회의에서 한 연설, 1959년 9월 4일)」, 『김일성저작집 13』, 356~386쪽 ; 김일성, 「사회주의경제건설에서 나서는 당면한 몇 가지 과업들에 대하여(조선로동당 중앙위원회 전원회의에서 한 결론, 1959년 12월 4일)」, 『김일성저작집 13』, 438~509쪽.

132) 『천리마기수독본』 ; 홍만기, 「우리나라에서의 사회주의 경쟁운동의 발전과 천리마작업반운동」, 156~186쪽 ; 림수웅 편, 『우리나라 사회주의 건설에서의 천리마작업반운동』 ; 『천리마작업반운동』(1960) ; 『천리마작업반 2』 ; 『천리마작업반 3』(직업동맹출판사, 1961) ; 『천리마작업반운동』(1964).

술혁신, 기술혁명에 매진할 수 있는 환경을 마련해 주었다고 보았다. 결국, 이러한 설명은 강화된 동원체제 속에서 기술혁신, 기술혁명을 목 표로 과학기술 활동까지 동원되었음을 뜻하는 것이다.

천리마작업반운동은 개별 작업반이 처한 상황에 맞춰 다양한 형태로 진행되었는데, 그중에서 기술혁신과 직접적으로 관련 있는 활동은 대략 세 가지로 분류된다. 생산 설비 자체를 더 효율적으로 개조하거나 혹은 새로 만드는 경우, 작업 방법을 더 효율적으로 바꾸는 경우, 그리고 마지막으로 생산활동을 직접 담당하는 사람들의 기술, 기능 수준을 높이는 경우가 그것이다. 이중에서 특히 생산설비를 개조하거나 혹은 새로 만드는 경우와 노동자들의 기술, 기능 수준을 높이는 경우에는 높은 수준의 과학기술적 재능을 가진 과학기술자들의 도움이 필수적이었다. 작업 방법을 더 효율적으로 바꾸고 고장난 생산 설비를 고치는 일은 기존의 작업 방법과 설비에 익숙한 사람들만으로도 노력하면 가능한 것이지만, 새로운 과학기술 원리를 바탕으로 생산 설비를 개조하거나 새로운 생산 설비를 만드는 일은 과학기술자들의 도움 없이 거의 불가능한 일이라 할 수 있다. 앞에서 이야기했듯이 1958년에 현지연구사업을 통해 과학원 구성원들을 생산현장으로 적극 진출시킨 이유가 바로 이런 문제들을 해결하기 위한 것이었다. 현장에 진출한 과학원 구성원들은 종합작업반, 실천작업반 등을 통해 노동자들과 결합하여 이러한 일들을 적극적으로 처리해 나갔다. 그리고 생산현장에 파견된 과학기술자들은 공장대학을 설립하는 데에도 핵심적인 역할을 수행하여 노동자들이 생산현장에서 이탈하지 않으면서 대학 수준의 지식과 기술을 익힐 수 있게 도와주기도 하였다.

그러면 천리마작업반운동을 통해 기술혁신을 추구하는 모습을 부문별로 나누어 구체적으로 살펴보자.

1) 철강공업 부문

앞에서도 살펴봤듯이 천리마작업반운동을 처음으로 시작한 진응원 작업반의 경우에도 기술혁신을 통한 생산성 향상이 중요한 활동목표였다. 교대 본위주의를 타파하고 공산주의적인 작업 태도를 강조하기도 했지만 실제 생산량을 늘리는 데 핵심적으로 기여한 것은 생산설비를 개조하고 작업반원들의 기술, 기능 수준을 높인 것이었다. 전기로의 '천개' 조립 방법을 바꾸어 조립 시간을 대폭 단축시켰고, 전극의 위치를 바꾸고 장입문(裝入門)의 '랭각 아치' 위치를 변경하여 천개의 수명을 늘렸으며, 출강구를 개조하여 쇳물 누수를 방지하였다.[133] 결국 1957년에 12만 톤을 생산한 이후 1959년에는 20만 톤까지 생산할 수 있게 되었다. 천개 조립 시간을 절약하여 전기로 가동 시간을 한 달에 10시간 이상 늘렸고, 용해시간도 이전보다 2시간가량 단축시켰으며, 한 번에 용해시키는 쇳물의 양도 30톤에서 42톤으로 늘린 결과였다.[134] 이런 변화는 분명 노동의 질적 성장을 통한 것이었다.

강선제강소는 현지연구사업이 시행되던 1958년 초부터 현지연구기지가 세워졌던 곳이다. 초대 공학연구소 소장을 역임한 후보원사 김인식이 이곳의 책임을 맡으면서 중형 압연기를 근대식 압연기로 개조하였고 새로운 전기로를 만들어 1959년 1월 1일 첫 쇳물을 뽑아내는 데

133) 전극의 위치를 바꾸어 스파크에 의해 천개가 상하는 것을 방지하였고, 장입문의 랭각 아치 위치를 바꾸어 화염이 천개를 녹이는 현상을 줄여 천개의 수명을 늘였다. 이 방법으로 15번의 방전밖에 견디지 못하던 천개는 20번까지 견딜 수 있게 되었다고 한다. 진응원, 「천리마 종합작업반으로 되기까지」, 『천리마작업반 2』, 74~91쪽.

134) 최석화, 「영예로운 칭호」, 『로동자』 1959(4)(직업동맹출판사, 1959), 4~6쪽 ; 진응원, 「천리마 종합작업반으로 되기까지」, 『천리마작업반 2』, 74~91쪽 ; 진응원, 「첫 봉화를 높이 올린 영예를 지니고」, 『천리마작업반운동』(1960), 135~144쪽 ; 김동전, 「첫 봉화를 든 사람들(강선제강소 진응원천리마작업반에서)」, 『천리마시대 사람들 2』, 35~63쪽 ;『〈천리마의 고향〉 강선 땅에 깃든 불멸의 이야기』.

성공하였다.135) 전기로는 다른 노(爐)보다 조작이 간편하고 열효율이 높아 쉽게 높은 온도를 얻을 수 있으므로 짧은 시간 동안 코크스를 전혀 사용하지 않으면서 강재를 생산할 수 있는 장치였다. 또한 연료를 가열할 때 발생하는 가스가 없기 때문에 가열물질에 불순물이 들어갈 위험이 전혀 없을 뿐만 아니라 심지어 노 안을 진공으로 유지할 수 있어 고품질의 강재를 생산할 수 있는 장점이 있었고 특히 대부분의 코크스를 수입에 의존하고 있던 북한에서는 코크스를 사용하지 않으면서도 고품질의 강재를 빠른 시간 안에 생산할 수 있는 전기로를 최대한 빨리 만들어 운영하는 것이 강재 생산단가를 낮추는 데에도 좋았고 철강 생산의 자립화를 위해서도 좋았다.136) 따라서 전기로에 공기나 산소를 불어넣는 방법까지 포함한 전기제철법을 완성하는 것이 당시 과학원 공학연구소가 현지연구기지에서 수행한 핵심 연구주제였다.

진응원작업반이 작업하던 3호로는 전극에서 발생하는 아크를 이용하는 아크로였는데 이는 1878년 독일의 지멘스(William Siemens)가 발명하고 1899년 프랑스의 에루(Heroult)가 공업화시킨 것이었다. 1950년대 후반이면 이 기술은 이미 성숙기 단계에 도달해 있었으므로 전기로 제조 기술과 운영방법을 받아들이는 것은 그렇게 어려운 일이 아니었다. 오히려 당시 일부 전기로에서 시험 적용하고 있던 '산소취입법'이 최신 기술을 이용한 것이므로 도입하기 쉽지 않은 것이었다. 산소를 이용하는 제강법은 1952년 오스트리아의 린츠(Linz)와 다나비츠(Danawitz)라는 두 제철소에서 공동으로 개발되어 'LD전로'라는 이름으로 알려진 기술이었다.137) 따라서 일반 전기로를 운영하는 용해공들이 과학기술

135) 김인식, 「강철공업의 획기적 발전을 위하여」, 『과학원 통보』 1959(1), 21~24쪽 ; 「1959년도 과학원 연구사업의 중심방향」, 『과학원 통보』 1959(1), 62~64쪽 ; 「과학원 기술과학부문의 과학연구 발전 전망계획에 관하여」, 『과학원 통보』 1959(3), 9~19쪽.

136) 「전기로」, 『광명』(중앙과학기술통보사, 2002). (『과학기술대백과사전』(북한과학기술네트워크 http://nktech.net)에서 재인용).

자들의 지원을 받아서 효율적인 운영방법을 찾고 전기로를 효율적으로 개조하는 등의 기술혁신을 이루었다는 이야기는 충분히 가능한 것이었다. 당시로서 최신 기술을 응용한 산소취입법까지 도입하려고 노력하는 모습을 보면 북한의 제철, 제강기술은 상당히 빠르게 발전하고 있었다.[138) 그리고 이러한 기술의 발전은 강선제강소에서 20톤짜리 전기로를 가지고 33톤까지 생산할 수 있게 하였고 전기로를 40톤짜리로 개조할 수 있게 하였다.

현장에 진출한 과학기술자들이 천리마작업반운동을 통해 노동자들과 더욱 긴밀하게 협력할 수 있게 된 것은 이러한 기술혁신이 더욱 빠르게 전개될 수 있는 배경으로 작용하였다. 결국 강선제강소는 산소취입법과 쇠돌투입기 개발, 무연탄을 이용하기 위한 전화실(前火室) 도입, 강괴회전장치와 전회장치의 도입, 두 대 연속압연방법 도입, 재료장입법과 전압조절법 개조 등 300여 건의 혁신안을 바탕으로 1957년에 12만 톤의 강재를 생산한 이후 1960년경에는 20만 톤을 생산하였고 1970년경에는 50만 톤을 생산할 수 있게 되었다.[139)

강선제강소를 비롯한 청진제강소, 성진제강소, 남포제련소, 황해제철소 등 철강부문의 천리마작업반운동에서는 주로 설비를 개조, 신설하는 방법을 통해 생산성을 높이려는 시도가 많았다. 철강 생산을 위해서는 용광로나 압연기와 같은 거대한 설비가 필요하였고 이러한 설비의 성능에 따라 생산량이 달라지기 때문에 생산 설비를 개조하거나 새롭게 만드는 데 집중하였다. 하지만 생산설비를 신설하거나 복구, 개조하는 사업은 정전 직후부터 추진되어 1958년경이면 거의 마무리되었기

---

137) 이창희, 「제강, 제철의 기술약사」, 『재료마당』 16(1) (대한금속재료학회, 2003), 6~15쪽.

138) 일본이 LD전로기술을 도입한 시기가 1957년이었다. 북한과 불과 1~2년 차이밖에 나지 않았던 것이다. 이창희, 「제강, 제철의 기술약사」, 『재료마당』 16(1) (대한금속재료학회, 2003), 6~15쪽.

139) 『〈천리마의 고향〉 강선 땅에 깃든 불멸의 이야기』.

때문에 천리마작업반운동이 전개되기 시작한 1959년경이면 새로운 설비를 만들기보다 이미 운용하고 있던 설비들을 조금씩 개조하여 용해시간을 단축하거나 원료와 연료의 소비량을 줄이는 등의 작업에 더욱 집중하게 되었다.[140]

　이런 작업들 중에 전기제철법 및 전기제강법의 도입과 공기나 산소를 불어넣는 방법, 연속제강법, 그리고 연료와 원료를 재처리하는 방법 등 규모가 크고 새로운 작업방법에 대한 개발은 과학원 구성원들이 중심이 되어 진행하였다. 특히 연료와 원료를 재처리하는 방법에 대한 연구는 주종명의 '함철콕스'에 대한 연구가 성공한 이후 더욱 다양하게 진행되었다.[141] 과학원 공학연구소가 김책제철소에서 현지연구사업으로 진행하고 있던 '함용 소결광' 생산에 대한 연구는 원료를 예비 처리하여 코크스 소비량을 줄이기 위한 조치였고 '구단광법'은 철광석 자체를 예비 처리하여 용광로의 생산성을 높이고 역시 코크스 소비량을 줄이기 위한 조치였다.[142] 수입하는 코크스를 자체적으로 생산하기 위해 '과학원 화학연구소 콕스화 연구실'은 김책제철소에서 북한에서 생산할 수 있는 무연탄으로 코크스를 만드는 방법에 대해 현지연구사업을 진행하였다.[143]

　주종명의 함철콕스에 대한 연구는 아직 전쟁이 채 끝나지 않은 1952년

---

140) 1954년에 문평제련소 용광로와 황해제철소 제1평로, 김책제철소 제1해탄로, 강선제강소 분괴압연기 등이 복구되었고, 1955년에는 김책제철소 제1용광로가 복구되어 가동에 들어갔다. 또한 1958년에는 황해제철소 제1용광로와 제1해탄로가 350톤 규모에서 500톤급으로 복구 확장되었다.

141) 주종명, 「믿음을 주시고 지혜를 주시며」, 『위대한 사랑의 품속에서 2』, 299~312쪽 ; 리종옥, 『영원한 인민의 태양 2』, 168~174쪽.

142) 김인식, 「강철공업의 획기적 발전을 위하여」, 『과학원 통보』 1959(1), 21~24쪽 ; 「국내산 연료연구에서의 혁신-과학원 상무위원회에서」, 『과학원 통보』 1959(4), 23~25쪽.

143) 「1959년 상반년도 과학원 화학 연구소의 연구 사업 성과」, 『과학원 통보』 1959(4), 40~41쪽.

1월부터 시작되어 1958년에 공업화 시험을 통과한 후 1959년부터 본격적으로 생산현장에 도입되기 시작한 연구였다.144) 앞에서 이야기했듯이 주종명의 함철콕스 연구는 리승기의 비날론, 마형옥의 갈섬유, 려경구의 염화비닐, 한홍식의 무연탄 가스화와 같이 현지연구사업의 도입 이후 공업화 단계로 급속히 전환하여 성공한 경우에 해당한다. '함철콕스'란 해탄로에서 코크스를 제조할 때 철성분을 함유하도록 만드는 것으로 당시 수준으로 코크스를 23% 절약하면서도 생산성을 135% 향상시킬 수 있는 기술이었다. 주종명은 자체적으로 생산 가능한 연료와 원료를 가지고 철강생산을 가능하게 하였다는 공로를 인정받아 리승기와 함께 제1회 인민상을 받았다.145) 자체 연료, 자체 원료, 자체 인력에 의거한 과학기술 활동의 전개를 특징으로 하는 북한식 과학기술이 구체화된 초기 사례로 공식 인정받은 것이었다.

이처럼 큰 규모의 기술개발 이외에 작업방법 개선, 기존의 설비 개조, 용해시간 단축, 또는 노(爐)의 수명을 연장하는 등의 작은 규모의 작업은 생산현장의 노동자들을 중심으로 진행되었다. 노동자들 개별적으로는 작업 숙련도를 높여 생산성을 향상시켰는데 황해제철소 기중기 운전공 엄기준 같은 경우는 그동안 6~7시간 걸리던 원료 장입작업을 2시간대로 단축시켜 노(爐) 운행시간을 늘렸다.146)

천리마작업반운동에 참가했던 많은 작업반에서는 집단적으로 새로운 기술, 새로운 작업방법, 설비의 개조를 통해 생산성을 향상시켰다. 청진제강소 회전로 직장에서는 회전로 보수 시간을 단축하기 위해 '고속도 냉각법'을 개발하여 회전로 보수를 위해 회전로가 식기를 기다리

---

144) 주종명, 「믿음을 주시고 지혜를 주시며」, 『위대한 사랑의 품속에서 2』, 299~312쪽 ; 리종옥, 『영원한 인민의 태양 2』, 168~174쪽.

145) 「영예의 첫 인민상 계관인들」, 『과학원 통보』 1959(5), 61~64쪽 ; 주종명, 「함철 코크스의 생산과 그의 리용」, 『과학원 통보』 1961(4), 21~22쪽.

146) 박양엽, 「당의 강철전사들—황해제철소 강철직장에서」, 『천리마시대 사람들 2』, 91~112쪽.

는 시간을 2~3일에서 8시간으로 단축하였다. 또한 그들은 회전로의 수명을 연장하기 위해 회전로 안벽에 무산광석을 녹여 붙이는 '로 안붙임법'을 개발하여 회전로의 수명을 2배 연장하였다고 한다.[147] 강선제강소 기계공 박갑동은 '전기로 접촉 나사식 전극 홀다'를 창안하여 출강시간을 줄이는데 일조하였다. 이전까지는 전극 홀더의 접촉성이 좋지 않아 쇄기를 박는 방법을 사용하여 시간이 오래 걸렸지만 이를 나사식으로 개조하여 개보수 시간을 많이 절약하였다는 것이다.[148] 황해제철소 용광로 직장의 구중서는 생산의 파동성을 퇴치하기 위해 낙후한 다른 작업반으로 파견되어 가서 새로운 기술과 작업방법을 전수하면서 동시에 '쇳물길 벽돌'을 '조립식 스담쁘'로 전환하는 설비개조에도 성공하였다. 이는 매일 교체해야 하는 쇠물길을 15일에 한 번씩만 할 수 있게 한 것으로 연간 2,000여 공수(man-day)의 노력과 1만 5,000여 매의 벽돌을 절약할 수 있게 하였다고 한다.[149]

이전과 달리 천리마작업반운동에 참가한 작업반들에서 새로운 기술을 도입하여 작업방법을 개선하고 생산설비를 개조하는 작업이 가능했던 이유는 생산현장에 파견된 과학기술자들의 수가 많아지면서 과학기술 지원 활동이 활발해졌기 때문이었다. 그래서 작업반 수준에서 새로운 기술을 도입하거나 노(爐)를 개조할 때 주변의 과학기술자들이 도와주는 모습을 여러 곳에서 확인할 수 있다. 황해제철소의 2중 천리마작업반인 리만걸작업반의 경우, 자신들이 담당한 평로 2호의 규모를 100톤에서 140톤으로 확장하여 1회 출강으로 150톤까지 생산하였다. 이때 140톤으로 확장한 평로를 정상가동하기 위해 평로 뒷면에 광재 유출 구멍을 뚫고 그 구멍에 쌍수채를 달자고 하는 혁신안이 제기되었는데,

---

147) 박만도, 「기술 일군의 성실성」, 『천리마시대 사람들 10』(선동원사, 1965), 39~
   47쪽.
148) 서명석, 「강선의 로당원」, 『천리마시대 사람들 12』(선동원사, 1965), 32~39쪽.
149) 김용현, 「당의 강철전사답게」, 『천리마작업반운동』(1960), 247~256쪽.

이에 대한 과학기술적 타산을 당시 작업반장 리만걸에게 금속공학과 안전공학을 가르쳐주던 기사 서종학이 맡아주었다고 한다.[150] 황해제 철소의 김용현 천리마작업반장은 용광로의 전반적인 생산성을 높이기 위해 노동자들도 용광로의 기술 관리 사업에 참가하기로 하고 원래 용 광로 기술관리를 담당하는 과학기술자들과 노동자들의 협력을 강화하 는 사업을 전개하였다. 이들의 협력사업은 '련석 생산협의회'를 강화하 는 방법으로 진행되었는데 이를 통해 노동자들은 과학기술자들로부터 용광로에 대한 과학기술적 이론과 조작법을 자세하게 배울 수 있었 다.[151]

노동자들은 오랜 경험과 직접 작업을 담당하기 때문에 작업방법과 생산설비의 문제점이 무엇인지 개선의 여지가 많은 부분이 무엇인지 직감적으로 많이 알고 있었지만 이를 실현할 구체적인 이론이나 지식 이 부족하여 현실화시키는 힘이 부족하였고, 과학기술자들은 구체적인 이론이나 지식은 풍부하게 알고 있었지만 실제 작업에 대해 자세하게 알지 못하므로 구체성이 떨어지는 단점이 있었다. 이런 점에서 기술혁 신을 통해 생산성을 최대한 높이기 위해서는 노동자와 과학기술자들이 서로의 장단점을 잘 융합시켜야 한다는 측면에서 과학기술자들과 노동 자의 협력사업이 강조되었다. 노동자들은 자신들의 경험적 측면에서 문제점이나 개선점에 대한 의견을 제시하고 과학기술자들은 이러한 제 안들을 정확한 이론에 바탕하여 타당성을 구체적으로 타산해보고 명확 한 실현방법을 찾는 것으로 역할 분담을 하였다.

문제는 이러한 협력사업을 구체적인 정책과 제도로 보장하는 것이었 는데 과학원의 '현지연구사업'과 생산현장의 '실천작업반', '종합작업

150) 홍영호, 림금동, 「2중 천리마작업반」, 『천리마시대 사람들 8』(선동원사, 1963), 4~17쪽 ; 리만걸, 「부단히 배우며 부단히 전진한다―황해제철소 천리마 강철 직장」, 『천리마작업반 4』(직업동맹출판사, 1963), 352~363쪽.
151) 김용현(황해제철소 용광로 직장 천리마작업반장), 「당의 강철전사답게」, 『천 리마작업반운동』(1960), 247~256쪽.

반'이 바로 이를 위한 것이었다. 과학기술자들과 노동자들의 협력사업
을 위해 과학기술자들이 최대한 생산현장에 진출해야 하므로 현지연구
사업을 도입하여 부족한 생산현장의 과학기술인력을 충당하였고, 생산
현장에 있는 과학기술자들과 노동자들이 함께 작업하면서 교류할 수
있도록 이들을 함께 실천작업반이나 종합작업반에 포함시켰다. 이제
노동자들이 생산설비의 문제점이나 개선점을 제기하면 이에 대한 이론
적인 타당성이나 구체적인 실행방법을 생산현장에 파견되어 있는 과학
기술자들의 도움을 받아 찾아낼 수 있게 되었다. 당시 생산현장의 과학
기술적 문제에 대한 최종 책임은 기사장이 지고 있었다.

　　노동자들과 과학기술자들의 협력이 강화되면서 과학기술적 문제들
이 점차 중요해졌고 천리마작업반운동이 전개되면서 대부분의 생산성
향상은 과학기술적 문제들과 연관된 것이었으므로 기사장의 비중은 더
욱 커져갔다.

2) 기계공업 부문

　　기계 부문의 천리마작업반운동은 철강 부문의 천리마작업반운동과
진행 양상이 약간 달랐다. 이는 기계부문과 철강부문이 규모와 작업공
정의 유형에서 서로 달랐기 때문에 생긴 차이였다. 철강부문은 용광로
나 해탄로와 같은 거대한 설비가 필요한 것이므로 일부 거대 사업장만
해당되는 것이었고, 기계부문은 거대한 설비뿐만 아니라 기계를 깎을
수 있는 작은 설비만 있어도 가능한 것이므로 기계를 사용하는 대부분
의 사업장이 해당되는 것이었다. 또한 철강부문은 생산량의 많고 적음
이 생산설비의 성능에 크게 좌우되므로 모든 작업공정이 생산설비를
중심으로 이루어졌던 반면, 기계부문은 생산량의 변화가 설비의 성능
뿐만 아니라 작업자의 능력이나 행정적 지원, 작업준비 상태 등과 같은
여러 가지 요소들에 함께 영향을 받기 때문에 작업공정의 중심은 생산
현장마다 달랐다. 특히 기계부문의 경우, 같은 설비를 가지고도 작업자

에 따라 생산량이 급격하게 차이나는 경우가 많으므로 작업공정의 중심은 생산설비보다 개별 작업자에 있었다. 작업자들이 일을 시작하기 전에 자신이 그날 할 일에 대해 얼마나 잘 이해하고 있는지, 작업 과정에서 필요한 부속이나 공구를 얼마나 잘 갖추었는지, 작업에 대한 열의가 어느 정도인지, 그리고 작업자의 기술 수준이 어느 정도인지에 따라 생산량의 변화가 매우 컸던 것이다.

이러한 부문별 차이로 인해 기계부문의 천리마작업반운동은 작업공정과 관련한 다양한 영역에서 좀 더 세밀하게 설정된 목표를 가지고 추진되었다. 물론 기계부문의 천리마작업반운동도 앞에서 이야기한 것처럼 크게 세 가지 유형으로 분류될 수 있는 기술혁신활동들이 전개되었다. 생산 설비와 관련된 활동, 작업 방법과 관련된 활동, 마지막으로 기술, 기능 수준과 관련된 활동이 그것이었다. 하지만 각각의 활동들은 철강부문의 경우보다 더 세분화된 목표를 설정하고 있었다. 생산 설비와 관련된 활동만 하더라도 기존의 설비를 개조하는 것과 새로운 생산설비를 만드는 것 이외에도 설비 운영 지침을 숙지하여 기계를 잘못 다루어서 고장 내는 일을 방지하기, 설비에 대한 점검 보수작업을 철저히 하여 고장을 미리 방지하기, 보수작업에 쓰일 부속과 작업과정에서 필요한 공구를 미리 확보하기 등이 구체적으로 제시되었다.

특히 기계부문은 철강부문과 달리 개별 작업자의 능력이나 작업활동이 생산력 향상에 절대적이었으므로 '480분 합리화 운동'과 같이 개별 작업자의 활동을 세밀하게 분석하여 대책을 강구하는 활동이 전개되었다. '480분 합리화 운동'이란 8시간이라는 정규 작업 시간 동안 생산활동과 상관없는 일들로 인해 작업시간이 낭비되는 요소를 철저히 조사, 분석하여 대책을 강구하는 방법이었는데 이는 '소련식 테일러리즘'을 적용한 것이었다.152) 테일러리즘의 적용은 노동시간에 대한 분할과 관

---

152) 소련에서는 테일러리즘을 "불필요하고 잘못된 동작을 제거하고 올바른 작업 방법을 확립하며 최상의 회계체계와 통제체계를 도입하는 것과 같은 이 분야

리 및 작업동작에 대한 분석과 표준화로 이루어졌는데, 이를 정책적으로 공식화하기 시작한 것은 1953년 9월 18일부터였다. 이때 내각지시 제108호 '로력조직을 개선하며, 로동기준량을 재사정할 데 관하여'가 공포되어 '로동 기준량 재사정 중앙지도위원회'가 설치되었고 이를 통해 '로동의 기술기준화 사업 지도서'가 작성되었다. 소련식 테일러리즘에 대한 구체적인 연구는 노동성 산하 '로동과학연구소'가 담당하였고 1957년 1월 1일부터는 중요 생산성 산하에 설치된 '로동기준연구소'가 담당하였다.153) 1957년은 이제 막 전후복구사업을 끝내고 정상적인 경제활동을 시작할 때여서 아직 생산현장의 체계가 완전히 정비되지 못하였으므로 당시 설치된 로동기준연구소는 노동기준량을 정리하는 기초 작업을 담당하였다. 생산현장에서는 '정량원'이라는 직책을 가진 사람들이 이렇게 만들어진 기초작업 결과를 바탕으로 현장의 실정에 맞게 노동기준량을 규정하고 그에 따라 노동자들의 작업량을 산정해주는 역할을 담당하였다.

1956년 12월부터 시작된 천리마운동을 통해 1957년 공업생산량이 44%나 증가하게 되면서, 설비의 생산가능량인 '공칭능력'과 노동자 개인의 표준작업량인 '노동기준량'에 대한 재검토 필요성이 강하게 대두되었다. 기존의 행정 및 기술 관료들이 기존의 공칭능력과 노동기준량을 절대시하면서 1957년 계획이 비과학적이며 실현불가능하다고 저항

에서의 최고의 과학적 업적과 부르조아적 착취의 치밀한 야만성이 결합된 것"으로 보면서 후자를 제거한 상태에서 테일러리즘을 받아들였다고 한다. 소련에서 테일러리즘을 받아들이는 과정에 대한 논란과 소련식 변형에 대해서는 Zenovia A. Socher, "Soviet Taylorism Revisited", *Soviet Studies* Vol.33 No.2(April 1981), pp.246~264와 노경덕, 「알렉세이 가스쩨프와 소이에트 테일러주의, 1920~1929」(서울대학교 석사학위논문, 2000)를 참고. 북한에서 소련식 테일러리즘을 받아들이는 모습은 조정아, 「산업화 시기 북한의 노동교육」, 40~47쪽 ; 김보근, 「북한 '천리마 노동과정' 연구 : '소련식 테일러주의'의 도입·변질 과정」, 110~145쪽을 참고.

153) 조정아, 「산업화 시기 북한의 노동교육」, 42~43쪽.

하였지만, 결과적으로 1957년도 계획이 목표치를 초과달성하게 되면서 공칭능력과 노동기준량을 새롭게 정비해야 한다는 의견이 힘을 받게 되었다. 여기에 1958년 이후 급속하게 부각되기 시작한 기술혁신운동에 의해 공칭능력과 노동기준량을 새롭게 정비하는 작업은 단순히 기존의 자료들을 재검토, 재조사하는 수준을 넘어 기술혁신을 통하여 더욱 높은 수준의 공칭능력과 노동기준량을 새롭게 만드는 방향으로 진행되었다. 따라서 작업반 단위의 구체적인 집단적 기술혁신운동으로서 전개되기 시작한 천리마작업반운동 시행과정에서 '480분 합리화 운동'은 작업시간과 작업방법을 단순히 조사, 정리하는 것에 그치지 않고 새로운 기술의 도입과 합리적인 작업방법의 도입을 통해 새로운 기준량을 만들기 위해 노력하였다.

기계부문에서 천리마작업반운동에 참가한 작업반은 대부분 참가 초기에 '480분 합리화 운동'을 전개하면서 작업과정 전반에 대한 재조사 사업을 먼저 진행하였다. 480분 정규 작업시간 동안 실질적인 작업시간이 어느 정도인지, 실제 작업활동 이외에 활동으로 허비되는 시간이 어느 정도인지 구체적으로 조사하는 것이었다. 조사결과 대부분 설비가 고장 나서 생기는 시간낭비와 작업준비를 제대로 하지 않아서 생기는 시간낭비가 가장 많다고 판단하여 이에 대한 대책을 우선 세웠다. 설비가 고장 나지 않게 하기 위해서 '나의 기대운동', '무사고 운동' 등을 통해 점검, 보수작업을 철저히 할 것을 작업반원들에게 요구하였다.[154] 이런 사전 점검, 보수작업들의 경우, 초기에는 설비 작동방법을 비롯한 기술규정을 엄격히 지키는 수준정도였다가 점차 기술교육을 통해 작업자의 기술수준을 높이는 방향으로 전개되었고, 또한 자주 고장을 일으키는 원인을 찾아 설비를 개조하거나 더욱 효율적이고 고장이

---

154) 차의석, 「1인당 생산액을 제고하는 길에서(북중기계공장 기관직장)」, 『천리마작업반 4』(직업동맹출판사, 1963), 107~116쪽 ; 하정히, 「계속 앞으로!(북중기계공장 2중 천리마 청년 작업반장 차의석 동무)」, 『천리마시대 사람들 6』(조선로동당출판사, 1963), 1~16쪽.

덜 발생하는 설비를 만드는 활동으로 이어졌다.[155]

2중 천리마작업반 칭호까지 받은 북중기계공장 기관직장의 차의석 작업반의 경우, 480분 합리화 운동을 전개하면서 작업반원 개인별로 실제 가공시간과 각종 보조시간을 기록할 수 있도록 '실가공 카드'를 만들어 작업시간을 자체적으로 조사하였다. 한 달 동안 모은 자료들을 통계 처리한 결과 480분 중에서 낭비되는 시간이 전체의 37.5%에 해당하는 180분이나 된다는 것을 파악하고 각종 시간 낭비 요소를 줄이기 위해 노력하였다. 처음에는 작업 들어가기 전에 일제히 설비 점검을 하도록 제도화시키고 공구연마, 자재 준비, 필요한 부속과 공구들을 미리 준비하도록 하였다. 그 결과 실제 작업시간은 450분까지 늘어났고 설비 고장이 방지되어 설비이용률이 85%까지 올라갔다고 한다. 그럼에도 불구하고 1인당 생산액이 획기적으로 늘어나지 않자 차의석작업반은 새로운 작업방법과 기술, 설비의 개발에 더욱 집중하기로 하였다. 작업 시간을 늘리는 방법에서 작업 시간의 효율성을 증대시키는 방향으로 목표를 수정하였던 것이다. 다방면으로 기술혁신을 위해 노력한 결과 차의석작업반은 '바이트'를 이용해서 기계를 깎아내던 작업공정을 '프레스를 이용한 압착 가공법'이라고 하는 당시 북한에서 새로운 기술을 도입하여 작업 속도를 획기적으로 늘이는 데 성공하였다. '압착 가공법'은 당시 과학원에서도 집중적으로 연구하여 생산현장에 지원해 주던 기술이었다.[156] 이로 인해 작은 축 가공에 걸리던 시간은 15분에서 2~3분으로 줄어 가공시간이 20% 이상 단축되었다. 그리고 '랭동기의 변자 가공 지구'와 '100~200마력 열구 기관의 크로즈핀 2차 가공지구' 등 새로운 기술장비를 개발한 결과 오작 비율은 50%이상 줄었고

155) 『천리마기수독본』, 86~116쪽.

156) 「과학원 기술과학부문의 과학연구 발전 전망계획에 관하여」, 『과학원 통보』 1959(3), 9~19쪽 ; 한도해, 「조선로동당 중앙위원회 1960년 8월 확대전원회의에서 제시된 혁명과업의 실천을 위한 기계화 및 자동화부문 과학일군들의 당면 과업」, 『과학원 통보』 1960(5), 26~29쪽.

작업능률은 1.5배 이상 향상되었다고 한다.157)

  기계부문의 천리마작업반운동은 특이하게 천리마작업반운동과 독립적으로 추진된 '공작기계새끼치기운동'이라는 대중운동과 긴밀하게 연관되면서 추진되었다. '공작기계새끼치기운동'이란 1959년 3월 10일 김일성이 라남기계공장을 현지지도하면서 10여 대의 공작기계(선반)를 가지고 200여 대의 새로운 공작기계를 만들어내는 모습과 근처에 있던 경성아마공장에서 작은 단능공작기계 5대를 가지고 여러 대의 단능공작기계를 만들고, 나아가 방적기를 만들어내는 모습을 보고 제안하여 시작된 운동이었다.158) 이를 전국적으로 확대 실시하기로 결정한 것은 1959년 5월 5일 개최된 조선로동당 중앙위원회 상무위원회 확대회의였다.159) 1차 5개년계획 목표치보다 실적이 훨씬 많았기 때문에 계획에 예정된 기계만 생산해서는 기계에 대한 수요를 충족시킬 수 없다는 판단에서 전문 공작기계공장 말고도 공작기계를 가진 모든 공장에서 기본계획 외에 공작기계를 한 대씩 더 만들자는 결정이었다.

  이렇게 해서 추진된 공작기계새끼치기운동에 의해 1959년 말까지 기본계획에 포함되지 않은 1만 3000여 대의 공작기계가 더 생산되었다. 이는 1958년 공작기계생산 실적의 수배에 해당하는 것이었고, 결과적으로 1959년 말의 공작기계 대수는 1958년의 1.8배나 되었다.160) 공

---

157) 차의석, 「1인당 생산액을 제고하는 길에서(북중기계공장 기관직장)」, 『천리마작업반 4』, 107~116쪽 ; 하정히, 「계속 앞으로!(북중기계공장 2중 천리마 청년작업반장 차의석 동무)」, 『천리마시대 사람들 6』, 1~16쪽.

158) 「공작기계새끼치기운동」, 『경제사전 1』, 161쪽 ; 김덕호, 「우리나라에서 집단적 혁신운동의 발생 발전」, 114~117쪽.

159) 김일성, 「사회주의건설에서 혁명적 고조를 계속견지하며 올해 인민경제계획을 성과적으로 수행할 데 대하여(조선로동당 중앙위원회 상무위원회 확대회의에서 한 연설, 1959년 5월 5일)」, 『김일성저작집 13』(조선로동당출판사, 1981), 264~293쪽.

160) 전석담, 「조선로동당의 령도 하에 전후 사회주의 건설에서 조선인민이 달성한 성과와 그 의의」, 59~60쪽.

작기계새끼치기운동은 수요에 비해 공급능력이 떨어진 기계부문의 생산능력을 키워주었을 뿐만 아니라, 이렇게 해서 늘어난 공작기계를 가지고 대부분의 공장에서 필요한 부속품과 공구 등을 자체적으로 생산할 수 있게 하였다. 부속품과 공구의 공급이 원활하게 됨으로써 고장난 기계를 부속 때문에 고치지 못하는 경우가 대폭 줄어들어 설비가동률이 높아졌고, 작업시간에 공구를 찾으러 다니면서 허비하는 시간이 줄어들면서 실제 작업시간이 대폭 늘어났다. 이처럼 자체적으로 부속품과 공구를 충분히 갖춤으로 해서 생산량을 늘리는 방법은 천리마작업반운동 과정에서 '나의 공구함 갖추기 운동'으로 자리 잡게 되었고 이는 '작업반 공구함 갖추기 운동'으로까지 발전하였다.[161] 개별적으로 자신의 공구함을 미리 만들어 놓는 수준을 넘어, 개별 공구함을 만듦으로 인해 중복, 낭비되는 요소를 줄이기 위해 작업반원 전체가 공동으로 이용하는 공구함을 갖추는 것으로 발전하였던 것이다.

1959년에 처음으로 공작기계새끼치기운동이 시작될 때에는 주로 선반, 바이트 등을 비롯한 절삭기구 중심이었지만 1960년부터는 한 단계 수준을 높여 프레스와 같은 압착가공기구를 중심으로 공작기계새끼치기운동이 전개되었다.[162] 낮은 수준부터 시작하여 점차 높은 수준으로, 작은 규모의 기계에서부터 대형 기계로 점차 발전하였던 것이다. 공작기계새끼치기운동이 공작기계 대수를 늘리는 데 급급했다고 하면서 이

---

161) 주성일, 「우리는 로동생산능률을 이렇게 높였다 (룡성기계공장 제1조기직장 천리마작업반)」, 『천리마작업반 2』 ; 양재춘, 김려수, 「나라와 인민을 사랑하는 참된 마음 (락원기계공장 김승원 천리마작업반에서)」, 『천리마시대 사람들 2』, 138~157쪽 ; 차의석, 「1인당 생산액을 제고하는 길에서 (북중기계공장 기관직장)」, 『천리마작업반 4』, 107~116쪽 ; 하정히, 「계속 앞으로! (북중기계공장 2중 천리마 청년 작업반장 차의석 동무)」, 『천리마시대 사람들 6』, 1~16쪽.

162) 김일성, 「기술혁명을 성과적으로 수행할 데 대하여 (조선로동당 중앙위원회 전원회의에서 한 결론, 1960년 8월 11일)」, 『김일성저작집 14』(조선로동당출판사, 1981), 182~213쪽 ; 한도해, 「조선로동당 중앙위원회 1960년 8월 확대전원회의에서 제시된 혁명과업의 실천을 위한 기계화 및 자동화부문 과학일군들의 당면 과업」, 『과학원 통보』 1960(5), 26~29쪽.

운동의 영향력을 평가절하 하는 연구도 있지만,[163] 이처럼 이 운동이 점차 발전하였다는 측면을 고려한다면 나름대로 긍정적인 역할을 하였다고 평가할 수 있다. 또한 공작기계새끼치기운동으로 인해 대부분의 공장에서 부속품과 공구 등을 생산하는 공무직장의 능력이 급격히 늘어났기 때문에 원래 부속품과 공구를 생산하여 공급해줄 임무를 맡았던 전문 기계공장의 부담이 줄어들게 되었고, 그만큼 이들 전문 기계공장들이 전문적인 기계설비를 생산하는 데 더 집중할 수 있었다는 측면을 고려한다면 공작기계새끼치기운동은 더욱 긍정적으로 평가할 만하다. 실제로 1958년부터 엑쓰까와또르(굴착기, 락원기계공장), 뜨락또르(견인차, 기양농기계공장), 오토바이, 화물자동차(덕천기계공장), 불도젤(불도저, 북중기계공장) 등을 비록 역설계방식(Reverse-engineering)이었지만 자체적으로 생산하게 된 북한의 전문기계공장들은 1959년부터 이들 기계제품들을 정상적으로 생산하기 시작하였고 락원기계공장에서는 5900여 개의 부품이 들어가는 무게 300여 톤짜리 '8m 대형 타닝반〔터닝반〕'을 생산하기 시작하였다.[164] 특히 화물자동차를 생산하는 덕천기계공장과 트랙터를 생산하는 기양기계공장에서 자동차 실린더를 가공하는 '6축 보링반'과 트랙터 본체 좌우 측면의 38개 구멍을 한꺼번에 뚫는 '38축' 등을 자체적으로 개발할 수 있었던 것은 일반 부속이나 공구를 생산하는 부담이 줄어들어 전문 기계생산에 집중할 수 있었기 때문이었다.[165]

이처럼 공작기계새끼치기운동과 함께 기계부문의 천리마작업반운동이 점차 기술수준이 높은 형태로 발전할 수 있었던 까닭은 과학원의 과학기술적 지원이 뒷받침되었기 때문이었다. 과학원은 1958년부터 현지

163) 김연철, 「북한의 산업화 과정과 공장관리의 정치」, 259~260쪽.

164) 윤명수, 『조선 과학기술 발전사 1』, 124~130쪽.

165) 전석담, 「조선로동당의 령도 하에 전후 사회주의 건설에서 조선인민이 달성한 성과와 그 의의」, 59~61쪽 ; 김덕호, 「우리나라에서 집단적 혁신운동의 발생 발전」, 114~117쪽.

연구사업을 추진하면서 생산현장에 있는 현지연구기지에 과학원 구성원을 대거 파견하면서 생산현장에서 부딪히는 과학기술적 문제들을 해결할 수 있도록 지원하고 있었다. 예를 들어, 기계부문에서 제일 처음 천리마작업반운동에 참여하고 1959년 7월 8일에 칭호를 받은 룡성기계공장 제1조기직장의 주성일작업반은 생산능률을 높이기 위해 기계공작기계의 일종인 '바이트'를 약간 개조하거나 아니면 완전히 새로운 바이트를 개발하는 방법을 썼는데, 이 당시 바이트 개조와 개발에 과학원의 지원이 있었다.166) 당시 만들어진 바이트 중에서 이후 '주성일 바이트'라는 이름으로 불리게 된 바이트는 기존의 '꼴레쏘브 바이트'에서 날의 각도를 약간 수정한 것으로 쇠를 깎는 속도가 3~4배가량 향상되었다고 한다. 김용주는 '스리스발브 종합 바이트'를 새롭게 개발하였는데, 서로 다른 바이트로 3개의 공정을 거치던 것을 1개의 공정으로 한꺼번에 처리하는 바이트였고 이를 이용해서 '600미리 스리스발브 상체' 1개를 깎는 시간이 3시간에서 1시간으로 단축되었다고 한다. 또한 3개의 바이트로 1개의 홈을 파던 가공작업을 한 개의 바이트로 한꺼번에 7개의 홈을 팔 수 있게 만든 김명환의 '단번치기 바이트', 소지원의 '2중 바이트', 최주현의 '박판 스탠드 스크류 톱날 나사 바이트' 등 대략 10여 종의 바이트를 새로 제작하여 절삭속도가 80m/분에서 100m/분으로 25%가량 향상되었다. 결국 주성일작업반은 노동생산능률을 1958년에 비해 320%, 1959년 계획에 비해 280%나 달성할 수 있었고, 원래 계획을 4개월 앞당겨 수행할 수 있었다.167) 이처럼 바이트를 약간

---

166) 한도해, 「창성법으로 비인볼류트형을 가공하는 치절 공구에 대하여」, 『과학원 통보』 1959(1), 52쪽 ; 「과학원 기술과학부문의 과학연구 발전 전망계획에 관하여」, 『과학원 통보』 1959(3), 9~19쪽 ; 한도해, 「조선로동당 중앙위원회 1960년 8월 확대전원회의에서 제시된 혁명과업의 실천을 위한 기계화 및 자동화부문 과학일군들의 당면 과업」, 『과학원 통보』 1960(5), 26~29쪽 ; 윤명수, 『조선과학기술 발전사 1』, 124~130쪽.

167) 주성일, 「우리는 로동생산능률을 이렇게 높였다 (룡성기계공장 제1조기직장 천리마작업반)」, 『천리마작업반 2』, 32~51쪽 ; 주성일, 「나라의 기술혁신의 선

개조하거나 새롭게 만드는 일은 기존의 공작기계를 가지고 충분히 할 수 있는 일이었으므로, 북한 지도부는 과학원에서 연구를 좀 더 진행시켜 공작기계를 가지고 있는 대부분의 생산현장에서 도입할 수 있게 도와주라고 지시하였다.[168]

운산공구공장의 오응화작업반은 과학원의 도움을 받으면서 1961년 9월에 압연법을 적용하여 0.001mm의 정밀성을 보장할 수 있는 금속가공방법을 개발하였다. 1960년 1월 당시, 운산공구공장 시제품작업반장이던 오응화는 수입에 의존하던 '틈새게이지(간극게이지, clearance gage)'를 자체 기술로 만드는 일을 하다가 제일 작은 것의 두께가 0.03mm밖에 되지 않는 게이지를 연마공정에 의해서는 제대로 만들기 힘들다는 판단을 한 후, 압착가공방법을 통해 여러 과정을 한 번에 끝낼 수 있는 가공방법을 착안하여 개발하기 시작하였다. 그는 상부조직으로부터 압연기를 제작할 수 있는 특수강재 '고속도강 18'과 현미경과 마이크로미터를 비롯한 각종 정밀 측정계기들을 지원받으면서 특수한 압착가공법을 이용한 압연기를 만들었고 과학원과 김책공대의 관련분야 전공자에게 자문을 받으면서 임의의 제품을 모두 처리할 수 있는 새로운 열처리 조작표도 완성하였다. 그 결과, 각종 톱을 가공하던 120대의 기대, 틈새게이지를 만들던 27대의 연마기, 각종 프레스기 및 절삭기 등이 필요 없게 되었고 그동안 틈새게이지 제작을 담당했던 고급기능공들의 일도 없어지게 되었으며, 제품 당 생산성은 오히려 7000%로 대폭 향상되었다. 오응화가 개발한 새로운 금속가공법은 당시까지 수입에만 의존하던 각종 부속이나 도구들을 자체적으로 생산할 수 있게 하였다. 예를 들어, 0.01mm의 오차수준에서 날까지 세워야 하는 '각막이식용 수

두에 서서(룡성기계공장 조기 청년 직장 2중 천리마 작업반장)」, 『천리마작업반운동』(1960), 119~127쪽.

168) 한도해, 「조선로동당 중앙위원회 1960년 8월 확대전원회의에서 제시된 혁명과업의 실천을 위한 기계화 및 자동화부문 과학일군들의 당면 과업」, 『과학원통보』 1960(5), 26~29쪽.

술도구'를 만들어 평양의대에서 각막이식수술을 원활하게 시술할 수 있게 했으며 수입 자동조사기의 핵심부품인 0.045㎜두께의 '찌딴날'을 만들어 평양제사공장이 정상가동하는 데 많은 도움을 주었던 것이다.169)

당시 과학원의 기계부문 연구주제를 살펴보면, 이처럼 천리마작업반운동을 수행하면서 새로운 기술을 도입하여 생산능률을 높이고 생산량을 늘리는 일들이 가능했던 이유를 알 수 있다. 즉, 천리마작업반운동에 의해 해당 작업반의 생산액이 증가하고 계획 수행율이 높아질 수 있었던 까닭은, 노동자들의 혁명적 열의와 과학원의 기술지원활동이 결합되어 노동의 양적 증가뿐만 아니라 질적인 성장 또한 가능하였기 때문이었다. 1950년대 말, 과학원의 기계부문 연구 주제에는 공작기계 개조와 개발연구 이외에도 금속재료의 질 향상, 압착가공법, 금속표면 처리법, 새로운 주조법의 개발 등이 들어있었다. 니켈이나 크롬 대신, 규소나 망간, 티탄을 사용하여 새로운 강재를 개발하는 연구는 과학원 구성원들이 성진제강소에 나가 진행하였는데 이렇게 개발된 강재는 승리-58형 화물자동차의 부속품 생산에 쓰였다. 압착가공법은 절삭법에 비해 재료를 10%이상 절약할 수 있고 수명을 1.5배나 늘일 수 있는 방법이었으므로 절삭기계를 대신할 부속제작방법이었다. 그리고 기존의 주물방법보다 생산능률이나 설비이용률을 높이기 위해 '금형주조법'을 비롯하여 '원심 주조법', '압력주조법', '정밀 주조법', '껍질주조법' 등을 개발하도록 하여 주물생산방법의 발전을 꾀하였다.170) 이런 연구활

---

169) 박금순, 지룡차, 「기술 혁신의 선구자(운산공구공장 작업반장 오응화)」, 『천리마시대 사람들 7』(선동원사, 1963), 41~65쪽.

170) 「과학원 기술과학부문의 과학연구 발전 전망계획에 관하여」, 『과학원 통보』 1959(3), 9~19쪽 ; 한도순, 「조선로동당 중앙위원회 1960년 8월 확대전원회의에서 제시된 혁명과업의 실천을 위한 기계화 및 자동화부문 과학일군들의 당면 과업」, 『과학원 통보』 1960(5), 26~29쪽 ; 윤명수, 『조선 과학기술 발전사 1』, 124~126쪽.

동들의 결과를 계속해서 생산현장에 도입했으므로 생산현장의 기계관
련 기술은 점차 발전할 수 있었다.

3) 화학공업 부문

천리마작업반운동이 제일 처음 시작된 철강부문이나 공업화의 기본
이라 할 수 있는 기계부문 모두 기술혁신을 이루기 위해 노력하였고 이
런 노력은 생산성 향상으로 이어졌다. 이들 분야에서 기술혁신이 성과
를 거둘 수 있었던 까닭은 과학기술자들의 지원활동이 원활하게 이루
어졌기 때문이었다. 그런데 과학기술자들의 지원활동이 생산성 향상에
더 직접적으로 작용한 부문은 화학공업부문이었다. 철강이나 기계부문
과 달리, 화학공업부문의 경우 과학기술자들에 의해 개발된 완전히 새
로운 기술들을 바탕으로 새로운 생산체계가 갖추어졌고 이를 구현하기
위한 공장이 새롭게 건설되었으며, 그 운영을 위해 노동자들이 관련된
과학기술적 지식들을 더욱 철저히 익혀야 하기 때문이다. 화학공업부
문에서는 과학기술자들의 활동이 보조적인 차원의 지원활동이었다기
보다 주도적인 차원의 활동이었다고 할 수 있다.

제3장에서도 설명하였듯이, 과학원의 현지연구사업이 추진된 이후
여러 가지 과학적 발견들이 공업화에 성공하였고 공업화의 규모가 급
속하게 확장되었다. 그중에서 화학공업부문과 관련된 것이 많는데
대표적으로 리승기의 비날론, 려경구의 염화비닐, 마형옥의 갈섬유, 한
홍식의 무연탄가스화, 리재업의 합성고무를 들 수 있다. 특히 비날론과
염화비닐은 1950년대 초부터 연구가 진행되다가 1958년 이후 본격적
인 공업화 단계로 진행되었고 이와 관련된 거대한 규모의 생산 공장이
1961년에 완공되었던 분야이다. 비날론공장은 연산 2만 톤 규모였고
염화비닐공장은 연산 6천 톤 규모였다. 이 외에도 이 당시 북한에서는
흥남비료공장, 본궁화학공장 등 여러 화학공업 관련 공장들이 정상가
동하고 있었다.

비날론공장과 염화비닐공장 건설에 대한 이야기는 1958년 3월 1차 대표자회 이후 강조되기 시작하다가 1958년 10월 9일 내각결정 제122 호 '비날론 및 염화비닐 공장 건설을 촉진시킬 데 관하여'가 채택되면서 급속하게 추진되었다. 당시 결정은 1차 5개년계획의 목표가 전반적으로 앞당겨 완수될 것이므로 비날론공장과 염화비닐공장도 예정보다 1~2년 앞당겨 각각 1960년과 1959년에 완공하자는 결정이었다.171)

비록 비날론과 염화비닐의 공업화를 위한 연구는 리승기와 려경구가 전쟁시기에도 작은 실험실을 꾸려 계속 연구하던 주제였지만 1957년에 중간공장(pilot plant)에서 겨우 시제품을 만들어내는 데 성공한 수준이었으므로 이 당시의 대규모 공업화 결정은 갑작스러운 것이었다. 이때 결정한 공장의 규모는 비날론공장이 연산 1만 톤이었고 염화비닐 공장이 연산 6천 톤 규모였으므로 1957년 비날론 중간공장의 규모가 일산 200Kg(연산 70톤)밖에 되지 않았다는 사실에 비추어 보면 공업화 진척 속도가 급격히 빨라졌음을 알 수 있다.172)

불과 2년~3년 사이에 공업화 규모를 100배 이상 확장하겠다는 것은 쉽지 않은 결정이었을 뿐만 아니라 어떻게 보면 무모한 판단이었다고 할 수 있다. 하지만 1957년과 1958년 사이에 천리마운동의 시작으로 경제가 예상을 뛰어넘는 속도로 발전할 수 있음을 경험하였기 때문에 북한 지도부는 자신감을 가지고 이런 결정을 할 수 있었다. 특히 1958년 현지연구사업의 추진 이후 기술혁신을 통한 경제발전의 가능성도 충분히 확인하였고 실제로 개별적으로 진행되던 기술혁신운동이 집단적 기

---

171) 「(내각결정 제122호) 비날론 및 염화비닐 공장 건설을 촉진시킬 데 관하여 (1958.10.9)」,『조선중앙년감 1959』, 125~126쪽 ; 렴태기,『화학공업사 1』, 189~ 193쪽.

172) 1950년 7월 리승기가 월북한 이후 비날론 연구집단이 꾸려져 1952년부터 연구가 진행되었다. 1954년에 일산 20kg 규모의 중간공장이 만들어졌고 1957년에는 규모를 10배 키워서 일산 200kg 규모의 중간공장이 만들어졌다. 리승기, 「비날론생산의 공업화를 위하여」 ; 중공업위원회 제5설계사업소 및 제17건설 트레스트,『비날론공장 건설』, 23~27쪽.

술혁신운동으로 발전하면서 갖가지 성과들을 거두고 있었기 때문에 비닐론공장과 염화비닐공장 건설과 같이 높은 과학기술적 수준을 요구하는 공사에 대해서도 자신감을 가질 수 있었다. 또한 1958년 4월에 황해제철소 용광로, 해탄로 복구개건공사를 자체 기술을 바탕으로 완성한 경험은 이런 대규모 공사를 갑자기 추진하면서도 자신감을 가질 수 있었던 근거로 작용하였을 것이다.

그러나 자신감이 약간 과했던지 염화비닐공장과 비닐론공장은 예정된 기일보다 약 1년 정도 늦게 착수되어 그만큼 늦게 완공되었다. 염화비닐공장은 1960년 8월에 착공되어 12월에 완공되었고 비닐론공장은 1960년 5월에 본격적으로 공사가 착수되어 1961년 5월 6일에 완공되었다.[173] 1958년 계획이 약간 어긋난 이유는 공업화에 대한 연구능력을 과신한 탓도 있겠지만 공장건설계획 자체가 약간 바뀐 탓도 있었다. 1957년까지 소련 과학자들에게 의지하면서 작성하던 '과학연구 10개년 전망계획(1957~1966)'이 1958년 한 해 동안 과학기술의 독자노선을 강화하는 방향으로 수정·보완되었는데, 독자노선은 과학기술뿐만 아니라 전반적인 경제정책에서도 이 당시에 대폭 강화되었다. 그 결과가 염화비닐공장과 비닐론공장 건설계획에 반영되어 일부 수입해서 활용하려던 설비들마저 자체적으로 생산하는 쪽으로 공장건설계획이 바뀌었던 것이다.[174] 수정된 건설 계획은 1960년 5월 9일에 내각결정 '비닐론을 비롯한 경공업 원료 생산을 급속히 증대시킬 데 대하여'로 공표되었다.[175]

---

173) 「과학원 화학연구소 고분자 화학연구실에 천리마 작업반 칭호 수여(후보원사 려경구 반장)」, 『과학원 통보』 1961(2), 61~62쪽 ; 김일성, 「화학공업을 더욱 발전시키기 위하여(비닐론공장 준공을 경축하면서 5월의 명절을 기념하는 함흥시군중대회에서 한 연설, 1961년 5월 7일)」, 『김일성저작집 15』, 92~107쪽.

174) 리승기, 『과학자의 수기』, 143쪽.

175) 「(내각결정) 비닐론을 비롯한 경공업 원료 생산을 급속히 증대시킬 데 대하여」, 『조선중앙년감 1960』, 166~167쪽.

　　비날론과 염화비닐의 공업화는 거의 비슷한 모습으로 진행되었다. 두 사업 모두 리승기와 려경구라는 탁월한 과학자들이 연구와 공업화 과정을 동시에 주도하였고 전쟁이 끝나지 않은 시기에도 후방에서 연구사업을 계속하였으며 거의 비슷한 시기에 중간공장 시험단계를 거쳤다. 또한 1958년 이후 급격하게 공업화된 점과 1960년부터 공장건설공사가 착수된 것도 비슷하였다. 하지만 정치적 측면에서 더욱 부각된 것은 염화비닐이 아니라 비날론이었다. 이는 비날론의 과학기술적 특색 때문이었다. 우선 비날론으로 만든 합성섬유는 다른 합성섬유들보다 흡습성이 뛰어나 조선 사람들이 즐겨 입던 면과 제일 비슷했고 따라서 목화재배가 어려운 북한에서 가장 대중적인 섬유인 면을 대신할 수 있는 가장 대중적인 합성섬유였다. 또한 비날론은 당시 세계적으로 유행하던 나일론과 달리 북한에 풍부하게 매장되어 있던 석회석과 무연탄을 가지고 생산할 수 있는 것이었으므로 연료와 원료의 자립을 강조하던 정책적 방향과도 일치하였다. 무엇보다 비날론은 염화비닐과 달리 당시 개발을 주도하던 리승기에 의해 세계 최초로 개발된 기술이었다.176) 당시 일본에 있던 비날론 생산시설도 리승기의 연구를 기반으로 해서 만들어진 것이었다.177) 이처럼 비날론의 과학기술적 특색은 자체 원료와 연료를 바탕으로 자체 인력, 기술로 과학기술 활동을 전개한다는 당시 북한의 과학기술 정책방향과 맞아떨어졌기 때문에 정치적으로 크게 부각되었다.

　　비날론의 부각은 1959년부터 두드러졌다. 1959년에 공장건설계획이 수정되면서 비날론공장은 처음 계획했던 1만 톤 규모에서 2만 톤 규모로 확대되었다.178) 당시 일본의 생산량인 1만 6,000톤 규모를 뛰어넘기

---

176) 리승기, 「새로운 발전 단계에 들어선 우리나라 화학공업」, 『근로자』 1961(6), 7~12쪽.

177) 김근배, 「리승기의 '과학'과 북한사회」, 16쪽.

178) 윤명수, 『조선 과학기술 발전사 1』, 144쪽.

위함인 듯하다.179) 자립도를 높이면서 공장 규모 또한 2배로 확대하기
에는 1960년 8월 15일 완공목표가 불가능한 것이었으므로 1961년 9월
로 예정된 4차 당대회 이전까지 완공일정을 연기하였다. 그리고 공사도
2단계로 구분하여 1단계에서는 2만 톤 규모에 맞게 토목공사를 비롯한
기반공사와 1만 톤 생산규모의 기계 설비를 기일에 맞게 완료하고 2단
계에서 기계 설비를 2만 톤 생산규모로 확장하기로 하였다.180)

　비날론공장 건설 공사가 부각되면서 리승기도 최고의 과학자로 대우
받기 시작하였다. 그는 1959년 9월 9일에 처음으로 수여한 '조선민주주
의인민공화국 인민상'을 받은 첫 번째 과학자로 선정되었다.181) '인민
상'이란 1958년 9월 7일 최고인민회의 상임위원회 정령으로 제정된 것
으로, "과학, 기술 및 문학, 예술 분야에서 특출한 로작, 발명 및 작품들
을 창작한 일군들을 국가적으로 표창하기 위한 상"이었다. '조선민주주
의인민공화국 인민상에 관한 규정과 그의 시행 세칙'은 내각명령 제
154호로 1958년 12월 16일에 결정되었다. 인민상에는 표창장, 금메달
과 함께 상금이 수여되었는데 과학부문에서는 30만 원, 기술부문에는
20만 원, 문화 및 예술부문에는 15만 원이 책정되었다.182) 1959년 제1
회 인민상은 과학부문에서 리승기가 받았고 기술부문에서 함철콕스를
개발한 주종명이 받았다.

　2만 톤 생산규모의 비날론공장은 총 부지면적 50만㎡, 건평 4만㎡,
1만 5,000여 개의 기계설비와 장치물들이 들었으며, 총 배관의 길이는
500㎞가 넘는 거대한 공장이었다.183) 이 공장을 건설하기 위해 40여 만㎡

179) 당시 일본의 단일 공장으로 최대 생산량은 1만 톤이었다고 한다. 김근배, 「리
　　　승기의 과학'과 북한사회」, 16쪽.
180) 중공업위원회 제5설계사업소 및 제17건설트레스트, 『비날론공장 건설』, 43쪽.
181) 「영예의 첫 인민상 계관인들」, 『과학원 통보』 1959(5), 61~64쪽.
182) 「조선민주주의인민공화국 인민상에 관한 규정과 그의 시행 세칙」, 『과학원
　　　통보』 1959(1), 60~62쪽.
183) 김일성, 「화학공업을 더욱 발전시키기 위하여(비날론공장 준공을 경축하면서

의 흙을 파야 하였고 10여 만㎥의 콘크리트를 타입 해야 하였으며 800만
매가 넘는 벽돌을 쌓아야 하였고 200만 톤이 넘는 물동량을 운반해야
하였다.[184] 6,000톤 생산규모의 염화비닐공장은 총 부지면적 4만 여㎡,
건평 9,000㎡ 위에 550여 대의 회전기계 및 화학 장치가 설치되었고
80여㎞의 배관과 1만 5,000여 미터의 케이블이 설치되어야 하는 규모
였다.[185] 이런 막대한 규모의 공장 2개를 불과 4개월과 1년 만에 완성
하는 일은 쉬운 일이 아니었다. 특히 비날론공장 건설 기간은 겨울을
끼고 있었으므로 공사 진행에 어려움이 더 많았고 그만큼 새로운 작업
방식이 요구되었다. 엄청난 공사량을 빠른 시간 안에 끝내야 하였으므
로 기존의 작업속도를 뛰어넘는 다양한 방법들이 도입되었다.

이런 과정에서 '비날론 속도'라는 새로운 속도전 유형이 만들어졌다.
원래 '○○ 속도'라는 말은 1958년 평양시 복구공사 과정에서 만들어진
말이었다. 당시 전쟁으로 파괴된 평양시를 복구하는 과정에서 7천 세대
분량의 자재를 가지고 1년도 안 되는 기간 동안 2만 세대 가량의 집을
건설한 결과 '평양 속도'라는 말이 만들어졌는데, 이것이 첫 번째 경우
였고 두 번째가 '비날론 속도'였다. '평양 속도'는 빠른 건축 속도를 가
리키는 말이었는데, 1958년에는 대략 14분마다 1세대가 만들어졌고
1962년에는 대략 3분마다 1세대가 만들어졌다고 한다.[186] 흔히 평양속
도를 비롯한 속도전을 노동강도를 높이고 노동시간을 연장하는 방법에
의존하는 것으로 파악하는데,[187] 이런 생산속도의 증가는 기술혁신에
의한 생산능률의 증가도 함께 동반되어야 가능한 것이었다. 평양복구
공사의 경우에도 '조립식 건설'이라는 새로운 건설방법을 도입하면서

5월의 명절을 기념하는 함흥시군중대회에서 한 연설, 1961년 5월 7일)」,『김일
성저작집 15』, 92~107쪽.
184) 중공업위원회 제5설계사업소 및 제17건설트레스트,『비날론공장 건설』, 107쪽.
185) 렴태기,『화학공업사 1』, 190쪽.
186) 「평양속도」,『경제사전 2』, 557쪽.
187) 이정철,「사회주의 북한의 경제동학과 정치체제」, 230쪽.

설계의 표준화, 규격화, 부재생산의 공업화, 시공의 기계화를 추구했기 때문에 시공속도를 4~5배나 높일 수 있었던 것이다.[188]

새로운 기술의 도입은 '평양 속도'보다 '비날론 속도'에서 더욱 중요하였다. 비날론 공장 자체가 새로운 과학적 발명과 공업화 방법을 구현한 것이었으므로 새로운 기술의 도입이 중심적 역할을 자치하였다. 또한 1958년부터 전개되기 시작한 집단적 기술혁신운동이 1959년 천리마작업반운동이라는 구체화된 형식으로 탄력을 받으면서 한참 추진될 때 비날론공장 건설이 전개되었기 때문에 기술혁신에 의한 생산성 향상은 이미 널리 추구되었던 작업 목표 중 하나였다. 위에서 이야기한 바대로 철강부문에서는 용광로, 해탄로, 화학비료생산 설비와 같은 대형 구조물을 고치거나 새로 만든 경험이 많이 쌓여 있었고, 기계부문에서는 대형 기계설비와 정밀도가 높은 기계설비들을 자체적으로 생산할 수 있게 되었다. 이 부문에서 거둔 경험을 비날론공장 건설에 많이 참작하였음은 당연한 일이었다. '비날론 속도'를 거론하면서 "〔하루 계획수행 정도가〕 500%쯤이면 수수하고 1000%쯤이면 괜찮다"라는 말이 유행할 정도로 비날론공장 건설은 빠르게 진행되었는데,[189] 이는 기본적으로 기존의 작업방법을 답습하지 않고 새로운 작업방법이나 새로운 기술을 도입하면서 비날론공장 건설작업을 진행하였다는 뜻이다. 새로운 작업방법의 도입, 새로운 설비의 개발, 기계화, 흐름식 작업방법의 도입 등이 대부분의 작업과정에서 적극 추진되었다.[190]

188) 김일성, 「건설의 질을 높이기 위하여(평양시건설자회의에서 한 연설, 1958년 12월 25일)」, 『김일성저작집 12』, 611~623쪽.
189) 하정히, 윤태홍, 「비날론 공장 건설장의 영웅들」, 『천리마시대 사람들 2』, 1~34쪽 ; 리승기, 『과학자의 수기』, 144쪽.
190) 전체적으로 조립식 건축공법, 종합적 기계화, 흐름식 생산방법 도입이 강하게 추진되었다. '충전식 콩크리트 말뚝 시공법' 도입, '사주식 버렛줄 기중기'와 '사자식 문형 기중기' 발명하여 작업 속도 높임, 대형 조립물을 통째로 조립하여 작업시간 단축하는 법 개발, 소형 블록 개발하여 축조작업 시간 단축 등 부문별로도 새로운 작업설비, 작업방법들이 다양하게 개발 도입되었다. 비날

비날론공장 건설은 제17건설트레스트(건설사업소)와 제5설계사업소가 주축이 되어, 철강부문과 기계부문과 건설부문 천리마작업반운동의 연장선상에서 전개되었다.[191] 그리고 공사 내용이 당시로서는 최첨단 과학기술적 지식을 요구하는 '비날론'과 관련된 것이었으므로 과학기술자들은 더욱 적극적으로 공사과정에 개입하였다. 당시 비날론의 공업화가 급속도로 추진되어 연구와 건설을 거의 동시에 진행했기 때문에 과학기술자들은 비날론공장 건설에 더욱 직접적으로 결합할 수밖에 없었다. 따라서 이전까지 생산현장에 대한 과학기술적 지원활동을 원활하게 보장하기 위해 생산현장에 '현지연구기지'를 세우던 수준을 넘어, 각종 화학공업 관련 연구기관들을 모두 비날론공장 근처로 옮겨오도록 하여 현지연구기지 성격을 갖는 거대한 연구기관을 만들도록 하였다. 이때 만들어진 것이 바로 '과학원 함흥분원(원장 리승기)'였는데 이는 과학원의 화학연구소와 중앙분석소, 그리고 중공업위원회의 화학공업연구소를 통합하여 조직한 것이었다.[192] 함흥분원에 소속된 비날론 관련 연구자들은 '시공 지도위원회'를 조직하여 공정별로 구체적이고 조직적으로 공사과정에 개입하였다.[193]

비날론공장 건설과정에서 여러 작업반이 천리마작업반 칭호를 받았고 공사가 끝났을 때에는 22명이 '로력영웅' 칭호를 받았다.[194] 리승기

론공장 1단계 공사가 완료된 뒤 1961년 8월에 발간된 비날론공장 건설 과정을 자세하게 설명한『비날론공장 건설』에는 각 공정별로 공사가 어떻게 진행되었는지 당시 핵심적인 기술혁신이 어떤 것이었는지 자세하게 소개되어 있다. 중공업위원회 제5설계사업소 및 제17건설트레스트,『비날론공장 건설』.

191) 중공업위원회 제5설계사업소 및 제17건설트레스트,『비날론공장 건설』; 하정히, 윤태홍,「비날론 공장 건설장의 영웅들」,『천리마시대 사람들 2』, 1~34쪽.

192)「새로 창설된 과학원 연구소들」,『과학원 통보』1961(4), 56~57쪽. 함흥분원에 대해서는 '제5장 제2절 2. 1) 함흥분원과 함흥화학공업도시 건설 : 현지연구사업의 강화'에서 자세하게 설명할 것이다.

193) 하정히, 윤태홍,「비날론 공장 건설장의 영웅들」,『천리마시대 사람들 2』, 1~34쪽.

194) 중공업위원회 제5설계사업소 및 제17건설트레스트,『비날론공장 건설』, 책의

도 이때 '로력영웅' 칭호를 받았다.[195] 1959년 '인민상' 수상에 이은 두
번째 큰 상을 받은 셈이었는데, 이로써 리승기는 당시 북한에서 최고의
과학자가 되었으며 비날론공장은 북한의 발전상을 대변하는 상징물이
되었다. 그리고 비날론 공업화는 "과학연구사업에서 주체를 확립할 데
대한 당의 방침을 빛나게 실천한 산 모범"으로 소개되었다.[196]

반면, 염화비닐 공업화는 리승기의 비날론에 비해 크게 주목받지 못
하였는데 넉 달이라는 짧은 기간 안에 6,000톤을 생산할 수 있는 거대
한 규모의 공장이 건설되었다는 사실만 주로 이야기되었다. 염화비닐
공업화와 관련한 포상에서도 려경구는 개인 차원에서 상을 받지 못하
였다. 다만 1961년 3월 27일에 그가 이끌었던 '과학원 화학연구소 고분
자화학 연구실'이 과학원에서 처음으로 천리마작업반 칭호를 받았을
뿐이었다.[197]

이처럼 새로 만들어진 비날론공장, 염화비닐공장과 그동안 만들어져
운영되고 있던 흥남비료공장, 본궁화학공장 등은 다른 부문의 공장, 기
업소와 달리 기계화나 자동화 수준이 높았다. 이로 인해 이들 화학공업
부문에서는 다른 부문과 약간 다른 양상으로 천리마작업반운동이 전개
되었다. 생산 설비의 기계화나 자동화가 이미 상당한 수준에 도달한 상
태였기 때문에 작업을 담당했던 노동자들은 자신들이 담당한 공정을
정확하게 이해하고 작업 공정에 최대한 빨리 익숙해지는 데 집중하였
다. 기본 과학지식 수준을 높여 작업 공정을 제대로 이해하기 위해 강
연회와 학습회가 더욱 적극적으로 개최되었고, 신입노동자가 노련한

첫머리.

195) 「원사 리승기, 주종명, 한홍식 동지들에게 공화국 로력영웅 칭호 수여」, 『과학
원 통보』 1961(4), 55~56쪽.
196) 강영창, 「우리나라 과학기술 발전의 새로운 앙양을 위하여」, 『과학원 통보』
1961(5), 1~6쪽.
197) 「과학원 화학연구소 고분자 화학연구실에 천리마 작업반 칭호 수여」, 『과학
원 통보』 1961(2), 61~62쪽.

노동자에게 직접 작업공정을 배우는 기능전습회 등도 적극 활용되었다. 또한 대부분의 작업공정이 연속적이었으므로 노동자들이 자기가 담당한 공정 이외에도 앞뒤 공정, 나아가 전체 공정에 익숙해질 수 있도록 '다기능 다부서 운동'과 '직일 작업반장제'가 전개되었다. 물론 다른 부문처럼 새로운 기술을 도입하거나 기존의 작업방법을 수정하면서 생산설비를 개조하고 새롭게 만들려는 노력도 꾸준히 계속되었다.

'다기능 다부서 운동'을 추진한 대표적인 작업반은 흥남비료공장 질안직장 김석태 작업반장이었다.[198] 1958년 4월 20일 조업을 시작한 질안직장은 소련의 지원을 받으면서 현대적 기술설비로 구성된 것이었는데 연속된 48개의 공정이고 모두 자동화되어 있었다. 김석태작업반은 우선 작업반원들의 기술, 기능 수준을 높이는 데 집중하여 1959년 말까지 기사 2명, 기수 3명이 양성되었고 전체 기능급수는 평균 4.5급에서 6.5급으로 높아졌다. 전반적인 기술수준이 향상된 상황에서 '다기능 다부서 운동'이 본격적으로 시작되었다. 연결된 공정부터 시작해서 교대 30분 전에 다른 작업을 실습해보고 일정한 기간 작업을 서로 교대하여 해보는 방법 등을 활용하였다. 그 결과 약 8개월 만에 전체 31명의 작업반원 중에서 21명이 48개의 전체 공정을 터득하게 되었고, 1961년에는 모든 작업반원들이 전 공정을 모두 터득하게 되었다고 한다.

김석태작업반에서는 이러한 기능, 기술 수준을 높이는 활동을 전개하면서, 동시에 당시 질안비료 생산에서 가장 걸림돌이 되었던 '중화기 내부의 분무기'를 개조하여 중화기 대당 생산능력을 하루 250톤에서 1960년에는 500톤으로, 1961년에는 570톤으로 높였다고 한다. 또한 상표 찍는 공정의 자동화, 탈색탑 자동화 등 58건의 창의고안과 합리화를 생산에 도입하였다. 그 결과 김석태작업반은 1959년 생산 계획을 257%,

198) 김석태, 「작업반원 모두가 기사, 기수로 된다 (흥남비료공장 질안직장 2중 천리마작업반장)」, 『천리마작업반운동』(1960), 78~84쪽 ; 김석태, 「모두가 기사, 기수로 된다」, 『천리마작업반 3』, 230~240쪽.

1960년 상반년 생산계획은 248%까지 수행할 수 있었고, 제품의 질도 향상되어 질안비료의 질소 함유량이 33.9%에서 34.3%로 높아졌고 수분 함유량이 1.5%에서 0.65%로 낮아졌다고 한다. 그리고 흥남비료공장의 질안직장은 공칭능력 13만 6,000톤을 초과하여 1961년에 20만 톤까지 생산할 수 있었다.

'직일 작업반장제'란 일반 작업반원들이 돌아가면서 일정한 기간(1일 혹은 1주일 정도) 동안 작업반장의 업무를 대신 수행하게 하는 제도로서, 작업반원들이 작업반의 전반적인 업무를 이해할 수 있도록 도와줌과 동시에 책임감을 강하게 키워주는 제도였다.199) 작업반장은 개별적인 작업공정 이외에도 작업결과를 평가, 계산하는 업무와 노동안전 관련 업무 등 다양한 업무를 알고 있어야 했으므로 계산원과 안전원의 임무를 수행해본 다음에 직일 작업반장이 될 수 있었다. 직일 작업반장제를 처음으로 추진한 작업반은 '본궁화학공장 염안직장 주창로작업반'이었다. 원래 주창로작업반은 반응탑에 '제2 탄산화 방법'을 적용하여 탄산소다와 염안의 하루 생산량을 36톤에서 53톤으로 높여 천리마작업반 칭호를 받았다. 그런 후 '직일 작업반장제'를 전개하면서 작업반원들의 전반적인 작업공정에 대한 이해도를 높인 결과 냉동기에서 근무하던 기수가 압축기의 문제를 파악하고 '기포식 제진기' 등을 제작하기도 하였다.200) 결국 주창로작업반은 2중 천리마작업반 칭호까지 받았다.

이처럼 천리마작업반운동이 핵심 목표로 제기한 기술혁신, 기술혁명은 1961년부터 시작된 1차 7개년 계획에 적극 반영되었다. 7개년 계획 속에서 기술혁명은 기계화, 자동화, 화학화로 구체화되었는데 그중에서 가장 중요한 것이 기계화와 자동화였다.201) 따라서 각 부문들에서는

---

199) 『천리마기수독본』, 128~134쪽.
200) 양재춘, 「반응탑에 붉은 심장 고동친다—본궁화학공장 주창로 2중천리마작업반에서」, 『천리마시대 사람들 2』(조선로동창출판사, 1961), 78~90쪽.

처한 상황에 맞춰 생산수준을 수공업 단계에서 기계화, 반자동화, 완전 자동화 단계로 발전시킬 것이 요구되었다. 이후 기술혁명은 공산주의 교양을 강조하는 사상혁명, 전반적인 생활 문화와 일반 상식수준을 높이자는 문화혁명과 결합하여 '3대혁명'으로 정식화되었다.[202] 사회주의체제를 공고하게 구축하면서 공산주의 사회를 앞당겨 실행하기 위해 북한 사회 전체가 추구해야 할 핵심 목표를 기술, 사상, 문화로 압축하여 밝힌 것이 3대혁명이었다. 집단적 기술혁신운동(기술혁명)이 공산주의 교양을 강조하는 것(사상혁명)과 결합된 천리마작업반운동이 추진되면서 이제는 전반적인 생활 방식의 변화(문화혁명)까지도 추구해야 할 새로운 목표로 구체화되었다.

4. 천리마작업반운동의 확산 및 중간 점검

1959년 3월 시작된 천리마작업반운동은 전국적으로 급속히 확산되어갔다. 형식적으로는 노동자들이 자발적으로 추진하는 것으로 되어 있었지만 실제로는 북한 지도부의 계획에 의해 촉발된 것이었으므로 천리마작업반운동의 첫 발기가 있고 난 뒤 여러 작업반들이 곧바로 천리마작업반운동을 결의하고 나섰다. 진응원작업반이 천리마작업반운동을 궐기한 바로 다음 날 룡성기계공장 청년조기직장 주성일작업반이 참가를 선언하는 등, 1959년 3월 한 달 동안에만 흥남비료공장, 평양방직공장, 서평양기관구, 덕흥광산 등의 여러 작업반들이 천리마작업반운동 참가를 선언하고 나섰다.[203]

201) 김일성, 「조선로동당 제4차대회에서 한 중앙위원회사업총화보고(1961년 9월 11일)」, 『김일성저작집 15』, 156~315쪽.
202) '3대혁명'에 대해서는 『위대한 수령 김일성동지께서 밝혀주신 3대혁명에 관한 사상』(조선로동당출판사, 1974) ; 『주체사상에 기초한 3대혁명리론』(사회과학출판사, 1975)을 참고.
203) 「새로운 사회주의 경쟁인 《천리마 작업반》 운동을 전개할 것을 결의(룡성 기

〈표 4-3〉은 천리마작업반운동에 대한 구체적인 통계치가 처음으로
정리되어 나온 1959년 7월부터 1차 5개년계획이 끝난 1960년 말까지
천리마작업반운동에 참가한 작업반과 인원, 그리고 그중에서 천리마작
업반 칭호를 받은 작업반을 정리한 것이다. 여기서, 천리마작업반운동
에 참가한 작업반 수의 변화를 보면 천리마작업반운동이 얼마나 급속
히 확산되어갔는지 알 수 있다. 천리마작업반운동이 시작된 지 5개월이
경과된 1959년 7월에 이미 천리마작업반운동에 참가한 작업반이 997개
나 되었다. 이후 작업반 수의 변화를 살펴보면 천리마작업반운동에 참
가한 작업반 수는 일정한 비율로 늘어났음을 알 수 있다. 1959년 7월보
다 2배로 늘어난 것은 5개월이 지난 1959년 12월이었고, 다시 2배 늘어
난 것은 4개월이 지난 1960년 4월경이었다. 또 다시 2배 늘어나는 데에
는 불과 3개월 정도밖에 걸리지 않았다. 이렇게 해서 1959년 7월에서
1년이 지난 1960년 7월이 되었을 때 천리마작업반운동에 참가한 작업
반은 8배 이상 증가하였고 1960년 말에는 22배나 되었다. 1960년 총
노동자 수가 150만 명가량이었으므로 대략 25%의 노동자들이 천리마
작업반운동에 참가했던 셈이다.[204] 말 그대로 기하급수적인 증가였다.

천리마운동과 천리마작업반운동의 전개를 통해 경제성장 속도가 빨
라져서 1961년에 끝마치기로 예정되었던 1차 5개년계획은 예정된 시간
보다 2년 반 앞당겨진 1959년 6월에 완료되었다.[205] 북한의 발표에 따
르면 1차 5개년계획 기간 동안 북한의 공업 총생산액은 1957년 44%,
1958년 42%, 마지막 1959년에는 53% 성장하였다고 한다.[206] 예상보다

계 공장 청년 조기 직장 주성일 작업반원들)」, 『로동신문』 1959.3.11. ; 「모두
다 《천리마 작업반》 운동에 참가하자」, 『로동자』 1959(4)(직업동맹출판사,
1959), 2~3쪽.

204) 『조선중앙연감 1961』, 341쪽.

205) 「공업 부문에서는 제1차 5개년 계획을 총생산적으로 완수」, 『로동신문』(1959
년 7월 16일).

206) 김일성, 「조선로동당 제4차 대회에서 한 중앙위원회 사업 총화 보고(1961년

〈표 4-3〉 시기별 천리마작업반운동 참가 현황 및 칭호수여 현황

	참가한 작업반 (1959년 7월을 기준으로 한 증가율)	참가한 인원	천리마작업반 칭호 받은 작업반 (참가 작업반 비율)	2중 천리마작업반 칭호 받은 작업반
1959년 7월	997(개)	-		
1959년 9월	1,820 (1.83)	-		
1959년 말	2,510 (2.52)	50,248(명)	167(개) (6.7%)	
1960년 2월	3,481 (3.49)	69,978	173 (5.0%)	
1960년 3월	3,790 (3.80)	78,712		
1960년 5월	4,920 (4.93)	109,419	390 (8.0%)	
1960년 6월	6,793 (6.81)	132,263		
1960년 7월	8,620 (8.65)	178,406		
1960년 8월	10,788 (10.82)	227,320	767 (7.1%)	14
1960년 9월	13,484 (13.52)	274,089	852 (6.3%)	15
1960년 10월	16887 (16.94)	319,699		15
1960년 11월	19,721 (19.78)	356,627	868 (4.4%)	15
1960년 12월	22,082 (22.15)	387,412	911 (4.1%)	15

자료 : 홍만기, 「우리나라에서의 사회주의 경쟁운동의 발전과 천리마작업반운동」, 『8·15해방 15주년 기념 경제론문집』(과학원출판사, 1960), 168쪽 ; 전석담, 「조선로동당의 령도 하에 전후 사회주의 건설에서 조선인민이 달성한 성과와 그 의의」, 『력사논문집 4 : 사회주의 건설 편』(과학원출판사, 1960), 68쪽 ; 안광즙 외, 『우리나라 사회주의 건설에서의 천리마작업반운동』(조선로동당출판사, 1961), 61~63쪽 ; 『조선중앙년감 1961』(조선중앙통신사, 1961), 197~200쪽.

빨리 1차 5개년계획을 끝낸 뒤, 북한지도부는 곧바로 다음 계획을 추진하지 않고 1960년을 완충기로 설정하여 고속성장으로 인해 생긴 각 부문 간의 편차를 조정하기로 하였다. 결국 1차 5개년계획은 4년 만인 1960년에 끝났고 1961년부터는 1차 7개년계획이 시작되었던 것이다. 1차 5개년계획이 전개된 4년 동안 연평균 공업생산액 성장률은 36.6%였다고 한다.[207]

9월 11일)」, 『김일성저작집 15』, 156~315쪽 ; 『최고인민회의자료집 제2집』, 152, 797쪽 ; 이태섭, 『김일성 리더십 연구』, 94쪽.

천리마작업반운동을 시행한 지 1년 반 정도 지난 1960년 8월 22일에 천리마작업반운동을 중간 결산하는 '제1차 전국 천리마작업반운동 선구자대회'가 개최되었다. 이는 1961년부터 시작될 1차 7개년계획의 핵심과제로 '기술혁명'을 설정하면서 준비된 대회였다.208) 기술혁명을 위한 전반적인 방침에 대해서는 1960년 8월 11일 개최된 당중앙위원회 전원회의에서 결정하였는데, 당시 발표된 '기술혁명을 성과적으로 수행할 데 대하여'라는 결정문은 기술혁명이란 제목을 단 최초의 당중앙위원회 전원회의 결정문이었다.209)

〈표 4-3〉에서 천리마작업반 칭호를 받은 작업반 수를 살펴보면 제1차 전국 천리마작업반운동 선구자대회를 전후해서 변화가 있었음을 알 수 있다. 초기에는 참가한 작업반 중에서 대략 6%가량의 작업반이 칭호를 받았는데, 1960년 중반에 접어들어 칭호를 받는 비율이 8%대로 대폭 증가하였다가 1960년대 후반에는 4%로 뚝 떨어졌다. 이는 1960년 8월에 열린 '제1차 전국 천리마작업반운동 선구자대회'를 준비하면서 천리마작업반운동을 더욱 독려한 결과였다고 볼 수 있다. 천리마작업반 칭호를 받을 수 있는 가능성이 많은 작업반들을 자극하여 서둘러 칭호를 받게 하였기 때문에, 대회 직전에 칭호를 받은 작업반 비율이 증가하였던 것이고, 대회 이후에는 새롭게 천리마작업반운동에 참가한 작업반이 많아진 반면 칭호를 받을 수 있는 작업반이 상대적으로 적어져서 칭호받은 작업반 비율이 줄어들었던 것이다.

1960년 8월에 열린 '제1차 전국 천리마작업반운동 선구자대회'에서 김일성은 천리마작업반운동을 앞으로 더욱 확대 실시하여 "공업 부문뿐만 아니라 농업, 건설, 운수, 교육, 보건, 과학, 문학, 예술 등 경제와

---

207) 『조선중앙년감 1961』(조선중앙통신사, 1961), 324쪽.

208) 『천리마작업반운동』(1960)은 '제1차 전국 천리마작업반운동 선구자대회'의 보고서이다.

209) 김일성, 「기술혁명을 성과적으로 수행할 데 대하여(조선로동당 중앙위원회 전원회의에서 한 결론, 1960년 8월 11일)」, 『김일성저작집 14』, 182~212쪽.

문화의 모든 분야에서 이 운동을 광범히 전개"하자고 제안하였다.[210] 그러나 부문별로 천리마작업반운동에 참가한 현황과 칭호를 수여한 현황을 정리한 〈표 4-4〉를 보면 과학, 문학, 예술 부문을 제외하고 대부분의 부문들에서 천리마작업반운동이 1960년대 초부터 전개되고 있었음을 알 수 있다.[211]

따라서 김일성의 이런 제안은 이제부터 새롭게 다른 부문에서도 천리마작업반운동을 전개하자고 한 것이 아니라 공업부문을 중심으로 추진된 천리마작업반운동을 내년부터는 다른 부문에서도 더욱 확대시켜 일반화하자는 뜻이었다. 실제로, 농업부문에서는 1960년 6월 4일 '강서군 청산농업협동조합 문정숙작업반'을 시작으로 여러 작업반이 천리마작업반운동에 참가하기 시작하였는데,[212] 제대로 추진되기 시작한 것은 1961년부터였다.[213] 과학부문에서는 1961년 1월 31일에 열린 과학원 제23차 상무위원회에서 비로소 "천리마작업반운동에 적극 참가하며 매 기관에서 하나 이상의 천리마연구실 또는 천리마 부서를 창조하는 문제"가 토의되기 시작하여 1961년 3월 27일에 려경구의 화학연구소 고분자화학연구실이 과학부문의 첫 천리마작업반 칭호를 받았다.[214]

---

210) 김일성, 「천리마기수들은 우리 시대의 영웅이며 당의 붉은 전사이다(전국 천리마작업반운동 선구대회에서 한 연설, 1960년 8월 22일)」, 『김일성저작집 14』, 254~263쪽.

211) 리효순은 이날 연설에서 천리마작업반운동에 참가하고 있는 종업원의 비율이 기계공업부문은 25.3%이나 되지만, 국영 농목장 부문은 5.6%, 수산 부문 8.8% 밖에 안 된다고 보고하였다. 리효순, 「인민경제 모든 부문에서 기술혁신운동을 전면적으로 전개하며 천리마작업반운동을 확대 발전시킬 데 대하여」, 『천리마작업반운동』(1960), 50~51쪽.

212) 『천리마기수독본』, 25쪽.

213) 서동만, 『북조선사회주의체제 성립사』, 895쪽.

214) 「조선로동당 중앙위원회 1960년 12월 확대전원회의 결정 실행을 위한 과학원 제23차 상무위원회 결정(요지)」, 『과학원 통보』 1961(2), 1~3쪽 ; 「과학원 화학연구소 고분자 화학연구실에 천리마 작업반 칭호 수여」, 『과학원 통보』

〈표 4-4〉 부문별 천리마작업반운동 참가 현황 및 칭호수여 현황

부문	시기	천리마작업반운동에 참가한 작업반 (전체 참가 작업반 중 비율)	천리마작업반 칭호를 수여받은 작업반 (전체 칭호수여 작업반 중 비율)
금속, 기계	1960년 2월	1,023 (29.4%)	48 (27.7%)
	1960년 8월	2,318 (21.5%)	197 (25.7%)
	1960년 말	3,783 (19.1%)	222 (24.4%)
동력, 화학	1960년 2월	456 (13.1%)	30 (17.3%)
	1960년 8월	1,180 (10.9%)	117 (15.3%)
	1960년 말	2,151 (10.9%)	143 (15.7%)
교통, 운수	1960년 2월	546 (15.7%)	26 (15.0%)
	1960년 8월	963 (8.9%)	94 (12.3%)
	1960년 말	1,786 (9.0%)	114 (12.5%)
건설, 림업	1960년 2월	391 (11.2%)	25 (14.5%)
	1960년 8월	855 (7.9%)	70 (9.1%)
	1960년 말	1,448 (7.3%)	90 (9.9%)
경공업	1960년 2월	692 (19.9%)	33 (19.1%)
	1960년 8월	2,387 (22.1%)	201 (26.2%)
	1960년 말	5,058 (25.6%)	232 (25.5%)
교육, 문화, 보건	1960년 2월	59 (1.7%)	5 (2.9%)
	1960년 8월	431 (4.0%)	40 (5.2%)
	1960년 말	3,846 (19.4%)	45 (4.9%)
합계	1960년 2월	3,481	173
	1960년 8월	10,788	766
	1960년 말	19,781	911

자료 : 홍만기, 「우리나라에서의 사회주의 경쟁운동의 발전과 천리마작업반운동」, 『8·15해방 15주년 기념 경제론문집』(과학원출판사, 1960), 168쪽 ; 전석담, 「조선로동당의 령도 하에 전후 사회주의 건설에서 조선인민이 달성한 성과와 그 의의」, 『력사논문집 4 : 사회주의 건설 편』(과학원출판사, 1960), 68쪽 ; 안광즙 외, 『우리나라 사회주의 건설에서의 천리마작업반운동』(조선로동당출판사, 1961), 61~63쪽 ;『조선중앙년감 1961』(조선중앙통신사, 1961), 197~200쪽.

〈표 4-4〉에서 부문별로 천리마작업반운동에 참가한 비율을 살펴보면, 금속, 기계, 동력, 화학, 교통, 운수 등 공업, 그중에서도 중공업과

1961(2), 61~62쪽.

관련된 부문의 비율이 상당히 높았다. 그리고 이들의 비율은 점차 줄어들어든 반면 교육, 문화, 보건 부문과 경공업 부문이 점차 늘어났음을 알 수 있다. 이는 위에서 이야기한 것처럼 김일성의 제안에 따른 변화였다고 할 수 있는데 특히 교육, 문화, 보건과 같은 비생산적인 부문의 변화가 가장 컸다.

또한 천리마작업반운동에 참가한 작업반 중에서 칭호를 받은 작업반의 비율을 살펴보면 금속, 기계 부문과 동력, 화학 부문에서 참가 비율보다 칭호 수여 비율이 훨씬 높았음을 볼 수 있다. 즉 천리마작업반운동에 참가한 작업반 중에서 이 부문들이 차지하는 비율보다 칭호를 받은 작업반 중에서 이 부문이 차지하는 비율이 항상 5%가량 높게 유지되었다. 이는 천리마작업반운동을 선도하고 있던 부문이 바로 이들 부문이었다는 의미이다. 기술혁신을 통한 생산능률의 증대라는 천리마작업반운동의 핵심목표를 가장 잘 실현하였던 부문이 바로 이들 부문이었기 때문이다.

이런 의미에서 1960년 8월의 '제1차 전국 천리마작업반운동 선구자대회'에서 대회를 주관한 단체인 전국직업총동맹의 중앙위원회 위원장 리효순의 연설은 천리마작업반운동의 핵심목표를 직접적으로 보여준다. 리효순은 천리마작업반운동의 중요한 특징을 "집단적 기술혁신을 통하여 로동생산능률을 비약적으로 제고시키는 것"이라고 이야기하였다. 그는 당시 천리마작업반 칭호를 받은 500여 개의 작업반들이 거둔 성과에 대한 각종 통계자료를 제시하면서 천리마작업반운동과 기술혁명의 연관성을 구체적으로 지적하였다. 이들 작업반이 칭호를 받은 후 6개월간의 노동생산능률은 천리마작업반운동 참가 전 6개월간에 비해 131.4%나 늘어났는데 특히 기계부문은 156.1%나 늘어났다. 그리고 그는 이처럼 노동생산능률이 대폭 늘어날 수 있었던 중요한 요인이 "기계화 및 자동화의 도입에 의한 기술혁신"이었다고 하면서, 이들 작업반은 천리마작업반운동에 참가 후 6개월간 총 3,864건의 창의고안들을

생산과 건설에 도입하여 생산 공정을 기계화, 자동화하며 기술 장비를
개선하였다고 소개하였다. 이는 1960년 상반기 동안 공업부문 전체에
서 57명 당 1건의 창의발명이 생산에 도입되었다고 하면 천리마작업반
들에서는 2.7명 당 1건의 창의발명이 실현되었음을 뜻하였다. 또한 이
들 작업반은 기술, 기능 습득을 통하여 작업반원들의 기술 수준을 높이
는 데에서도 남다른 성과를 거두었다. 일반적으로 1년에 평균 1급 정도
올릴 것을 당에서 요구하였는데 이들 작업반에서는 평균 6~7개월마다
1급씩 올렸던 것이다.[215]

결국 '승리자의 대회'로 불릴 정도로 자신감에 찬 상태에서 열린 4차
당대회(1961.9.11~18)에서 지난 1차 5개년계획을 결산하던 김일성은
경제의 급성장 배경이었던 천리마운동의 원동력을 다음과 같이 설명하
였다.[216]

> 대중의 로력적열성과 창발성은 과학 및 기술과 결합되여야만 참다
> 운 위력을 나타낼 수 있는 것입니다. 과학의 발전과 기술적 진보가
> 없이 대중의 열성 하나만 가지고는 멀리 앞으로 전진할 수 없으며
> 끊임없는 혁신을 일으킬 수 없습니다. 과학기술을 빨리 발전시키
> 기 위하여서는 광범한 근로대중을 이 사업에 적극적으로 끌어들여
> 야 하며 로동자, 농민들과 과학자, 기술자들의 창조적 협조를 강화
> 하여야 합니다. 우리는 특정한 사람들만이 과학과 기술을 발전시
> 킬 수 있다는 그릇된 생각을 철저히 없애고 근로자들 속에서 새 기
> 술을 가지기 위한 군중적 운동을 벌렸으며 그들을 끊임없는 기술
> 적 혁신에로 추동하였습니다. 우리는 기술발전에서 로동자, 농민
> 들의 창안과 발기들을 과소평가하는 경향을 결정적으로 반대하는

---

215) 리효순, 「인민경제 모든 부문에서 기술혁신운동을 전면적으로 전개하며 천리
    마작업반운동을 확대 발전시킬 데 대하여」, 『천리마작업반운동』(1960), 18~
    59쪽.

216) 김일성은 4차 당대회가 끝난 직후에 군부대를 방문한 자리에서 4차 당대회에
    참관하러 온 다른 나라 사람들이 4차 당대회를 '승리자의 대회', '단결의 대회'
    라고 불러주었다고 이야기하고 있다. 김일성, 「해군의 전투력을 더욱 강화하
    며 조국의 령해를 튼튼히 지키자(조선인민군 제597군부대 군관들과 한 담화,
    1961년 10월 3일)」, 『김일성저작집 15』, 316~324쪽.

> 동시에 과학의 의의와 과학자들의 역할을 업수이 여기는 경향을
> 엄격히 경계하면서 언제나 <u>로동과 과학의 결합</u>을 위하여, 로동자,
> 농민들과 과학자, 기술자들의 긴밀한 협조를 위하여 노력하였습니
> 다. 과학과 기술이 근로대중의 것으로 되고 로동자, 농민들과 과학
> 자, 기술자들의 협조가 강화되어 우리나라에서 과학, 기술은 더욱
> 빨리 발전하게 되였으며 인민경제의 모든 부문에서 <u>집단적 기술혁</u>
> <u>신운동</u>이 널리 벌어지게 되였습니다.[217](밑줄은 인용자)

한마디로, 집단적 기술혁신운동의 배경에는 과학기술자와 근로 대중의
창조적 협력, 즉 생산활동과 과학기술의 창조적인 결합이 있었다는 설
명이다.

제 3 결   소결

1956년 12월 천리마운동이 시작된 이후, 생산현장에서는 기술혁신
에 대한 시도가 점차 많아지고 있었다. 저투자-고성장 전략에 따라 생
산활동을 전개하기 위한 개별적 차원의 기술혁신운동이 전개되기 시작
하였던 것이다. 하지만 당시 생산현장에는 기술혁신운동 과정에서 발
생하는 과학기술적 문제들을 풀어줄 과학기술 지원능력이 매우 부족하
였다. 이에 북한 지도부는 과학원 소속 과학기술자들을 현장으로 적극
진출시켜 생산현장의 기술혁신운동을 적극 뒷받침하면서 과학연구활
동도 계속하라는 승부수를 던졌다. 현지연구사업이 도입되었던 것이다.
이후 생산현장의 기술혁신운동은 새로운 변화를 모색하였다. 개별적
인 차원에서 자연발생적으로 진행되던 기술혁신운동을 집단적인 차원
에서 조직적으로 추진하기 위한 의도였다. 1958년 3월부터 공식적으로
추진 결정이 내려진 '집단적 기술혁신운동'이란, 소수의 생산혁신자들
을 중심으로 집단을 형성하여 그들이 도입한 선진 기술이나 작업방법

---

217) 김일성, 「조선로동당 제4차대회에서 한 중앙위원회사업총화보고 (1961년 9월
    11일)」, 『김일성저작집 15』, 156~315, 198~199쪽.

을 집단 전체로 일반화시키기 위한 것으로서 북한의 독특한 발전전략인 '집단주의'가 기술혁신운동과 결합하기 시작하였고, 약 두 달간의 모색과정을 거쳐 집단적 기술혁신운동의 구체적인 내용이 1958년 5월에 결정되었다.

1958년 5월 17일에 열린 당중앙위원회 상무위원회에서는 직업총동맹 상무위원회의 보고를 토대로 집단적 기술혁신운동을 확대, 강화하기 위해 실천작업반, 종합작업반, 혁신자 학교, 혁신자관 등을 설치하고, 공장에 소속된 과학기술자들의 수장인 기사장이 책임지고 있던 '공무수리 부문'을 강화할 것을 지시하였다. 그리고 생산활동과 관련한 문제를 함께 토론하기 위해 만든 '생산협의회'가 제대로 작동하지 못하고 있던 점을 지적하면서, 노동자와 과학기술자의 참가를 더욱 확대하고 '공장당위원회'에서 이를 지도하라고 결정하였다. 기존의 지배인유일관리제 아래에서 막을 수 없었던 지배인의 독단적인 행정 집행을 방지하기 위한 조치였다. 이후 1961년에 도입된 '대안의 사업체계'의 핵심 정책들이 이때부터 다듬어지기 시작하였다.

1958년 9월에 열린 '전국 생산혁신자 대회'는 이처럼 점차 구체적인 형태를 갖추어가던 집단적 기술혁신운동을 본격적으로 공론화시키기 위한 시도였다. 농업과 상공업에 대한 사회주의적 개조사업이 1958년 8월에 마무리되었고 1958년 1월부터 시작된 과학원의 현지연구사업이 안정적인 궤도에 올라선 것을 확인 한 북한 지도부가 과학기술에 대한 확신을 바탕으로 집단적 기술혁신운동을 전면적으로 시행할 것을 공표하였다.

1958년 9월 말부터 시작된 '붉은 편지 토론사업'은 모든 생산현장 속에서 집단적 기술혁신운동에 대한 깊은 공감대를 형성하기 시작하였고, 과학기술 지원활동을 담당한 북한 과학원은 1958년 11월 과학원 규정을 새롭게 개정하고 새로운 지도부를 구성하면서 기술혁신운동을 과학기술적 측면에서 안정적으로 지원할 수 있는 체계를 마련하였다. 그리고 붉은 편지 토론사업이 거의 마무리되어 가던 1958년 11월, 김일성은 "공산주의 교양에 대하여"라는 연설을 통해 기술혁신운동과 공산주의 교양의 결합을 꾀하였다. 현장 중심의 과학기술 정책을 수립하여 기술혁신을 위한 실질적인 능력을 갖추게 된 집단적 기술혁신운동은 이제 공산주의 교양과 결합하면서 기술혁신을 위해 매진할 수 있도록 동기를 부여하는 장치도 마련하게 되었다.

이처럼 구체적인 정책과 다양한 장치들을 마련한 집단적 기술혁신운동은 1959년에 들어서면서 '천리마작업반운동'이라는 새로운 이름으로 본격적인 시행에 들어갔다. 집단주의가 강조되고 현장 중심의 과학기술 정책으로 뒷받침되며 공산주의 교양까지 강조하게 된 기술혁신운동은 이전과 다른 차원에서 규정되어야 한다는 생각에 '천리마'라는 새로운 명명법이 만들어졌다. 이로 인해 1956년 12월부터 시작된 대중운동은 일반적인 사회주의 경쟁운동과 다른 '천리마운동'이란 이름을 얻었고 천리마운동에 참가한 생산혁신자들은 '천리마기수'로 불리었다.

1956년 12월 이후 천리마운동이 시행되던 초기에는 노력동원에 의한 노동의 양적 성장이 높은 비중을 차지하고 있었지만 점차 기술혁신을 통한 노동의 질적 성장 부분의 비중이 높아져갔다. 1958년에 들어서면서 기술혁신운동은 더욱 탄력을 받으면서 전개되었고 1959년 3월 천리마작업반운동이 도입될 당시에는 분야별로 다양한 기술혁신들이 이루어지고 있었다. 당시 부문별로 전개되던 집단적 기술혁신운동의 구체적인 모습을 살펴보면, 분명 기술혁신운동이 실질적인 성과를 내고 있었고 이런 성과를 바탕으로 높은 경제성장률이 유지될 수 있었음을 알 수 있다. 또한 이러한 기술혁신운동의 이면에 생산현장에 진출해 있던 과학기술자들이 존재하고 있었고 과학기술과 관련한 핵심적인 문제들은 과학원에서 해결해주고 있었음도 알 수 있다. 결국 현장 중심의 과학기술정책을 도입한 과학원이 기술혁신운동을 적극적으로 뒷받침한 결과, 집단적 기술혁신운동은 성과 없이 끝난 단순한 구호성 운동이 아니라 실질적인 성과를 거두었던 운동이 될 수 있었다.

이처럼 실질적인 성과를 거두면서 전개된 기술혁신운동에 주목한다면, 1950년대 말과 1960년대 초에 북한 경제가 양적 성장뿐만 아니라 질적 성장도 이루었음을 인정하지 않을 수 없다. 당시 기술혁신운동은 단순히 생산량의 증대만 가져온 것이 아니라 관리체계 전반의 변화와 과학원 조직의 구조조정까지 이끌어내었다.

제5장 대안의 사업체계와 과학기술계의 재정비 : 기술혁신운동의 제도화

천리마운동에서부터 천리마작업반운동으로 이어진 일련의 활동들은 북한 사회를 전반적으로 변화시켰다. 특히 기술혁신운동이 직접 수행된 생산현장에서는 공장관리체계가 대폭 바뀌었고 기술혁신운동을 적극 뒷받침하던 과학기술계의 경우에는 전체 조직체계가 새롭게 정비되었다.

이 장에서는 대안의 사업체계를 정치사상적 측면에서 분석한 기존의 연구를 검토한 후 과학기술적 측면에서 새롭게 분석해 보려고 한다. 과학기술적 측면에서 대안의 사업체계를 분석하게 되면 집단적 기술혁신운동이 가져온 변화와 대안의 사업체계 도입이 밀접한 연관이 있었음을 알 수 있다. 그리고 과학원이 부문별로 분화하고 과학원도시가 건설되는 모습을 살펴보면서 집단적 기술혁신운동의 추진이 북한 과학기술계를 어떻게 바꾸어 놓았는지 알아볼 것이다.

제1절   대안의 사업체계

북한에서 발간한『경제사전』에 따르면 '대안의 사업체계'란 "위대한 수령 김일성동지께서 경제관리에 주체사상과 군중로선을 구현하시여 사회주의경제의 본성적 요구에 맞게 독창적으로 창조하신 우리 식의 공산주의적 경제관리형태"라고 소개되어 있다.[1] 사실상 제대로 된 첫 번째 경제계획인 1차 5개년계획을 성공적으로 끝마치고 성대하게 치러진 4차 당대회(1961.9.11~18)가 끝난 해 말, 김일성이 '대안전기공장'을 시작으로 여러 곳을 현지지도하면서 체계화시켜 1961년 12월 16일 대안전기공장에서 발표한 경제관리체계가 바로 '대안의 사업체계'였다. 1961년 12월 6일 대안전기공장을 현지지도하면서 공장관리 시스템을 비롯한 경제관리체계를 전반적으로 재정비해야할 필요성을 강하게 인식한 후, 평양방직공장과 중공업성 기계공업총국 등을 비롯한 여러 공장과 기구들을 현지지도하면서 대책을 강구한 끝에 내린 결론이었다.[2] 1962년 한 해 동안 일부 사업장에서 시범적으로 실시한 대안의 사업체계에 대해 만족한 북한 지도부는 1962년 11월 대안의 사업체계를 일반화하여 전 산업영역에서 적용할 것을 결정하였다.[3]

---

1 「대안의 사업체계」,『경제사전 1』, 460~462쪽.

2 김일성, 「새로운 경제관리체계를 내올 데 대하여(조선로동당 중앙위원회 정치위원회 확대회의에서 한 연설, 1961년 12월 15일)」,『김일성저작집 15』, 428~472쪽 ; 김일성, 「새 환경에 맞게 공업에 대한 지도와 관리를 개선할 데 대하여(대안전기공장장위원회 확대회의에서 한 결론, 1961년 12월 16일)」,『김일성저작집 15』, 473~528쪽 ; 김일 외,『붉은 해발아래 창조와 건설의 40년(4) : 1961.9~1966.10』(조선로동당출판사, 1982), 19~30쪽.

3 김일성, 「대안의 사업체계를 더욱 발전시킬 데 대하여(대안전기공장당위원회 확대회의에서 한 연설, 1962년 11월 9일)」,『김일성저작집 16』(조선로동당출판사, 1982), 495~513쪽, 대안전기공장에서 시범적으로 실시한 대안의 사업체계에 대한 보고서는『새 기업 관리 운영 체계 확립에서 얻은 경험 (대안 전기 공장)』(중공업출판사, 1962)이란 이름으로 출간되었다.

이처럼 1961년에 와서 경제관리체계를 전면적으로 수정할 수밖에 없었던 이유는 1956년 12월부터 시작된 천리마운동에 따른 생산현장의 변화를 관리체계가 따라가지 못하고 있었기 때문이었다. 앞에서 살펴본 바대로, 천리마운동이 시행 이후 확대, 발전한 기술혁신운동은 생산활동을 급격히 팽창시켰고 그 결과 원래 계획을 훨씬 뛰어넘는 결과를 이끌어내었다. 생산현장은 전쟁의 피해에서 완전히 벗어나 정상화되었고, 노동력과 노동시간을 늘리고 근무시간의 낭비 등을 최대한 줄이는 데 노력하는 양적 성장 중심의 생산활동이 점차 기술혁신을 통한 질적 성장 중심의 생산활동으로 변하게 되었다.

계획경제를 운영하던 북한에서 계획을 뛰어넘는 결과는 생산량이 많아진다는 점에서는 좋으나 전체 경제의 균형이 깨어진다는 점과 같은 부정적인 측면도 있었다. 북한 지도부는 1958년 3월 1차 당대표자회에서 1차 5개년계획을 일단 수정하면서 기술혁신운동을 천리마작업반운동으로 발전시켜 변화된 상황에 대처하기는 하였지만 부문별로 계속해서 발생하는 문제들에 대해 근본적인 차원의 처방을 내놓지 못하고 있었다. 다만 부문별로 임시 처방을 내놓아 위기상황을 그때그때 모면하고 있었다. 예를 들어 기계공업 부문의 경우, 당시 급증하는 기계 수요를 공급이 따라가지 못하여 산업 전반에 문제를 일으킬 상황에 도달하자, 북한 지도부는 공작기계새끼치기운동을 전개하여 기존의 계획과 별도로 기계를 대거 생산하여 늘어난 기계 수요를 충족시킴으로써 이를 해결하였다.[4]

하지만 이러한 대응에도 한계가 있었다. 변화된 상황에 대처하면서 추진한 천리마작업반운동이 효과적이기는 하였지만 이는 어디까지나 대중운동 차원이었다. 따라서 비정규적이었고 임시적인 성격이 강하였

---

4 공작기계새끼치기운동에 의해 1959년 말까지 기본계획에 포함되지 않은 1만 3000여 대의 공작기계가 더 생산되어 결국 1959년 말의 공작기계 대수가 1958년의 1.8배나 되었다. 전석담, 「조선로동당의 령도 하에 전후 사회주의 건설에서 조선인민이 달성한 성과와 그 의의」, 59~60쪽.

으며 자발성에 기초한 것이어서 관리나 통제가 쉽지 않았다. 생산현장의 실제 활동 양상은 급격하게 변화하였는데 이를 전반적으로 관리, 통제하던 산업관리체계는 변하지 않고 있었던 것이다. 이에 이전보다 훨씬 커진 경제규모와 더욱 활발해진 경제활동을 따라가지 못하고 있던 산업관리체계를 전면적으로 수정하기 위한 처방으로 1961년 대안의 사업체계가 도입되었다.

대안의 사업체계는 1961년 도입 이후 그 시행방법이 약간씩 수정되기는 하였지만 큰 틀에서 오늘날까지 일관되게 이어지고 있어서 기존의 북한 연구자들이 많이 연구한 주제이다.[5] 하지만 북한 연구가 전반적으로 그러한 것처럼 대안의 사업체계에 대한 연구도 정치사상적 측면에서 주로 이루어졌다. 대안의 사업체계가 산업관리체계라는 사실을 환기해보면 정치사상적 측면에서 이루어진 연구는 기본적으로 한계가 있을 수밖에 없다. 따라서 과학기술의 비중이 클 수밖에 없는 산업관리체계를 과학기술적 측면에서 살펴보면 대안의 사업체계가 갖는 또 다른 특징을 발견할 수 있다.

먼저 기존의 연구들을 토대로 대안의 사업체계가 갖는 특징을 개략적으로 살펴본 후, 과학기술적 측면에서 대안의 사업체계를 새롭게 분석해보자.

---

5 이병희, 「북한의 산업관리체계에 관한 연구 : 대안사업체계를 중심으로」(경희대 박사학위논문, 1990) ; 김은경, 「북한의 경제관리에 대한 일 연구-대안의 사업체계를 중심으로」(서울대학교 석사학위논문, 1993) ; 윤여령, 「북한의 공업관리체계에 관한 연구」 ; 박정진, 「북한의 '생산정치(Politics of Production)'와 노동자 조직의 성격변화에 관한 연구」 ; 김연철, 「북한의 산업화 과정과 공장관리의 정치」 ; 이태섭, 『김일성 리더십 연구』 ; 차문석, 「북한의 공장관리체제와 절정기 스탈린주의」, 『북한연구학회보』 3권 2호(1999), 227~250쪽 ; 김보근, 「대안의 사업체계를 보는 두 개의 눈, 그리고 북한 변화를 진단하는 두 개의 눈」, 『정치비평』(2002), 202~220쪽 ; 이정철, 「사회주의 북한의 경제동학과 정치체제」, 서동만, 『북조선사회주의 체제성립사 : 1945~1961』.

1. 대안의 사업체계에 대한 기존 연구 검토 : 정치사상적 측면

대안의 사업체계를 주제로 한 초기의 논문들은 기존의 연구가 거의 없는 상태에서 연구가 진행되어서 대안의 사업체계의 의미를 세밀하게 분석하기보다는 이와 관련한 기본적인 자료들을 모아 전체 모습을 그리는 데 치중하였다.[6] 이들은 대안의 사업체계와 관련이 있는 다른 나라들의 산업관리체계 즉 중국과 소련의 산업관리체계에 대해 정리하고 대안의 사업체계의 세부적인 사항들을 정리하기도 하였으며, 또한 1960년 초에 도입된 대안의 사업체계가 이후 어떻게 변화했는지도 간략하게 추적하여 정리하였다.

이들에 의하면 대안의 사업체계의 특징은 크게 네 가지로 정리된다. 첫째, 통일적이며 집중적인 생산지도체계를 만드는 것 둘째, 후방공급체계(복지후생체계)를 새로 만드는 것, 셋째, 위에서 아래로 내려다주는 자재공급체계를 세우는 것, 마지막으로 기업관리와 운영에서 공장당위원회의 집체적 영도체계(지도체계)를 도입한 것이 대안의 사업체계가 추구하였던 것이다.

우선 통일적이고 집중적인 생산지도체계를 만들기 위해 기사장과 지배인의 업무변경이 시도되었다. 기존에 기술지도만 맡고 있던 기사장이 생산지도, 기술지도, 계획화지도를 모두 담당하고 생산지도와 계획화지도를 담당하던 지배인은 자재공급과 복지후생을 비롯한 전반적인 행정적 지도를 담당하는 것으로 업무가 조정되었다.

대안의 사업체계의 두 번째 특징으로 거론된 후방복지체계는 노동자들의 생활과 복지를 위한 사항을 지배인이 담당하도록 한 것이다. 대안의 사업체계 이전에는 노동자들의 의식주와 관련된 사항들은 모두 해

6 이병희, 「북한의 산업관리체계에 관한 연구 : 대안사업체계를 중심으로」 ; 김은경, 「북한의 경제관리에 대한 일 연구─대안의 사업체계를 중심으로」 ; 윤여령, 「북한의 공업관리체계에 관한 연구」.

당 지역 인민위원회에서 담당하였다. 그러나 대안의 사업체계에서는 이를 공장관리들의 업무영역으로 들어오도록 최초로 규정하고 이에 대한 책임을 지배인이 지도록 하였다. 따라서 이 조치는 기업 관리에 포괄되는 영역이 확대되었음을 의미한다.

세 번째 특징으로 거론된 자재공급방식의 변경은, 생산현장의 자재담당 실무자가 상급 행정기관 등을 직접 찾아가서 자재를 가져오던 방식에서 성이나 관리국과 같은 관련 행정기관에서 직접 담당하여 생산현장까지 공급해주는 방식으로 바뀐 것을 말한다. 이전처럼 상층 관리들이 문서상으로만 자재를 관리하지 말고 직접 현장에 내려가서 자재공급체계 전반을 책임지면서 현장에서 필요한 자재를 직접 공급해주라는 것이었다.

그리고 네 번째 특징으로 거론된 것은 지배인, 기사장, 공장당위원장이 삼위일체가 되어 공장당위원회를 통해 생산현장을 전반적으로 관리 운영하게 된 것을 말하는데 이로 인해 10여 년간 지속되던 지배인유일관리제가 비로소 폐지되었음을 의미한다. 지배인이 모든 권한을 맡고 있던 시대가 끝났다는 것이다.

대안의 사업체계가 갖는 이런 특징들은 이후 연구자들에 의해 다양한 맥락에서 분석되었는데 대부분 네 번째 특징에 주목하였다. 김연철과 차문석은 지배인유일관리제가 공장당위원회를 중심으로 하는 집단적 지도체제로 전환한 것이 대안의 사업체계의 가장 큰 특징이라고 하면서 이를 당적 지배가 행정적 지배보다 우위에 서기 시작한 것이라고 분석하였다. 하지만 두 사람은 그 연원을 다른 곳에서 찾았다. 김연철은 이런 전환을 북한의 독특한 지도체제인 '수령에 의한 직할 관리체제'의 한 형태라고 강조하였고, 차문석은 북한만의 독특한 특징이 아니라 소련의 '절정기 스탈린주의'를 모방한 것이라고 주장하였다.[7]

---

7 김연철, 「북한의 산업화 과정과 공장관리의 정치」 ; 차문석, 「북한의 공장관리
   체제와 절정기 스탈린주의」, 227~250쪽 ; 김보근, 「대안의 사업체계를 보는

　한편 박정진은 이를 '생산의 정치'라는 개념을 도입하여 새롭게 해석하였다. 그는 생산의 장(場)을 상품의 생산뿐만 아니라 이데올로기, 그리고 정치의 생산과 재생산이 이루어지는 영역이라고 해석하면서 생산현장의 변화를 통해 정치적 변화를 읽어야 함을 주장하였다. 그는 대안의 사업체계 도입을 노동자의 자율적 조직이어야 할 직업동맹이 사실상 국가기관화된 것으로 해석하였다. 따라서 그는 이런 변화로 인해 노동자들의 아래로부터 참여공간이 봉쇄되었다고 주장하였다.[8]

　서동만은 당과 국가체제가 하나로 결합된 '당=국가체제'가 형성되는 과정의 연속선상에서 대안의 사업체계를 바라보았다. 그도 역시 지배인유일관리제가 공장당위원회로 대체된 것을 대안의 사업체계 도입에 의한 가장 큰 변화라고 설명하면서 다만 이런 변화는 다른 영역에서 이미 진행되던 것이라고 설명하였다. 즉 그는 사회 각 영역에서 진행된 '당 우위의 제도화'를 공장관리체계에도 적용한 것이 대안의 사업체계라고 이야기하였다. 여기서 그는 이런 변화로 인해 직업동맹이 조직상 독자성을 유지하지 못하고 당조직의 한 부서로 간주되기 시작하였음을 강조하였다. 직업동맹의 선전사업과 군중사업을 당에서 직접 담당하게 되었고 단체협약 제도도 폐지되었다고 한다. 사회적 자율성이 대폭 축소된 것이었다. 결국 서동만은 대안의 사업체계를 북한에서 '당=국가체제'가 사회영역까지 흡수하여 사회주의 시스템을 형성하게 된 일련의 조치들 중 하나라고 자리매김 하였다.[9]

　이태섭은 지배인유일관리제가 공장당위원회를 중심으로 하는 집단적 지도체제로 전환한 것을 대안의 사업체계의 가장 큰 특징이라고 하면서 기존의 연구자들과 다른 측면에서 그 의미를 파악하였다. 그는

두 개의 눈, 그리고 북한 변화를 진단하는 두 개의 눈」, 202~220쪽.

8 박정진, 「북한의 '생산정치(Politics of Production)'와 노동자 조직의 성격변화에 관한 연구」.

9 서동만, 『북조선사회주의 체제성립사 : 1945~1961』, 864~874쪽.

'집단주의'라는 북한의 독특한 발전전략이 수립되는 과정의 연속선상에서 대안의 사업체계를 바라보았던 것이다. 그에 의하면, 대안의 사업체계란 집단주의 원리에 기초하여 경제관리와 생산에 대한 전면적인 당적 지도체계가 확립된 것으로 파악되었다. 하지만 그는 다른 연구자들과 달리 노동자들의 참여에 대해 긍정적인 평가를 내놓았다. 당시 강화되었던 공장당위원회에 노동자 비율이 약 60%나 될 정도 높았는데 이는 이전 시기 근로 대중이 기업 관리에 참가하던 통로인 생산협의회의 연장선상에 있는 것이라는 설명이다. 따라서 노동자들의 참여를 대폭 강화시킨 공장당위원회 중심의 공장관리체계 속에서 노동자들의 참여 폭은 넓어질 수 있었다고 한다.[10]

이상과 같이 대안의 사업체계에 대한 연구는 분석의 수준이나 관점면에서 계속해서 발전해왔다고 할 수 있는데 이 연구들이 분석하는 맥락은 서로 달랐음에도 불구하고 모두가 공통적으로 인정하는 부분이 있다. 대안의 사업체계를 통해 공장 운영에도 당적 지도체계가 수립될 수 있었고 집체적 지도체계가 형성되기 시작하였으며 북한식 군중노선이 관철될 수 있었고 이런 계기를 마련한 것이 바로 북한 사회, 북한 역사에서 대안의 사업체계가 갖는 가치라는 결론이다. 특히 '공장당위원회'가 지배인을 대신하여 공장의 관리, 경영을 전체적으로 책임지게 된 변화를 대안의 사업체계의 가장 큰 특징이라는 것에 대해 대부분의 연구자들이 동의하고 있다.

물론 대안의 사업체계로 인해 이러한 변화가 일어났다는 것은 분명하기 때문에 반론의 여지가 없다. 지배인유일관리제의 폐지와 공장당위원회를 통한 집단지도체제의 도입, 이것이 바로 대안의 사업체계를 통해 정립된 새로운 관리체계였음은 분명한 역사적 사실이다. 하지만 대안의 사업체계가 단지 이런 변화를 이끌어내기 위해서만 도입된 것은 아니었다. 대안의 사업체계가 공장 관리체계를 비롯한 산업관리체

---

10 이태섭, 『김일성 리더십 연구』, 257~272쪽.

계를 바로 잡기 위해 도입되었던 것이므로 이를 도입한 것은 공장이나
기업소, 나아가 산업 전반에서 자주 발생하고 있던 문제들을 해결하기
위함이었다. 그렇다면 대안의 사업체계를 통해 공장이나 기업소에서
어떤 어려움이 풀리게 되었고 그로 인한 변화는 어떤 것이었는지도 살
펴볼 필요가 있다. 오히려 생산현장에 당위원회가 오래전부터 조직되
어 있었고 전권을 가진 지배인들이 일으키는 문제가 결코 미약하다고
할 수 없었음에도 불구하고 대안의 사업체계와 같은 전반적인 공장관
리체계의 변화가 1961년에 가서야 이루어졌다는 점을 고려한다면, 아
직까지 주목하지 못했던 대안의 사업체계의 또 다른 중요한 특징이 있
었을 것이라 예상할 수 있다.11

2. 기술혁신운동과 대안의 사업체계 : 과학기술적 측면

대안의 사업체계가 도입되던 1961년 말의 공장 상황은 1차 5개년계
획이 시작되던 1957년 초와 많은 부분에서 달라져 있었다. 우선 산업구
조가 급격하게 변화하였는데 1960년대 들어서 공업의 비중이 매우 높
아졌던 것이다. 1956년 당시 전체 사회총생산액에서 공업 부문이 차지
하던 비중은 40.1%였지만 1960년에는 57.1%로 늘어났고 1962년에는
61%까지 계속 늘어났다. 반면 1956년에 26.6%를 차지하던 농업 부문
은 1960년 23.6%로 줄어들었고 1962년에는 21.3%로 더 줄어들었다.12
즉 1956년에 1.5배에 불과하던 공업과 농업의 규모 차이는 1962년에

---

11 당 조직원은 1952년 12월 전원회의 이후 중요 공장에 파견되기 시작했으며,
 이들이 공장당위원장을 겸임하였다고 한다. 서동만, 『북조선사회주의 체제성
 립사 1945~1961』, 175쪽. 지배인유일관리제로 인한 문제는 김광운, 『북한 정
 치사 연구 1』, 302~326쪽 ; 김연철, 「북한의 산업화 과정과 공장관리의 정치」,
 151~193쪽 ; 윤여령, 「북한의 공업관리체계에 관한 연구」, 15~29쪽 ; 박정진,
 「북한의 '생산정치(Politics of Production)'와 노동자 조직의 성격변화에 관한
 연구」, 33~71쪽을 참고.
12 『북한 경제 통계집』, 124쪽.

2.6배로 늘어났던 것이다. 그리고 생산활동의 양상 또한 많이 변하여 이미 제4장에서 자세하게 살펴본 것처럼 이전에 비해 기술의존도가 매우 높아졌다.

비록 전후복구사업이 마무리되었다고는 하지만 1957년 초의 생산현장은 정상적인 생산활동이 이루어지는 곳이 아니었다. 전쟁의 피해로부터 기본적인 것들은 복구하였지만 그래도 여전히 복구가 덜 된 채 한쪽에 방치된 설비들이 많이 있었고 노동자들의 작업 규율도 제대로 잡히지 않아 이직률도 높았으며 결근율도 매우 높은 편이었다. 따라서 당시 생산현장의 기본 활동목표는 생산의 정상화와 생산활동의 양적 증가였다. 노동자들의 출근율을 높이고 이직률을 낮추면서 생산 설비를 복구, 정상화하여 설비이용률을 높이는 것에 1차적인 목표가 두어졌던 것이다.

하지만 1960년대 초 생산현장의 상황은 이전과 많이 달라졌다. 노동자들의 출근율이 99%를 넘어 거의 100%에 도달해 있었고 노동 규율도 나름대로 잘 지켜지고 있었으며 생산 설비들은 이미 대부분 정상화되어 있는 상태를 넘어 더 나은 기술을 사용하여 개조하거나 새로운 설비들이 증설되고 있었다. 게다가 노동생산능률도 급격하게 향상되어 전체 공업부문 노동생산능률은 1956년에 비해 1961년에는 1.5배로 늘어났다.[13] 따라서 이 당시 생산현장의 기본 활동목표는 기술혁신을 통한 생산활동의 질적 증가였다.

이 당시 변화 중 더욱 의미 있는 변화는 과학기술자의 수가 대폭 늘어났다는 점이다. 1957년에 2만 8289명이던 것이 1961년에는 8만 3163명으로 2.9배가량 늘어났고 1962년에는 9만 8108명으로 3.5배로 늘어났다.[14] 이를 노동자 1000명당 과학기술자 수로 환산해보면 1956년에

13 『북한 경제 통계집』, 338쪽.
14 국가계획위원회 중앙통계국, 『조선민주주의인민공화국 인민경제발전통계집 1946~1960』, 131쪽 ;『북한 경제 통계집』, 111쪽.

는 33.5명이던 것이 1961년에는 54.1명으로, 1962년에는 56.4명으로 늘어나 생산현장의 과학기술자 비중이 대략 1.6배 증가하였던 셈이다. 따라서 해방 직후부터 괴롭히던 과학기술자의 부족현상은 1960년대에 들어서면서 어느 정도 해소되었다.

이런 변화의 이면에는 1956년 12월 천리마운동 이후 적극적으로 추진되었던 기술혁신운동이 있었다. 앞에서 살펴본 것처럼 기술혁신운동은 1958년 3월부터 집단적 기술혁신운동으로 그 형태를 달리하였고 1959년 3월부터는 천리마작업반운동이라는 이름으로 북한 전역에 확산되어 갔다. 여기에 과학원 구성원들을 현장으로 진출시키는 현지연구사업이 결합되면서 기술혁신운동에서 핵심적이었던 과학기술 지원활동이 보장되자 생산현장에서는 실질적인 기술혁신을 통해 높은 경제성장을 이루었다. 당시 북한에서 자동차, 오토바이, 트랙터, 굴착기, 불도저, 8m 타닝반 등 정밀 기계설비들을 자체적으로 생산하는 데 성공하였을 뿐만 아니라 리승기의 비날론, 마형옥의 갈섬유, 려경구의 염화비닐, 한홍식의 무연탄 가스화, 주종명의 함철콕스, 리재업의 합성고무 등 과학이론 수준에서도 뛰어난 성과들을 거두었다는 사실을 본다면, 당시 북한의 경제성장이 단순한 노력 동원식의 양적 성장방식보다는 기술혁신에 의한 질적 성장방식에 의해 이루어졌다는 것을 알 수 있다.

따라서 대안의 사업체계 도입을 과학기술적 측면에서, 혹은 기술혁신운동의 진행과정과 연관시켜 분석해 본다면 그 도입에 따른 변화가 좀 더 분명하게 보일 것이다. 특히 기존의 연구자들이 중요하다고 거론하였던 특징인 지배인유일관리제 폐지와 공장당위원회 강화가 1958년 5월에 이미 집단적 기술혁신운동을 위한 정책으로 도입되었다는 사실을 본다면 대안의 사업체계와 기술혁신운동의 연속성을 더욱 명확해진다. 게다가 집단적 기술혁신운동을 위한 정책 중에서 기사장이 담당한 공무수리 부문을 강화하고 생산협의회에 노동자와 기술자들의 참가를 확대시키라는 정책이 대안의 사업체계에 거의 그대로 반영되었다는 사실은 대안의 사업체계를 집단적 기술혁신운동의 발전적 형태, 혹은 확장판이라고 해도 이상하지 않게 해준다.

그렇다면 북한 지도부가 대안의 사업체계를 도입하여 얻고자 한 효과는 공장당위원회를 강화하여 공업부문에서 당적 지도체계를 확립하는 것 이외에 다른 것이 또 있었다고 볼 수 있다. 물론 일부에서 임시적인 형태로 시행되던 '공장당위원회를 통한 생산활동의 관리'라는 정책을 정식화된 규범의 형태로 일반화시켰다는 것도 중요하지만, 당시 생산현장이 처한 상황에 맞추어 그 대책으로 처음 제기된 정책들이 대안의 사업체계 도입과정에서 더 중요한 의미를 가진다고 할 수 있다.

대안의 사업체계에서 처음으로 시도된 정책 중 제일 먼저 눈에 띄는 것은 복지후생체계를 공장관리의 영역에 새롭게 포함시킨 조치이다. 이전 시기에는 공장의 관리들이 생산활동을 정상화시키고 목표량을 달성하는 것에만 급급하였지만 이제는 생산활동 자체뿐만 아니라 복지나 생활환경 등 생산활동 외적인 영역도 공장 관리들이 신경을 써야 하는 상황이 되었다는 뜻이다.[15] 이것은 경제활동에 여유가 생긴 것이고 또한, 공장이나 기업소의 포괄 범위가 커졌음을 보여준다.[16] 이런 변화는 사회체제에 상관없이 경제규모가 커지고 경제 수준이 발전하면 항상

---

15 김일성은 후방공급사업을 강화해야할 필요성을 다음과 같이 설명하고 있다. "공장에서 후방공급사업을 잘하여 인민생활에 대한 당과 국가의 배려가 제때에 미치도록 하며 로동자들이 잘 먹고 푹 쉴 수 있는 모든 조건을 잘 지어준다면 그들은 사회와 집단을 위한 공동로동에 자기의 모든 능력과 재능을 다 바칠 것이며 생산에서 높을 열성과 창발성을 낼 것입니다. 그러나 후방공급사업을 잘하지 못하여 로동자들이 피로를 제때에 풀고 푹 쉴 수 있는 생활조건을 보장하여 주지 못한다면 아무리 생산지도를 잘하고 원료림, 자재, 부속품을 넉넉히 대준다 하더라도 생산에서 높은 성과를 거둘 수 없습니다." 김일성, 「새 환경에 맞게 공업에 대한 지도와 관리를 개선할 데 대하여(대안전기공장장위원회 확대회의에서 한 결론, 1961년 12월 16일)」, 『김일성저작집 15』, 473~528, 500쪽.

16 세입총액만 보더라도 1956에 비해 1961년은 2.7배, 1962년은 3.2배로 늘어났고, 공업총생산액은 1956년에 비해 1961년은 3.9배, 1962년은 4.7배로 늘어났다. 『북한 경제 통계집』, 131, 314쪽.

나타나는 것이므로 대안의 사업체계만의 독특한 특징은 아니다.

공장이나 기업소 관리들이 포괄해야 할 범위가 점차 커진 사실은 천리마작업반운동이 점차 천리마직장운동과 천리마공장운동으로 확대, 발전하였던 것에서도 볼 수 있다. 생산활동의 가장 말단 단위인 작업반에서 시작된 기술혁신운동이 점차 직장과 공장 단위로 그 수준을 높이다 보면 기본적인 생산활동 이외의 영역들도 점차 공장 관리들이 담당해야 할 영역 속으로 들어오게 되는 것이다. 설비나 기술 수준 그리고 작업 규율의 측면에서 어느 정도 수준에 도달하면 복지 후생과 같은 영역의 일이 경제활동에 미치는 영향력이 커지기 때문이다.

공장이나 기업소의 포괄 범위가 커진 것과 맥락을 같이 하면서, 당시 북한의 생산활동 규모나 수준이 달라졌음을 직접적으로 반영한 조치는 자재공급체계의 변화였다. 1959년 이후 북한의 생산활동에서 가장 큰 걸림돌은 자재공급체계였다고 할 수 있다. 천리마작업반운동의 추진으로 집단적 기술혁신운동이 자리를 잡음으로 인해 생산현장의 작업 속도가 빨라졌고 경제 규모도 훨씬 커졌지만 국가적 차원의 물류시스템은 그대로였기 때문에 자재공급이 원활하지 않았다.[17] 경제 규모가 작고 작업 속도가 느릴 때에는 현장 책임자 중 한 사람인 직장장이 생산활동과 함께 자재공급을 담당하여도 크게 무리가 없었지만, 경제규모가 계획보다 빨리 커지고 생산활동이 빠른 속도로 진행됨에 따라 기존의 자재공급체계는 불합리점을 많이 노출하게 되었던 것이다. 생산활동만으로도 바쁜 직장장이 부족한 자재를 공급 받기 위해 뛰어다니게 되면서 생산활동에 차질을 가져왔을 뿐만 아니라 생산된 자재가 계획

---

17 김일성은 당시 자재공급체계의 문제에 대해 다음과 같이 이야기하고 있다. "지금 자재공급사업이 잘되지 않고 있는 근본원인은 성, 관리국적으로, 전국가적으로 사회주의경제의 요구에 맞는 똑똑한 자재공급체계가 서지 않는데 있습니다." 김일성, 「새로운 경제관리체계를 내올 데 대하여(조선로동당 중앙위원회 정치위원회 확대회의에서 한 연설, 1961년 12월 15일)」, 『김일성저작집 15』, 428~472, 434쪽.

에 제대로 반영되지 못함으로 인해 자재가 낭비되는 경우도 많아졌던 것이다.

자재공급과 관련된 문제는 기술혁신운동을 추진할수록 더 커졌는데 이에 대한 국가적 차원의 대책이 바로 대안의 사업체계에서 제기한 새로운 자재공급체계였다. 이 대책은 이전 시기 생산현장의 기술지원능력 부족 문제를 해결하기 위해 도입한 대책과 그대로 닮아있었다. 과학원의 고급 과학기술자들을 생산현장에 파견하여 기술지원능력 부족현상을 해결하였던 것처럼 해당 생산성이나 관리국의 고급 간부들을 현장에 파견하여 자재공급과 관련한 문제를 해결하였던 것이다. 즉 생산활동을 담당한 사람은 생산활동에 전념하고 상층에서 생산현장을 관리하던 사람들이 생산현장까지 직접 자재를 공급하는 것으로 바뀌었던 것이다. 이런 식의 대책이 도입된 이유는 자재공급사업의 특성상 국가적 차원에서 생산현장의 전반적인 상황을 파악할 수 있는 수준에서 직접 담당하는 것이 더 쉽기 때문이기도 하였다.

이러한 사업방식을 보통 '혁명적 군중노선' 혹은 '청산리정신', '청산리방법'이라고 부른다. 이는 1960년 2월 김일성이 강서군과 청산리에 나가 현지지도를 하면서 정형화시킨 대중지도 방법으로서, "웃기관이 아래기관을 도와주고 웃사람이 아래사람을 도와주며 늘 현지에 내려가 실정을 깊이 알아보고 문제해결의 올바른 방도를 세우며 모든 사업에서 정치사업, 사람과의 사업을 앞세우고 대중의 자각적인 열성과 창발성을 동원하여 혁명과업을 수행하도록 하는" 것을 말하였다.[18] 이러한 사업방식은 1958년에 시작된 현지연구사업을 통해 이미 시험되었던 방법으로서, 대중운동의 차원에서 일반화, 정식화된 것이 바로 청산리정신과 청산리방법이었다.

과학기술적 측면에서 대안의 사업체계를 바라보았을 때 가장 핵심적인 정책은 기사장의 지위와 역할을 변경한 것이었다. 기사장이 생산현

---

18 「청산리정신, 청산리방법」, 『정치사전 2』, 392쪽.

장에 속한 과학기술자들의 수장인 만큼, 이 정책은 당시 과학기술자들이 생산현장에서 받고 있던 평가와 직접적으로 연관되어 있었다고 볼수 있다. 이전까지 '기술부'와 '공무동력부'만 담당하고 있던 기사장이대안의 사업체계가 도입된 이후부터는 '생산지도부'와 '계획부'까지 맡게 되었으므로 기사장의 업무 영역은 더욱 넓어졌고 그의 지위도 또한더욱 높아졌다고 볼 수 있다. 기사장이 이전 시기 지배인이 담당하였던역할까지 넘겨받아 실질적인 생산활동의 책임자가 되었기 때문이다. 한마디로 당시 과학기술자들은 상당히 높은 평가를 받고 있었고 이런평가가 정책적 차원에서 적극 반영된 것이 바로 대안의 사업체계였다.

이처럼 현장에 진출해있던 과학기술자들이 긍정적인 평가를 받게 된까닭은 앞에서 살펴본 바와 같이 기술혁신운동을 추진한 결과가 긍정적이었기 때문이었다. 과학기술자들의 기술지원활동에 힘입어 생산현장에서는 실질적인 기술혁신을 이룰 수 있었고 이런 변화가 쌓이면서산업구조는 결국 공업 중심으로 급격히 바뀌었던 것이다. 그리고 생산활동의 기술의존도가 더욱 높아져 이젠 기술적인 문제를 모르고서는생산지도를 할 수 없는 상태가 되어버렸고, 생산계획 또한 제대로 짤수 없게 되었다.

이제 지배인은 생산활동에 대한 실질적인 지도 권한을 기사장에게물려준 뒤, 자신은 생산활동과 관련한 전반적인 행정적 처리를 담당하면서 실질적으로는 이번에 새롭게 공장관리 영역으로 들어온 자재관리부문과 후생복지 부문을 담당하게 되었다. 이런 측면에서 지배인유일관리제가 시행된 10여 년 동안 생산활동을 실질적으로 책임졌던 지배인이 생산활동 일선에서 물러서게 된 조치가 바로 대안의 사업체계라고 할 수 있겠다. 이전 연구들이 주장하는 바와 같이 지배인유일관리제의 폐지를 공장당위원회의 강화와 하나로 묶기보다 기사장의 권한 강화와 하나로 묶어야 대안의 사업체계 도입이 의도한 바가 좀 더 잘 드러난다. 공장당위원회 강화는 과거 지배인이 독주하던 것처럼 기사장

이 독주하지 못하도록 미리 방지책을 마련해 둔 것이었다. 지배인과 당
위원회가 수평적 관계일 때는 지배인이 당위원회의 지시를 따르지 않
아도 되는 것이지만 대안의 사업체계처럼 당위원회와 기사장이 수직
적 관계에 있다면 결정적인 순간에도 당의 지도가 관철될 수 있기 때
문이다.

그렇다면 지배인유일관리제의 문제가 진작부터 거론되고 있었고
1958년부터는 그 대안으로 공장당위원회 강화라는 조치가 개발되었는
데 이의 폐지가 1961년에 와서야 단행된 이유가 무엇일까? 공장당위원
회를 강화하는 것과 맥락을 같이 하는 다른 부문의 당적 체제 확립을
위한 조치는 좀 더 이른 시기에 단행되었는데 공업 부문에서만 유독
1961년 말까지 시간을 끌었던 이유는 무엇일까?[19] 그것은 지배인을 대
체할 만한 인물이 부족하였기 때문이다. 물론 기술혁신운동의 성과가
드러나고 산업구조가 바뀌기 위해서는 어느 정도 시간이 필요하였겠지만
대체인력에 대해 충분히 검증하기 위해서도 시간이 필요하였기 때문에
1961년에 가서야 새로운 대체인력들에 대한 확신이 생겼다고 볼 수 있
다. 즉 생산현장에서 과학기술자들을 어느 정도 확보하고 그들의 능력
과 충성도를 검증할 수 있는 시간이 필요하였던 것이다.

지배인유일관리제는 지배인에 대한 제어장치만 마련된다면 상당히
유용한 공장관리방식이라고 볼 수 있다. 특히 해방 직후나 전쟁 상황
혹은 직후와 같은 비정상적인 상황에서 전권을 가진 지배인의 존재는
공장과 관련한 모든 상황에 즉각적인 대처를 할 수 있었기 때문에 나름
대로 효과적이었다. 극심한 인력난 속에서 지배인은 나름대로 지식수
준이 높은 사람들 중에서 선출되었기 때문에 그들은 생산활동에 필요
한 기술적인 문제도 어느 정도 알고 있었고 공장을 관리하고 운영하는

---

19 1958년부터 시작된 당위원회를 통한 당적 지도체제의 강화는 군사 영역에서
먼저 시작되었고 농업 영역을 거쳐 공업 영역까지 확대되었다. 서동만, 『북조
선사회주의 체제성립사 1945~1961』, 765~921쪽.

방법도 나름대로 터득한 바가 있었다.

이런 지배인을 대체할 만한 인물이 마련되지 않은 상황에서 공장당위원회 강화를 통해 지배인유일관리제를 대체하려는 정책은 전면적으로 시행될 수 없는 것이었다. 실제로 1950년대 중반까지는 지배인이나 기사장 이외에 생산활동에 대한 기술적 지도를 담당할 수 있는 사람이 거의 없었다. 당위원회가 지배인이 담당하던 기술적 지도를 감당할 능력이 되지 않아 생산활동에 대한 최고지도기관이 될 수 없었던 것이다.[20] 이것이 진작부터 지배인유일관리제를 폐지하고 당위원회 중심제로 변경할 수 없었던 이유였다.

1958년 집단적 기술혁신운동을 추진하면서 북한 지도부는 생산현장의 과학기술자가 대체인력으로 가능성이 충분하다는 점을 인식하였으나 그들의 수가 충분하지 않아 지배인유일관리제의 전면적인 폐지는 계속 연기될 수밖에 없었다. 당시 생산현장에는 필요한 기술지원활동도 충분히 소화해낼 수 없을 정도로 현장 과학기술자 수가 부족하여 과학원에 소속되어 있던 과학기술자들을 현장으로 파견하여 이를 보충할 수밖에 없었다. 따라서 1956년보다 현장의 과학기술자 비중이 1.6배가량 증가한 1961년이 되었을 때,[21] 현장의 과학기술자 수가 어느 정도 안정적인 수준에 도달하였다고 판단한 북한 지도부가 지배인유일관리제를 폐지하는 전격적인 결단을 내릴 수 있었던 것이다.

새로운 대안 세력으로 주목받던 과학기술자들은 수적인 문제뿐만 아니라 북한 사회에서 치명적이라고 할 수 있는 사상적인 문제도 가지고 있었기 때문에 이들이 전면에 나서게 되는 데에는 좀 더 많은 시간과

---

20 이태섭은 1950년대 초중반 당시 지배인유일관리제가 당적 지도보다 우위에 있었고 그 이유가 바로 기술전문성 부족이었다고 주장한다. 이태섭, 『김일성 리더십 연구』, 95~119쪽.

21 앞에서 이야기한 대로, 노동자 1000명당 과학기술자 수가 1956년 33.5명에서 1962년 56.4명으로 늘어났다. 국가계획위원회 중앙통계국, 『조선민주주의인민공화국 인민경제발전통계집 1946~1960』, 131쪽 ; 『북한 경제 통계집』, 111쪽.

절차가 필요하였다. 식민지시기에 길러진 과학기술자들은 대부분 지배 계층에 속한 인물들이 많았고 일제 부역의 경력을 가지고 있는 경우도 많았다. 이런 과거 경력을 문제 삼아 이들을 걸러내기에는 북한의 과학기술 인력난이 매우 심각하였기 때문에, 북한 지도부는 초기부터 '오랜 인테리 정책'이란 이름으로 과거를 묻지 않고 현재의 모습과 노력하는 자세만으로 이들을 적극적으로 포용하는 정책을 시행해왔다. 하지만 출신성분과 일제 부역 경력은 지울 수 없는 약점이어서 이들의 신분은 여전히 불안정하였고 이들을 불신하는 분위기는 쉽게 사라지지 않았다.[22]

이런 과학기술자들에 대한 믿음이 확고해진 결정적 계기는 물론 집단적 기술혁신운동이 만족할 만한 성과를 거둔 것이었다. 하지만 1950년대 후반부터 형성되기 시작한 새로운 유형의 과학기술자들의 영향도 무시할 수 없다. 이 시기 대안 세력으로 떠올랐던 새로운 유형의 과학기술자들은 대부분 해방 이후에 교육받은 사람들로 과거에 대한 문제가 전혀 없었다. 기존 과학기술자들이 갖고 있던 태생적 한계가 전혀 없었던 것이다. 더욱이 이들은 사회주의 제도 아래에서 교육받았기 때문에 사상성에 있어서도 뒤질 바가 없었다. 기존의 과학기술자들을 부르는 '오랜 인테리'라는 말 대신에 이들은 '새로운 인테리', 혹은 '붉은 인테리(Red Expert)'라고 불리었다. 또한 그들 중에는 전쟁에 직접 참가한 경험을 가진 사람도 많아서 북한 지도부의 정책적 방향과 의도, 심지어는 감성적인 부분까지 잘 받아들일 수 있었다. 1958년 11월에 새롭게 구성된 과학원 지도부에 이들이 대거 진출한 것으로 볼 때, 이들은

---

22 천리마운동, 천리마작업반운동에 앞장섰던 강선제강소에서도 과학기술자들의 출신성분과 과거경력 때문에 갈등이 심각하였다. 심지어 천리마작업반운동의 첫 발기인이었던 진응원도 전쟁 포로로 잡혔다가 돌아온 귀환병이란 이유로 계속해서 의심받았다고 한다. 이런 모습은 1950년대 후반 천리마운동, 천리마작업반운동을 배경으로 한 김삼복, 『인간의 노래』에 자세하게 묘사되어 있다.

이 당시 어느 정도 세력을 형성하고 있었음을 알 수 있다. 특히 이 당시 과학원 지도부는 현지연구사업을 적극적으로 추진하기 위한 형태로 구성되었기 때문에 이들은 생산현장에 직접 영향을 미쳐 생산현장에서도 새로운 인테리 집단이 형성될 수 있게 하였다.

김일성은 일찍부터 과학기술자들에게 우호적이었는데 오랜 인테리 정책도 그에 의해 적극적으로 시행되었다고 볼 수 있다. 특히 김일성은 대안의 사업체계를 제안할 당시에도 오랜 인테리 정책과 함께 새로운 인테리들의 존재를 직접 거론하면서 과학기술자에 대한 변함없는 신뢰를 보여주었다.

> 지금 일부 당일군들은 당에 충실하고 맡겨진 일을 잘하는 기술자들도 그전에 그들의 아버지가 좀 잘살았다는 리유로 당에 받아들이기를 꺼려하고 있는데 이것은 잘못입니다. 물론 기술자들의 부모들 가운데 더러는 그전에 돈냥이나 가지고 살았을 수 있으나 거의 다 그저 밥술이나 먹고사는 정도였습니다. 더욱이 지금 이 공장에서 일하고 있는 기술자들은 거의 다 자기 아버지가 번 돈으로 기술을 배운 것이 아니라 해방 후 우리 당의 배려에 의하여 기술자로 자라난 젊은 사람들입니다.[23] (밑줄은 인용자)

붉은 과학자 집단의 부상은 오랜 인테리 정책만으로 부족하였던 과학기술자들에 대한 우대정책을 더욱 설득력 있게 만들었던 것이다.

새로운 인테리, 붉은 과학기술자에 대한 전문성과 더불어 사상성에 대해 확신한 김일성은 그들을 조선로동당에 입당시켜 당시 강화하기로 한 공장당위원회에 적극 참가시키라고 지시하였다.

> 공장당위원회구성에서 또 하나의 큰 결함은 성분을 본다고 하면서 공장당위원회와 집행위원회에 로동자들만 많이 넣고 기술자들을

23 「새 환경에 맞게 공업에 대한 지도와 관리를 개선할 데 대하여(대안전기공장 장위원회 확대회의에서 한 결론, 1961년 12월 16일)」, 『김일성저작집 15』, 473~528, 512쪽.

적게 넣는 것입니다. 물론 당위원회에 기능수준이 높은 로동자들
이 많이 들어가는 것도 좋지만 기술을 잘 아는 기술자들도 일정하
게 들어가야 합니다. … 그렇게 하여야 공장당위원회가 생산에서
걸린 문제들을 제때에 알아낼 수 있고 혁명과업을 수행하기 위한
합리적인 기술적의견도 내놓을 수 있습니다. 다시 말하여 공장당
<u>위원회에 오랜 로동자들과 함께 기술자들도 맞춤하게 들어가야 공</u>
<u>장당위원회가 공장의 모든 사업을 집체적으로 지도하는 최고지도</u>
<u>기관으로서 자기의 역할을 원만히 수행할 수 있습니다.</u>[24] (밑줄은
인용자)

이전 시기 공장당위원회가 지배인의 독주를 막는 데 취약하였던 가장
큰 이유인 기술적 능력 부족을 공장당위원회에 과학기술자들을 적극
참가시킴으로써 해결하자는 제안이었다. 공장당위원회는 생산현장의
최고 당조직이므로 당원 중에서도 핵심당원들이 참가하는 조직이었는
데 이런 당위원회에 과학기술자들을 대거 영입시키라는 말은 과학기술
자들의 당성을 높이 인정한다는 뜻이었다.

결론적으로 천리마작업반운동이 기술혁신운동을 통해 작업반을 개
조한 것이었다면 대안의 사업체계는 기술혁신운동의 발전 속도를 따라
가기 위해 자재관리사업과 복지후생사업을 포함하여 공장관리체계(산
업관리체계) 전반을 개조한 것이었다. 계획과 다른 생산활동으로 인해
생긴 전체 시스템 상의 문제를 고치고, 또한 천리마작업반운동을 통해
확인한 현장 과학기술자들의 능력과 가능성에 맞게 그들의 지위와 역
할을 격상시킨 것이 바로 대안의 사업체계였다. 이전 시기 기술부라는
하나의 부서만을 담당하던 기사장이 실질적인 지배인의 역할을 맡게
되었고, 출신 성분 등의 문제로 당원이지만 공장당위원회 운영에서는
배제되었던 기술자들이 공장당위원으로 대거 선출되었다.[25] 기술혁신

24 김일성, 「새로운 경제관리체계를 내올 데 대하여(조선로동당 중앙위원회 정치
위원회 확대회의에서 한 연설, 1961년 12월 15일)」, 『김일성저작집 15』,
428~472, 455~456쪽.
25 대안의 사업체계를 제안하던 당시에 김일성은 대안전기공장 당위원회 25명

운동을 진행하면서 도입된 현지연구사업은 생산현장에서 지배인을 대체할 수 있는 대안 세력을 길러냈으며, 새로운 자재공급체계의 모델이 되었다. 지배인유일관리제를 대신할 대책을 마련하였음에도 불구하고 그 시행이 약 3년가량 지체된 이유는 대체인력으로 충분한 수의 과학기술자를 확보하면서 동시에 그들에 대한 전문성과 사상성을 검토하기 위한 시간이 필요하였기 때문이다.

이처럼 대안의 사업체계는 정치사상적 측면에서 바라보면 당적 지도체계가 확립되는 모습을 확인할 수 있는 반면, 과학기술적 측면에서 분석해보면 기술혁신운동이 점진적으로 발전, 확대되는 모습과 함께 과학기술자들의 지위와 역할이 커지고 있던 모습을 볼 수가 있다. 이러한 맥락에서 대안의 사업체계 도입과 다음 단계로 추진할 1차 7개년계획의 핵심과제가 전면적 기술혁신, 기술혁명으로 설정된 것은 자연스럽게 이어진다.

제 2 절 과학기술계 재정비 : 과학원의 분화와 과학원도시 건설

생산현장의 기술혁신운동은 과학기술자들의 현장진출 이후 가속화되어 생산활동 자체를 바꾸었을 뿐만 아니라 산업관리시스템까지 바꾸어버렸고 북한 사회를 급속히 사회주의 공업국가로 변화시켰던 것이다. 이런 변화는 생산현장에서만 일어난 것이 아니라 과학기술계에서도 일어났는데 1958년 현지연구사업을 적극적으로 추진할 수 있는 형

中에서 기술자가 기사장을 제외하고 단 1명뿐인 점을 지적하면서, 기술자 중에서 당원이 23명이나 되는데 단 2명만 공장당위원이 되었다는 것은 공장당위원회 구성에 문제가 있다고 강하게 비판하였다. 그는 공장당위원회가 생산을 제대로 지도하려면 기술을 아는 사람이 공장당위원회에 많이 들어가야 한다고 강조하였다. 김일성, 「새 환경에 맞게 공업에 대한 지도와 관리를 개선할데 대하여(대안전기공장장위원회 확대회의에서 한 결론, 1961년 12월 16일)」, 『김일성저작집 15』, 473~528, 511~512쪽.

태로 과학원 조직을 변경시킨 이후 또 한 번 대대적인 구조조정이 단행되었던 것이다.

우선 생산현장에 대한 기술지원활동을 강화한 이후 상대적으로 위축되어 있던 전문 과학연구활동을 강화하기 시작하였다. 그 대표적인 정책이 1960년 9월부터 시작된 과학원도시(평성과학도시) 건설계획이었는데, 이는 과학원 구성원들에게 연구여건을 충분히 보장하여 전문 과학연구활동에 매진할 수 있는 환경을 만들어주기 위한 조치였다. 기술지원활동을 위한 시설들은 배제한 채 연구관련 기관만 입주시켜 과학원의 전문 과학연구활동만을 위한 작은 도시를 새롭게 만들려는 계획이었다.[26] 이와 함께 북한 지도부는 1962년 7월에 '국가과학기술위원회(위원장 오동욱)'를 구성하여 과학원의 생산지원활동과 관련한 행정적 부담을 덜어주기도 하였다.[27]

그렇다고 기술지원활동이 약화된 것은 아니었다. 천리마운동, 천리마작업반운동을 시작할 당시 핵심적인 역할을 담당했던 중앙당 금속공업상 강영창을 1961년 3월에 과학원 원장으로 임명하여 '현지연구사업'을 더욱 안정되면서도 힘 있게 추진하도록 하였다. 또한 거대한 현지연구기지라고 할 수 있는 '함흥분원'을 1960년 9월부터 건설하기 시작하여 생산현장에서 전문연구활동과 기술지원활동을 동시에 추진할 수 있는 안정적인 바탕을 마련해주기도 하였다.[28] 이 당시 과학기술계

---

26 박송봉, 「주체과학의 대전당 - 과학도시를 꾸려주시려고」, 『위대한 사랑의 품 속에서 1』, 5~33쪽 ; 김응삼, 「과학원 창립 스무돐을 맞이하던 나날에」, 『수 령님과 주체과학의 40년』, 143~152쪽 ; 박송봉, 「과학도시를 꾸려주시기 위하여」, 『수령님과 주체과학의 40년』, 78~87쪽 ; 리종옥, 『영원한 인민의 태양 2』, 79~89쪽 ; 차용현, 사광웅, 『조선로동당 인테리 정책의 빛나는 력사』, 409~417쪽.

27 윤명수, 『조선 과학기술 발전사 1』, 178쪽.

28 김일성, 「현대적 화학공업의 기지를 창설하기 위하여(비날론 공장 건설 관계 부문 열성자 회의에서 한 연설, 1960년 9월 1일)」, 『비날론공장 건설』, 1~10쪽 ; 김일성, 「화학공업의 가일층의 발전을 위하여(비날론 공장 준공을 경축하면서 5월을 기념하는 함흥시 군중대회에서 한 연설, 1961년 5월 1일)」, 『비

재정비사업은 현장 중심의 과학기술정책을 바탕으로 기술지원활동과 전문연구활동의 균형을 맞추기 위한 노력이었다.

1963년 3월 20일 개최된 '과학자, 기술자 대회' 이후 전국의 연구기관이 통폐합되는 과정에서 사회과학부문이 과학원에서 분리, 독립하였는데 이로써 과학원은 과학기술계만의 연구기관으로 완전히 탈바꿈하게 되었다.[29] 즉 과학원은 과학기술계를 중심으로 구성되고 다른 부문들은 이를 중심으로 사회과학원, 농업과학원, 의학과학원이라는 또 다른 과학원 체계를 구축한 것이었다. 이로써 북한의 과학기술계는 기본적인 체계 정비를 끝낼 수 있었고 이 당시 갖추어진 체계는 오늘날까지 큰 틀에서 변함없이 유지되고 있다.

이 절에서는 1961년 3월 과학원 원장 교체, 1962년 7월 국가과학기술위원회 설치 등 천리마작업반운동 이후 전개되었던 과학기술계의 변화를 살펴보고, 과학원도시와 함흥분원 건설 과정을 통해 북한 과학기술계의 활동에서 생산 기술지원활동과 전문 과학연구활동의 비중을 가늠해보겠다.

1. 과학원의 분화 : 사회과학부문의 분리, 독립

1961년은 새로운 경제계획이 추진되는 첫해였다. 1957년부터 시작한 1차 5개년 계획을 1년의 조정기간까지 거치면서 1960년에 마무리 짓고 새롭게 1차 7개년계획(1961~1970)을 시작한 것이었다. 원래는 5년 단위의 경제계획을 세우려고 하였지만 1960년 조정기를 거치면서 3년, 4년 두 단계로 구분한 7개년계획으로 변경하였다. 첫 3년 동안에는 상

날론공장 건설』, 11~22쪽 ; 박종완, 「만년대계의 과학연구기지를 꾸려주시여」, 『수령님과 주체과학의 40년』, 100~104쪽 ; 리종옥, 『영원한 인민의 태양 2』, 79~89쪽 ; 윤명수, 『조선 과학기술 발전사 1』, 123쪽.

29 김일성, 「기술혁명수행에서 과학자, 기술자들의 임무(과학자 기술자 대회에서 한 연설, 1963.3.22)」, 『대하여』, 140~141쪽.

대적으로 빨리 성장한 중공업 부문을 효율적으로 재조정, 정비하면서 상대적으로 뒤처진 경공업과 농업을 발전시켜 인민생활을 개선시키는 데 중점을 두고, 그다음 4년 동안에는 다시 중공업부문에 더욱 집중하는 계획이었다. 전반적인 기술혁신, 기술혁명이 중심과제로 떠오른 1차 7개년계획에서 과학기술계의 역할이 이전보다 더욱 중요해졌음은 당연한 일이었다.[30]

지난 시기 과학원의 현장 진출에 의한 효과를 확실하게 인지하게 된 북한 지도부는 과학원 원장을 처음으로 과학기술자 출신으로 임명하였다. 당시까지 5년 동안 과학원 원장을 맡았던 백남운은 최고인민회의 상임위원회 부위원장으로 자리를 옮기고 금속공업상과 중앙당 중공업 부장을 역임한 강영창을 새로운 원장으로 임명하였던 것이다.[31] 2대 원장이었던 백남운은 60세가 넘은 나이에도 불구하고 5년 동안 과학원을 이끌면서 과학원 활동을 정상화시킴과 동시에 과학연구활동을 생산활동에 밀접하게 연관시키고자 한 북한 최고지도부의 의지를 확실히 관철시킨 공로를 인정받아 이제 최고 정치 지도자의 길을 가게 되었다. 1948년부터 초대 교육상을 역임하면서 자신이 직접 길러낸 과학기술자들과 함께 과학원이 생산활동에서 핵심적인 역할을 담당하도록 만들었던 그는 이후 그는 4차 당대회에서 당중앙위원으로 선출되었고 최고인민위원회 상임위원회 부위원장직을 거쳐 최고인민회의 의장까지 역임하였다.

30 김일성, 「조선인민의 민족적 명절 8·15해방 15돌 경축대회에서 한 보고(1960년 8월 14일)」, 『김일성저작집 14』, 213~253쪽 ; 「조선로동당 제4차대회에서 한 중앙위원회사업총화보고(1961년 9월 11일)」, 『김일성저작집 15』, 156~315쪽.
31 강영창의 임명 시기는 명확하지 않지만 『과학원 통보』에서 그를 원장으로 소개하는 내용은 「과학원 화학연구소 고분자 화학연구실에 천리마 작업반 칭호 수여」, 『과학원 통보』 1961(2), 61~62쪽에 처음 나온다. 따라서 천리마작업반 칭호 수여식이 있은 1961년 3월 27일 직전에 임명되었다고 판단된다. 1961년 3월 초까지는 백남운이 원장이었다.

일제시기 기계공학을 전공했던 강영창을 새로운 과학원 원장으로 임
명한 것은 과학원을 실질적으로 과학기술계를 중심으로 개편하면서 현
장활동을 더욱 강화하려는 북한 지도부의 강력한 의지 표명이었다.[32]
1937년 4월에 여순공대를 졸업한 강영창은 한동안 일본 고베시에 있던
미쯔비시전기주식회사 실험소에서 기사직을 수행하다가 해방 직후
1945년 10월에 김두삼(전기화학공업상, 국가건설위원회 위원장), 리재
업(합성고무 개발)과 함께 자진 월북하였다.[33] 월북 직후 전공을 살려
성진제강소에서 기사장으로 근무하면서 소련으로 단기 유학을 다녀왔
으며 새로운 제강법을 개발하여 위험한 원철로를 없애라는 김일성의
지시를 충실하게 수행하였다.[34] 전쟁 당시에 용광로를 안전하게 지키면
서 군수품생산을 담당하였던 그는 북한이 자체 기술로 복구, 확장하였
다고 자랑하는 황해제철소 복구계획을 직접 작성하였다. 그는 1955년
10월부터 중앙당 중공업부장, 금속공업상을 맡아 천리마운동, 천리마
작업반운동을 실질적으로 지도한 핵심간부였다. 천리마운동, 천리마작
업반운동 모두 강재를 생산하는 강선제강소에서 시작될 정도로 당시
북한 경제활동에서 금속공업이 차지하는 비중이 매우 컸는데 이 분야
를 직접 담당했던 정책 책임자가 바로 강영창이었던 것이다.[35]

그는 현장에서 거둔 성과를 인정받아 "원사는 우리나라에서 최고 수
준의 로작으로서 과학발전에 공헌을 하였거나 또는 사회주의 건설에
특별한 기여를 한 후보원사 중에서 선출된다. 그러나 후보원사가 아니

32 김일성은 "당정책연구실 같은 것을 만들어 (강영창에게) 담당하게 하려다가
   자연과학을 추켜세워야 하겠기에 (강영창을) 과학원장으로 보냈다"고 이야
   기하면서 강영창의 과학원 원장 선임은 과학기술계를 강화하기 위한 것이었음
   을 밝히고 있다. 강신성, 「혁명가로 키우신 위대한 사랑」, 『위대한 사랑의 품속
   에서 1』, 54쪽.

33 김근배, 「월북 과학기술자와 흥남공업대학의 설립」, 4쪽 ; 김삼복, 『인간의 노
   래』, 65~66, 84~93, 193~195쪽.

34 강신성, 「혁명가로 키우신 위대한 사랑」, 『위대한 사랑의 품속에서 1』, 34~78쪽.

35 김삼복, 『인간의 노래』, 65~66, 84~93, 193~195쪽.

라도 특별한 과학적 업적이 있을 때에는 원사로 선출될 수 있다"는 개정된 과학원 규정 22조에 의해 과학원 원사로 추대된 최초의 인물이었다.[36] 여기서 과학적 공헌 이외에도 사회주의 건설 과정에 기여한 업적도 인정된다는 부분은 초기 규정에는 없었고 개정되면서 새롭게 추가된 것이었는데 강영창은 이 부분으로 인해 원사 칭호를 받을 수 있었던 것이다.

백남운의 임기가 아직 8개월 정도 남았음에도 불구하고 서둘러 교체한 것은 그만큼 새로운 1차 7개년계획에서 과학원의 역할이 중요하였으며 그중에서도 과학기술계의 비중이 컸다는 것을 의미하였다. 강영창으로 하여금 과학원을 과학기술계 중심으로 재편하여 현지연구사업을 비롯한 과학원의 현장 진출을 더욱 강화하도록 하는 것이 기술혁명을 전면에 내건 1차 7개년계획의 성패에 중요한 영향을 미친다는 판단에 서둘러 과학원 원장을 교체하였던 것이다.

이 당시 과학원의 비중이 더욱 커졌음은 과학원에 새로운 연구소가 집중적으로 증설된 것에서도 볼 수 있다. 1960년 후반부터 함흥분원이 창설되는 것을 필두로 당시 북한 경제활동에서 중요한 연구를 담당할 과학기술 분야 연구소들이 많이 개설되었다. 금속공업의 발전을 뒷받침할 중앙금속연구소가 새로 세워졌고 1차 7개년계획 기간 동안 중점적으로 추진할 기계화, 자동화 목표달성을 위해 기계화 및 자동화 연구소가 공학연구소에서 분리, 독립하였다.[37] 아직 연구소로 확대되지는 않았지만 기계화, 자동화 목표 달성에 필수적인 전기공학과 반도체공학, 전자계산기공학 분야의 발전을 위해 1959년 후반부터 물리수학연구소에 계산수학연구실과 반도체연구실이 정식으로 설치되어 운영되었다.[38] 무연탄가스화 연구와 함철콕스 연구를 담당하는 새로운 연구기

---

36 「과학원에 관한 규정」, 『과학원 통보』 1958(6), 3쪽.

37 강선제강소가 있던 강선에 설립되었으며, 응용계측 연구실, 자동조절 연구실, 자동조작 연구실, 류체기구 연구실, 재료 연구실을 갖추고 있었다. 「새로 창설된 과학원 연구소들」, 『과학원 통보』 1961(4), 56~57쪽.

관인 중앙연료연구소(소장 최삼열)도 세워졌다.[39] 기존의 자연조사연구소가 생물학연구소(원홍구)와 지질 및 지리학 연구소(박태훈)로 분리되면서 생물자원 연구와 지하자원 연구가 더욱 강화되었다.[40] 이 연구소들은 1961년 9월로 예정된 4차 당대회를 기념하기 위한 가시적인 성과를 내놓기 위해 늘어난 지원을 바탕으로 연구활동에 더욱 박차를 가하여 1961년 5월 6일에 2만 톤 생산규모의 2.8 비날론공장을 완성하였으며 1961년 9월 초에는 진공관과 2극 반도체를 사용한 전자계산기를 만들어내기도 하였다.[41] 이 외에도 무연탄가스화, 함철콕스 생산, 자동차·뜨락또르·전기기관차 자체 생산, 염화비닐 공장 건설 등 다양한 연구성과들을 내놓은 과학기술계의 활동에 대해, 4차당대회에서 중앙위원회 사업을 보고하던 김일성은 과학기술 자체의 발전뿐만 아니라 인민경제에도 크게 기여하였다고 소개하였다.[42]

1차 7개년계획 초기에 중공업 부문이 재조정, 재정비되는 과정에서 과학원의 역할도 재조정되기 시작하였다. 과학원이 현지연구사업을 진행하던 초기에는 각종 문제점과 필요한 지원들을 과학원과 개별 생산현장이 자체적으로 해결하도록 하였지만 점차 책임소재가 불분명해지고 개별 기관이 자체적으로 해결할 수 없는 문제들이 많아졌다. 따라서 1959년 후반에 현자연구사업을 검토한 후 과학원과 생산현장의 책임소재를 분명하게 구분한 뒤, 그들이 해결하지 못하는 문제는 국가계획위원회가 직접 해결해주도록 조정하였다.[43] 하지만 이러한 조정도 1962년

38 「우리나라 자연과학 부문의 과학발전 장기 전망계획」, 『과학원 통보』 1959(1), 14~20쪽.
39 황해제철소가 있던 송림에 설립되었다. 「새로 창설된 과학원 연구소들」, 『과학원 통보』 1961(4), 56~57쪽.
40 「새로 창설된 과학원 연구소들」, 『과학원 통보』 1961(4), 56~57쪽.
41 「만능 전자계산기의 제작」, 『과학원 통보』 1961(6), 45~46쪽 ; 「천리마 수학연구실」, 『과학원 통보』 1962(2), 48~50쪽.
42 김일성, 「조선로동당 제4차대회에서 한 중앙위원회사업총화보고(1961년 9월 11일)」, 『김일성저작집 15』, 156~315, 188쪽.

경에 이르러 한계에 도달하였다. 경제 활동의 규모가 점차 커지면서 그에 따라 과학원의 연구 규모도 점차 커졌다. 그리고 과학원의 현지연구 사업도 점차 확대되어 과학원과 개별 생산현장이 자체적으로 해결할 수 없는 문제들이 많이 발생하게 되었고 결국 국가계획위원회에서도 이런 문제들에 대해 제때 대응하지 못하는 경우가 종종 발생하였던 것이다. 이런 상황에서 과학기술을 적용한 생산활동에서 생기는 문제를 전반적으로 풀어주는 일을 담당하는 새로운 조직이 필요하였다. 1962년 7월 11일 설립된 '국가과학기술위원회'는 과학원을 비롯한 금속화학공업성, 전기석탄공업성, 기계공업성 등 이런 문제와 관련된 전반적인 조직들을 포괄하여 문제점들을 조정·해결하는 기능을 담당하였다.[44]

과학원을 비롯한 연구기관 전반에 대한 구조조정사업은 1963년부터 시작되었다. 1946년 '과학자 기술자 대회', 1952년 '과학자 대회'에 이어 세 번째로 개최된 '과학자 기술자 대회(1963.3.20~22)' 이후 연구기관 구조조정사업은 연구기관을 대대적으로 통폐합하는 방식으로 진행되었다. 본 대회 폐막연설에서 김일성이 연구기관들의 '본위주의'로 인해 연구시설이 중복 설치되어 연구역량이 분산되어 있다는 점과 협동 연구활동이 제대로 안 되고 있다는 것을 지적한 뒤 취해진 조치였다.[45] 과학원 연구소와 중복되지만 생산성마다 자신들의 소유로 연구소를 갖고 있으려는 본위주의로 인해 중복 설치된 연구기관이 많고 이로 인한 역량 낭비가 많았다는 것이다. 김일성은 텔레비전 연구 상황을 예로 들면서 체신성, 방송위원회, 기계공업성에서 제각각 연구역량을 꾸리고

43 「과학원 상무위원회의 최근 중요 결정」, 『과학원 통보』 1959(3), 60~61쪽 ; 김태윤, 「현지연구사업 경험교환회」, 『과학원 통보』 1959(4), 45~48쪽 ; 「과학원 지도성원들의 현지지도 사업」, 『과학원 통보』 1959(5), 48~50쪽 ; 「현지연구 사업을 가일층 강화하자」, 『과학원 통보』 1960(3), 1~4쪽.

44 윤명수, 『조선 과학기술 발전사 1』, 178쪽.

45 김일성, 「기술혁명수행에서 과학자, 기술자들의 임무(과학자 기술자 대회에서 한 연설, 1963년 3월 22일)」, 『김일성저작집 17』(조선로동당출판사, 1982), 179~209, 186~187쪽,

있어 오히려 어느 쪽도 제대로 성과를 내지 못하고 있다고 지적하였다. 당시 연구기관 통폐합 조치는 높아진 군사적 위협으로 인해 군사비 비중이 높아져 경제활동으로 돌릴 재원이 많이 부족해진 상황과도 연관되어 있었다. 군사적 위협은 당시 북한 경제에 상당한 부담으로 작용하였는데 베트남전이 더욱 심각해진 1965년 이후에는 북한의 경제 성장률이 마이너스를 기록하기도 하였다.[46]

당시 연구기관 통폐합을 통한 재정비 사업은 각 부문별로 독자적인 과학원체계를 구축하는 방향으로 진행되었다. 사회과학부문과 자연과학부문, 기술과학부문이 함께 모여 있던 과학원은 사회과학부문을 분리, 독립시켜 과학기술계 분야로만 구성되었다. 1952년 과학원 설립 이후 제일 먼저 과학원으로부터 분리, 독립한 농업부문이 제일 먼저 조직 통폐합 사업을 진행하였다. 기존의 농업과학위원회는 1963년 8월 7일에 '농업과학원'으로 개편되었던 것이다. 이어서 1963년 11월 5일, 의학과학연구원은 '의학과학원'으로 전환되었다.[47] 1963년 12월 27일에는 과학원에 소속되지 않았던 교육부문이 교육학 심리학 연구소, 일반교육연구소, 기술교육연구소, 교편물 및 실험기구설계 연구소를 가진 '교육과학연구원'으로 새롭게 구성되었다.[48] 이미 독립되어 있던 농학부문이나 의학부문과 달리 사회과학부문의 경우 분리, 독립을 위해서는 더 많은 준비가 필요하였기 때문에 1964년 2월에 가서야 개편이 마무리되었다. 1964년 2월 17일, 과학원의 경제법학연구소와 언어문학연구소는 경제연구소, 법학연구소, 언어학연구소, 문학연구소 등 8개의 연구소를 가진 '사회과학원'으로 분리, 독립하였다.[49]

이로써 초기 과학원에 포함되어 있던 부문과학들이 모두 분리되었고

---

46 이태섭, 『김일성 리더십 연구』, 302~316쪽.

47 윤명수, 『조선 과학기술 발전사 1』, 178쪽 ;『조선중앙연감 1964』(조선중앙통신사, 1964), 207쪽.

48 『조선중앙연감 1965』(조선중앙통신사, 1965), 170쪽.

49 『조선중앙연감 1964』(조선중앙통신사, 1964), 207쪽.

과학원은 자연과학과 기술과학만을 중심으로 하는 조직이 되었다. 이 제 북한의 전문연구기관은 과학기술 분야만으로 구성된 과학원을 중심으로 농업과학원과 의학과학원, 사회과학원, 교육과학연구원으로 체계화되었다. '분야별 과학원 체계'가 갖추어진 것이다. 과학원이 수행하는 현지연구사업과 관련한 각종 행정적 문제들은 국가과학기술위원회에서 해결해주어 과학원은 현지연구사업을 수행하면서 연구활동에 더욱 집중할 수 있게 되었다.

2. 과학원도시와 함흥분원 건설

'과학도시(technopolis, science park)'란 간단히 말해서 과학기술과 관련된 기관들을 중심으로 건설된 도시를 말한다. 경제 발전에 있어서 과학기술이 차지하는 비중이 갈수록 커짐에 따라 과학기술 활동을 효과적으로 수행하고 그 성과들을 산업현장에서 최대한 효율적으로 활용할 수 있게 만든 것이 바로 과학도시이다. 과학도시는 과학기술자들의 능률을 높이기 위해 쾌적한 도시환경을 조성하고 비슷한 성격의 기관들을 한 곳에 모아 중복투자를 방지할 뿐만 아니라 의사소통과 협력사업이 원활하게 이루어질 수 있게 만든다. 과학기술 활동과 산업현장의 연계성을 강화하기 위해 연구기관과 산업시설을 함께 설치하기도 한다. 일본의 쯔꾸바(筑波), 소련의 노보시비르스크(Новосибирск, Novosibirsk), 미국의 실리콘 밸리(Sillicon Valley) 등이 대표적인 과학도시이다.[50]

남한의 대표적인 과학도시가 대덕이라면 북한의 대표적인 과학도시는 과학원 함흥분원이 있는 '함흥'과 과학원 본원과 리과대학이 있는 평양시 '은정구역(평성)'[51]이라 할 수 있다. 함흥은 비날론 공장을 중심

<hr/>

50 유종완, 「대덕연구단지에 대한 「테크노폴리스」 개념의 적용방안에 관한 연구(I)」, 『대한국토계획학회지』 20(1) (1985), 189~201쪽 ; 「대덕연구단지에 대한 「테크노폴리스」 개념의 적용방안에 관한 연구(II)」, 『대한국토계획학회지』 20(2) (1985), 164~178쪽.

으로 비료공장, 염화비닐 공장 등이 건설된 곳이므로 과학도시라는 일반적인 이름보다 특화된 목적을 잘 드러내는 '화학공업도시'라는 이름으로 더욱 자주 불린다. 반면, 은정구역은 과학원 본원을 중심으로 기초과학 관련 연구소들만 들어서 있으므로 북한에서 과학도시라고 하면 보통 이곳을 가리킨다.

함흥분원과 과학원도시(평성과학도시) 두 곳 모두 1960년 9월경에 처음으로 설립이 제안되었다.[52] 하지만 두 과학도시의 추진양상은 매우 달랐다. 함흥분원은 불과 2~3년 안에 지도체계까지 갖추어지는 등 진척속도가 아주 빨랐던 반면, 과학원도시는 평성으로 건설지를 확정하는 데에만 8년이 걸렸고 1970년대에 들어서야 건설사업이 본격적으로 추진되었다. 함흥분원은 비날론과 염화비닐을 비롯하여 각종 화학공업제품의 생산활동을 지원하기 위해 관련 연구기관과 지도기관을 함흥으로 집중시킨 것이었지만 평성과학원도시는 과학기술자들이 전문 과학연구활동에 집중할 수 있는 환경을 조성하기 위해 생산시설을 의도적으로 배제한 것이었다. 함흥분원이 과학기술계는 물론 생산활동의 변화에도 많은 영향을 끼친 현지연구사업의 확장된 형태였다면 평성과학도시는 현지연구사업의 도입으로 인해 상대적으로 소외된 과학연구활동을 더욱 집중적으로 지원하기 위한 장치였다.

과학원은 원래 전문 과학연구기관으로 설립되어 생산 기술지원활동을 부차적으로 수행하려고 하였다. 하지만 1958년 현지연구사업이 도입되면서 과학원의 역할은 전문 연구활동보다는 기술지원활동에 더 치우치게 되었다. 현지연구사업은 분명 기술지원활동만 하는 것이 아니라 현지에서 연구활동도 수행하는 것이었지만 아무래도 연구활동에만

---

51 원래는 평안남도 도청소재지인 평성시에 소속되어 있었지만 1993년 11월 행정개편으로 평양시로 편입되었다.

52 리종옥, 『영원한 인민의 태양 2』, 79~89쪽. 당시에는 '도시'라는 말보다 '기지'라는 말이 사용되었다. 즉 '함흥화학공업도시'는 '함흥화학공업기지'로, '평성과학원도시'는 '평성과학원기지'로 불렸다.

완전히 몰두할 수 없는 형태였다. 연구활동을 제대로 수행하지 못한다면 과학기술 개발능력이 서서히 뒤떨어지게 되고 이는 기술지원능력 또한 약화시키는 결과를 낳을 수 있기에, 현장 중심의 과학기술 정책을 취한 북한이라 할지라도 원천기술을 개발할 수 있는 전문 연구활동을 보장하지 않을 수 없었다. 그렇다고 약화된 전문 연구활동을 강화하기 위해 경제적 효과를 확인한 현지연구사업 추진을 늦출 수는 없었기 때문에 현지연구사업을 계속 강화시킴과 동시에 전문 연구활동을 충분히 보장하는 방법으로 과학원도시를 완전히 독립된 형태로 꾸리기로 결정한 것이었다.

이제부터 함흥분원(함흥화학공업도시)과 과학원도시(평성과학도시) 건설과정을 통해 과학원의 정책적 비중이 어떻게 배분되어 있었는지에 대해 살펴볼 것이다. 전자를 통해서는 임시 조치처럼 보였던 현지연구사업이 더욱 강화되어 상시화되는 모습을 볼 수 있고, 후자를 통해서는 북한의 과학기술역량이 1960년대 후반 이후 답보상태를 면치 못한 이유를 짐작할 수 있다.

1) 함흥분원과 함흥화학공업도시 건설 : 현지연구사업의 강화

함흥분원을 건설하자는 의견은 현지연구사업에 대한 제도정비사업이 끝나가던 1960년 9월 1일에 처음으로 제기되었다. 함흥시에 건설되고 있던 비날론 공장을 1961년 5월 1일까지 기한을 앞당겨 완성하기 위해 열린 대책 회의인 '비날론 공장 건설 관계부문 열성자 회의'에서 처음으로 거론되었다.[53] 4차 당대회를 1961년 9월에 대대적으로 개최하여 전쟁의 폐허 속에서 10년도 안 되는 짧은 기간 안에 사회주의 공업국가를 건설하였다는 사실을 널리 자랑하려고 가시적인 성과들을 최대한 만들어내자는 분위기가 팽배하였던 시기였다. 이 당시 비날론 공

53 박종완, 「만년대계의 과학연구기지를 꾸려주시여」, 『수령님과 주체과학의 40년』, 100~104쪽 ; 리종옥, 『영원한 인민의 태양 2』, 79~89쪽.

장 건설 속도는 예상을 훨씬 넘어서는 것이어서 빠른 건설속도를 일컫는 '비날론 속도'라는 새로운 말이 만들어지기도 하였음은 앞에서도 보았다.

비날론은 리승기가 일제시기 개발한 기술을 바탕으로 북한에서 공업화에 성공한 합성섬유이다. 리승기가 한국전쟁시기 월북할 당시까지만해도 비날론을 공업화하기 위해서는 해결해야 할 과제가 아직 많이 남아있는 공업화 초기수준이었지만, 북한 정부의 적극적인 지원에 힘입어 1961년에 대규모 비날론 공장이 완공될 정도로 비날론 공업화 기술은 급속하게 발전하였다. 1959년에 접어들면서 공장의 규모가 연산 2만 톤 수준으로 급격히 확대되었던 것이다. 이는 1958년부터 시행된 현지연구사업의 결과로 북한 과학기술계의 활동이 활발해지고 그 활동규모가 급격하게 커졌던 당시 상황을 잘 보여준다.

'비날론 공장 건설 관계부문 열성자 회의'에서 비날론 공장 건설 일정을 앞당길 방안이 논의되면서 함흥과 흥남 전체를 '화학공업의 중심기지'로 발전시키기 위한 방안도 논의되었다. 김일성은 함흥과 흥남을 화학공업 중심기지로 발전시키기 위해 해결해야할 대책을 논의하면서 몇 가지 해결해야 할 문제점을 거론하였다. 당시 김일성이 언급한 문제는 크게 나누어 두 종류로 나뉘는데, 하나는 화학공업 기지 전체를 지도하는데 알맞은 '지도체계'가 명확하지 않다는 것이었고 다른 하나는 과학연구사업을 강화하기 위한 '연구체계'가 잡히지 않았다는 것이었다. 리승기를 비롯한 과학자, 기술자들은 두 번째 문제를 해결하기 위해 북한에 있는 모든 화학자(화학 관련 과학기술자)들을 함흥으로 집결시키자는 주장을 강력히 제기하였다. 이에 김일성은 "평양에 앉아서 연구하는 것보다 화학공업 기지에 화학실험실이나 화학연구소들을 설치하고 화학부문 과학자, 기술자들이 자기의 연구사업을 직접 생산과 결부시켜 진행할 수 있는 그들의 전당을 여기에 건설하는 것이 좋겠다"고 동의하였고 이 결정은 이후 함흥분원 건설계획으로 구체화되었다.[54]

즉, 함흥분원 건설계획은 화학공업 관련 생산 시설이 갖추어진 곳에 연구기관과 지도기관을 집중시키기 위한 조치였고 함흥분원이 건설되면 함흥은 화학공업 관련 연구기관, 생산기관, 지도기관이 모두 갖추어진 화학공업도시가 되는 것이었다.

당시 함흥에는 각종 화학공업 관련 시설들이 이미 많이 들어서 있었기 때문에 함흥을 화학공업도시로 만들기가 상대적으로 쉬웠다고 할 수 있다. 북한의 대표적인 화학공업시설인 본궁화학공장, 흥남비료공장이 일제시기부터 이곳에 설립되어 있었고, 룡성기계공장, 흥남제련소, 흥남17호공장, 흥남제약공장, 흥남질안공장, 본궁연료공장, 염화비닐공장, 흥상요업공장, 함흥건구공장, 함흥가구공장, 함흥콘크리트 공장 등도 해방 이후 이미 건설되어 운영되고 있었다. 더욱이 동독의 전폭적인 지원을 받으면서 1954년부터 추진된 '함흥프로젝트'에 의해 함흥-흥남-본궁을 잇는 지역이 '특별경제구역'으로 육성, 발전되었으므로 이 지역의 생산시설들은 북한 전체에서 가장 현대화된 설비들로 구성될 수 있었다.[55] 또한 화학공업대학, 동력대학 등과 같은 교육기관들도 있었으므로 다른 지역에 있던 화학공업 관련 연구소만 이곳으로 이전하면 화학공업 관련 기관이 모두 모이게 되는 셈이었다.[56] 당시 흥남에

---

54 김일성, 「현대적 화학공업의 기지를 창설하기 위하여(비날론 공장 건설 관계 부문 열성자 회의에서 한 연설, 1960년 9월 1일)」, 『비날론공장 건설』 1~10, 7쪽 ; 박종완, 「만년대계의 과학연구기지를 꾸려주시여」, 『수령님과 주체과학의 40년』, 100~104쪽.

55 '함흥프로젝트'는 1954년부터 10년간 진행될 계획이었지만 2년이 단축되어 1962년에 마무리되었다. 김면, 「독일 국립문서보관소 소장 자료를 통해서 본 북한과 구동독간의 경제협력 : 구동독의 함흥시 경제지원을 중심으로」, 『북한연구학회보』 7(1), (2003), 83~105쪽.

56 김일성, 「현대적 화학공업의 기지를 창설하기 위하여(비날론 공장 건설 관계 부문 열성자 회의에서 한 연설, 1960년 9월 1일」, 『비날론공장 건설』 1~10, 8쪽 ; 김일성, 「화학공업의 가일층의 발전을 위하여(비날론 공장 준공을 경축하면서 5월을 기념하는 함흥시 군중대회에서 한 연설, 1961년 5월 1일", 『비날론공장 건설』, 11~22, 12~13쪽.

는 중공업위원회 산하 화학공업연구소 흥남분소만 있었고 과학원 산하 연구소들은 대부분 평양 근교에 있었으므로 생산현장과 연구기관 사이의 지리적 분리현상이 매우 심한 상황이었다. 함흥분원을 건설하자고 처음으로 제안한 사람들이 리승기를 비롯한 과학기술자였던 이유는 당시 상황에서 생산현장과 연구기관의 분리로 인해 제일 심각한 불편을 겪었던 사람들이 바로 그들이었기 때문이라 할 수 있다. 어차피 모든 화학공업 관련 시설들이 함흥에 모여 있으므로 주로 이곳에서 생활하다가 가끔씩 사용하게 되는 실험장치 때문에 함흥에서 평양까지 왕복하는 것이 그들에게는 낭비로 여겨졌던 것이다.

함흥분원 건설결정이 내려진 바로 다음 해인 1961년에 과학원 산하 화학연구소와 중앙분석소가 바로 함흥으로 이전하였고 중공업위원회 산하 화학공업연구소 흥남분소를 본 연구소로 대체하였다. 이렇게 하여 1961년까지 신속히 세워진 함흥분원은 1964년에 무기화학연구소, 유기화학연구소, 고분자화학연구소, 중앙분석소로 연구소체계를 재편하였다.[57]

1960년 9월 1일 회의에서 김일성이 제기한 첫 번째 문제인 지도체계와 관련해서는 과학원 지도체계를 수정하여 과학원이 직접 함흥화학공업도시를 지도하기로 결정하였다. 처음에는 화학공업관리국이나 화학공업성을 함흥에 직접 설치하는 방안을 고려하기도 했지만 당중앙위원회에서 토의한 결과 함흥화학공업도시를 과학원 아래에 두는 방향으로 결론이 났다.[58] 함흥에 집결할 연구소가 3개밖에 되지 않지만 분원이라는 형태로 이들 연구소를 새롭게 조직한 이유가 바로 함흥화학공업도시 전체를 과학원이 지도하기 위한 것이었다. 일반적으로 과학원은 현지연구기지의 연구설비와 연구성원만 지도하고 현지연구기지의 생산

57 리종옥, 『영원한 인민의 태양 2』, 83~85쪽 ; 『조선중앙연감 1964』 206~207쪽.
58 박종완, 「만년대계의 과학연구기지를 꾸려주시여」, 『수령님과 주체과학의 40년』, 100~104쪽.

설비와 설비운영자들에 대해서는 해당 생산기관에서 담당했으므로 과학원에 필요 이상의 지도권한을 부여하였던 것이다. 함흥화학공업도시가 생산시설이 있는 곳을 중심으로 설립되었지만 그 실질적인 운영에 대해서는 과학연구기관이 책임지게 되었던 셈이다. 함흥시의 경제활동은 단순한 경제활동이 아니라 과학기술 활동을 중심으로 한 특수한 경제활동이 이루어졌다는 것을 고려한 결정이었다.

이런 함흥화학공업도시의 지도체계와 도시구성을 종합해 보면, 함흥분원은 가장 적극적인 형태의 거대한 현지연구기지로 건설되었다는 것을 알 수 있다. 중요한 생산시설이 있는 특정한 생산현장에 현지연구기지를 임시로 건설하는 것이 현지연구사업이었으므로 함흥화학공업도시는 이 사업 규모를 도시전체로 확대한 형태였던 것이다. 함흥화학공업도시 건설계획은 여러 생산시설들이 대규모 단지를 이루고 있는 곳에 영구적인 현지연구기지를 대규모로 건설하는 것이라 할 수 있으므로 현지연구사업의 확장판이라 할 수 있다. 과학기술계가 지도체계에서 우위에 있도록 배려한 것까지 고려하면 당시 북한 과학기술계가 차지했던 위상이 얼마나 높아졌는지 알 수 있다. 결국 현지연구사업은 1950년대를 넘어 1960년대까지 계속해서 이어졌고 더욱 강화되었다.

2) 과학원도시 건설 : 전문 과학연구활동의 강화

과학원의 현지연구사업은 과학기술계와 생산현장 양쪽 모두에 긍정적인 결과를 가져왔다. 과학기술계는 부족한 자원과 각종 설비 문제들을 해결할 수 있었고 생산현장에서는 부족한 과학기술자들을 공급받아 과학기술적 문제들을 해결할 수 있었던 것이다. 이런 점만 보면 현지연구사업이 모든 사람들에게 환영받으면서 추진되었을 것 같지만 앞에서도 이야기하였듯이 현지연구사업을 도입하기까지 진통도 만만치 않았다. 사실 현지연구사업은 과학연구 측면에서 일정부분 한계를 지니고 있었다. 과학기술자들이 현장으로 내몰린다면 실험실적인 연구나 현장과 직접적인 연관성을 가지지 못한 연구는 상대적으로 제한을 많이 받게 마련이고, 이렇게 되면 연구능력이 점차 떨어지게 되고 결국 생산현장에 대한 기술지원활동도 효과가 점점 없어지게 되기 때문이다.[59]

현지연구사업 추진 이후 북한 과학기술계가 북한 경제에 미친 긍정적인 효과들은 현지연구사업의 추진방식에 대한 불만을 당분간 묻어두게 하였지만 그것은 그렇게 오래가지 못하였다. 현장으로 내몰리면서 안정적인 연구시간을 확보하기 어렵게 되자 과학자들의 불만은 속으로 쌓여갔는데, 이런 불만들을 해소시켜주기 위한 조치 중 하나가 바로 과학원도시 건설 계획이었다. 물론 현지연구사업만으로는 연구활동 등을 안정적이면서도 충실하게 수행할 수 없으므로 장기적인 차원에서 과학기술 역량을 심화 발전시킬 수 없겠다는 정책적인 판단도 있었을 것이다. 1950년대 말 과학기술적 성과를 거둔 연구들도 빠르게는 1940년대 말부터, 늦어도 1950년대 초부터 북한 지도부의 정책적 배려에 의해 연구에 몰두한 결과였음을 상기한다면 북한 지도부가 이런 고려를 하고 있었다고 충분히 예상할 수 있다.

이는 과학원도시 건설과 관련된 논의과정 속에서도 직접 확인할 수 있다. 1957년과 1958년 당시에 그렇게 비판하던 실험실적 연구, 생산현장과 유리된 활동의 가치를 과학원도시 건설구상에서는 적극적으로 인정하였다.[60] 또한 과학원도시 건설계획에 대해 논의하는 과정에서 현장

---

59 과학기술의 발전을 위해서는 안정된 연구환경이 제공되어야만 한다고 생각하기 쉽지만, 생산현장과 긴밀하게 연관되어 있는 것 또한 매우 중요하다. 트랜지스터의 발전과정에서 생산현장의 과학기술이 중요한 역할을 수행했음을 보인 Leslie의 연구는 주목할 만하다. Stuart W. Leslie, "Blue Collar Science : Bringing the transistor to life in the Lehigh Valley", *Historical Studies in the Physical and Biological Sciences* 32(1) (2003), pp.71~113.

60 실험실적 연구나 생산현장과 유리된 활동을 비판하는 이야기는 다음을 참고. 「우리나라 과학 발전을 위한 제언」, 『과학원 통보』 1957(1), 3~12쪽 ; 「과학원 1956년도 사업 총결 보고, 결정서, 토론 내용」, 『과학원 통보』 1957(2),

활동과 관련한 언급이 거의 없었을 뿐만 아니라 오히려 큰 공장은 평성
에 건설하지 말라고까지 할 정도로 과학원도시를 연구중심도시로 건설
하려고 하였다. 평양 근처에 있으면서도 물 맑고 공기 좋고 고요하고
한적한 평성에 도서관과 연구소, 기구제작소를 비롯한 연구, 실험을 위
한 모든 시설을 갖추게 했을 뿐만 아니라 탁아소, 유치원 등 후방공급
기지도 충분히 설치하여 안정적으로 전문 연구활동에만 전념할 수 있
도록 도시를 설계하였다.[61]

이처럼 평성과학도시 계획 속에 들어있는 과학 활동은 현지연구사업
처럼 현장지향성이 높은 것이 아니었다. 현지연구사업이 기한이 짧고
(short-term) 응용연구(applied research)를 위한 것이었다면 평성과학도시
는 기한이 길고(long-term), 학술적 연구(academic research)와 기초 연구
(basic research)를 위해 설계되었다. 김일성이 평성과학도시를 설계하는
과정에서 과학원 중앙연구기관만 평성으로 오게 하고 다른 성 산하의
연구소들은 생산현장의 연구기지를 강화하는 차원에서 생산현지에 그
대로 두도록 지시하는 것으로 보아 평성과학도시에 대한 이러한 구상
은 초기부터 명확하였다.[62] 이 점에서 평성과학도시가 함흥화학공업도
시와는 다른 의미로 설계, 건설되었다는 사실을 알 수 있다. 현지연구

3~23쪽 ; 신건희, 「현 시기 우리 과학자들의 과업」, 『과학원 통보』 1957(4),
9~14쪽 ; 백남운, 「과학원 창립 5주년 기념 보고」, 『과학원 통보』 1958(1),
3~17쪽 ; 백남운, 「과학 전선의 획기적 발전을 위하여」, 『과학원 통보』
1958(2), 6~15쪽 ; 「과학원 1957년도 사업 총결 보고(요지)」, 『과학원 통보』
1958(2), 16~25쪽.

61 박송봉, 「주체과학의 대전당─과학도시를 꾸려주시려고」, 『위대한 사랑의 품
속에서 1』, 5~33쪽 ; 김응삼, 「과학원 창립 스무돐을 맞이하던 나날에」, 『수령
님과 주체과학의 40년』, 143~152쪽 ; 박송봉, 「과학도시를 꾸려주시기 위하여」,
『수령님과 주체과학의 40년』, 78~87쪽 ; 리종옥, 『영원한 인민의 태양 2』,
79~89쪽 ; 차용현, 사광웅, 『조선로동당 인테리 정책의 빛나는 력사』, 409~
417쪽.

62 박송봉, 「주체과학의 대전당─과학도시를 꾸려주시려고」, 『위대한 사랑의 품
속에서 1』, 5~33쪽, 특히 19쪽.

사업을 통해서는 얻을 수 없는 기초 연구나 학술적 연구 혹은 실험실적 연구를 위한 조치였던 것이다.

현지연구사업 추진을 위해 과학원은 1958년 11월에 과학원 규정도 바꾸었고 조직도 전반적으로 재편하였다. 이 과정에서 상무위원회와 부문위원회의 역할분담이 예전보다 명확해졌는데 상무위원회가 전반적인 지도활동을 주로 담당하였다면 부문위원회는 과학연구활동과 교육관련 사업을 주로 담당하게 되었다. 따라서 과학원도시 건설안은 부문위원회 사업을 통해 전문 과학연구활동을 더욱 강화하려는 조치의 연장선상에 있다고 할 수 있다.

과학원도시 건설을 위한 제안이 처음으로 제기된 것은 1960년 9월 12일이었다. 함흥분원을 건설하자는 결정이 내려진 것과 거의 같은 시기이다.[63] 평성과학도시 건설 결정이 함흥분원 건설 결정과 밀접하게 연관되어 내려진 것이었음을 보여 주는 대목이다. 현지연구사업의 강화로 인해 기술지원활동은 더욱 강화되었지만 연구활동은 더욱 줄어들게 되어 과학기술자들의 불만이 더욱 커질 것을 염려하여 내려진 조치였다고 할 수 있다. 실제 평성과학도시가 건설되는 과정을 보면 당시의 과학원도시 건설제안이 현실의 급박한 필요에 의한 것이었다기보다 과학자들의 불만무마용으로 제기된 것이었다는 가능성이 더욱 짙어진다. 불만무마용이 아니었다 하더라도 적어도 과학원도시 건설사업은 우선순위가 한참 떨어지는 것이었다고 할 수 있다.

함흥분원은 건설 결정이 내려진 직후부터 곧바로 공사가 시작되어 바로 다음 해에는 분원 건설 공사가 거의 끝났지만, 과학도시는 평성으로 건설지가 결정되는 데만 8년이 걸렸다. 1960년 9월에는 과학원을 위한 과학도시를 건설하자는 결정만 내려졌을 뿐, 건설지조차도 선정하지 못한 상황이었다. 이런 상태로 거의 2년이 흐른 1962년 11월 30일에 열린 당중앙위원회 정치위원회에서 김일성은 과학도시를 평양 근처에

---

63 리종옥, 『영원한 인민의 태양 2』, 79~89쪽.

세우자고 제안하면서 후보지를 찾아보도록 지시하였다. 그러면서 과학
원도시에 대학(평성이과대학)도 세우고 그 성격에 맞게 기초과학분야
를 중심으로 설립하자고 하였다.[64] 하지만 이 지시도 1968년 8월경에
이르러서야 후보지를 겨우 평성으로 결정하면서 마무리되었다.[65] 1960년
과학도시 건설 결정이 내려진 이후 건설지를 제안 받는 데만 2년이 걸
렸고 평성으로 최종 결정하는 데에는 6년이 더 걸렸던 것이다.

당시 과학원도시 건설 제안이 정말로 과학기술자들의 불만을 무마하
기 위한 겉치레가 아니었다면 분명 나름대로 지연된 이유가 있었을 것
이다. 과학원의 전문 연구활동을 강화하기 위한 조치가 과학원도시 건
설 제안 이외에도 '박사원'을 설치하는 것에서도 보이므로 완전히 겉치
레만은 아니었다. 박사원은 1961년 3월 내각명령 124호에 의해 과학원
의 력사연구소, 물리수학연구소, 공학연구소와 김일성종합대학, 김책공
업대학, 평양의학대학에 설치된 것으로 박사학위논문 작성자를 지도하
기 위한 조직이었다.[66] 박사를 양성한다는 것은 교육에 의해 길러낼 수
있는 최고 수준의 과학기술자를 양성한다는 뜻이므로 궁극적으로 과학
원의 연구능력을 높이는 가장 핵심적인 조치인 셈이다. 따라서 이는 과
학원도시 건설 구상에 들어 있는 전문 과학연구활동을 강화시키는 조
치와 맥이 통하는 정책이었다고 할 수 있다.

그렇다면 과학원도시 건설 계획이 지연된 이유가 무엇이었을까? 우

---

64 과학원도시가 건설되기도 전인 1967년 1월 25일에 평성이과대학이 창립되었
   다고 하니 과학원도시가 건설되기 전에 임시로 설립된 것을 기준으로 삼은
   듯하다. 「물리수학발전의 믿음직한 토대를 마련하시려」, 『수학과 물리』 1976
   (3), 1~5쪽.
65 「과학도시에 깃든 불멸의 이야기」, 『수학과 물리』 1977(2), 1~6쪽 ; 박송봉, 「주
   체과학의 대전당 - 과학도시를 꾸려주시려고」, 『위대한 사랑의 품속에서 1』,
   5~33쪽 ; 김응삼, 「과학원 창립 스무돐을 맞이하던 나날에」, 『수령님과 주체
   과학의 40년』, 143~152쪽 ; 박송봉, 「과학도시를 꾸려주시기 위하여」, 『수령
   님과 주체과학의 40년』, 78~87쪽 ; 리종옥, 『영원한 인민의 태양 2』, 79~89쪽.
66 박사원 개원, 『과학원 통보』 1961(4), 57~58쪽.

선 당시 북한의 처한 국제정세와 경제상황에서 그 이유를 찾아볼 수 있다. 1960년대 전반기에는 중국 및 소련과 마찰이 심해져 그들과의 관계가 심각하게 악화되었을 뿐만 아니라 1960년대 후반기에 접어들면서 베트남 사태까지 발생하였기에 당시 북한은 국제적인 도움을 구할 수 없는 상황이었고 심하게는 국가적인 차원에서 존망을 걱정해야 하는 상황이었다. 이런 상황이었기 때문에 국방비가 예상보다 훨씬 많이 투입되었고 이는 경제활동으로 돌려야 할 재원을 줄이게 되는 상황을 만들었다. 결국 북한 경제는 1963년 무렵부터 감소하기 시작하다가 급기야 1966년에는 마이너스 성장률을 기록하기까지 하였다.[67] 즉 1960년대 북한은 내우외환이 극에 달했던 상황이었으므로 평성과학도시를 건설할 여력이 많지 않아 건설작업이 계속 지연되었다고 할 수 있다.[68] 하지만 함흥분원 건설사업이 같은 시기에 급속히 진행된 것과 비교해 본다면 이런 이유만으로는 충분한 설명이 될 수 없다. 더욱이 북한의 어려운 상황이 거의 극에 달한 1960년대 후반기에 김일성이 앞장서서 지휘하면서 과학원도시 건설사업이 본격적으로 추진되기 시작하였던 점을 보면 재원부족만으로 이러한 지연현상을 설명하기에는 부족하다.

막연한 국방비의 증가에 의한 재원부족보다 설득력 있는 지연 사유가 탈북 과학자의 증언에서 찾아진다. 1960년대 초에 김책공업대학을 졸업한 그는 1964년에 '국방과학원'이 설립되었는데 이를 위해 자신보다 한 해 아래 후배들은 졸업과 동시에 모두 이곳으로 배치되었다고 증

---

67 북한은 1966년 공업생산액 성장률을 발표하지 않았지만 이태섭은 여러 자료들을 참고하여 -3%였을 것이라고 추정하였다. 1967년과 1968년 성장률은 17%, 15%였다고 북한에서 공식발표 하였다. 하지만 1969년 자료는 다시 발표되지 않는데 이태섭은 -0.26%로 추정하였다. 이태섭, 『김일성 리더십 연구』, 302~316쪽.

68 평성이 과학도시 건설지로 결정된 데에는 군사적인 고려도 충분히 있었다. 리종옥은 "…지형상으로 보아도 높은 산과 그 지맥으로 둘러싸여있으므로 유사시에도 안전할 수 있었다."라고 밝히고 있다. 리종옥, 『영원한 인민의 태양 2』, 87쪽.

언하였다.[69] 그의 증언에 따르면, 갑자기 증가한 군사적 긴장감으로 인해 군사력 확충을 위해 재원을 재분배함과 동시에 군사력을 뒷받침할 수 있는 과학기술력을 갖추기 위해 국방과학원을 서둘러 만듦으로 인해 과학원도시 건설사업으로 돌릴 재원이 부족하였다는 해석이 가능하다. 즉 일반적인 과학기술을 연구하는 과학원도시 건설보다 군사력과 직접적으로 연관된 과학기술을 연구하는 국방과학원의 필요성이 더 커졌기 때문에 과학원도시 건설사업은 지연될 수밖에 없었던 것이다.

이런 외부적인 요인 이외에도 건설 사업을 지시하는 김일성과 이를 수행하는 간부들 사이의 정책우선순위가 서로 달랐다는 것도 하나의 이유가 될 수 있다. 계속해서 과학원도시 건설을 지시하는 김일성은 이의 가치를 높이 인정하였지만 이 사업을 실제로 실행하는 사람들은 이를 별로 높게 보지 않았을 수도 있는 것이다. 1960년대 초반에 김일성이 연구기관과 생산기관들의 문제점을 지적하는 것을 보면, 기관본위주의로 인해 설비의 중복투자가 많이 생겨 재원의 낭비가 많고 협력사업이 제대로 이루어지지 않는다는 이야기와 함께, 이를 조정하는 지도역량이 부족하여 일만 벌이고 중심고리에 역량을 집중하지 못한다는 이야기가 많이 나온다.[70] 즉 부족한 재원이더라도 사업의 집중도를 높이고 간부들이 조정역할만 잘하여도 더 많은 일을 할 수 있었다는 이야

---

69 아직 국방과학원의 설립과 관련한 문헌적 근거는 발견되지 않고 있다. 따라서 탈북 과학자의 증언에 의존할 수밖에 없으므로 이에 대한 진실성 여부는 계속 확인해야할 숙제이다. 하지만 최근의 연구성과들을 바탕으로 북한 과학기술 전반에 대해 정리한 이춘근도 국방과학원이 1960년대 초반에 설립되어 1970년대 중반에 '제2 자연과학원'으로 개칭되었으며 그 산하에 유도무기, 전기 및 전자, 금속 및 화학소재 등 40여 개의 연구소가 있었다고 구체적으로 밝히고 있는 것으로 보아 1960년대 초에 국방과학원이 설립되었다는 것은 사실인 듯하다. 이춘근, 『북한의 과학기술』(한울아카데미, 2005), 67쪽.

70 김일성, 「기술혁명수행에서 과학자, 기술자들의 임무(과학자 기술자 대회에서 한 연설, 1963년 3월 22일)」, 『대하여』, 140~141쪽 ; 「새 환경에 맞게 공업에 대한 지도와 관리를 개선할 데 대하여(대안전기공장장위원회 확대회의에서 한 결론, 1961년 12월 16일)」, 『김일성저작집 15』, 472~528쪽.

기이다. 아직 전체 경제 활동이 완전히 계획성 있게 진행되지 못하고 있었기 때문에 이런 문제가 발생하였다는 것이다. 물론 김일성의 가치체계 속에서도 과학원도시 건설안이 그렇게 높은 위치를 차지하지 않았던 이유도 있었다. 아무리 간부들이 김일성의 생각과 달랐다 하더라도 김일성이 1960년대 후반에 보인 것처럼 꼼꼼하게 챙겼으면 그렇게 지연되지는 않았을 것이기 때문이다.

어쨌든 과학원도시 건설안은 의지 여부를 떠나서 1960년대 전반기에는 구체적으로 집행되기에 어려움이 많았다. 국방과학원을 서둘러 건설해야 하는 상황이 전개된 것도 문제였고 이와 함께 국방비의 비중이 증가하여 정부재원이 부족해진 것도 어려운 점 중 하나였으며, 사업의 우선순위가 상대적으로 낮았던 것도 또 다른 이유였다. 특히 김일성보다 실행간부들이 이 사업의 우선순위를 더 낮게 본 것이 문제였다. 결국 김일성이 자신의 가치체계, 자신이 설정한 우선순위를 강하게 밀고 나간 1960년대 후반에 가서야 과학원도시 건설계획은 드디어 본격적으로 추진될 수 있었다.

1968년 8월에 건설지가 평성으로 결정된 후 1968년 10월 29일에 건설계획 초안이 곧바로 마련된 사실만 보면 이제부터 과학원도시 건설사업이 본격적으로 추진될 것처럼 보였다. 그리고 1967년 1월부터 과학원대학(평성이과대학)이 수업을 시작하였던 것으로 보아 부분적인 건설사업이 진행되었음을 알 수 있다.[71] 하지만, 당시 제출된 전체 건설계획안이 1970년 11월 22일에 가서야 최종확정 되었으므로 당시까지도 과학원도시 건설사업을 막고 나서는 걸림돌이 생각보다 많았던 것 같다.[72]

당시 김일성은 이 시기 과학도시 건설사업이 제대로 진행되지 않은 이유로 각 기관들의 과학기술에 대한 인식부족과 추진 주체가 명확하

71 「물리수학발전의 믿음직한 토대를 마련하시려」, 『수학과 물리』 1976(3), 1~5쪽.
72 「과학도시에 깃든 불멸의 이야기」, 『수학과 물리』 1977(2), 1~6쪽.

지 못한 점을 지적하면서, 과학원 관련 예산을 특별예산으로 책정하고 건설성 밑에 '과학원건설부'를 새로 만들어 과학도시 건설사업을 책임 지게 하였다. 뿐만 아니라 1970년 2월 26일에는 김일성 자신이 직접 사업 진행상황을 챙기겠다고 하면서 사업 추진 의지를 적극적으로 나타 내었다.[73] 그는 1971년에 국가건설위원장을 지낸 김응삼을 과학원 원장으로 임명하면서 과학원 창립 20돌을 맞는 1972년까지 평성과학도시 건설사업을 마무리 지으라고 지시하였다.[74] 이로써 과학원도시 건설사업은 비로소 본궤도에 오를 수 있었다. 비록 1970년대 후반에 가서야 평성과학도시가 완벽하게 마무리되었지만 오늘날과 같은 평성과학도시의 모습은 1970년대 초에 갖추어졌다고 볼 수 있다.[75]

평성과학도시가 1970년대에 들어서야 제대로 모양을 갖추고 제 기능을 발휘하게 되었다는 것은 이때까지 북한의 과학기술계가 전문 과학연구활동을 충분히 전개하지 못하고 있었음을 뜻한다. 전문 과학연구활동이 충분히 보장되지 못하면 과학기술 역량 자체가 줄어들게 되고 결국 기술지원활동까지 약화되기 마련이다. 1960년대 후반 이후 북한의 경제성장률이 마이너스를 기록할 정도로 둔화되었던 이유에는 이처럼 전문 과학연구활동이 충분히 뒷받침되지 못했던 이유도 있었을 것이다. 1950년대 후반의 경제성장은 오랜 인테리들을 충분히 활용하고 나름대로 연구활동에 전념할 수 있는 조건을 1950년대 초반에 만들

---

73 「과학도시에 깃든 불멸의 이야기」, 『수학과 물리』 1977(2), 1~6쪽 ; 박송봉, 「주체과학의 대전당－과학도시를 꾸려주시려고」, 『위대한 사랑의 품속에서 1』, 5~33쪽 ; 김응삼, 「과학원 창립 스무돐을 맞이하던 나날에」, 『수령님과 주체과학의 40년』, 143~152쪽 ; 박송봉, 「과학도시를 꾸려주시기 위하여」, 『수령님과 주체과학의 40년』, 78~87쪽 ; 리종옥, 『영원한 인민의 태양 2』, 79~89쪽.

74 김응삼, 「과학원 창립 스무돐을 맞이하던 나날에」, 『수령님과 주체과학의 40년』, 143~152쪽.

75 과학원출판사에서 출간하는 연속간행물 중 자연과학과 관련된 『수학과 물리』에 1976년과 1977년에 과학원도시와 평성리과대학 설립과 관련된 역사가 소개된 것으로 보아 이 시기에 평성리과대학을 비롯한 과학원도시 건설공사가 마무리되었던 것 같다.

어주었던 정책이 효과를 발휘한 것이라고 할 수 있는 것처럼, 1960년대 후반의 경제성장은 1950년대 말에 취했던 과학기술 정책과 연관성이 깊다고 할 수 있다. 자립경제노선을 견지하기 위해서는 그에 맞는 기술 개발이 뒤따라야 하지만, 전문 과학연구활동이 위축되면 북한 현실에 맞는 새로운 기술을 개발하는 능력에 문제가 발생할 수 있기 때문이다.

생산현장에 대한 기술지원활동을 전문연구활동보다 강화하는 현지연구사업은 추진 당시의 경제활동에 직접적인 효과를 발휘할 수는 있었지만 다른 정책적 보완이 없다면 장기적인 차원에서는 경제에 안 좋은 영향을 미칠 수 있는 위험이 있는 것이었다. 전문연구활동을 강화하여 원천기술을 개발할 수 있을 정도의 과학기술역량을 축적하지 않는다면 미래의 경제활동은 기술혁신에서 어려움을 겪게 되어 성장세가 둔화될 수밖에 없다. 따라서 전문 과학연구활동을 강화하기 위해 도입하기로 한 과학원도시 건설안은 1960년대 후반 이후의 경제성장을 결정짓는 중요한 정책이었다. 하지만 이 건설안은 여러 가지 이유로 인해 계속 지연되었다. 단선적으로 연결되는 것은 아니지만 줄어든 전문연구활동에 대한 투자는 결국 경제성장률이 점차 둔화되는 현상으로 이어지게 마련이다. 이러한 악순환이 점차 심해지는 것을 간파한 김일성은 억지로라도 이런 악순환 고리를 끊으려고 과학원도시 건설사업을 직접 챙기게 되었다고 볼 수 있다.

제 3 절   소결

천리마운동 이후 강조되기 시작한 기술혁신운동은 천리마작업반운동이라는 이름과 집단적 기술혁신운동이란 형태로 전면적으로 시행되었고 그 결과는 나름대로 성공적이었다. 과학원까지 동원하여 추진된 집단적 기술혁신운동은 북한의 산업구조를 비롯하여 생산활동 전반을 바꾸어 놓았고 이런 변화는 대안의 사업체계로 이어져 공식적인 공장

관리체계(산업관리체계) 속에 반영되었다. 기술혁신운동에 적극적으로 결합한 과학기술자들은 능력과 함께 사상성까지 인정받을 수 있었고 그 결과 이들은 실질적인 생산활동을 책임지는 지위에까지 오를 수 있었다. 기사장은 지배인을 대신하여 생산과 직접적으로 관련된 모든 영역을 책임지게 되었고 현장의 과학기술자들은 조선로동당에 당당하게 입당하여 공장당위원회에 참가할 수 있게 되었던 것이다.

이처럼 생산활동 전반의 변화를 가져온 기술혁신운동은 역으로 과학원을 비롯한 과학기술계 자체의 변화도 이끌어내었다. 여러 기관에 분포되어 있던 연구기관과 과학원의 연구기관들이 서로 통폐합되어 과학기술 분야만으로 구성된 과학원과 사회과학원, 농업과학원, 의학과학원, 교육과학연구원과 같은 '분야별 과학원 체계'로 조직이 재정비되었던 것이다. 이 당시 갖추어진 체계는 오늘날까지 큰 틀에서 변함없이 유지되고 있다.

기술혁신운동 추진과정에서 직접적인 도움이 되었던 현지연구사업은 함흥분원(함흥화학공업도시)이라는 거대한 현지연구기지 건설로 이어져 더욱 강화되었다. 이는 화학공업과 관련된 연구기관, 생산기관 그리고 교육기관을 모두 한곳에 모아 협동연구의 효과를 극대화시키겠다는 의도였다. 함흥분원은 임시로 현지연구기지를 설치하는 것을 넘어 영구적인 현지연구기지의 형태로 지어진 것이었으므로 현지연구사업의 확장판이라고 볼 수 있다.

그리고 현지연구사업의 도입으로 대폭 강화된 현장 기술지원활동과 경중을 맞추기 위해 전문 과학연구활동을 강화하기 위한 대책도 마련되었는데 부문위원회 활동의 강화와 박사원 설치가 그것이다. 과학원 도시(평성과학도시)를 건설하자는 제안도 위축된 전문 연구활동을 지원하기 위한 것이었는데 이는 여러 가지 이유로 인해 약 8년 정도 건설이 지연되었다가 10년이 훨씬 지난 1970년대 초에 기본적인 건설사업이 마무리되었다.

이는 건설제안이 있은 지 1년 만에 함흥분원이 설립되었던 것과 대조적인 모습인데, 당시 북한의 과학기술 활동이 지나치게 현장에 대한 기술지원활동에 치우쳐 있었음을 알 수 있다. 기술지원활동에 치우친 결과 전문 과학연구활동이 상대적으로 위축되었던 것이다. 이런 현상은 단선적으로 연결되는 것은 아니지만 과학기술 역량 자체가 줄어드는 것과 연결될 수 있고 나아가 기술지원활동이 약화되는 것과 연결될 가능성이 충분히 있는 것이다. 1960년대 후반 이후 북한의 경제성장률이 급격히 둔화되었던 이유에는 국제정세나 군사비 지출의 증가 이외에도 이와 같이 전문 과학연구활동이 충분히 보장되지 못했던 것에서도 찾을 수 있을 것이다.

제6장 요약 및 결론 : 주체의 확산과 북한식 과학기술의 형성

1945년 8월 일제로부터 해방된 북한은 과학기술을 발전시킬 수 있는 조건을 거의 갖추지 못한 상태였다. 우선 과학기술자 수가 매우 적었다. 일제시기에 대부분의 조선인은 고등교육을 받을 수 있는 기회를 제한받았기 때문에, 해방 당시 대학 졸업 이상의 학력을 가진 고급 과학기술자가 400여 명에 불과하였다. 그리고 이 중 북한 지역에 거주하고 있었던 사람의 수는 5%에도 미치지 못하였다. 또한 과학기술 관련 연구기관은 물론이고 교육기관조차 제대로 갖추지 못하고 있었다. 대학은 1938년에 세워진 경성제국대학 이공학부가 조선 전체에서 유일한 것이었으나 이는 38선 이남 지역에 자리하고 있었고, 38선 이북 지역에는 평양공업전문대학과 같은 전문대학 몇 개만 있었을 뿐이었다.

그나마 긍정적인 요소는 일제가 건설한 중화학공업 관련 생산 시설의 83.1%가 북한 지역에 집중되어 있었다는 점이다. 하지만 이 시설들도 일본사람들로부터 넘겨받을 당시 정상적으로 작동하지 않는 것이 많았다. 일제 말기 개보수를 제대로 하지 않고 설비를 무리하게 가동하여 기계마모율이 상당히 높았고, 전쟁에 패망하고 자국으로 돌아가던 일본 사람들이 설비를 고의적으로 고장 낸 경우 또한 많았기 때문이다. 게다가 이런 생산 시설을 고치고 운영하는 데 필수적인 기계공업 부문이 다른 중화학공업 부문과 달리 주로 남한 지역에 집중되어 있었기 때문에 남북이 갈라진 상황에서 북한이 중화학공업 생산 시설들을 제대로 고쳐 활용하는 것은 매우 어려운 일이었다.

하지만 북한 지도부는 이런 모든 난관을 극복하고 과학기술을 서둘러 발전시켜야 한다는 생각을 강하게 갖고 있었다. 그들은 과학기술의 가치를 상당히 중요하게 여기는 사회주의 사상을 갖고 있었고, 뒤떨어진 북한의 생산력을 최대한 빨리 발전시키기 위해서 중화학공업을 서둘러 발전시켜야 한다고 생각하였다. 또한 중화학공업의 비중이 상대적으로 높았던 당시 북한의 경제구조가 북한 지도부로 하여금 과학기술을 서둘러 발전시켜야 한다는 생각을 일찍부터 가지도록 도왔을 것이다. 이런 북한 지도부의 의지는 북한이 강력한 중앙집권적 국가 기구를 통해 계획경제를 운영하였던 덕에 국가적인 차원에서 조직적으로 실행에 옮겨질 수 있었다.

일반적으로 많은 사람들은 북한이 사상이나 이데올로기만 중요하게 취급하고 과학기술을 상대적으로 등한시했을 것이라고 예상하지만, 실제 북한 과학기술 정책 및 활동들을 자세히 살펴보면 이는 잘못된 선입견이었음을 알 수 있다. 특히 해방 직후부터 과학기술자를 모으고 과학기술 관련 연구기관 및 교육기관을 설립하는 모습을 보면, 북한은 과학기술계를 꾸리기 위해 지원을 아끼지 않았을 뿐만 아니라 때로는 무리를 해서라도 지원하였음을 확인할 수 있다.

북한은 부족한 과학기술 인력을 확보하기 위해 크게 두 가지 정책을 추진하였다. 첫 번째는 일제시기에 양성된 기존의 과학기술자들을 최대한 확보하는 것이었고 두 번째는 교육을 통해 새로운 과학기술자를 길러내는 것이었다. 기존의 과학기술자를 확보해서 활용하는 방식은 그들의 과거 식민지 시기의 경력으로 인해 계속해서 사상성의 측면에서 문제가 될 소지가 있다는 단점이 있었지만, 확보와 동시에 당장 활용할 수 있다는 장점을 더 크게 평가하였기 때문에 1940년대에 적극 추진되었다. 북한은 과학기술자라면 국적이나 과거 경력을 불문하고 우선 확보하였으며, 남한의 과학기술자들을 월북시키는 방식으로 과학기술자를 대거 확보하였다. 이들 중에는 박사학위 소유자도 있었고 제국대학에서 교수를 역임했던 사람도 있었다. 100여 명이 훨씬 넘는 과학기술자들이 월북유도사업을 통해 확보되었는데 이들은 이후 북한 과학기술계에서 중추적인 역할을 수행하였다.

교육을 통해 새로운 과학기술자를 길러내는 방식은 교육기간이 길게 소요되고 교육기관을 새롭게 설립해야 하는 등의 추가 부담이 따르기는 하였지만, 전문성과 함께 사상성을 고루 갖춘 과학기술인력을 확보할 수 있다는 매력 때문에 꾸준히 추진되었다. 특히 1946년 299명으로 시작된 유학생 파견 사업은 소련의 지원을 바탕으로 한 것이기에 북한으로서는 재정적 부담이 거의 없이 앞선 소련의 과학기술을 배울 수 있었으므로 전쟁 시기에도 중단되지 않고 계속 추진되었다. 그리고 1946년 김일성종합대학을 시작으로 1947년 흥남공업대학, 1948년 평양공업대학, 원산농업대학, 평양의학대학 등 고등 교육기관들을 설립하여 자체적으로 과학기술 인력을 양성하기 위한 노력도 동시에 진행하였다. 이렇게 양성된 새로운 과학기술자들은 1940년대 말부터 졸업하기 시작하여 대부분 생산 현장이나 연구기관에 투입되었고 1950년대 말 과학원의 세대교체 주역이 되었다.

이처럼 과학기술 인력확보를 위해 일찍부터 노력하였다는 점 이외에도 북한에서 과학기술자들을 특별히 대우하였던 모습은 '오랜 인테리 정책'의 도입과 시행에서 더욱 잘 드러난다. 북한 지도부는 기존 과학기술자들의 가장 큰 약점인 사상성 문제를 해결하기 위해, 이들도 식민지 지식인으로서 제국주의의 폐해를 충분히 체감하고 있는 만큼 현재 협력 의사만 있다면 이들의 과거를 문제 삼지 말라는 정책적 방침을 내렸던 것이다. 필요한 수보다 턱없이 모자란 과학기술자들에게 과거 경력이나 출신 성분까지 문제 삼기 시작한다면 활용할 수 있는 과학기술자가 거의 없게 되므로 적어도 과학기술자들에 대해서만은 최대한 관대하게 사상문제를 처리해주었던 것이다. 이는 과학기술자를 비롯한 지식인들을 불신한 중국의 경우와 많이 다른 모습이었다. 과학기술자를 중용하였다는 측면에서만 본다면 오히려 소련의 경우와 비슷한 모습이었다.

실제로 북한에 대한 소련의 영향은 해방 직후부터 10여 년 동안 상당히 컸다. 특히 과학기술 관련 교육기관과 연구기관을 설립할 때 소련으로부터 받은 영향은 직접적이었다. 김일성종합대학이 자연과학과 인문사회계통을 담당하고 공학, 의학, 농학과 같은 응용과학계통은 평양공업대학, 평양의학대학, 원산농업대학과 같은 전문단과대학에서 담당하는 식의 고등 교육 체계나, 1952년 12월에 설립된 과학원이 자연과학과 인문사회계통을 담당하고 각 생산성 산하 연구소들이 생산 현장에 대한 기술지원활동을 담당하는 것과 같은 연구소 사이의 역할분담 체계는 소련의 것을 거의 그대로 따라한 것이었다. 또한 해방 직후부터 전후복구사업이 끝나가던 1950년대 중반까지 생산설비를 고치거나 신설할 때 소련 등 사회주의 국가들의 도움을 많이 받았기 때문에 생산현장에도 소련의 영향이 많이 반영되었다. 소련 등 과학기술 수준이 앞선 나라들로부터 지원받은 설비가 장착된 곳에는 그 설비를 운영할 수 있는 기술도 함께 전수되었으므로 1950년대 중반 생산현장의 설비나 기술 수준은 연구소보다 앞선 곳이 많이 있었다. 이처럼 생산현장에 갖추어져 있던 수준 높은 생산설비와 운영기술은 이후 과학원 소속 과학기술자들을 생산현장 속으로 불러들이는 또 하나의 유인이 되었다.

소련의 영향이 강하기는 하였으나, 북한 과학기술 정책은 소련의 그것과 조금 다른 방향으로 발전해갔다. 북한의 상황과 연구역량을 감안하여 소련식 역할분담 체계에 수정을 가하였기 때문이었다. 전문 과학기술연구기관으로 설립된 과학원을 운영하기 시작하면서 공학연구소를 추가한 것이 그 첫 번째 시도였다. 생산성 산하 연구소의 수준이 낮아 생산현장에 대한 기술지원활동을 제대로 할 수 없다는 판단에 따라 공학연구소를 추가로 설립하면서부터 과학원은 이제 자연과학뿐만 아니라 공학 분야도 담당하기 시작하였다. 또한 전후복구사업 기간 동안의 사회분위기에 맞추어 과학원도 생산현장에 대한 기술지원활동을 일정부분 담당하였다. 비록 일시적인 차원에서 진행된 것이기는 하였지만 이 시기 기술지원활동은 북한 과학원이 생산현장과 가까운 거리를 유지할 수 있는 계기가 되었다.

북한 과학기술계가 소련의 영향을 명시적으로 거부하기 시작한 것은 1957년 말부터였다. 당시 북한 과학원은 소련의 직접적인 도움에 의지하면서 '과학발전 10개년 전망계획(1957~1966)'을 준비하고 있었는데 이 계획을 전면 수정하기로 결정하였던 것이다. 1956년 7월 말부터 시작된 과학발전 10개년 전망계획 작성사업은 소련의 직접적인 영향력 아래 진행되었는데, 1956년 11월부터 약 두 달간 북한을 방문한 소련 전문가들이 직접 참여하면서 비로소 초안 작성작업이 시작되었고 작성이 마무리된 계획의 초안은 1957년 9월부터 약 두 달간 북한 과학원 지도부가 직접 소련을 방문하여 검토받을 정도였다. 이렇게 작성된 전망계획을 전면적으로 재검토, 수정하겠다는 당시 결정은 소련의 영향에서 벗어나겠다는 북한 지도부의 적극적인 의지의 표명이었다. 즉 1956년 8월종파사건과 1차 5개년계획(1957~1960)을 두고 소련과 관계가 벌어지기 시작한 북한이 과학기술 차원에서 독자노선을 추구하기 시작하였던 것이다.

1958년 1월부터 시작된 '현지연구사업'은 북한 과학기술 정책이 소련의 영향으로부터 벗어나 자기만의 색깔을 갖기 위해 시도한 정책적 대안들의 첫 출발점이었다. 현지연구사업은 과학원 구성원들이 연구소 안에서만 머물지 말고 생산현장 속으로 적극 진출하여 그곳에서 요구하는 과학기술 지원활동을 수행하면서 동시에 현장의 앞선 생산설비들을 활용하여 전문연구활동도 수행하는 것이었다. 즉 소련식 모델을 따라한 초기 구상을 깨고, 전문 과학기술 연구기관으로 설립된 과학원이 생산현장에 대한 기술지원활동까지 동시에 담당하기로 한 것이다.

이는 1957년 말에 독자노선을 강화하기 시작하면서 갑자기 추진된 것이 아니라 이전부터 공학연구소가 채택하여 시행하고 있던 정책을 과학원 전체로 확대한 것이다. 북한 상황에 맞추어 소련식 과학원 모델의 변형을 꾀하면서 설립한 공학연구소는 1957년부터 이미 과학연구사업을 생산현장과 밀접히 연결시키기 위해 생산현장에서 직접 연구하고 실험을 진행하면서 기술지원활동도 병행하고 있었다. 따라서 독자노선 강화 이후 소련 과학기술자들이 철수한 뒤 생긴 기술지원 인력의 공백을 급히 채워야 하는 상황이 발생하자, 북한 지도부는 나름대로 만족스러운 결과를 내고 있던 이 정책을 전면적으로 확대 시행하기로 결정하였던 것이다.

일단 시작된 현지연구사업은 탄력을 받으면서 추진되었다. 1958년 2월 과학원 총회는 현지연구사업을 과학기술 정책의 핵심이라고 공식 확인하였고, 1958년 3월 1차 당대표자회에서도 이를 적극 추진하기로 결의하였다. 급기야 1958년 6월에는 이의 추진을 보증할 법률이 제정되었다. 이런 과정에서 현지연구사업이 가리키는 의미가 점차 확장되어, 단순히 생산 현장에서 기술지원과 연구를 동시에 수행하는 일을 넘어 생산 현장에서 직접 진행되는 모든 과학기술 활동을 가리키게 되었다.

또한 현지연구사업을 통한 사상 교육적 측면도 강조되기 시작하였다. 노동자들은 현지연구사업을 통해 과학기술자들과 협력할 기회가 많아지면서 '기술신비주의'로 대변되는 과학기술에 대한 두려움과 소극적이고 의존적인 자세 등을 고칠 수 있는 기회가 많아졌다. 과학기술자들은 강화된 현장활동 속에서 소련 과학기술에 대한 교조주의적인 태도, 노동천시, 북한의 현실과 괴리된 연구활동, 개인주의적인 성향 등을 다시 바라볼 수 있는 기회를 가질 수 있었다. 이로써 과학기술 활동에서 이데올로기적 측면을 강조하기 시작한 것이다. 이때 강조된 이데올로기란 어려운 공산주의 이론이 아니라 다른 나라와 다른 북한의 현실, 실제 생산현장의 상황에 주의를 기울이고 당의 정책을 깊이 이해하라는 것이었다. 즉, 일종의 독자노선에 대한 강조였다.

소련의 영향으로부터 벗어나 독자노선을 강화하기 위해 도입한 현지연구사업은 북한 과학기술 활동의 구체적인 모습까지 바꾸어 놓았다. 수입에 의존하던 원료와 연료를 자체적으로 생산 가능한 것으로 바꾸게 하였고 최대한 자체 인력들을 활용하도록 한 것이다. 석유 대신 무연탄과 석회석을 이용해서 만든 카바이드를 원료로 합성섬유를 만드는 비날론이 주목받기 시작하였고 무연탄 가스화 기술이 개발되었으며 코크스를 쓰지 않고 무연탄으로 직접 강철을 생산할 수 있는 기술들이 탐구되었던 까닭이 바로 이런 정책적 변화 때문이었다. 자체 원료, 자체 연료, 자체 인력을 활용한다는 북한식 과학기술의 특징은 이렇게 현지연구사업을 통해 형성되었다.

북한 과학기술 정책의 전반적인 사항들을 바꾸어 놓은 현지연구사업은 결국 과학원 지도부까지 새로운 인물들로 교체시켰다. 1958년 11월 3기 과학원 상무위원회와 부문위원회가 구성되면서 젊고 새로운 인물들이 대거 부상하였던 것이다. 붉은 과학자, 붉은 인테리(Red Expert)로 불렸던 이들은 기존의 과학기술자들과 달리 사상적인 문제가 없어 오랜 인테리 정책과 같은 예외 조항이 필요 없는 사람들이었다. 이들은 모두 해방 직후 사회주의 체제에서 교육받은 사람들이었기 때문에 계급적 측면에서나 과거 경력 면에서 흠잡을 데가 없던 사람들이었다. 또한 이들은 대학 졸업 이후 생산 현장에서 경험을 쌓은 터라 현지연구사업 이후 강화된 현장 중심의 과학기술 정책을 누구보다 잘 수행할 수 있었다.

이와 같이 과학원의 역할 변경, 구체적인 과학기술 정책 마련, 과학원 지도부의 세대교체로 이어진 북한 과학기술계의 변화, 즉 독자노선의 강화와 현장 중심의 과학기술 정책 수립은 1956년 12월 이후 시작된 북한의 사회주의 경쟁운동이 변화하는 것과 그 궤를 같이 하였다. 1차 5개년계획을 추진하면서 시작된 '천리마운동'을 노력동원형 대중운동 수준에서 기술혁신운동으로 발전할 수 있게 한 원동력이 되었던 것이다. 1차 5개년계획이 적은 투자로 높은 성장률을 달성하겠다는 '저투자-고성장' 전략을 선택하였기 때문에 생산활동을 더욱 효율적으로 개조해야 할 필요성이 높았다. 따라서 새로운 생산 기술이나 생산 설비를 도입하고 작업공정을 개선하여 생산활동의 효율성을 높이려는 기술혁신운동이 점차 강화·발전되어야 하였고, 이런 변화를 과학기술적으로 뒷받침하는 일을 현장에 파견된 과학원 구성원들이 담당하였던 것이다.

천리마운동을 시행한 첫해인 1957년에는 아직 기술혁신운동이 도입 수준을 벗어나지 못하여 대부분 출근율을 높이고 실제 작업시간을 늘이는 등 생산활동의 양적 성장에만 치중하였다. 다만 황해제철소와 같은 중요한 생산현장에서는 부분적으로 기술혁신운동이 전개되면서 질적 성장까지 추구하기 시작하였다. 그러다가 1958년에 들어서면서 기술혁신운동은 정책적 차원에서 지원을 받으면서 한 단계 발전하기 시작하였다. 부족한 과학기술 지원활동을 보강하기 위해 과학원에서 현지연구사업을 추진하기 시작하였고, 개인적 차원의 기술혁신운동이 갖는 한계를 극복하기 위해 '집단적 기술혁신운동'이 도입되었다. 북한의 독특한 발전전략인 '집단주의'가 기술혁신운동과 결합된 형태인 집단적 기술혁신운동은 집단을 구성하고 있는 모든 노동자들을 선진 노동자나 혁신 노동자 수준으로 상향평준화시키기 위한 것이었다.

집단적 기술혁신운동의 세부적인 내용은 1958년 상반기 동안 가다듬어졌다. 우선 1940년대부터 시작되었지만 지배인유일관리제 아래에서 제대로 기능하지 못하고 있던 생산협의회를 노동자와 기술자들의 참여폭을 더욱 확대시키고 당위원회의 지도를 받도록 하는 등의 조치를 통해 대폭 강화하였다. 그리고 종합작업반과 실천작업반과 같이 별도 조직을 만들어 노동자들이 과학기술자들과 협력할 수 있는 기회를 많이 만들어주었다. 노동자에 대한 기술교육을 강화하기 위해 '혁신자학교'와 '혁신자관' 등을 설치하게 하고 일주일 중 하루를 '생산기술 선전의 날'로 정하기도 하였다.

과학기술 분야의 변화가 거의 마무리되어 가고 집단적 기술혁신운동을 위한 제반 사항들이 갖추어져 가던 1958년 말에 기술혁신운동은 또 한 번의 큰 변화를 겪었다. 현지연구사업의 사상 교육적 측면이 부각된 것처럼 기술혁신운동에서도 공산주의 교양을 강조하기 시작하였던 것이다. 하지만 여기서 등장하는 공산주의 교양도 마르크스 이론과 같이 어려운 이론이 아니라 집단주의와 주체 등에 대한 이해를 바탕으로 기술혁신운동을 열심히 수행할 수 있는 동기를 만들어주는 내용이 중심이었다. 이데올로기를 강조하기 시작한 것이었지만 중국처럼 과학기술을 배척할 정도로 과하지 않으면서 과학기술 활동과 병행할 수 있는 수준이었다. 오히려 기술혁신운동을 배가시킬 수 있는 측면에서 이데올로기를 강조하였던 것이다.

그렇다면 북한에서 과학기술과 이데올로기는 어떤 관계였을까? 1958년 이전에는 분명 과학기술적 재능(專)이 이데올로기적 측면(紅)보다 중요시되었다. 과학기술적 재능을 지닌 사람은 사상적, 계급적인 이유로 피해보는 사례가 거의 없었으며, 과학기술과 관련한 사항들은 다른 정책들보다 우선시되었다. 북조선인민위원회가 꾸려지기 전에 북조선중앙연구소가 세워졌고, 전후복구사업이 착수되기 전에 과학원이 설립되었으며, 1차 당대표자회가 열리기 전에 현지연구사업이 추진되었다. 또한 1959년 3월부터 천리마작업반운동이 시작되기 전에 과학원 지도부가 대폭 교체되었다.

그러나 1958년부터는 과학기술 분야에서도 이데올로기가 강조되기 시작하였다. 하지만 이는 과학기술과 대립하는 관계가 아니라 집단적 기술혁신운동을 위해 서로 협력하는 관계, 즉 상호 보완적인 관계로 설정되었다. 과학기술이 집단적 기술혁신운동을 활발하게 전개하기 위한 실질적인 능력을 제공한다는 측면에서 강조되었다면, 이데올로기는 이를 위한 동기를 부여한다는 차원에서 강조되었던 것이다. 현장을 매개로 한 홍(紅)-전(專)의 결합이었다.

이런 관계는 1967년 북한 사회 전역에 수령체계가 확립된 이후 또 한 번 변화하였다. 즉 주체사상이 확립된 이후 과학기술보다 이데올로기가 우선시되는 상황이 만들어졌던 것이다. 과학기술자들도 사상적 문제로 인해 비판받고 좌천당하는 경우가 발생하였고 과학기술 논문의 첫머리에 무조건 김일성 교시가 등장하기 시작하였다. 그럼에도 불구하고 과학기술이 이데올로기와 충돌하는 경우는 극히 소수에 불과하였고 과학기술을 우대하는 경향은 계속 유지되었다. 결국 북한에서 홍-전 문제는 중국이나 소련과 달리 한쪽을 특별히 강조한 것이 아니라 서로 적절히 협력하는 관계였다. 소련과 같이 과학기술을 상당히 중요시했지만 이데올로기를 등한시하지 않았으며, 중국처럼 사상적 측면을 절대시하여 과학기술자들을 배척하지도 않았던 것이다. 북한의 절충주의적 스타일은 과학기술 분야에서도 그대로 적용되었다.

과학기술과 이데올로기가 서로 대립하지 않고 서로 보완적 관계를 형성한 구체적인 사례가 바로 1959년 3월부터 시작된 천리마작업반운동이다. 천리마작업반운동은 집단적 기술혁신운동과 공산주의 교양을 결합시킨 이후, 나름대로 북한적 특성을 갖기 시작한 사회주의 경쟁운동을 가리키는 말이다. 즉 일반적인 형태의 사회주의 경쟁운동이 1957년 이후 기술혁신을 강화하기 시작한 후 집단주의와 결합하여 1958년 초부터 집단적 기술혁신운동으로 발전하였고 여기에 공산주의 교양이 강조되면서 1959년부터 새롭게 전개된 대중운동이 바로 천리마작업반운동인 것이다.

지금까지는 공산주의 교양을 강조한 이후 시작되었다는 측면 때문에 천리마작업반운동을 기술혁신보다 이데올로기를 우선시한 대중운동으로 규정한 주장이 많았다. 하지만 천리마작업반운동의 실제 운영모습을 구체적으로 살펴본다면 이는 분명 기술혁신운동의 일종이었다. 천리마작업반운동에 참가한 작업반들은 기본적으로 기술혁신을 통한 생산능률 향상을 위해 노력하였고 이 과정에서 공산주의에 대한 교양을 적절한 수준에서 강조하였던 것이다. 즉 조선로동당이 제시한 정책적 방향을 제대로 이해하고 이를 적극 실천하며 개인주의를 버리고 집단주의를 받아들이도록 작업반원들을 설득하는 것이 당시 공산주의 교양의 핵심내용이었는데, 이를 통해 생산활동의 가장 큰 목표인 기술혁신을 집단적으로 더욱 높은 수준에서 시행하는 것이 천리마작업반운동에 참가한 작업반들의 활동이었다. 따라서 천리마작업반운동에 참가한 작업반들이 작성한 결의문에 생산능률 향상을 위한 구체적인 항목들이 포함되었고 생산 목표 달성 여부가 천리마작업반 칭호 수여 여부를 결정하는 실질적인 기준이 되었다.

당시 천리마작업반 칭호를 받은 작업반은 남들보다 뛰어난 생산실적을 달성한 작업반이라는 이미지가 강했고 자신들도 이에 대한 강한 자부심을 가졌다. 물론 이들은 사상적인 측면에 대해서도 남들보다 뛰어나다는 이미지 또한 갖고 있었는데, 이런 이미지는 기술혁신운동을 바탕으로 높은 생산 실적을 달성하였다는 이미지 위에 덧입혀진 2차 이미지이었다. 그들의 높은 사상성에 대한 평가 근거로 공산주의 교양을 열심히 수행하였다는 점도 거론되었지만 그들이 달성한 생산 실적이 더욱 구체적인 근거로 활용되었기 때문이다.

이와 같이 집단적 기술혁신운동을 통해 생산력 발전을 꾀하면서 동시에 사상 교육적 효과까지 노린 천리마작업반운동은 전 사회적으로 활발하게 추진되었고 그 결과 다양한 성과들을 거둘 수 있었다. 그 성과들은 단순히 선전, 선동에 활용하기 위한 상징적인 차원이 아니라 생산활동에 실질적인 도움이 된 것이었다. 여러 부문의 천리마작업반들은 '전기로 접촉 나사식 전극 홀다', '쇠돌투입기', 다양한 형태의 '바이트' 등을 제작하여 설비를 부분적으로 개보수하기도 하였고, '전기로'와 '산소취입법' 도입, '8미터 타닝반' 제작 등과 같은 새로운 설비를 개발하기도 하였으며, 짧은 기간 안에 거대한 규모의 비날론 공장을 건설하기 위해 '충전식 콩크리트 말뚝 시공법'을 도입하거나 각종 '기중기'를 새롭게 제작하기도 하였다. 또한 작업 숙련도를 높이는 방법으로 생산능률을 높이기도 하였고 작업시간을 효율적으로 사용하기 위해 '480분 합리화 운동'도 적극적으로 전개하였다. 이와 같은 생산 설비나 작업방법에서 기술혁신을 추구한 것 말고도 작업에 필요한 공구를 잘 갖춰놓는 '나의 공구함 갖추기 운동'이나 설비 이용률을 늘리기 위해 '나의 기대 운동', '무사고 운동' 등도 천리마작업반운동 속에서 전개되었다. 이러한 일련의 사례를 포함한 다양한 형태의 기술혁신들이 전개되어 북한의 경제성장에 크게 기여하였다.

그러나 기술혁신을 이루기 위해서는 노동자들의 능력만으로 부족한 것이었으며, 당시 천리마작업반운동에 의해 거둔 성과의 이면에는 1958년부터 생산현장으로 진출하기 시작한 과학원 구성원들의 적극적인 지원이 자리 잡고 있었다. 당시 과학원 구성원들은 강선제강소, 성진제강소, 황해제철소, 김책제철소, 덕천탄광, 성천탄광, 본궁화학공장, 흥남비료공장, 대안전기공장, 주을전기기계공장 등 중요 생산현장에 '현지연구기지'를 건설해서 '전기제철법', '산소취입법', '함철코크스', '무연탄가스화', '압착가공법', '금속표면 처리법', '새로운 주조법', '비날론', '염화비닐' 등에 대해 연구하고 있었다. 과학원의 연구주제들이 대부분 천리마작업반에서 거둔 기술혁신과 연관된 것이 많았고, 천리마작업반들도 과학기술자들의 지원을 받아 기술혁신에 성공하였다고 증언하고 있으므로 과학원의 현장진출이 천리마작업반운동에 직접적으로 도움이 되었다고 보아야 한다.

  결국 과학기술자와 노동자들의 협력을 바탕으로 한 집단적 기술혁신
운동은 당시 북한 경제가 예상보다 높은 성장률을 달성하는 데 일조하
였다. 당시 북한의 공업생산증가율은 연평균 36.5%나 되었는데 이는
원래 계획인 22%를 훨씬 뛰어넘은 것이었다. 이 당시 경제성장을 노동
력이나 자원의 투입량을 늘린 '양적 성장'에 의한 결과라고 평가하는
경우가 흔하지만, 이는 기술혁신운동을 통한 '질적 성장'을 지나치게
간과한 것이다. 양적 성장에 가려진 질적 성장을 보지 못한 평가였다.
1959년 이후 공업부문 노동자 수의 증가율이 대폭 감소하였고 1960년
이후로는 공업부문 노동자의 비중이 줄어들기 시작하였음에도 불구하
고 다른 사회주의 국가들의 1950년대 연평균 성장률 9.5%보다 북한의
경제성장률이 훨씬 높을 수 있었던 까닭은 분명 생산활동의 질적 성장
이 뒷받침되었기 때문이다. 1차 5개년계획 초기에는 양적 성장의 비중
이 높았지만 기술혁신운동이 전개되기 시작한 1958년 이후에는 질적
성장이 중요한 비중을 차지하고 있었던 것이다.

  예상보다 높은 경제성장률을 달성한 까닭에 1961년까지 예정되었던
1차 5개년계획은 1년 앞당겨 마무리되었고 1961년부터 다음 단계 경제
계획인 '1차 7개년계획(1961~1970)'이 시작되었다. 그리고 원래 1차 5
개년계획을 마치면서 개최할 예정이었던 4차 당대회는 1961년 9월에
북한 역사상 가장 성대하게 치러졌다. 이 대회를 '승리자의 대회'라고
불렀을 만큼 당시 북한 사람들은 자신들이 달성한 경제성장에 아주 만
족하였다.

  또한 1940년대에 '당=국가체제'의 근간이 형성된 이후, 1961년경에
이르러 전 사회적으로 북한 사회주의 체제가 완전히 확립되었는데 이
당시 얻게 된 경제성장에 대한 자신감은 체제에 대한 자부심으로 이어
진 것으로 보인다. 소련의 반대를 무릅쓰고 어려운 조건에서 시작한 1차
5개년계획을 도중에 독자노선을 더욱 강화시키면서 추진한 결과, 기한
을 단축할 정도로 높은 경제성장을 이루었으므로 이는 당의 정책이 정

당했음을, 더 나아가 체제의 우월함을 증명하는 것이라고 당시 북한 사람들은 생각할 수 있었을 것이다.

과학기술자들이 적극적으로 현장활동에 참여함으로써 기술혁신운동이 천리마작업반운동의 형태로 전국적으로 확산될 수 있었고, 이런 변화를 바탕으로 달성할 수 있었던 높은 수준의 경제성장률이 체제에 대한 자신감으로 이어졌으므로, 과학기술자들의 활동은 당시 진행되고 있던 북한 체제 형성에 상당부분 기여하였다고 할 수 있다. 여기에 리승기의 비날론, 려경구의 염화비닐, 마형옥의 갈섬유, 한홍식의 무연탄 가스화, 주종명의 함철콕스, 리재업의 합성고무 등 당시 과학기술계가 거둔 다양한 연구성과들은 과학기술 내용으로도 의미 있는 것이었지만 경제적으로도 유용한 것이어서 북한 경제 성장과 체제의 우월함을 보여주는 구체적인 증거로 활용되었다. 특히 리승기의 비날론은 1961년 5월 2만 톤이라는 세계 최대 규모의 비날론 공장까지 만들어져 4차 당대회 당시 북한 경제 성장을 상징하는 아이콘으로 활용되기도 하였다. '북한과 과학기술'을 잘 어울리지 않는 조합으로 보는 선입견 때문에 북한 체제 형성에 미친 과학기술계의 영향이 지금까지 간과되어왔지만, 실제 당시 상황을 자세히 살펴보면 이 둘의 관계가 상당히 긴밀하였음을 알 수 있다.

과학기술계의 성과를 북한 사람들이 체제의 우월함을 보여주는 구체적인 근거로 활용하였다는 점은 북한 사회에서 '주체'라는 말이 정착하는 과정을 살펴보면 좀 더 명확해진다. 원래 '주체'라는 개념은 1955년 12월에 김일성이 소련파를 사상적인 측면에서 비판하면서 처음 사용되었는데 '수정주의적 편향'이라는 비판이 되돌아와 사용이 자제되었다. 하지만 1958년 이후 독자노선을 강화한 북한 과학기술계에서 구체적인 성과들이 나오기 시작하면서 주체라는 용어가 다시 사용되기 시작하였다. 과학기술 분야에서 주체를 세운 까닭에 자체 연료, 원료, 기술 등을 활용한 과학기술 활동이 성과를 거두었다고 강조하면서 주체에 대한

365

수정주의적 편향이라는 비판을 극복할 수 있었던 것이다. 이렇게 1958년 이후 과학기술 분야에서부터 다시 사용되기 시작하던 주체는 그 의미와 적용범위를 더욱 확대하여 1960년대 초에는 사회 전 영역에서 적용되기에 이르렀다.

북한 과학기술계의 변화가 체제 형성에 직접적으로 영향을 미쳤다는 점은 1961년 12월에 도입된 대안의 사업체계에서 잘 드러난다. 대안의 사업체계는 1차 5개년계획 실행이 가져온 변화에 맞춰 기존의 생산지도체계와 복지후생체계, 자재공급체계 전반을 새롭게 정비한 공장관리체계(산업관리체계)인데 지금까지는 정치사상적인 측면에서만 분석되어 왔다. 기존의 지배인유일관리제가 폐지되고 공장당위원회를 중심으로 하는 집단적 지도체제가 도입된 것을 대안의 사업체계의 가장 핵심적인 변화라고 분석하는 의견이 대표적인 것이다. 하지만 지배인의 역할을 공장 전반적인 행정 담당으로 바꾸고 생산활동과 관련한 여러 사항들을 실질적으로 책임지는 자리에 현장 과학기술자들의 수장인 '기사장'을 임명한 것을 보면, 대안의 사업체계에 대한 과학기술계의 직접적인 영향을 확인할 수 있다. 또한 공장당위원회에 참가하는 기술자의 비중을 더욱 높이고 그렇게 구성한 당위원회가 직접 생산활동을 지도하게 한 정책이 이때 처음 도입된 것이 아니라 1958년부터 집단적 기술혁신운동을 추진하면서 시작된 정책이었다는 점은 과학기술계의 영향을 더욱 명확하게 보여준다. 즉 과학기술자들이 적극 참여하여 전개한 기술혁신운동이 좋은 평가를 거둠에 따라, 현장 과학기술자들의 지위와 역할이 격상되고 기술혁신운동의 장점이 공장관리체계(산업관리체계) 전반에 확대 적용된 것이 바로 대안의 사업체계였던 것이다.

이처럼 북한 과학기술계가 해방 직후 거의 바닥상태에서 시작하여 불과 15년 만에 독자적인 과학기술 정책을 추진할 수 있을 만큼 과학기술 인력과 관련 기관을 마련하고, 동시에 경제적인 측면에서도 의미가 있는 다양한 과학기술적 성과까지 거둘 수 있었던 까닭은 분명, 북한 지도부가 과학기술 발전을 위해 의식적으로 상당히 많은 노력을 기울인 결과였다. 다른 정책들보다 과학기술 정책의 우선순위를 높게 유지하였고 이데올로기를 강조할 때에도 과학기술과 충돌되지 않게 조정하였으며 무엇보다 과학기술자들에 대해 적극 우대한 것이 당시 북한 과학기술 정책의 중요한 특징이었다고 할 수 있다.

새로운 과학이론과 기술을 개발하는 전문연구활동과 이를 직접 생산에 적용하는 현장활동이 어떤 구조로 연관을 맺고 어떠한 방식으로 상호작용하는가에 따라 다양한 형태의 기술혁신체제가 구축된다. 1950년대 말 북한에서 갖추어진 기술혁신체제는 현장활동이 과도하게 강조된 형태였다. 초기 전문연구활동과 현장활동은 소련의 영향을 받아 대등한 비중으로 전개되다가 1950년대 말 독자노선이 강화되면서 도입된 현지연구사업에 의해 현장활동의 비중이 급격히 높아졌던 것이다. 당시 북한의 기술혁신체제는 현장활동을 강화시키면서 전문연구활동을 위축시킨 상태였으므로 안정적이고 바람직한 형태라고 할 수는 없다. 이런 불균형 상태가 오래 지속되면 연구능력 자체가 타격을 받게 되어 과학기술 수준 자체가 떨어질 수 있는 위험이 있기 때문이다.

아직까지 가장 효율적인 기술혁신체제가 어떤 것인가에 대한 정리된 답은 없지만, 비중을 어디에 더 두느냐에 상관없이 한쪽 활동이 위축된 형태는 바람직하지 않다. 이에 북한 지도부는 위축된 전문연구활동을 강화하기 위한 정책을 일부 도입하였는데 1961년부터 과학원 산하 일부 연구소와 중요 대학에 설치된 '박사원'과 1960년부터 추진된 과학원도시 건설사업이 바로 그것이다. 하지만 1950대 후반에 도입한 현장활동 강화를 위한 정책들이 효과적으로 수행된 것과 대조적으로 1960년대 초반에 도입한 전문연구활동을 강화하기 위한 정책들은 제대로 수행되지 못하였다. 한반도 주변에 전쟁 위기가 고조되고 종파사건이 또한 번 터지는 등 국내외 정세가 불안정하게 되자 과학원도시 건설사업이 10년 이상 지체되었던 것이다. 이로 인해 현장활동 중심의 기술혁신체제가 적어도 1970년대 초반까지 지속되었고 과학원도시가 건설된 이후에야 두 활동의 비중이 비슷해질 수 있었다.

하지만 전문연구활동이 상대적으로 위축되었다는 점만으로 1960년대 이후 북한의 과학기술이 쇠퇴하였다고 판단할 수는 없다. 전문연구활동에 대한 지원이 시대적 상황 때문에 제한을 받았을 뿐, 그 중요성에 대해 북한 지도부가 깊이 인식하고 있었고 과학기술 정책의 우선순위도 여전히 높았으며, 1960년대 초와 같이 다양한 영역에서 성과를 거둔 것은 아니지만 1960년대 이후에도 여러 분야에서 과학기술적 성과들이 나오고 있었기 때문이다. 예를 들어, 1973년에는 코크스를 쓰지 않고 무연탄만으로 강철을 생산하는 전 공정이 완성되어 '조강공업'이라는 이름을 얻었고 비날론 이후 두 번째로 '주체공업'이라는 호칭도 받았다. 그리고 1961년 전자계산기를 처음으로 조립하는 데 성공한 이후 컴퓨터 기술을 계속 발전시켜 1980년대 초에는 유닉스 컴퓨터를 생산할 수 있게 되었다.

무엇보다도 당시 전문연구활동이 위축된 이유 중 하나가 군사적 문제였으므로 미사일과 핵 기술과 같은 군사 관련 분야의 연구가 이 당시부터 꾸준히 발전하고 있었음을 오늘날 확인할 수 있다. 미사일과 핵 기술은 금속 가공, 기계 제작, 제어, 통신, 연료 등 다양한 과학기술 분야들과 연관되어 있는 것이므로 북한의 과학기술은 전반적으로 계속 발전하고 있었다.

1950년대 말, 1960년대 초 북한 경제 성장에 대한 해석 중, 이 논문에서 주로 비판하고 있는 '양적 성장에는 성공하였지만 질적 성장에는 실패하였다'는 주장은 기본적으로 당시 북한 과학기술계의 활동 및 이와 연계된 기술혁신운동을 간과하였다는 치명적인 한계를 가지고 있다. 적어도 1차 7개년계획의 핵심과제가 '전면적 기술혁신', '기술혁명'으로 설정된 것만 보더라도 1950년대 말 북한 경제에서 기술혁신은 상당한 비중을 가지고 있었고 1960년대 초에는 그 다음 단계로 나아갔다고 판단할 수 있다. 그럼에도 불구하고 이런 식의 주장이 계속되고 있는 까닭은 당시 북한 사회에서 널리 사용된 기술혁신, 기술혁명이라는 말을 단순히 선전용으로만 치부하고 도외시하였기 때문이다.

북한이 질적 성장에 있어 실패하였다는 주장의 또 다른 문제점은 하나의 결론으로 너무나 긴 기간 동안의 경제현상을 설명하려고 하는 점이다. 1950년대 후반의 급격한 경제성장에 대한 이유를 1960년대부터 1980년대 혹은 1990년대까지 북한 경제가 변해온 양상과 무리하게 연결시켜 설명하려다가 이런 잘못된 결론이 내려졌던 것이다. 1960년대 중반에 형성된 군사적 위기 상황과 수령체계의 확립이라고 하는 정치체제의 극심한 변화는 이 당시 북한의 정책을 이전과 또 다른 맥락에서 분석해야만 하는 상황을 만들었다. 이런 측면에서 1950년대 말, 1960년대 초 북한 경제성장에 대한 분석결과는 1960년대 중반까지만 유효한 것이고 그 이후는 또 다른 맥락에서 분석되어야만 한다. 적어도 1960년대 초까지 북한 경제는 양적 성장뿐만 아니라 질적 성장에도 성공하였다고 볼 수 있다.

마찬가지로 북한의 과학기술 정책이 경제에 미친 효과도 1960년대 중반 이전과 이후가 다른 맥락에서 분석되어야 한다. 1950년대 중반 이후 만들어진 현장 중심의 과학기술 정책은 효과적인 기술혁신운동이 추진될 수 있게 하여 높은 경제성장을 뒷받침하였지만 이런 현상이 1960년대 중반 이후에도 계속 이어졌는지는 아직 미지수다. 경제성장률로만 보면 천리마작업반운동을 통한 기술혁신운동의 효과는 1960년대 중반까지만 유효하였다. 1960년대 초 효과적으로 작동하였던 북한의 기술혁신체제가 1960년대 중반을 거치면서 어떻게 변화했는지에 대해서는 1960년대 이후 북한 사회의 변화와 연관시켜 좀 더 정밀하고, 종합적인 분석이 요구되므로 이는 추후 연구과제로 남겨놓을 수밖에 없겠다.

부록

〔부록 1〕 천리마작업반 칭호 수여에 관한 규정(전문)¹

〈천리마작업반운동은 로동당의 령도 밑에 조국땅 우에 인민의 행복한 락원을 더 빨리 건설하려는 우리 근로자들의 한결같은 지향과 불타는 애국심을 반영하는 것이며 당에 의하여 교양되고 당의 기치 밑에 한마음 한뜻으로 뭉쳐 나아가는 우리 근로자들의 무궁무진한 창조력을 시위하는 … 조선 로동계급이 창조한 우리 시대의 훌륭하고 위대한 공산주의 학교이다〉 (김일성)

천리마작업반운동의 목적은 국가인민경제 계획을 완수 및 초과완수하며 현대적 과학기술과 선진 경험을 적극적으로 도입함으로써 생산과 건설에서 부단한 혁신을 일으키는 데 있으며 당의 빛나는 혁명 전통을 계승하며 당 정책과 김일성 동지의 교시를 끝까지 관철하기 위하여 적극 투쟁하며 당중앙위원회를 정치사상적으로 보위하며 일상생활에서 언제나 당의 원칙을 지키고 집단과 동지를 사랑하며 로동과 사회적 소유에 대한 태도에서와 사회생활에서 고상한 공산주의적 풍모를 소유하며 조국과 인민을 위하여 자기의 모든 것을 바칠 줄 아는 새 형의 인간을 창조하는 데 있다.

천리마작업반운동에는 공업, 농목장, 수산, 림업, 건설, 운수, 체신, 상업, 교육, 보건, 과학, 문화, 예술, 사무기관 등 인민경제 모든 분야에서 상기의 목적 달성을 위하여 열성적으로 노력하는 작업반, 직장, 공장 혹은 기타 집단이 참가할 수 있다.

천리마작업반운동에 참가할 것을 결의한 집단(작업반, 직장, 공장 등)의 사업과 생활이 천리마작업반 칭호 수여기준의 요구의 수준에 도달하였을 때 해당한 절차에 의하여 조선 직업 총동맹 중앙위원회 상무위원회가 천리마작업반, 천리마직장, 천리마공장 칭호를 수여한다.

---

1 『천리마작업반 3』(직업동맹출판사, 1961), 347~353쪽.

一. 천리마작업반 칭호 수여 평가기준

1. 천리마작업반의 모든 성원들은 〈공산주의적으로 일하며 생활하자!〉, 〈하나는 전체를 위하여, 전체는 하나를 위하여!〉라는 구호를 로동과 일상생활에서 철저히 관철시키며 당과 혁명에 무한히 충실하며 사회주의 전취물을 철옹성 같이 수호하는 당의 붉은 전사가 되어야 한다.

ㄱ. 전체 작업반원들은 김일성 동지를 선두로 한 공산주의자들이 이룩한 당의 혁명전통학습을 생활화함으로써 과거 항일 빨찌산들처럼 조국과 인민을 위하여서는 어떠한 애로와 난관 앞에서도 굴하지 않고 끝까지 싸워 이기는 불요불굴의 혁명정신으로, 공산주의 사상으로 튼튼히 무장하여야 한다.

ㄴ. 전체 작업반 성원들은 매 시기 제기되는 당의 정책과 김일성 동지의 교시를 철저히 연구 체득하며 비록 물과 불이라도 헤아리지 않고 그를 정확히 관철시키는 선구자가 되어야 한다.

ㄷ. 천리마 작업반 전체 성원들은 〈…군중의 모범이 되어 진정으로 그를 도와줄 때 목석이 아닌 이상 모든 사람들을 감화시킬 수 있다〉는 구호 하에 동지적 우애와 공산주의적 호상 방조로써 뒤떨어진 동무들을 진정으로 도와주며 인내성 있는 해설과 설복으로 모든 사람들을 교양 개조하며 집단 내 한 사람의 락오자도 없도록 하여야 한다. 동시에 자기 주위에 있는 뒤떨어진 집단들을 선진대렬에 끌어올리기 위하여 적극 노력하며 항상 계급적 원쑤들에 대한 혁명적 경각성을 높여야 한다.

ㄹ. 전체 작업반성원들은 개인 리기주의, 자유주의 등 일체 낡은 사상 잔재를 철저히 극복하고 로동과 국가 사회 재산에 대한 공산주의적 태도를 확립하며 언제나 례절 밝고 공중도덕과 집단의 규률 준수에서 모범이 되며 혁명 동지를 아끼고 사랑하며 어렵고 힘든 일에는 언제나

남보다 앞장에 서는 공산주의적 도덕 품성의 소유자가 되어야 한다.

ㅁ. 전체 작업반 성원들은 일반 지식 수준을 부단히 높이며 개체 위생을 잘 지키고 가정 생활을 검박하고 문화 위생적으로 잘 꾸리며 문화혁명 과업 수행에서 선봉적 역할을 수행하여야 한다.

ㅂ. 작업반 전체 성원들은 자기가 속한 모든 조직 생활에 충실해야 할 뿐만 아니라 휴식을 문화적으로 조직하며 문화 써클 및 군중 체육과 체육 기술 수준을 높이기 위한 사업에 적극 참가하여야 하며 자녀 교양에 모범이 되어야 한다.

2. 천리마 작업반은 집체적 지혜와 창발성을 발휘하여 당의 경제 정책을 끝까지 관철하며 전면적 기술혁신과 증산과 절약 투쟁의 선두에 서서 생산과 기술 발전에서 부단한 혁신을 이룩하여야 한다.

ㄱ. 작업반 전체 성원들은 부과된 계획과제를 매일, 매월, 매 분기 및 년간을 통하여 파동성 없이 지표별로 초과 수행하여야 한다.

ㄴ. 작업반 전체 성원들은 제반 기술 규정과 표준조작법을 철저히 준수하며 생산문화 수립에 모범이 되어 오작품 및 불합격품 생산을 근절하는 동시에 제품의 질을 부단히 높여야 한다.

ㄷ. 작업반 성원들은 창의고안 및 발명 합리화 운동을 광범히 조직 전개하여 선진 기술과 새 작업 방법을 적극 도입하며 생산 공정을 부단히 개선하며 힘들고 품이 많이 드는 작업을 적극 기계화하며 힘들고 품이 많이 드는 작업을 적극 기계화하고 자동화를 촉진시키며 유해한 로동을 무해한 로동으로 전환시킴으로써 일을 헐하고 흥겹게 하면서도 높은 로동생산능률을 달성하여야 한다.

ㄹ. 작업반 전체 성원들은 기대를 자기의 눈동자와 같이 아끼고 사랑하며 공구와 지구 및 예비 부속품을 제때에 갖추고 일하며 자기가 담당한 기계 설비에 대한 자검자수를 철저히 진행함으로써 기계 사고를 미연에 방지하고 기계와 설비들의 리용률을 부단히 높여야 한다.

ㅁ. 작업반 성원들은 직장 및 작업반 내부 채산제를 적극 도입하며 온갖 내부 예비를 동원 리용하여 원단위 소비기준을 부단히 저하시킴으로써 원료와 자재, 전력을 적극 절약하고 원가를 계통적으로 저하시키며 로력 조직과 로동정량 사정사업을 정확히 하며 로임과 상금 분배에서 평균주의를 퇴치하고 사회주의 분배 원칙을 철저히 준수하며 새 로동 기준량 창조 운동에 적극 참가하여야 한다.

ㅂ. 작업반 성원들은 직장 내 기술기능 학습 체계와 일하면서 배우는 학교 교육 체계에 빠짐없이 망라되어 학습을 정상적으로 진행하고 그의 성적이 우수하여야 하며 무기능공을 기능공으로, 기능공을 고급 기능공 또는 다기능공으로 양성하며 가까운 년내에 기수, 기사가 되기 위하여 노력하여야 한다.

ㅅ. 작업반 전체 성원들은 제정된 로동시간 내에 부과된 계획을 초과 완수하고 휴식과 휴가를 정확히 보장하며 직장 로동 내부 질서 규정과 안전 기술 규정을 비롯한 제반 로동 법규를 철저히 준수하며 불완전한 설비와 작업 조건을 제때에 개선하며 산업 위생을 철저히 지킴으로써 단 한 건의 재해 사고도 발생시키지 말아야 하며 작업반원들의 건강을 보호 증진시켜야 한다.

二. 천리마작업반운동 참가 및 칭호 수여 절차

1. 천리마 작업반 운동에 참가할 것을 희망하는 작업반, 직장, 공장들은 자기의 구체적인 결의를 해당 동맹 회의들에서 토의하고 공장, 기업소 및 직장 종업원 회의(생산 협동조합, 수산 협동조합은 조합원의 회의)에서 참가 여부를 인정받아야 하며 공장, 기업소 직맹 초급 단체 위원회에 이를 등록한다. (공장, 기업소는 해당 도 직맹 위원회에 등록한다.)

2. 영예로운 천리마 작업반 칭호는 천리마작업반운동에 참가한 집단이

자신들의 꾸준한 노력을 통하여 일상 사업과 생활이 천리마 작업반 칭호 수여 평가 기준의 요구의 수준에 도달하였을 때에 해당 단위 직맹 단체에서 토의하고 기관, 기업소 또는 직장 종업원 총회 결정으로 추천하며 도, 시, 군 천리마작업반 칭호 수여 심사 위원회의 심의를 거쳐 조선 직업 총동맹 중앙위원회 상무위원회가 이를 비준한 후 수여한다.

3. 천리마 직장(공장) 운동에 참가한 집단은 다수 작업반들이 칭호를 받았거나 자기의 결의를 원만히 수행하여 그의 수준에 도달하였을 때에 해당 공장 직맹 초급 단체들에서 토의하고 직장 및 공장, 기업소 종업원회의에서 추천하여 칭호를 수여받는다. (공장 칭호는 도 심사위원회가 추천하며 조선직업총동맹 중앙위원회 상무위원회가 수여한다.)

4. 천리마 작업반 칭호를 수여 받은 작업반, 직장, 공장에는 높은 영예의 표식으로 천리마 깃발을 수여하며 천리마 작업반 성원들에게는 천리마 휘장을 수여한다.

5. 천리마 작업반 칭호를 수여 받은 작업반에 새로 편입되는 성원들에게는 그가 일정한 기간을 통하여 교양 훈련되어 천리마 작업반 성원들의 수준에 도달하였다고 인정되었을 때에 해당 동맹 조직들의 추천에 의하여 조선 직업 총동맹 중앙위원회 상무위원회가 비준한 후 수여한다.

6. 천리마 작업반 칭호 수여 추천을 결정한 후 사업상 필요에 따라 다른 작업반에 이동된 성원이라 할지라도 칭호를 수여받기로 제기된 작업반에 칭호를 수여할 때에는 같이 수여하며 천리마 작업반 칭호를 수여 받은 작업반 성원들이 필요에 따라 타 작업반에 이동되어 그 작업반이 천리마 작업반 칭호를 받을 때에는 2중으로 수여 받을 수 있다.

7. 천리마 작업반 성원이 아닌 (기술자, 과학자, 지도 일꾼, 기타) 일꾼이라 할지라도 그가 천리마 작업반 운동 참가자의 결의 실행을 적극 방조하여 특출한 업적이 있을 때, 그 작업반이 천리마 작업반 칭호를 수여 받을 때 해당 동맹회의 결정에 의하여 동시에 칭호를 수여 받을 수 있다.

8. 칭호를 수여 받은 천리마 작업반이 자기의 결의를 보충 갱신하고 계속 창의 창발성을 발휘하여 특출한 성과를 달성하였다고 인정되었을 때에는 해당 동맹 조직들에서 토의하고 공장, 기업소 및 직장 종업원 회의에서 추천하여 2중 칭호를 수여 받을 수 있다.

9. 천리마 작업반 칭호를 수여 받은 작업반이 그의 영예를 손상시켰을 경우에는 직업 총동맹 중앙위원회 상무위원회 결정에 의하여 그 칭호를 박탈한다.

10. 조선직업총동맹 중앙위원회 상무위원회는 1959년 9월 22일에 승인한 〈천리마작업반 칭호 수여에 관한 규정〉(잠정)을 폐지하고 본 규정을 실시한다.

〔부록 2〕 '전망 결의문'에 포함되어야 할 내용들[2]

1. 천리마기수들이 공산주의적으로 일해야 한다는 천리마작업반운동의 요구를 실지 로동과정에서 구현하기 위한 구체적인 실행 방도가 제시되어야 한다.

① 작업반 내 모든 사람들이 당이 가르치는 대로 대담하게 생각하고 대담하게 실천하며 창의고안 및 발명, 합리화 사업 전개하여 생산과 건설 공정의 기계화를 완성하고 자동화를 촉진시키며, 새 기술과 선진 작업 방법 적극 도입하여 종업원 1인당 생산액과 로동생산능률을 백방으로 높이며,

② 기계 설비를 자기의 몸과 같이 애호 관리하고 점검보수사업을 강화하며 공구, 지구를 충분히 갖추고 한 달 이상의 원자재와 3개월 분 이상의 예비 부속품을 확보함으로써 설비리용률을 선진적 수준에까지 제고하며,

③ 기능 전습, 기술 학습을 보다 강화하여 작업반 전체 성원이 한 가지 이상의 기술을 소유하고 가까운 기간에 기수, 기사가 되기 위해 노력하며,

④ 자체 정량 운동을 광범히 전개하여 자기 공장에서만이 아니라 전국적으로 되는 새 로력기준량을 부단히 창조하며,

⑤ 로동 규률을 자각적으로 준수하며 로력 조직 합리적으로 하여 480분 로동시간을 최대한으로 리용하며,

⑥ 표준 조작법을 비롯한 제반 기술규정을 엄격히 준수하고 모든 제품의

---

2 『천리마기수독본』(직업동맹출판사, 1963), 337~345쪽에 수록된 전문. 원래 소항목에는 번호가 없었지만 저자가 임의로 ①, ②, ③을 붙임.

질을 1등품으로 제고할 뿐만 아니라 선진국가 수준을 따라 앞서며,

⑦ 작업반 내부 채산제와 개인 채산제를 적극 도입하여 원료, 자재, 로력, 자금 지출을 극력 절약하며 선진적인 원 단위 소비기준을 창조하여 원가를 계통적으로 저하시키며,

⑧ 대안의 사업체계에 의거하여 계획 작성과 생산조직, 로력조직을 비롯한 기업 관리의 전 행정에 자각적으로 참가하며,

⑨ 직일 작업반장제를 광범히 실시하고 그를 더욱 발전시켜 작업반 모든 성원을 작업반장, 나아가서는 직장장 수준에까지 끌어올리며,

⑩ 직장과 작업반 내 불비한 로동보호시설을 군중적 운동으로 완비하고 로동안전기술규정을 엄격히 준수하여 사소한 사고도 없이 하여야 한다.

2. 공산주의적으로 배워야 한다는 이 운동의 요구를 철저히 관철시키기 위하여 전체 작업반 성원들이 공산주의 사상, 높은 계급의식으로 튼튼히 무장하는 사업을 혁명 전통 학습, 당정책 학습과 결부하여 목적지향성 있게 함으로써 당적, 계급적 이장에 선 확고한 공산주의 혁명투사로 되기 위한 결의가 구체적으로 제시되어야 한다.

① 맑스-레닌주의 원리와 항일 빨치산의 혁명정신 교양으로 교양하는 사업을 계획적으로 진행하여 모두가 공산주의 사상에 혁명적 계급의식으로 튼튼히 무장함으로써 항상 혁명위업의 정당성과 승리에 대한 신심을 가지고 언제 어디서나 당의 로동계급을 위하여 자기의 모든 것을 바쳐 헌신적으로 투쟁하며,

② 당의 로선, 정책, 김일성 동지의 로작과 교시 연구를 항상 심오히 연구 체득하고 그를 사상적으로나 실천적으로나 무조건 옹호 관철하는 당적 사상체계를 더욱 철저히 확립함으로써 모두가 당중앙위원회와 같이 사고하고 같이 행동하며 어떠한 어려운 환경 속에서도 그와 운명을 같이

하여 끝까지 투쟁하며,

③ 자력갱생의 혁명 정신을 더욱 높이 발양하여 주인다운 립장에서 언제나 없는 것을 만들어내고 부족한 것을 찾아내며 있는 것을 더 발전시켜 모든 일을 자체의 힘으로 훌륭히 수행할 뿐만 아니라 답보와 침체를 모르고 계속 혁신, 계속 전진하며,

④ 모두가 사회주의 애국주의 사상으로 튼튼히 무장함으로써 자기의 공장, 자기의 향토, 자기 조국을 열렬히 사랑하며 나사 못 한 개, 나무 한 그루에 이르기까지 모든 국가, 사회 재산을 극진히 애호관리하고 나라의 살림살이를 알뜰하게, 주인답게 꾸리는 데 앞장 서 나가며,

⑤ 작업반 내 성원들이 개인주의, 리기주의 등 일체 낡은 사상 잔재를 완전히 청산하고 일상생활에서 집단주의 정신을 전면적으로 발양할 뿐만 아니라 당과 혁명의 리익에 모든 것을 바치며 집단과 동지를 위하여 희생적으로 투쟁하는 공산주의적 태도를 발휘하며,

⑥ 로동을 무한히 사랑하고 즐길 뿐만 아니라 혁명 과업 수행에서 항상 용감성과 강의성, 영웅성과 락천성을 발휘하여 어떠한 곤난과 애로에 부닥치더라도 주저와 동요를 모르고 그를 용감히 뚫고 나가며 맡겨진 혁명 임무를 끝까지 수행하는 백절불굴의 혁명정신을 높이 발휘하며

⑦ 긍정적 모범에 의한 감화 교양을 계속 강력하게 전개하여 작업반과 그 주위에 뒤떨어진 집단과 사람이 없도록 하는 동시에 집단 성원들 속에서 비판과 자기비판을 일상적으로 전개하여 원칙적 단결과 혁명적 동지 우애의 정신이 항상 지배하도록 하여야 한다.

3. 공산주의적으로 생활하여야 한다는 천리마작업반운동의 요구를 관철하기 위하여 도덕생활에서 공산주의적 기풍을 전면적으로 확립하며 문명하고 지식 있는 공산주의적 새 형의 인간이 되기 위하여 노력하겠다는 것이 구체적으로 반영되어야 한다.

① 전체 작업반 성원들이 공산주의 도덕의 원칙과 규범을 잘 알고 부단히 수양할 뿐만 아니라 실지 로동과 생활을 통하여 그를 구현하는데 솔선 모범을 보이며,

② 일하면서 배우고 배우면서 일하라는 당의 구호를 철저히 관철함으로써 모든 사람들이 다방면적인 지식을 소유하고 중등 이상의 수준에 도달하며,

③ 문학예술에 대한 소양을 부단히 높여 작업반 성원들이 다 노래를 부르고 춤을 출 줄 알며 악기를 다루고 시를 읊으며 소설도 짓고 군중 체육을 발전시켜 모든 사람들이 체력을 건강히 유지하며,

④ 국가와 사회 재산을 자기 몸과 같이 아끼고 사랑하며 사회 질서와 공중 도덕을 자각적으로 준수하는 고상한 품성을 발휘하며

⑤ 우리 인민의 고상한 례의 도덕을 모범적으로 지킬 뿐만 아니라 일체 낡은 사상 잔재와 생활 유습을 반대하는 투쟁의 선두에 서서 공산주의 적 생활 기풍을 높이 발휘하며

⑥ 자기 부모, 처자를 사랑하고 가정생활을 언제나 화목하고 명랑하게 하며 자녀들에 대한 교양에서 모범을 보이며,

⑦ 개체 위생을 잘 지키고 가정과 직장을 문화 위생적으로 꾸리며 항상 몸차림을 단정히 하고 깨끗하게 하며

⑧ 가족들을 직장에 빠짐없이 진출시키거나 가내 작업반에 적극 망라시켜 생활을 자체로 더욱 유족하게 만들며

⑨ 항상 혁명적 경각성을 제고하여 원쑤들의 준동과 파괴 행동을 미연에 적발 분쇄하고 자기 향토와 공장, 기대를 목숨으로 지키며 교조주의, 수정주의 등 일체 부르죠아 사상과 부르죠아 생활양식의 침습을 반대하여 견결히 투쟁하여야 한다.

〔부록 3〕 북한 과학기술사 연표(1945~1977)[3]

연 도	내 용
1945. 해방직후	기사 964명, 기수 4721명(61년 년감, 84쪽)
1945. 해방직전	해방직전 흥남지구 공장에 근무하던 기술자 총수는 1013명, 그중 한국인은 14명(전기6, 건축3 화학2, 토목2, 기계1)
1945. 10. 10.	〔조선로동당〕 창건
1945. 11. 01.	평양공업전문학교 개교(후에 평양의학전문학교와 합쳐서 김일성 종합대학으로 개편)
1945. 11. 01.	〔로동신문〕 창간
1945. 11. 01.	〔조선공산당 북조선분국〕 기관지 '정로' 창간
1945. 11. 30.	조선 직업총동맹 결성

연 도	내 용
1946.	중앙광업연구소(10.25 창립), 흥남인민공장에 연구과 및 시험소 설립(46.4), 서북방역연구소(46.2.5 최초 의학연구소), 국가가축위생연구소, 〈평양, 정주, 함흥, 경성, 보천〉에 농사시험장 조직
1946.	1차 외국 유학생 파견(299여명). 이후로 매년 유학생 파견
1946. 02. 05.	서북방역연구소 설립(최초의 의학연구소) (45.12 지시, 46.1부터 준비 본격화) / 병록부, 결핵부의 2개부서, 7명의 인원(평양시 류성리(현재 류성동)에 임시로). (46.말 평양시 동평양 선교지구(선교구역 산업동)에 3000여평의 부지에 2층 건물을 새로 짓고 이전) / (47.6.5 북조선전염병연구소로 개칭)
1946. 02. 08.	북조선임시인민위원회 수립
1946. 03. 05.	토지개혁 실시
1946. 04.	흥남지구 인민공장안에 〈연구과〉설치, 각 공장에 〈시험소〉조직 (리종옥, 영원한 인민의 태양 2)

3 이 연표는 저자가 1차문헌만을 참고하여 직접 작성한 것이다. 참고문헌 목록은 〈참고문헌〉의 1. 북한문헌 참고. 이 연표는 www.nktech.net의 '연표'란에 올려져 있다.

연 도	내 용
1946. 04. 14.	북조선공업기술련맹(위원장 리종옥) 결성
1946. 04. 25.	북조선보건련맹(위원장 최응석) 결성
1946. 07. 10.	중앙기상대 설치
1946. 07. 14.	북조선농업연구협회 결성
1946. 07. 23.	"남조선에서 온 물리학자 도상록과 한 담화" : 전문과학연구기관 설립 이야기
1946. 08. 10.	중요산업 국유화 법령 반포(1034개의 중요산업기업소 대상)
1946. 08. 17.	북조선임시인민위원회, "기술자확보에 관한 결정서"와 "기술자확보에 관한 결정서 시행에 관한 건" 발표
1946. 08. 28.	〔북조선로동당〕창립대회
1946. 09. 00.	일제시기 '흥남공업학교'를 '흥남공업전문학교'로 개편하여 설립.
1946. 09. 01.	북조선림시인민위원회 산업국 및 광산부문 일군협의회에서 "〈중앙광업연구소(46.15.25창립)〉를 창설하며 〈광산기동검열대사업〉을 더욱 강화할 데 대하여" 채택
1946. 09. 05.	김일성종합대학 개교식
1946. 10.	'흥남공업전문학교' 부설 '흥남고등공업기술자양성소' 설립 : 3년과정. 교원6~7명, 학생수 160명
1946. 10. 01.	김일성종합대학 개교
1946. 10. 02.	북조선임시인민위원회, '공업기술자 사정 및 검정규정에 관한 건' 채택
1946. 10. 17~18.	조선 과학자 기술자 대회(200여명 참가)(평양 제1중학교 강당)
1946. 10. 19.	북조선약학기술동맹 결성
1946. 10. 25.	채취공업부문 최초의 연구소 "중앙광업연구소" 설립. 〈탐광부, 채탄부, 선광부, 분석부〉 등과 같은 연구부서와 〈조직계획부, 총무부〉와 같은 관리부서로 구성돼 있었다. 이 연구소는 또 광산기술자를 양성하는 교육기관 역할도 맡았는데 당시 지도교원들은 산업성 산하 〈고등기술원양성소〉와 〈평양공업대학〉(현 김책공업종합대학)의 겸임교원이었다
1946. 11. 30.	북조선농업기술련맹 결성
1946. 12. 05.	〔조선중앙통신사〕창립

연 도	내 용
1947. 02. 07.	자립적 민족공업 발전 위한 과학기술적 문제를 종합적으로 풀기 위해 "북조선중앙연구소" 조직. 8개부서(지질, 광업, 금속, 섬유, 기계, 전기. 화학, 서무), 연구위원회(소장 신건희) 당시에, 국립수의과학연구소, 중앙기상대, 중앙화학연구소, 산업성 중앙광업연구소, 도서관, 박물관, 실험실, 시험장 있었다. 북조선중앙연구소, 중앙농사시험장(1947.4.15, 사리원)을 만듦으로써 과학원 창설의 물적·기술적 토대마련
1947. 02. 20.	북조선인민위원회 창설(북조선 각 도, 시, 군 인민위원회 대회 (2.17~20) 끝나면서)
1947. 04. 08.	북조선약품 및 위생연구소 설립(북조선인민위원회에서 "북조선 약품 및 위생연구소 설치에 관한 결정서" 채택) (보건국 산하) (평양시 남구역 류성동 위치) (약품시험부, 생약연구부, 위생시험부, 서무부의 4개부서, 30여명의 직원) (48.4 보건성 중앙약품연구소, 보건성 중앙위생연구소로 분리)
1947. 04. 15.	농사시험장을 개편하여 중앙농사시험장(사리원)과 국립 축산시험장 조직
1947. 04. 15.	평양 화학공장 복구완료
1947. 05. 07.	김일성종합대학에 연구원(아스삐란트라) 설치.(원장 박일(부총장), 부원장 한형기) (의학부23, 공학부5, 화학부3, 농학부1:32명) (역사문학부5, 경제법학부2)
1947. 06. 05.	서북방역연구소를 북조선전염병연구소로 개칭 : 8개 연구부, 준비과, 동물과, 경리과 / 114명.
1947. 06. 20.	기술교육 진흥책 결정
1947. 07. 21.	황해제철소 제2호 해탄로 복구
1947. 08. 24.	2차 외국 유학생 파견(140명 : 학부120, 대학원20)
1947. 09. 15.	흥남공업대학 개교(화학공학부, 전기공학부, 유색금속공학부, 기계공학부. 5년)
1947. 12. 01.	제1차 화폐개혁 발표
1947. 12. 20~22.	직업총동맹 제2차 대회

| 1948. 01. 20. | 국영 원산조선소, 해방후 최초로 조경환14호 건조 진수 |
| 1948. 02. | 흥남지구인민공장을 5개의 공장(흥남비료공장, 본궁화학공장, 흥남제련소, 룡성기계제작소, 화약공장)으로 분할하여 독립적인 기업소로 발전시키도록 지시 |

연 도	내 용
1948. 02. 22.	김일성 흥남비료공장 현지지도
1948. 03. 03.	수풍발전소, 최대 발전기용 변압기 수리 복구 공사 완료
1948. 03. 31.	문맹퇴치완료 선언(46~48)
1948. 04.	'북조선약품 및 위생연구소'가 보건성 중앙약품연구소, 보건성 중앙위생연구소로 분리됨
1948. 04. 21.	황해제철소 제1호 해탄로 복구
1948. 04. 28.	북조선의학학회 결성
1948. 05. 08.	흥남인민공장, 건식전기로 완전복구 화입식
1948. 05. 13.	대학교원들을 우대할데 대하여(김일성위원장)
1948. 06. 04.	산업성 화학공업관리국 흥남시험소 : 흥남지구 인민공장(흥남비료공장, 화학공장, 흥남제련소, 룡성기계제작소 등)에 설치되어 있던 각종 연구시설 통합) 내의 〈시험소〉들을 통합해 설립한 것으로 구성원은 600명. 조직은 고분자, 유기, 무기, 전기, 제약, 촉매를 비롯한 9개의 연구부와 계획과, 서무과 등 8개의 행정관리부서로 출발했던 것으로 알려졌다(력사과학 2000.4) 〈흥남지구 인민공장 연구과〉 → 〈산업성 화학공업관리국 흥남시험소〉 → 〈흥남연구소(10개의 연구부)〉
1948. 06. 07.	국가 기술자자격 심사위원회 설치 결정
1948. 06. 23.	남포조선소, 처음으로 만든 450톤급 철강선 신흥호 진수식
1948. 07.	북조선임시인민위원회 69차 회의. 학위학직 수여위원회를 설치하여 박사, 학사, 교수, 부교수 칭호수여 (박사 : 김두봉(어문학), 최삼열(공학), 계응상(농학), 최명학(의학) ∣ 학사 : 정준택(공학), 원홍구(생물학), 한설야(어문학), 김종희(수의학))
1948. 07.	북조선인민위원회 결정 157호 "북조선고등교육사업 개선에 관한 결정서" 채택 : 김일성종합대학 공학부 분리하여 평양공업대학(김책공업종합대학) 설립
1948. 07. 03.	평양화학공장, 섬유 증기 동력시설 복구, 화입식 거행 (완전복구는 1948.8.11)
1948. 07. 13.	교육국에 고등교육원 설치
1948. 07. 21.	소련 과학아카데미 소속 학자, 전문가 17명 방북(단장 오파린) (공학6,이학4,농학3,의학1,인문사회과학3)

연 도	내 용
1948. 08. 11.	평양화학공장, 완전복구
1948. 09.	평양공업대학(김책공업대학), 사리원농업대학(원산농업대학), 평양의학대학 개교(김일성종합대학의 공학부, 농학부, 의학부가 분리되어 독립한 것)
1948. 09. 02.	최고인민회의 제1기 제1차 회의 개막
1948. 09. 09.	조선민주주의인민공화국 정부 조직(공화국 창건)
1948. 10.	'중앙광물시험소'를 '중앙광물연구소(금속공업성)'로 개편
1948. 10. 03.	3차 외국 유학생 60명 파견
1948. 10. 05.	청진제강소 제3호 회전로 복구, 화입식
1948. 12. 23.	'보건성 학술위원회에 관한 규정공포에 관하'에 의해 '보건성 학술위원회' 조직됨
1948. 12. 29.	농림과학연구소 창설(농림부문과학연구사업 통일조직지도. 중앙지도기관)

1949. 02.	교육성 산하에 학술용어사정위원회 설치
1949. 02. 18.	남포제련소, 아연 제련공장 기공식
1949. 03. 18.	학술용어조사위원회 결성(위원장 백남운)
1949. 04.	평양공업대학(김책공업대학), 흥남공업대학, 평양의학대학, 원산농업대학에 연구원 설치(→ 54년 이미 건설대학, 평양사범대학에 연구원 설치되어 있음 → 55년에 함흥의학대학, 수의축산대학, 인민경제대학에 연구원 추가 설립)
1949. 05. 09.	로동연구소 설립. 내각결정 48호 "교통성 및 로동성 기구정원 개편에 관한 결정서" 채택할 때 로동연구소의 규정 승인
1949. 08. 15.	중앙전기연구소(전기성) 설립
1949. 09.	대학 15개, 전문대 55개, 재학생 18000여명, 대학졸업생 1177명, 전문학교졸업생 3849명
1949. 09.	북조선산업의학연구소 설립(47.8.12 북조선인민위원회가 '북조선산업의학연구소 규정 공포에 관한 건' 채택 이후 설립 준비 시작) (생산환경부, 건강관리부, 직업병부, 농촌위생부, 농무부 등의 부서 소유)
1949. 09. 03.	4차 외국 유학생 파견(90명, 11명 귀국)
1949. 09. 26.	황해제철소, 제4호 평로 복구

연 도	내 용
1949. 10. 08.	전기연구소 기구규정 승인(평양 강서전기공장 부근) (6개의 시험부서들과 총무부, 기획실, 시험일군 12명, 부원 34명을 포함하여 모두 73명)
1949. 11. 29.	남포유리공장 용해로 조업
1949. 12. 25.	제1차 외과학 대회 개최(평양)
1949. 12. 27.	외과학회 결성

연 도	내 용
1950. 01.	로동과학연구소(로동성) 설립
1950. 01. 10.	내각비준 7호 '의약품생산연구위원회 명단을 비준하여 줄 데 대하여'에 의해 '의학품 생산연구위원회' 조직됨
1950. 02. 01.	정치 경제학 아카데미 개원식
1950. 02. 12.	황해제철소 제3호 해탄로 복구
1950. 04. 16.	남포유리공장 조업
1950. 05.	전문적인 의학과학 연구시설 : 40여 개의 연구소, 실험소
1950. 05. 27.	청진제철소 제1호 용광로 복구, 화입식
1950. 06.	발명과 창의고안에 대한 상금제도 실시

연 도	내 용
1951.	카바이트에서 알코올추출 성공
1951. 06. 04.	각급학교 개교준비사업에 대한 내각결정 제288호 채택(15개 대학, 54개 기술전문대학 문열게 됨)
1951 06. 15.	조선공업기술총련맹 조직(위원장 리종옥)
1951. 07. 15.	공장대학 설립
1951. 07. 27.	산업성을 〈중공업성, 화학건재공업성, 경공업성〉으로 개편
1951. 08.	〈대학졸업생 및 재학생 소환에 대하여〉 대학졸업생과 재학생을 전방에서 빼서 대학운영
1951. 12. 25.	희천 공작기계공장 착공식

연 도	내 용
1952. ?	하루 20kg 생산 가능한 비날론 중간시험공장 건설시작(→ 54. 일산 20kg 중간공장 완성→ 57. 일산 200kg 완성→ 61.5.6 년간 2만톤 비날론 공장 완성.
1952. 02. 05.	김일성종합대학 연구원 제1회 졸업식. 12명 졸업
1952. 04. 03.	내각, 〈김일성장학금〉제도 결정

연 도	내 용
1952. 04. 24.	내각, 기술일군들을 우대하고 학생들에게 장학금을 증가시킬 것을 결정
1952. 04. 27~29.	2차 과학자 대회를 개최(모란봉 지하극장), 과학원 창설을 제안(과학자 190여명, 기술자 200여명)
1952. 05. 07.	홍명희를 위원장으로 하고, 정준택과 백남운을 부위원장으로 하여 조선과학 아카데미 창립준비위원회를 구성(내각결정86호)
1952. 06. 22.	미군, 수풍발전소 폭격(24일 재폭격)
1952. 07. 28.	국제과학조사단 미국의 세균전 조사위해 북한 방문
1952. 09.	중앙기상대 확대강화
1952. 10. 09.	"과학원 조직에 대한 결정"(내각결정183호)에 의해 과학원 설립. 원사 10명, 후보원사 15명을 정하고, 3개의 부문위원회(자연기술과학 부문, 농학 및 의학 부문, 사회과학 부문)와 8개의 연구소(경제법학연구소(김광진), 력사학연구소(박시형), 조선어 및 조선문학연구소(리극로), 물질문화사연구소(도유호), 물리수학연구소(김지정), 화학연구소(려경구), 농학연구소(계응상), 의학연구소(리호림))를 가진 과학원을 조직한다
1952. 11. 05.	과학원 1차 총회 : 임원 인선
1952. 11 13.	무상치료제 실시에 대한 내각결정 발표
1952. 12. 01	과학원 개원식
1952. 12. 04.	과학원 상무위원회 (상설 기구조직, 연구소 기구 조직, 53년도 예산안 편성, 서기국, 재정경리국)
1952. 12. 29.	과학원 상무위원회-공학연구소 조직 결정(화학연구소에서 담당하기로 했던 금속학을 중심으로 기계, 전기, 건설 부문을 포함하기로 함. 소장은 후보원사 김인식)

1953.	전쟁 끝나자, 염화비닐연구집단은 평양에서 연구 시작.
1953. 01. 01.	'전반적 무상치료제' 시행
1953. 06. 30.	과학원 상무위원회-53년 상반기 총화
1953. 07. 27.	정전협정 정식 조인
1953. 08. 12.	소련 정부의 10억 루블 원조결정사항 접수
1953 09. 15.	과학원출판사 창립

연 도	내 용
1953. 09. 17~19.	전국사회과학자 대회(평양)
1953. 09. 26.	흥남비료공장 복구 완료
1953. 10. 17..	김일성 흥남비료공장 복구현장 현지지도
1953. 11.	과학원 학보 창간
1953. 11. 03.	북한-불가리아, 경제 및 기술원조협정 조인
1953. 12. 16~ 1954. 4. 14.	과학원 대표단 소련, 헝가리 방문(김인식, 장주익, 리승기) (과학원 각 연구소에서 요구하는 시험기자재 구입)
1953. 12. 28.	학술용어심사위원회 제8차 위원회, 학술용어 심사사업 총결보고 청취 토의

1954.	각 대학 과학 꼰페렌찌야 진행(대학 과학연구사업 총화, 과학연구사업을 인민경제 복구발전사업에 밀접히 연결시키기 위해), 연구생 과학 꼰페렌찌야 진행(자기 학습계획의 집행과정에 대한 중간보고. 학사학위논문의 질을 제고하기 위해)
1954.	하루 20kg 생산하는 비날론 중간시험공장 완성(평북 청수)
1954. 01. 15.	전후 복구를 위한 폴란드 기술단 평양 도착
1954. 02. 01.	인민경제대학 개교 : 53.8 처음제안, 54.1.21 내각결정 18호채택/ 중앙고급지도간부학교+정치경제대학(정치경제대학 아까데미야)/ 1년제 예비과, 3년제 / 6개월 재직간부양성소 병설운행
1954. 03. 25~26.	전국 건축가 및 건설기술자 대회
1954. 04. 초	내각결정 41호 "철콕스 연구사업을 추진시킬 데 대하여" 채택
1954. 04. 20.	1기 7차 최고인민회의 : 3개년 계획 승인(54-56)
1954. 04. 20.	회천공작기계공장에서 선반기를 처음으로 자체생산함
1954. 05. 09.	남포유리공장 조업식
1954. 05. 17.	문평제련소 용광로 화입식
1954. 05. 22.	귀성방직공장 준공식
1954. 05. 27~28.	각 부문위원회별로 1년 6개월 간의 과학원 연구성과를 총화하는 쎄씨야 개최
1954. 05. 29~30.	과학원 제2차 총회(123명의 연구사들이 117 제목의 연구과제들을 가지고 연구사업을 수행하였음을 확인)

연 도	내 용
1954. 06.	대학생 : 7700, 연구원 : 180명. 유학생 : 3724, 귀국한 유학생 : 399명.
1954. 06. 06.	황해제철소 제1평로 준공식(2배 확장)
1954. 07. 14.	마형옥 갈섬유 연구 시작(길주펄프공장에서 복구사업 하다가 김일성으로부터 연구과제 받음)
1954. 07. 15.	국립중앙박물관 개관
1954. 07. 25.	희천 자동차부속품 제작공장 준공식
1954. 07. 25.	희천 기계제작공장 조업식
1954. 08. 13.	김책제철소 제1호 해탄로 화입(1954. 10. 8. 생산 개시)
1954. 08. 14.	국립중앙도서관 개관
1954. 09. 04.	강선제강소 분괴압연직장 조업식
1954. 09. 11.	황해제철소 대형 조강압연직장 조업식
1954. 09. 20.	1:20만 국가지질도 작성에 대한 방침 수립(1955.1.13 사업계획 승인, 1955.12.30 내각비준)
1954. 11. 15.	허천강 제2 발전소의 제3,4호 발전기 조업 개시
1954. 12.	1차 조선의학회
1954. 12. 07.	해주 시멘트공장 조업식
1954. 12. 07~08.	과학원 제3차 총회(전후 시기의 조직정비 사업 결속. 54년도 총화, 55년도 계획 토의)
1954. 12. 21.	북한—체코슬로바키아, 경제 및 기술 원조협정, 차관협정, 과학 기술협조협정 체결

1955.	대학졸업생 : 2019명
1955.	함흥의학대학, 수의축산대학, 인민경제대학에 연구원 추가 설립.
1955.	염화비닐 실험실적 단계 끝내고 중간공장 시험단계로 넘어감.
1955. 01.	"과학과 기술"(자연 및 기술 부문위원회 기관지) 발간
1955. 01. 10.	조선과학교육영화촬영소 창립
1955. 01. 14.	김책제철소 시험로 조업 개시
1955. 01. 15.	〈역사과학〉 창간
1955. 01. 20.	건설성, 도시경영성 신설, 화학건설공업성을 화학공업성으로 개칭
1955. 01. 27.	북한-독일민주주의공화국, 과학기술협조에 관한 협정 조인

연 도	내 용
1955. 02. 05.	북한—소련, 과학기술협조에 관한 협정
1955. 03. 01.	청수화학공장 제1호 석회로 조업 개시
1955. 04.	과학원 산하 물리수학연구소에 원자.핵물리 분야 연구를 수행할 수 있도록 기반 마련
1955. 05. 15.	김책제철소 제1호 용광로 조업식
1955. 05. 15.	부전강 발전소 제3호 발전기 조업식
1955. 06. 25.	중공업성을 금속공업성으로 개칭
1955. 07. 03.	함흥의과대학병원 준공
1955. 08. 11.	흥남비료공장 유안비료 생산 시설 조업식
1955. 09. 16. (3개월간)	독일 민주주의 공화국 과학원 초청으로 대표단 파견
1955. 11.	연구생 : 188. 귀국한 유학생 : 600(당시까지) 유학생 : 4858
1955. 12. 30.	내각비준 880호 / 1:20만 지질도 작성을 전문으로 맡아할 '제8지질조사단' 조직 / 금속공업성 지질탐사관리국 소속. 1955년 김책공업대학 지질학과 졸업생을 중심으로 구성 / 4년동안 지질조사 및 지질도 작성

1956. 출판 저널	지금까지 : 〈조선민주인민공화국 과학원 학보〉, 역사연구소 기관지 〈력사과학〉, 자연 및 기술과학 부문위원회 기관지 〈과학과 기술〉 56년부터 : 조선언어문학 연구소 기관지 〈조선 어문〉, 경제법학연구소 경제부문 기관지 〈경제연구〉, 경제법학연구소 법학부문 기관지 〈법학연구〉, 과학지식을 인민들에게 널리 보급하기 위한 대중 잡지 〈과학과 생활〉
1956.	일부고급중학교를 기술전문학교로 개편, 고등기술전문학교 10교 신설. 기술인재양성사업강화를 위한 것(내각결정8, 38호)
1956.	의약학연구소에 동방의학연구실 설치, 각 병원에 한방과 설치, 3차 당대회에서 동방의학 강화지시
1956.	유학생 : 4396, 그중 연구생 : 158. 당시 유학 보낸 대학생 : 155, 연구생 : 31, 박사 : 10명, 학사 : 83명 3개년기간동안 양성한 국내 대학, 전문학교, 생산직장에서 양성한 기술자 : 11000명, 귀국한 유학생 : 800명 32000명의 기능노동자. 국내 대학, 중등전문학교 졸업자 : 26000

연 도	내 용
1956.	1500여회의 실패를 거듭한 끝에, 2년 만에, 실험실적 연구 성공
1956. 01. 10.	(내각결정3호) 과학원 농학연구소와 농업성 중앙농업연구소를 합쳐서 농업과학연구원(농업성 소속)을 과학원과 별도로 만들었다 ⇒1958. 8. 8(내각결정78호)농업과학위원회(위원장 계응상)로 개편 강화. 60년에는 9개연구소, 15개 시험장을 가지고 있었다 ⇒1963. 8. 농업과학원으로 개편하였다
1956. 01. 21~23.	과학원 4차 총회 : 과학원 상무위원회 선출(3년 동안의 활동 총화, 계획 검토)
1956. 01. 28.	백남운 과학원 2대 원장으로 취임
1956. 02. 28.	조소 과학기술 원조위원회 제1차 회의와 관련한 공동성명 발표
1956. 03.	소련과 〔드브나〕 연합핵연구소 조직에 관한 원자력관련 협정을 체결 수십 명의 북한과학자를 소련에 파견하여 관련 학문을 습득토록 연수 보냄
1956. 04.	무연탄가스화 연구시작(황해제철소, 연료연구소 무연탄 가스화 연구실)
1956. 04. 01.	청수화학공장 제1호 카바이드 전기로 조업(청수 : 압록강변)
1956. 04. 10.	조선민주 과학자 협회 결성 : 과학원 발기(협회장 : 백남운)
1956. 04. 23~29.	제3차 당대회 : 1. 선진적 과학 수준에 빨리 도달할 것. 2. 과학과 생산의 긴밀한 연계 강화. 3. 마르크스-레닌주의적 과학 방법론 철저히 체득할 것. 4. 새로운 과학간부 대량으로 양성할 것. 5.비료공업발전 전망 제시. 제약공업 발전에 대한 지시. 과학자들의 사상개조.
1956. 05. 09.	과학원 상무위원회(대외관계에 관한 기본 방향을 규정하고 구체적인 과업 제시)
1956. 05. 16.	김일성 흥남비료공장 현지지도
1956. 06. 02~ 07.19.	김일성 사회주의 나라 방문(동독, 루마니아, 헝가리, 체코슬로바키아, 소련, 알바니아. 폴란드, 몽골 방문)
1956. 06. 26.	북한-루마니아, 2500만 루블 무상원조 제공 협조체결
1956. 07. 01.	북한-알바니아, 과학기술 협조에 관한 협정 체결

연 도	내 용
1956. 07. 30.	"과학연구 10개년 전망 계획(57-66)" 수립하기로 결정(과학원 상무위원회) (3차 당대회 결정 수행하기 위해)
1956. 08. 30~31.	중앙당 8월 전원회의(8월종파사건 발생)
1956. 09.	소련 부수상 미코얀, 중국 국방부장 팽덕회 평양방문(8월 전원회의 결과 번복 요구)
1956. 09.	당중 교환 사업 시(북로당 당중 교환. 사상검열, 반대파 숙청)
1956. 09. 01.	전반적 초등의무교육제 실시. 〈1단계〉
1956. 09. 21.	북한-헝가리, 과학기술 협조에 관한 협정 체결
1956. 09. 23.	중앙위 전원회의(8월 전원회의 결정 번복)
1956. 10.	헝가리 사태 발생
1956. 10.	일산 50kg 규모의 염화비닐 중간시험공장 시운전 개시(1957년 말까지 종료예정) (운전담당 : 경공업성 일용품 종합공장의 분공장) (운영책임 : 경공업성에서 파견된 직장장) (기술지도책임 : 화학연구소 유기합성 연구실 해당 연구성원들)
1956. 10. 14.	마동 시멘트공장 복구 조업
1956. 11. (1958 완공예정)	과학원 본원 청사 공사(5000㎡)
1956. 11. 02~12. 27.	소련 전문가단 과학원 방문까지 방문 : 과학발전 계획 수립 도와줌
1956. 11. 03.	북한-루마니아, 과학기술 협조에 관한 협정 체결
1956. 11. 23.	북한-불가리아, 과학기술 협조에 관한 협정 체결
1956. 12.	11일 이후 중요 공장들에 당중앙위원회 위원들이 집중지도사업 전개(김일성-강선제강소, 김창만(부위원장)-흥남비료공장)
1956. 12. 01.	세계 과학자 연맹에 조선 민주 과학자 협회 가입 신청
1956. 12. 11.	중앙당 12월 전원회의 : 증산과 절약에 대한 언급(원조격감에 따른 대책) 〈천리마운동 촉발의 계기〉
1956. 12. 28.	김일성 강선제강소 현지지도(천리마운동의 시작)

1957.	과학원 10차 상무위원회 : 당과 정부의 정책과 결정 교양. 사상 통일과 순결성 보장. 계급 교양 사업 강화

연 도	내 용
1957. 하반기	당 중앙위원회 집중지도 사업(4개월간) : 사상검열, 리청원, 리영필, 류득수, 최영환, 최정환, 김정도, 김원규, 손군창
1957. 말	유학생 : 6147, 그중 연구원 : 131명, 대학생 : 2182명, 전문학교 : 652, 로력후비학교 : 488명 57-58년 대학생 수 = 29000여명, 58년 졸업생수 5000명, 외국 유학생 중 58년에 귀국하는 사람 = 900여명(이중에서 200명은 소련유학생)
1957. 출판 저널	57년부터 : 화학연구소 기관지 〈화학과 화학공업〉, 공학연구소 기관지 〈기술과학〉, 물리수학 연구소 기관지 〈수학과 물리〉, 고고학 및 민속학 연구소 기관지 〈문화 유산〉, 〈조선민주인민공화국 과학원 통보〉(학보 폐지)
1957. 01.	과학원 2차 상무위원회 : 사회주의 10월혁명 40주년, 과학원 창립5주년기념 준비위원회 구성
1957. 01. 03.	김일성 황해제철소 현지지도
1957. 03.	과학원 5차 총회(3차 당대회 결정 관철을 위한 토론, 과학연구 전망계획 작성 토론)
1957. 03.	화학공업성 제3차 열성자대회
1957. 03. 20.	김일성 흥남비료공장 현지지도
1957. 03. 26.	염화비닐공장 건설준비 지시. 공장부지 선정
1957. 03. 29.	56년도 과학원 사업 총화 회의
1957. 04.	일산 200kg 생산하는 비날론 중간시험공장 완성(시제품 생산)
1957. 04.	과학원 제8차 상무위원회(과학원 제6차 임시총회 개최 제의, 최창익 칭호 박탈 및 축출 결의)
1957. 04.~8월 사이...	과학원 제6차 임시총회(최창익 후보원사 칭호 박탈 및 축출 결의)
1957. 04. 17.	북한-폴란드, 과학기술 협조에 관한 협정 체결
1957. 05.	염화비닐 중간시험공장 정상운영 시작
1957. 05. 10.	북부지구탄광부문 열성자협의회→고속도굴진운동 시작
1957. 05. 17.	황해제철소 200톤 혼선로 복구, 조업
1957. 05. 20.	(내각결정55호) 〈기술자, 전문가양성 전망계획 작성에 관하여〉
1957. 06.	소련공산당 내 "반당그룹" 사건 발생

연 도	내 용
1957. 06.	과학연구 10개년 계획 초안작성 일차 완성
1957. 06.	과학원 출판사 조직
1957. 08.	과학원, 김일성종합대학 : 조선로동당 중앙위원회로부터 집중지도사업 받음
1957. 08. 29~9.2.	세계 과학자 연맹 제 5차 총회 : 북한 가입을 정식으로 승인, 최삼열원사 보고.
1957. 09.	기계공업부문 전국열성자회의 : "기계공업의 발전은 5개년계획의 성과적 수행을 위한 열쇠이다"
1957. 09. 13~ 10. 25.	과학원 대표 소련 과학원 방문 : 과학연구 10개년 계획 초안 검토
1957. 09. 18.	최고인민회의 제2기 1차회의 개최
1957. 10.	현대적 천문대 설치
1957. 10.	흥남비료공장에 파견되었던 소련기술자 귀국(54.11~57.10)
1957. 10. 11.	소비에트 사회주의 공화국 연맹과 과학원간의 과학 협조에 관한 협정 체결
1957. 11. 06.	사리원 트랙터 수리공장 조업 개시
1957. 12. 05.	당 중앙위 확대 전원회의("반당종파사건"에서의 완전한 승리를 선언, 사회 전반에 걸친 숙청 단행, 증산절약 강조)
1957. 12. 25.	김일성 황해제철소 현지지도
1957. 12. 30.	평양 콘크리트 공장 조업 개시
1957. 12. 31.	북한-중국, 과학기술 협조에 관한 협정 체결

1958. 상반기	과학원 청사 완공
1958. 4호	통신연구생 제 (과학간부양성 정책 중 현장→연구소 방향의 정책. 생산경험 풍부한 과학간부)
1958. 6호	과학연구 10개년 계획 재검토 지시 : 기간 단축하도록
1958. 01. 03.	김일성의 교시 〈과학자들이 현지에 나가서 연구하라〉
1958. 02. 05.	조국의 평화적 통일에 대한 성명 발표 : 외국 군대 철수, 자유선거 실시
1958. 02. 13.	과학원 7차 총회 : 남한 재일 과학자 연계. 현장연구기지 건설 제기

연 도	내 용
1958. 03.	전기제철법 연구 지시(공학연구소 중심) (→실험실 규모의 전기제철로 완성. 58.9 과학전람회에 출품)
1958. 03. 03.	1차 당대표자회의 : 연구용 원자로, 동위원소실험실. 인민경제 발전 제1차 5개년계획(57~61)의 초안 토의. 현장연구기지 추진 상황. 과학연구 10개년 계획 재검토 지시
1958. 03. 15.	〈기술경제신문〉 창간
1958. 04.	갈섬유 확대시험장치에서 성공. 중간공장 시험단계로 진행
1958. 04.	리재업, 감자와 고구마에서 알콜 추출 후 합성고무 생산 성공
1958. 04. 18.	북한-독일, 문화 및 과학 협조에 관한 협정 체결
1958. 04. 20.	(1956.1.1부터)홍남 질안 비료공장 건설 완료(년산 13만6000톤)
1958. 04. 30.	황해제철소 제1호 용광로(25만톤/년), 해탄로(30만톤/년) 복구개건 완료. 조업식 거행
1958. 06.	중앙당 6월 전원회의 : 예비를 적극 동원하고, 식료가공업, 일용품생산 운동 전개(인민들의 소비수준 향상에 의해). 지방산업 발전시킴
1958. 06. 11.	2기 3차 최고인민회의 : 현지연구사업을 추진하는 법령 제정
1958. 06. 14.	과학자 집회 개최(현지연구사업에 대한 결의)
1958. 06. 16.	(내각결정62호) 과학원 의약학연구소, 약초원과 보건성 의학분야연구소를 합쳐서 의학과학연구원(보건성 소속, 원장 홍학근)을 과학원과 별도로 조직하였다 (4개 연구소 : 실험의학연구소, 위생연구소, 미생물연구소, 약학연구소. 1개 수혈처, 1개 약초원) ⇒ 63.11 의학과학원으로 개편
1958. 06. 16.	(내각결정 62호) 보건성 소속 의학과학연구원(원장 홍학근) 설립
1958. 06. 22.	비단섬에 갈섬유공장(신의주화학섬유공장) 터 선정
1958. 06. 30.	과학원 확대 상무위원회 소집(과학연구 10개년 계획 초안(57~66) 토의)
1958. 07. 07.	일제시기 만들어진 강선제강소의 '1000톤수압프레스'를 홍남비료공장 공무직장이던 룡성공작소(룡성기계련합총국)로 옮겨 복구, 시운전함(1946.4.17부터)
1958. 08.	사회주의적 농업협동화 완수
1958. 08. 08.	(내각결정78호) 농업과학연구원(농업성 소속)을 농업과학위원회(위원장 계응상)로 개편 강화

연 도	내 용
1958. 08. 13~ 9월 말	과학전람회 개최(과학원 전람회) : 1달반 동안, 수만명 관람 (김일성은 9.23 관람) (염화비닐 시제품, 생산장치모형 전시)
1958. 09.~10.	농업협동조합 통합
1958. 09. 12.	과학원 12차 상무위원회 : 고전연구 출판사업 강화 발전 대책 토의
1958. 09. 13~16.	전국 생산혁신자 대회(집단적 혁신운동 강화 발전시키는 계기)
1958. 09. 24 혹은 25.	전국 과학.교육부분 당원 협의회 소집, 당중앙위원회 붉은 편 지 ⇒ 과학계에 천리마 운동 추동
1958. 09. 26.	중앙당 9월 전원회의 : 농촌 관계체계 정비. 금속공업 발전방안 제시(철,기계는 공업의 왕). 로동생산능률 제고. 붉은 편지
1958. 09. 30.	과학원 13차 확대 상무위원회 : 과학연구사업 방향과 방법을 결정
1958. 10. 04.	과학원 14차 상무위원회 : 9월 전원회의 결정 이행 위한 토의
1958. 10. 06.	김일성 강선제강소(현, 천리마제강련합기업소) 현지지도 : 전기 로 제작 시작(59.1.1 첫 쇳물 뽑음)
1958. 10. 09.	내각 결정 122호 '비날론 및 염화비닐 공장 건설을 촉진시킬 데 관하여' : 1959년에 6천톤 염화비닐 공장, 1960년에 1만톤 비날론 공장 건설 결정
1958. 10. 18.	북한-베트남, 과학기술 협조에 관한 협정 체결
1958. 10. 21.	락원기계공장에서 첫 엑스까와또르(굴착기) 생산 성공(58.6.23 착수)
1958. 10. 26.	중국인민지원군, 북한으로부터 완전 철수
1958. 10. 29.	내각결정 제132호 "금속공업발전을 촉진시킬 데 대하여"
1958. 11. 01.	전반적 중등의무교육제 실시(7년제 의무교육) 〈2단계〉
1958. 11. 04.	운산공구공장 준공식
1958. 11. 07.	과학원 조직 개편. 인사 이동. 규정 개편
1958. 11. 14.	기양농기계공장(기양뜨락또르공장→금성뜨락또르공장)에서 뜨락 또르(트랙터) 〈천리마호〉 생산 개시
1958. 11. 16.	김책제철소 2호 용광로 복구하여 첫 쇳물 생산(6개월 걸림)
1958. 11. 17.	과학원 2차 상무위원회 : 당정책 실현에 대한 토의.
1958. 11. 17.	천리마호 오토바이 생산 개시
1958. 11. 18.	덕천기계공장(?)에서 화물자동차 〈승리호〉 생산 개시

연 도	내 용
1958. 11. 30.	과학원 8차 총회 : 조직 개편, 인사이동. 정책 4가지로 정형화. 과학원 사업 정비 완료
1958. 12. 01	내각명령 153호 "지질탐사사업을 전인민적운동으로 전개하며 지질탐사일군을 양성함에 관하여" 채택하여 지질력량강화. / 1958년 9105명 → 1959년 18426명
1958. 12. 05.	대안전기공장 4063kw 수력발전기 생산
1958. 12. 18.	청진철도공장 60톤급 용선차 생산
1958. 12. 19.	북중기계공장에서 불도저 〈붉은별 58형〉 생산 개시

1959. 상반기	1차 5개년 계획 공업생산 계획 달성
1959. 상반기	현재까지 4차례에 걸쳐 현장연구인력을 연구생으로 인입(62년 까지 400여명)
1959. 5호	원자력 에너지 인민경제에 도입하는 사업착수 : 연구용 원자로, 동위원소실험실(1차대표자회 결정), 핵물리실험실 베타트론
1959. 5호	37개의 대학, 238만의 학생
1959.	중앙위원회 상무위원회에서 연산 2만톤 규모의 비날론공장건 설결정(59.1호, 60.4호까지는 1만톤)
1959. 말	1:20만 지질도 작성사업 : 일부 지역과 섬을 제외한 거의 모든 지역에 대한 지질조사 완료
1959.	고급중학교 체계 없애고. 기술학교(2년제) 및 고등기술학교(2년제) 체계로 개편 (일반교육과 기술교육, 교육과 생산로동을 밀접히 결합시킴)
1959. 01.	과학원 4차 상무위원회(과학발전 10개년 전망계획 추인)
1959. 01. 01.	강선제강소 전기로에서 첫 쇳물 뽑음(김인식 주도. 58.10.6부 터 시작)
1959. 01. 15.	대안전기공장 180마력 전동기 생산
1959. 02.	과학원 5차 상무위원회 : 부문위원회 중간평가
1959. 02. 08.	2.8 마동시멘트 공장 준공
1959. 02. 17.	김일성 강선제강소 현지지도
1959. 03.	과학원 6차 상무위원회 : 중간 총화 시행. 부문위원회 규정 채택
1959. 03.	립철련속제강법 연구지시(100여명의 연구집단 형성)
1959. 03. 02.	내각, 학생 수업료 폐지 결정
1959. 03. 08.	강선제강소에서 〈천리마작업반운동〉 발기(진응원 작업반)

연 도	내 용
1959. 03. 13.	공작기계새끼치기 운동(경성군 아마공장)
1959. 03. 14.	직업총동맹 중앙위 확대전원회의, 〈천리마작업반운동〉 확대 발전 결정서 채택
1959. 03. 17.	소련, 북한에 공장기업소 확장을 위한 기술원조 제공 협정 조인
1959. 03. 17.	진응원작업반 첫 〈천리마작업반〉 칭호
1959. 03. 23.	김책제철소 : 제1호, 제2호 용광로와 제2해탄로 조업식
1959. 03. 25.	내각결정 31호 〈연구원에 관한 규정〉
1959. 03. 25.	김일성은 성천강 기슭에 비날론 공장터 잡음. 2만톤 규모로 결정
1959. 04.	과학원 7차 상무위원회 : (내각결정 29호)유용동식물 보호(62년까지 완료계획). 공학연구소 사업과 현지연구사업을 일층 강화할 데 대하여
1959. 04. 11.	과학원, 국제과학동맹이사회(ICSU) 가입 → 1961.9. 25~28. 국제과학동맹 이사회 9차 총회 비준
1959. 05.	중앙위원회 상무위원회 확대회의 소집 : 58.9월 전원회의에서 제시한 '기계공업' 발전을 위한 투쟁 총화 ⇒ 공작기계새끼치기 운동 강조 및 추인
1959. 05. 13.	사회과학자 협의회 조직(과학원 사회과학부문 위원회 개최)
1959. 05. 28.	과학원 8차 상무위원회(1956→1958까지 사업 결과를 바탕으로 과학원 사업 재검토, 최신과학기술 관련 연구사업 강화를 위하여)
1959. 06. 12.	현지연구사업 경험교환회(현재 현지연구기지 30여개)
1959. 06. 12.	흑색야금부문 학술보고회(과학원 기술과학 부문위원회+금속공업성 기술국)
1959. 06. 28.	재일 조선인 과학자 협회(300여명)
1959. 07.~08.	과학원 지도성원들의 현지지도 사업
1959. 07. 02.	과학원 10차 상무위원회 : (내각결정 49호 : 국내산 연료사용에 대한 것)
1959. 08.	과학원 11차 상무위원회 : 전자계산기 사업 중간 총화 지시
1959. 08. 22.	평안남도 중앙병원 개원
1959. 08. 27.	6월4일 차량공장 준공식
1959. 09. 01.	평양기계대학, 평양경공업대학, 원산수산대학, 함흥수리대학, 청진광산대학 창립

연 도	내 용
1959. 09. 07.	소련과 원자력 기술 협조 협정 체결 〔원자력의 평화적 이용에 관한 협정〕
1959. 09. 09.	제1회 인민상 수상자 6명 선정 : 리승기(비날론), 주종명(함철 콕스)
1959. 09. 22.	직업 총 동맹 중앙 위원회 상무 위원회에서 〈천리마 작업반 칭호 수여에 관한 규정〉 승인
1959. 09. 27~29.	세계과학자 연맹 6차 총회 : 대표파견, 발표(박성욱)
1959. 10. 21.	조선-헝가리 과학원의 호상협조에 관한 조약
1959. 10. 26.	최고인민회의 제2기 6차회의(1인1기 교육을 위주로 하는 교육 개편)
1959. 11. 02~06.	직업총동맹 제3차 대회
1959. 11. 27.	과학원 12차 상무위원회 : 60년도 연구과제 채택.
1959. 12. 06.	과학원 청년 과학 콘페렌찌야(과학원 민청 위원회 주최, 과학 원 창립 7주년 기념)

연 도	내 용
1960. 4호	연구소 40여개, 연구소 연구인력 6000여명
1960.	페니실린 공장 완공(순천제약공장 옆)
1960.	기계설비 자급률 : 90.6%(56년 46.5%)
1960. 01. 08.	과학원 13차 상무위원회 : 60년도 월별 운영계획 채택
1960. 01. 29.	과학원 14차 상무위원회
1960. 01. 29.	체코슬로바키야와 과학원간에 과학협조에 대한 협정 체결
1960. 02. 05~18.	평안남도 강서군 청산리 협동농장 현지지도(2.8 청산리 정신 및 방법 제시)
1960. 02. 25~27.	최고인민회의 2기 7차 회의 : 전반적인 무상치료제 시행
1960. 03. 05.	황해제철소 제2 해탄로 화입식
1960. 04. 22.	과학원 15차 상무위원회 : 60년 계획 수정, 보충. 함북도 조사 사업 보고.
1960. 05. 11.	과학원 당 위원회(현지연구사업의 경험을 총화 분석)
1960. 06.	염화비닐공장 건설공사 시작
1960. 07. 04.	중국과 과학원간의 과학협조에 관한 협정 체결
1960. 08.	기계화 연구사업 전면적 실시
1960. 08.	염화비닐공장 기계조립공사 시작

연 도	내 용
1960. 08. 08~11.	조선로동당 중앙위원회 확대전원회의 : 기술혁명 과업제시 "기술혁명을 성과적으로 수행할 데 대하여"
1960. 08. 22.	제1차 전국 천리마작업반운동 선구자 대회
1960. 09.	공장대학 24개 설립
1960. 09. 01.	비날론 공장 건설 관계 부문 열성자 대회 : 함흥분원 건설 결정
1960. 09. 12.	과학원이 위치할 과학도시 건설 지시(1968.9.20, 평성으로 결정)
1960. 09. 30.	제19차 과학원 상무위원회 : 함흥분원(화학연구소, 중앙분석소 (신병정), 중공업위원회 화학공업연구소(소장 주하종)), 연구소 개편(지질 및 지리학연구소(소장 박태훈, 자연조사연구소에서 분리). 기계화 및 자동화연구소(공학연구소에서 분리), 중앙금속연구소(신설, 강선, 강선제강소), 중앙연료연구소(신설, 소장 최삼열, 송림, 황해제철소), 고전 연구소(신설)) → 61.4호에서 비준. 기술혁명과업지시.
1960. 10. 31.	제20차 과학원 상무위원회 : 61년도 과학연구 계획 연구원 계획
1960. 10. 80. (50여일간)	염화비닐공장 종합 시운전
1960. 11. 말	염화비닐 공장 조업개시(6천톤 규모. 4개월 만에 완성) (사포지구 카바이드공장 부근)
1960. 11. 30.	제21차 과학원 상무위원회 : 생물학 부문에 대한 김일성의 교시 토의. 생물학연구소(소장 원홍구) 창설

1961. 4호	최고인민회의 상임위원회에서 원사 리승기(비날론), 주종명(58, 함철코크스 생산, 환원단광), 한홍식(무연탄 가스화) 동지들에게 〈공화국 로력영웅〉 칭호 수여.
1961. 6호	학위학직 수여위원회
1961.	〔원자력 위원회〕 설(북한 내 원자력분야의 최고 지도기관)
1961.	갈섬유 중간공장 규모 실험에서 성공. 공업화에 성공(마형옥, 신의주화학섬유공장)
1961. 01. 28.	내각결정 "국가 기술 및 경제자격 심사에 관한 규정" 채택(기술기능급수 사정사업)
1961. 01. 31.	제23차 과학원 상무위원회 : 61년 과학원 과업 대책(중요)
1961. 02. 06.	과학원 중앙연료연구소 설립
1961. 02. 08.	간석지 연구소 설치(당 중앙위원회 상무위원회 결정)

연 도	내 용
1961. 02. 13.	락원기계공장에서 〈쌍마15형 만능 엑쓰까와뜨르〉 생산 성공(다섯가지 작업을 할 수 있음)
1961. 02. 14.	조선과학지식보급협회 창설
1961. 02. 14.	중공업 열성자 대회
1961. 02. 28.	로동성 안에 로동자들의 기술기능수준을 높이기 위한 사업을 통일적으로 지도하기 위한 '기술기능향상지도구' 설치하기로 함
1961. 03.	(내각결정 124호) 박사원개원(력사연구소, 물리수학연구소, 공학연구소, 김일성종합대학, 김책공업대학, 평양의학대학)
1961. 03.	과학원 3대 원장 강영창 취임
1961. 03. 27.	과학원 화학연구소 고분자화학 연구실 과학기술계 최초로 천리마작업반 칭호받음(작업반장 려경구 후보원사) 61.9까지 2중 천리마작업반 칭호 받기로 결의.염화비닐공장 건설 공로
1961. 04.	과학원 중앙연료연구소 철코크스연구실 천리마작업반 칭호 받음
1961. 04. 02.	김일성이 룡성기계공장을 현지지도 하면서 6000톤 프레스 제작 지시(69.2. 성공)
1961. 04. 15.	천리마동상 제막식(1959.4.1 동상 제작 지시)
1961. 05. 06.	2만톤 생산규모의 2.8 비날론(함흥) 공장 완성
1961. 05. 23.	화학, 연료부문 과학자 기술자 협의회 개최(당중앙위 소회의실)
1961. 05. 26.	〈겸임연구사에 관한 규정〉 생산혁신자, 전문가, 기술자들을 광범히 인입시키는 겸임연구사 제도
1961. 05. 30.	과학원 화학공업연구소 시약연구실, 도료연구실 천리마작업반 칭호 받음
1961. 06. 12.	(내각 전원회의) 무연탄 가스화 연구성과 공고화 지시
1961. 08.	평양전기기관차공장(오늘날 김종태전기기관차 련합기업소)에서 '붉은기1호' 전기기관차 생산
1961. 08. 26.	과학원 측지 및 지구 물리학 위원회 창설(위원장 최재오)
1961. 08. 27.	분말 무연탄의 가스화에 관한 학술보고회 개최
1961. 09.	만능 전자계산기 제작
1961. 09. 08.	황해제철소 제2호 용광로 화입식
1961. 09. 11~18.	로동당 4차 당대회
1961. 09. 28.	조선-볼가리야 량 과학원간에 과학협조에 관한 협정 체결
1961. 10. 17.	제28차 과학원 상무위원회 : 62년도 과학연구 과제 토의, 결정
1961. 10. 25.	룡성기계공장에서 3000톤프레스 제작 성공(59.3.25 지시)

연 도	내 용
1961. 12.	16일 이후 10여일 동안 대안의 사업체계 전파를 위한 중앙당 집중지도 사업이 중요 공장에서 전개됨(북중기계공장(최용건), 성진제강소(김일), 아오지탄광(박금철), 흥남비료공장(김창만))
1961. 12. 06~15.	대안전기 공장에 대한 현지지도
1961. 12. 15.	'대안의 사업체계' 수립
1961. 12. 16.	대안의 사업체계 공표

연 도	내 용
1962. 1호	학술용어 사정위원회
1962. 말	과학원 산하 연구소는 21개였다. 현지연구기지는 40여개. 100여개의 과학연구기관. 400여명의 생산 혁신자들 연구생으로 인입
1962.	과학원대학 창설 제기(기초지식분야 중심으로)
1962. 말	1:20만 국가지질도 완성(1954.9.20 첫 지시. 1955.1.13 사업계획 승인, 195.12.30 내각비준)
1962. 02.	평북 영변, 박천에 원자력연구소 설립. 김일성종합대학, 김책종합대학에 핵관련연구소 창설
1962. 04. 11.	과학영화촬영소 설치
1962. 05.	평양 무궤도전차 운행
1962. 06.	과학연구기관 100여개, 과학기술자 18,200여명
1962. 07. 11.	국가과학기술위원회 설립(위원장 오동욱)
1962. 07. 21.	내각비준 "기술기능학습에 관한 규정" : 단기기능전습반, 2년제 기술전습반, 3년제 기술학습반
1962. 07. 25.	과학원 수학연구 위원회 결성(부원장 한현건이 위원장, 김최전, 조항석이 부위원장)
1962. 09. 13.	평양종합인쇄공장 준공식
1962. 10. 08.	제3기 최고인민회의 대의원 선거
1962. 10. 22.	최고인민회의 제3기 1차회의 개최
1962. 11.	과학원이 들어설 과학도시를 평성에 건설하기로 함
1962. 11. 09.	김일성노작 0 ; 대안의 사업체계를 더욱 발전시킬데 대하여 ; 발표
1962. 11. 30.	과학원 창립 10주년 기념대회
1962. 11. 30.	당중앙위원회 정치위원회에서 과학사업 토의 (과학도시 건설에 대해서도 토의)

연 도	내 용
1963. 03. 20~22.	과학자, 기술자 대회 개최
1963. 04. 27.	북한-캄보디아, 문화 및 과학 협정 체결
1963. 06. 28.	북한-말리공화국, 경제 협조 및 기술원조에 관한 협정 체결
1963. 08.	농업과학위원회를 〈농업과학원〉으로 개편
1963. 08. 05.	중앙과학기술통보사 창립
1963. 11.	무연탄과 석회석을 원료로 합성고무 생산에 성공
1963. 11.	보건성 소속 의학과학연구원(원장 홍학근)을 〈의학과학원〉으로 개편
1963. 11. 04.	화학공업부문 과학기술일군협의회 개최
1963. 11. 15.	북한-인도네시아, 과학 문화 기술 협정 조인
1963. 12. 27.	(내각결정88호) 교육학 심리학 연구소, 일반교육연구소, 기술교육연구소, 교편물 및 실험기구설계 연구소를 가진 〈교육과학원〉 설립

1964. 여름	신의주화학섬유공장 완공(건설시작:58) (1만톤 규모). 관련 과학자, 기술자들 로력영웅칭호 받음(갈섬유 생산) (신도군, 비단섬)
1964.	무연탄가스화 공장 건설
1964. 01.	"작업반 련합기술혁신운동" : 작업반 거점의 대중적 기술혁신운동(대안전기공장에서 시작) 〈로동신문 64.1.6〉 (64년에 자주 언급됨) / 기술혁신전위대 조직
1964. 01.	작업반간 련합기술혁신운동 전개(기술혁신 련합작업반 조직) (작업반장은 핵심작업반의 반장이 맡음. 지도는 기술담당 부직장장이 맡음)
1964. 02. 17.	(내각결정11호) 과학원 경제법학연구소, 언어문학연구소를 따로 분리하여 경제연구소, 법학연구소, 언어학연구소, 문학연구소등 8개의 연구소를 가진 〈사회과학원〉을 3.9 별도로 조직하였다
1964. 02. 21.	국가학위학직 및 인민상 수여위원회 제9차 상무위원회 43명에게 학사학위 수여하기로 결정
1964. 03.	계획의 일원화 체계 도입 내각결정 제21호 "인민경제 계획화체계를 개편할 데 대하여" 채택을 통해.
1964. 04. 03.	물리수학 부문위원회 결성(위원장 : 정계선, 부위원장 : 한인석, 리재곤)

연 도	내 용
1964. 04. 06.	금속 부문위원회 결성(위원장 김인식) 및 1차 확대 위원회 개최
1964. 06. 12.	국가학위학직 및 인민상 수여위원회 제12차 상무위원회 63명에게 교수(4),박사(4),학사 학위, 학직을 수여하기로 결정

1965. 03. 06.	국가학위학직 및 인민상 수여위원회 제17차 상무위원회 18명에게 학사 학위를 수여하기로 결정
1965. 04.	직장간 련합기술혁신운동 전개 : 직장간 대중적 기술혁신운동 (구성의 한 기계공장에서 발기함) / 기술혁신지령실 조직
1965. 05. 11.	조선과학기술협조위원회 회의 개막
1965. 05. 11.	국가학위학직 및 인민상 수여위원회 제20차 상무위원회 16명에게 박사학위(13)와 교수학직(3)을 수여하기로 결정
1965. 06. 09.	국가학위학직 및 인민상 수여위원회 제21차 상무위원회 8명에게 박사학위를,7명에게 학사학위를 수여하기로 결정
1965. 08. 02.	국가학위학직 및 인민상 수여위원회 제22차 상무위원회 43명에게 학사 학위를 수여하기로 결정
1965. 08. 02.	과학원 원장 강영창 사망
1965. 09.	계획의 세부화 체계 도입 국가계획위원회 당총회에서 김일성이 제안
1965. 09. 21.	국가학위학직 및 인민상 수여위원회 제23차 상무위원회
1965. 10. 03.	국가학위학직 및 인민상 수여위원회 제24차 상무위원회 (7명에게 박사학위를, 20명에게 학사학위를 수여하기로 결정)

1966. 04. 07.	지질협회 창립 (?)
1966. 10. 05~12.	로동당 제2차 대표자회
1966. 11. 03.	조선건설협회 결성
1966. 11. 22~23.	최고인민회의 제3기 6차회의(9년제 기술의무교육 : 1967. 4. 1. 실시)
1966. 12. 21.	조선석탄공업협회 결성
1966. 12. 22.	조선용접협회 결성

1967.	전국의 모든 기계공장들과 공작기계를 가지고 있는 모든 공장, 기업소에서 두번째 '공작기계새끼치기운동' 전개.
1967. 01. 18.	전국기계공업부문 일꾼회의 개최

연 도	내 용
1967. 01. 22~24.	건설부문 과학자대회(평양)
1967. 01. 25.	과학원 직속 이과대학 설립(평성) (62 과학원대학 창설 제기)
1967. 03. 18.	조선광업협회 결성
1967. 04. 01.	9년제 기술의무교육 〈3단계〉
1967. 04. 28.	운봉발전소 준공
1967. 11. 25.	제4기 최고인민회의 대의원 선거
1968. 01. 23.	미국의 푸에블로호 나포
1968. 05. 09.	제2차 전국 천리마작업반운동 선구자 대회
1968. 09. 20.	과학도시를 평성에 건설하기로 결정
1968. 10. 29.	평성지구도시(과학도시) 설계안 검토(1차)
1968. 12. 23.	푸에블로호 승무원 82명과 시체 1구 귀환 보도
1969. 02.	룡성기계공장 6,000톤 프레스 제작 성공(61.4.2 지시)
1970. 03. 04.	당중앙위원회 정치위원회에서 과학사업 관련 토의 (과학도시, 이과대학 관련 내 용도 토의)
1970. 03. 18.	평성 과학도시 건설을 위한 첫 사판(초안) 검토(2차)
1970. 05. 11.	조선방직공업협회 결성
1970. 05. 13.	조선기계공업협회 결성
1970. 06. 01.	천리마강선제강소 6000톤 프레스직장 조업식 거행
1970. 07. 24.	〔조선의학협회〕 결성
1970. 10. 20.	김일성종합대학 과학도서관 준공식
1970. 11. 02~13.	로동당 제5차 당대회
1970. 11. 22.	평성과학도시 건설총계획 사판 검토(3차) 및 완성 (리과대학 건설에 곧 착수하기로 함)
1970. 12.	염화비닐 생산공정 규모를 3만5천톤(1단계공사)으로 늘리기로 결정(내각결정 93호) (당시 생산능력은 2만톤)
1971. 05. 14.	염화비닐공장 확장공사(1단계 : 3만5천톤 규모로) 완료

연 도	내 용
1972. 04. 11.	김책제철소 3호해탄로 건설을 끝내고 조업식을 진행
1972. 12. 12.	제5기 최고인민회의 대의원 선거
1972. 12. 27.	사회주의헌법 공포 발효

연 도	내 용
1973. 02. 10.	〈3대혁명소조운동〉 발기
1973. 02. 18.	무연탄으로(코크탄 쓰지 않고) 조강생산공법 완성, 조강공업 완성 : 주체공업이라 지칭(주체공업이라고 하는 것은 비날론, 조강공업 말고 없었던 듯, 현지연구사업의 결과)
1973. 06.	염화비닐 5만톤 능력조성공사(2단계공사,71년부터 시작)를 빨리 끝내라는 결정(정무원결정 30호) (74.말 완료)
1973. 06.	무연탄 대신 갈탄으로 립철 생산 시작(68.6부터 시험생산 시작)
1973. 07. 26.	금성뜨락또르공장 조업식

연 도	내 용
1974.	2.8비날론련합기업소 창설(염화비닐공업과 비날론공업의 생산의 결합에 기초한 기업관리조직)
1974. 05.	'과학상' 제정 : 특출한 과학적 성과를 냈거나 경제 발전에 기여한 과학자, 기술자에게 수여
1974. 09. 16.	국제 원자력 기구(IAEA)에 가입
1974. 12. 말	염화비닐 5만톤 능력조성공사(2단계공사) 완료(71.하반기~74.말)

연 도	내 용
1975. 07. 01.	검덕광업연합기업소에서 〈7.1과학자·기술자돌격대〉 조직
1975. 08. 30.	11년제 의무교육 실시. 1년제 학교전 의무교육+10년제 학교 의무교육 〈4단계〉
1975. 12. 01.	〔3대혁명 붉은기 쟁취운동〕 개시 —노동당 중앙위 제5기 11차 전원회의(75.11.19~21)에서 결정된 노력경쟁운동

연 도	내 용
1976. 07. 01.	7.1 과학자 기술자 돌격대 조직

연 도	내 용
1977. 03~4월	"과학도시에 깃든 불멸의 이야기" {수학과 물리}(77년 2호) 과학도시가 완공되었다고 함

참고문헌

1. 북한 문헌

1) 정기 간행물, 신문, 사전류

경제건설사, 『경제건설』 1957.

경제법학연구소, 『경제연구』 1957.

경제지식 편집위원회, 『경제지식』 1960~1964.

고등교육성, 『고등교육』 1964~1965.

과학원 공학연구소, 『기술과학』 1957~1964.

과학원 력사연구소, 『력사과학』 1988~2005.

과학원 물리수학 연구소, 『수학과 물리』 1958~1979.

과학원 자연조사연구소, 『생물』 1961~1978.

과학원 중앙 금속연구소, 『금속』 1962~1967.

과학원 지질 및 지리학 연구소, 『지질과 지리』 1961~1975.

과학원 화학연구소, 『화학과 화학공업』 1957~1974.

교육문화성, 보통교육성, 『인민교육』 1957~1967.

국가건설위원회, 『건설자』 1957~1959.

기계공업성, 『기계공업』 1960~1962.

농업과학연구원, 농업과학위원회, 『농업과학원 학보』 1957~1967.

농업성, 『선진농업』 1957~1959.

보통교육성, 『기술교육』 1967.

『경제사전 1』(사회과학출판사, 1985).

『경제사전 2』(사회과학출판사, 1985).

『정치사전 1』(사회과학출판사, 1973).

『정치사전 2』(사회과학출판사, 1973).

『근로자』 1956~1965.

『로동신문』 1956~1965.

『재정금융사전』(사회과학출판사, 1995).

『정치학사전』(사회과학출판사, 1973).

『조선민주주의인민공화국 과학원 통보』 1957~ (조선민주주의인민공화국 과
        학원 출판사).

『조선민주주의인민공화국 과학원 학보』 1953~1956(조선민주주의인민공화국
        과학원 출판사).

『조선중앙연감』 1954~1965(조선중앙통신사).

『철학사전』(사회과학출판사, 1985).

2) 김일성, 김정일 저작집류

김일성, 『조선로동당 중앙위원회 1956년 12월 전원회의 결정실행총화를 위한
        경공업성 열성자회의에서 한 연설』(조선로동당출판사, 1958).

김일성, 『기술 혁명의 성과적 수행을 위하여』(조선로동당출판사, 1961).

김일성, 『사회과학의 임무에 대하여』(조선로동당출판사, 1969).

김일성, 『사회주의경제관리문제에 대하여』(조선로동당출판사, 1970).

김일성, 『천리마운동과 사회주의건설의 대고조에 대하여』(조선로동당출판사,
        1970).

김일성, 『사회주의교육학에 대하여』(조선로동당출판사, 1973).

김일성, 『우리 나라의 과학기술을 발전시킬데 대하여』(조선로동당출판사, 1986).

김일성, 『우리 혁명에서의 주체에 대하여』(조선로동당출판사, 1970).

김정일, 『과학교육사업을 발전시킬데 대하여』(조선로동당출판사, 1999).

『김일성 선집』 1~6권(조선로동당출판사, 1960).

『김일성저작선집』 1~10권(조선로동당출판사, 1967~1994).

『김일성저작집』 1~44권(조선로동당출판사, 1979~1996).

3) 단행본

Academy of Sciences of Democratic People's Republic of Korea (Pyongyang : 2001).

교육성, 『교수요강』(학우서방, 1956).

교육성 편찬, 『인민교육발전 15년』(1960).

경제도서편집부 편, 『경제론문집 6』(사회과학출판사, 1977).

경제도서편집부 편, 『경제론문집 5』(사회과학출판사, 1975).

과학원 경제법학연구소 편, 『8·15 해방 15주년 기념 경제 론문집』(과학원출판사, 1960).

과학원 경제법학연구소 편, 『우리 나라에서의 사회주의 경제 건설』(과학원출판사, 1958).

과학원 경제법학연구소, 『해방 후 우리나라의 인민 경제 발전』(과학원출판사, 1960).

과학원 경제연구소 인민경제연구실, 『우리나라 인민경제에서 생산력과 생산관계의 호상관계』(과학원출판사, 1960).

과학원 력사연구소 근세 및 최근세사 연구실, 『력사논문집 4(사회주의 건설 편)』(과학원출판사, 1960).

국가계획위원회 중앙통계국, 『조선민주주의인민공화국 인민경제발전통계집 1946~1960』(국립출판사, 1961).

국가계획위원회 중앙통계국, 『조선민주주의인민공화국 인민경제 및 문화발전 통계집 1946~1957』(국립출판사, 1958).

국립건설출판사 편, 『기본 건설 예산 편람』(국립건설출판사, 1958).

길확실, 『천리마작업반장의 수기』(직업동맹출판사, 1961).

김남종, 『생산 기업소 및 건설 직장 당 단체 사업 경험』(조선로동당출판사, 1956).

김도성, 『자력갱생과 자립적 민족경제』(조선로동당출판사, 1963).

김도성, 『우리 당에 의한 속도와 균형 문제의 창조적 해결』(조선로동당출판사, 1964).

김리돈, 『젊은 기사』(문예출판사, 1981).

김문창, 『열망』(문학예술종합출판사, 1999).

김병진, 『자립적 민족경제 건설경험』(사회과학출판사, 1983).

김봉철, 『나의 동무들』(문예출판사, 1982).

김삼복, 『인간의 노래』(문학예술출판사, 2003), (강선제강소, 천리마운동).

김응상, 『주체건설력사의 갈피를 더듬어』(조선로동당출판사, 1998).

김일, 『공업 생산품의 질을 제고할 데 대하여』(조선로동당출판사, 1959).

김일, 『인민 경제 모든 부문에서 기술혁신운동을 전면적으로 전개할 데 대하여』(조선로동당출판사, 1960).

김일, 『조선민주주의인민공화국 인민경제발전7개년(1961~1967)계획에 대하여』(조선로동당출판사, 1961).

김일 외, 『붉은 해발아래 창조와 건설의 40년(1) : 1945.8~1950.6』(조선로동당출판사, 1981).

김일 외, 『붉은 해발아래 창조와 건설의 40년(2) : 1950.6~1953.7』(조선로동당출판사, 1981).

김일 외, 『붉은 해발아래 창조와 건설의 40년(3) : 1953.7~1961.9』(조선로동당출판사, 1981).

김일 외, 『붉은 해발아래 창조와 건설의 40년(4) : 1961.9~1966.10』(조선로동당출판사, 1982).

김일 외, 『붉은 해발아래 창조와 건설의 40년(5) : 1966.10~1970.10』(조선로동당출판사, 1982).

김일 외, 『붉은 해발아래 창조와 건설의 40년(6) : 1970.11~1973.12』(조선로동당출판사, 1985).

김일 외, 『붉은 해발아래 창조와 건설의 40년(7) : 1974.1~1982.4』(조선로동당출판사, 1986).

김일성종합대학경제학부, 『청산리 교시와 사회주의 경제건설』(조선로동당출판사, 1962).

김일성종합대학 편집위원회 편, 『8·15 해방 15주년 기념 론문집』(김일성종합대학, 1960).

김일성 종합대학 도서관 편, 『도서목록 3 : 한서분류목록 3』(1958).

김영금, 『청산처럼 창공처럼 - 중국 조선족 자연과학자 실화집』(북경 : 민족출판사, 1995).

김원석, 『인민경제계획하에서 군중로선의 관철』(조선로동당출판사, 1963).

김재현, 『사상, 기술, 문화의 3대혁명 수행경험』(조선로동당출판사, 1986).

김창만, 『기술 인재 양성 사업을 개선 강화할 데 대하여』(조선로동당출판사, 1960).

김창성, 『영광스런 당중앙의 현명한 령도 밑에 진행되는 3대혁명붉은기쟁취운동』(과학백과사전출판사, 1983).

김창성, 『3대혁명소조운동과 그 위대한 생활력』(사회과학출판사, 1984).

김창호, 『조선교육사 3』(사회과학출판사, 1990).

김흥종, 『생산지표』(문예출판사, 1974).

김효선, 『인민정권 강화와 인민 경제부흥발전을 위한 조선 인민의 투쟁 (1947~1948)』(조선로동당출판사, 1957).

당건설편집부, 『위대한 수령 김일성동지께서 창시하신 혁명적 사업방법 청산리정신, 청산리 방법』(조선로동당출판사, 1975).

량환갑 편, 『전후 우리당 경제건설의 기본로선』(조선로동당출판사, 1961).

렴태기, 『화학공업사 1』(사회과학출판사, 1994).

로동성 로동과학 연구소, 『로동법규집 제2부 : 로동임금편』(국립출판사, 1955).

리규택, 『탐구자의 한생』(문예출판사, 1989).

리기성, 『주체의 사회주의 정치경제학의 법칙과 범주 1, 2』(사회과학출판사, 1992).

리동구, 『비약의 나래』(문학예술출판사, 2002).

리명서, 『정치경제학상식(2)』(조선로동당출판사, 1960).

리상걸, 『사회주의와 지식인 문제』(사회과학출판사, 1995).

리석심, 『우리나라 산업에서의 증산경쟁』(국립출판사, 1956).

리승기, 『과학자의 수기』(국립출판사, 1962).

리승기, 『비날론』(과학출판사, 1976).

리승기, 『비날론2』(과학출판사, 1976).

리신현, 『강계정신』(문학예술출판사, 2002).

리신형, 『경제상식 : 공업·농업·상업』(조선로동당출판사, 1960).

리용덕, 황재평, 『위대한 당의 손길아래 1~3』(금성청년출판사, 1991~1994).

리정남, 『기술혁명은 사회주의경제건설의 생명선』(조선로동당출판사, 1992).

리종옥, 『영원한 인민의 태양 2』(금성청년출판사, 1998).

리창근, 『우리당에 의한 로동행정리론의 심화발전』(사회과학출판사, 1992).

리택진, 『용해공들』(문예출판사, 1982), (1950년대 중후반 김책제철소).

리홍종, 『당의 후비대』(민청출판사, 1963).

림수웅 편, 『우리나라 사회주의 건설에서의 천리마작업반운동』(조선로동당출판사, 1961).

문화선전성, 『선전원』(1949)

박달, 『서광1, 2』(민청출판사, 1961, 1963).

박양섭, 『건설자 수첩』(국립건설출판사, 1960).

박영근, 『우리나라에서의 공업관리 조직형태의 개선 강화』(과학원출판사, 1961).

박영근, 『주체의 경제관리리론』(사회과학출판사, 1992).

박찬식, 『과학기술발전은 주체확립의 중요한 담보』(사회과학출판사, 1991).

방호식, 『사회주의 진영 나라들간의 기술경제적 협조』(조선로동당출판사, 1958).

백보흠, 『라남의 열풍』(문학예술출판사, 2004).

사회과학원 경제연구소 공업경제연구소, 『사회주의 경제관리에서 대안의 사
    업체계』(사회과학출판사, 1969).

사회과학원 경제연구소 공업경제연구소, 『위대한 수령 김일성 동지의 경제리론
    해설 : 사회주의공업화 리론』(사회과학출판사, 1974).

사회과학출판사 편, 『"조선로동당 제5차대회에서 한 중앙위원회 사업 총화
    보고"에 대하여』(사회과학출판사, 1973).

사회과학출판사 편, 『〈조선로동당창건 스무돐에 즈음하여〉에 대하여』(사회과
    학출판사, 1973).

사회과학출판사 편, 『우리 당의 사회주의경제관리정책』(사회과학출판사, 1973).

사회과학출판사 편, 『위대한 수령 김일성동지의 현명한 령도 밑에 혁명과 건
    설에서 우리 당이 이룩한 경험』(사회과학출판사, 1973).

사회과학출판사 편, 『위대한 수령 김일성동지의 현명한 령도 밑에 혁명과 건
    설에서 우리 당이 이룩한 경험』(사회과학출판사, 1974).

사회과학출판사 편, 『혁명과 건설에 관한 김일성동지의 사상과 그 위대한 생
    활력』 1~3(사회과학출판사, 1969).

서관히, 『농업전선의 진두에 서시여 1~3』(조선로동당출판사, 1990~1992).

선우몽령, 『인민정권의 수립과 그의 공고화를 위한 조선로동당의 투쟁』(조선
    로동당출판사, 1958).

손경준, 『사회주의 건설과 금속공업』(조선로동당출판사, 1959).

손전후, 『우리나라 토지개혁사』(과학백과사전출판사, 1983).

손전후, 『산업국유화 경험』(사회과학출판사, 1985).

손철자 편, 『자력갱생과 자립적 민족경제의 건설은 우리 혁명승리의 담보』
    (조선로동당출판사, 1963).

신언갑, 『주체의 인테리리론』(과학백과사전출판사, 1986).

신재호, 『주체의 기술혁명리론』(과학백과사전출판사, 1977).

안광즙, 『우리 나라 인민 경제에서의 사회주의적 축적』(사회과학원출판사, 1964).

오현상, 『경제지식』(국립출판사, 1957).

윤명수, 『조선 과학기술 발전사 : 해방후편 1(해방 후~1970년)』(과학백과사전 종합출판사, 1994).

윤세중, 『시련속에서』(조선작가동맹출판사 1957).

윤세중, 『용광로는 숨쉰다』(문예출판사, 1960).

윤세중, 『천리마공장 사람들』(직업동맹출판사, 1965).

윤창주, 정총화, 박형균, 오송식, 『로동당시대의 영웅들』(1961).

윤현철, 『"고난의 행군"을 락원의 행군으로』(평양출판사, 2002).

원도중, 『강철전사의 수기』(직업동맹출판사, 1963).

임명호, 『공업의 주체화, 현대화, 과학화와 그 실현에서 나서는 몇 가지 문제』 (김일성종합대학출판사, 1985).

장봉, 『조선에서의 공업현대화 경험에 관한 연구』(김일성종합대학출판사, 1986).

장종구, 『립철생산』(중공업출판사, 1964).

정성진, 『조선민주주의인민공화국에서의 인테리대군의 양성』(사회과학출판사, 1984).

정태식, 『우리 당의 자립적 민족 경제 건설 로선』(조선로동당출판사, 1963)

재일본조선청년동맹중앙상임위 편, 『제2차 전국천리마 작업반운동선구자대회 문헌집』(조선청년사, 1968).

조선직업총동맹중앙위원회, 『위대한 수령 김일성동지의 직업동맹에 관한 사상』 (근로단체출판사, 1975).

주창룡, 『대안 사업체계의 위대한 생활력』(조선로동당출판사, 1963).

차용현, 사광웅, 『조선로동당 인테리 정책의 빛나는 력사』(사회과학출판사, 2005).

총련 중앙 상임 위원회 편, 『조선경제지리 : 고급학교 제1학년용』(학우서방, 1965).

최용규, 『속도전의 불길』(문예출판사, 1975).

최중극, 『위대한 조국해방전쟁과 전시경제(1950~1953)』(사회과학출판사, 1992).

태병렬, 오찬복, 『태양을 모시고 60년』(금성청년출판사, 1997).

한재숙, 『우리나라에서의 전면적 기술혁신』(조선로동당출판사, 1961).

허기붕 편저, 『사회주의 진영 나라들의 경제 발전 개관(2)』(조선로동당출판사, 1961).

허영익, 『공업에 대한 지도와 관리경험』(사회과학출판사, 1987).

허인혁, 『우리 나라에서의 사회주의 인테리의 형성과 장성』(조선로동당출판사, 1960).

홍승은, 『자립경제리론』(사회과학출판사, 1984).

허춘식, 『뜨거운 일터』(문예출판사, 1977).

『〈천리마의 고향〉 강선땅에 깃든 불멸의 이야기』(동경 : 조선청년사, 1970).

『경공업 발전을 위한 우리 당의 정책』(조선로동당출판사, 1961).

『공화국 창건 후 10년간의 공업 발전』(국립공업기술서적출판사, 1958).

『과학원 사업조직방법으로서의 수리운영학』(과학원출판사, 1961).

『교육과 생산로동과의 결합에서 얻은 경험 4』(교육도서출판사, 1959).

『국가의 사회주의적 공업화를 위한 투쟁에 있어서의 공산당』(조선로동당출판사, 1954).

『기술혁명 수행을 위한 우리 당의 정책』(조선로동당출판사, 1961).

『기술혁명이란 무엇인가』(조선로동당, 1959).

『기술혁명의 길에서』(직업동맹출판사, 1962).

『기술혁신의 길』(아동도서출판사, 1961).

『기업관리에서의 대안의 사업체계』(사회과학원 출판사, 1964).

『김일성종합대학 10년사』(김일성종합대학, 1956).

『나의 수기』(아동도서출판사, 1960).

『녀성 천리마 기수들』(조선녀성사, 1960).

『농업경제(연구자들을 위한 참고자료 상)』(국립출판사, 1659).

『당사업의 제문제』(조선로동당출판사, 1957).

『독립채산제와 수익성, 원가와 가격』(조선로동당출판사, 1960).

『두 영웅 교원』(교원신문사, 1965).

『로동당시대의 교육자들』(교원신문사, 1962).

『로력영웅 2』(직업동맹출판사, 1962).

중공업위원회 제5설계사업소 및 제17건설트레스트, 『비날론 공장건설』(국립건설출판사, 1961).

『사회주의 건설에서 거대한 전진을 일으킨 조선 로동당 중앙 위원회 9월 전원회의 론문집』(과학원출판사, 1958).

『상급학습반 참고자료』(조선로동당출판사, 1961).

『선동원들에게 주는 참고자료』(학우서방, 1963).

『수령님과 주체과학 40년』(사회과학출판사, 1988).

『수령님의 크나큰 믿음과 사랑속에서』(로동자출판사, 1975).

『숨은 공로자들2』(근로자단체출판사, 1990).

『승리한 대안의 경험』(조선로동당출판사, 1963).

『새 기업 관리 운영 체계 확립에서 얻은 경험(대안 전기 공장)』(중공업출판사, 1962).

『새 인간 형성과 천리마작업반운동』(조선로동당출판사, 1961).

『언제나 근로하는 인민들과 함께 계시며 1~3』(근로단체출판사, 1983, 1984, 1987).

『우리나라에서의 맑스 – 레닌주의의 승리 : 조선로동당 제4차대회 기념론문집』(조선로동당출판사, 1961).

『우리 당의 인테리정책』(사회과학출판사, 1973).

『우리 당의 천리마운동』(사회과학출판사, 1975).

『우리나라의 인민경제발전(1948 – 1958)』(국립 출판사, 1958).

『우리시대의 영웅들 1, 2, 3』(근로단체출판사, 1990).

『위대한 사랑의 품속에서 1』(과학백과사전출판사, 1978).

『위대한 사랑의 품속에서 2』(과학백과사전출판사, 1980).

『위대한 수령 김일성동지께서 밝혀주신 3대혁명에 관한 사상』(조선로동당출판사, 1974).

『위대한 수령 김일성동지께서 창시하신 천리마운동, 천리마작업반운동』(로동자신문사, 1973).

『위대한 수령 김일성동지께서 창조하신 대안의 사업체계』(조선로동당출판사, 1975).

『위대한 수령 김일성동지의 불멸의 혁명업적 6 : 인민대중 중심의 사회주의 건설』(조선로동당출판사, 1998).

『위대한 수령 김일성동지의 불멸의 혁명업적 10 : 주체형의 혁명적 근로단체 건설』(조선로동당출판사, 1998).

『위대한 수령 김일성동지의 불멸의 혁명업적 13 : 사회주의 자립적 민족경제 건설』(조선로동당출판사, 1999).

『위대한 수령 김일성동지의 불멸의 혁명업적 15 : 사회주의 경제관리 문제의 빛나는 해결』(조선로동당출판사, 1999).

『인민들 속에서 1~64』(조선로동당출판사, 1962~2004).

『인텔리들을 한품에 안으시여』(인문과학사, 1973).

『자력갱생의 나래펼친 천리마의 고향』(조선로동당출판사, 1978).

『전국지방산업 및 생산협동조합 열성자대회 문헌집』(조선로동당출판사, 1959).

『전후 우리당 경제건설의 기본노선』(조선로동당출판사, 1961).

『조국의 품속에서』(직업동맹출판사, 1960).

『조선로동당정책(금속공업부문)』(교육도서출판사, 1972).

『조선로동당정책(화학공업부문)』(교육도서출판사, 1972).

『조선로동당정책(전력공업부문)』(교육도서출판사, 1972).

『조선로동당정책(기계공업부문)』(교육도서출판사, 1972).

『조선로동당정책(광업, 석탄공업부문)』(교육도서출판사, 1972).

『조선민주주의인민공화국 인민 경제 발전 제1차 5개년계획에 관한 보고 및 결정서』(조선로동당출판사, 1958).

『조선로동당 정책 해설교재 : 17, 과학부문』.

『조선로동당 제4차대회 토론집』(조선로동당출판사, 1962).

『조선민주주의인민공화국 과학원의 연혁(1953~1957)』(과학원출판사, 1957).

『조선민주주의인민공화국 인민경제발전 제1차 5개년계획에 관한 보고 및 결정서』(조선로동당출판사, 1958).

『조선직업동맹 제3차 전국대회 문헌집』(직업동맹출판사, 1959).

『주체공업건설리론』(과학, 백과사전출판사, 1979).

『주체시대를 빛내이시며 1~20』(조선로동당출판사, 1999~2002).

『주체사상에 기초한 3대혁명리론』(사회과학출판사, 1975).

『주체사상에 기초한 사회주의경제리론』(사회과학출판사, 1975).

『주체시대의 영웅들 1, 2, 3』(근로단체출판사, 1981).

『중공업 발전을 위한 우리 당의 정책』(조선로동당출판사, 1961).

『집단적 혁신운동』(직업동맹출판사, 1958).

『천리마기수독본』(직업동맹출판사, 1963), 번인 (재일본조선인 교직원 동맹, 1964)

『천리마기수들의 자애로운 어버이』(로동자신문사, 1974).

『천리마 나라』(조선문학예술총동맹출판사, 1964).

『천리마시대 사람들 1』(조선로동당출판사, 1960).

『천리마시대 사람들 2』(조선로동당출판사·직업동맹출판사, 1961).
『천리마시대 사람들 3』(조선로동당출판사·조선녀성사, 1961).
『천리마시대 사람들 4』(조선로동당출판사·직업동맹출판사, 1961).
『천리마시대 사람들 6』(조선로동당출판사·, 1963).
『천리마시대 사람들 7』(전동사, 1963).
『천리마시대 사람들 8』(전동사, 1963).
『천리마시대 사람들 9』(조선로동당출판사, 1964).
『천리마시대 사람들 10』(조선로동당출판사, 1965).
『천리마시대 사람들 11』(조선로동당출판사, 1965).
『천리마시대 사람들 12』(조선로동당출판사, 1965).
『천리마시대 사람들 13』(조선로동당출판사, 1966).
『천리마시대 사람들 14』(조선로동당출판사·직업동맹출판사, 1966).
『천리마운동은 사회주의 건설에서 우리 당의 총로선』(조선로동당출판사, 1965).
『천리마작업반 2』(직업동맹출판사, 1960).
『천리마작업반 3』(직업동맹출판사, 1961).
『천리마작업반 4』(직업동맹출판사, 1963).
『천리마작업반운동』(직업동맹출판사, 1960).
『천리마작업반운동』(직업동맹출판사, 1964).
『천리마작업반운동의 심화발전을 위하여』(로동자신문사, 1970).
『천리마시대의 노래』(조선문학예술총동맹출판사, 1963).
『청년 천리마 기수들에 대한 이야기』.
『청년 천리마 기수들에 대한 이야기 2』(민청출판사, 1960).
『항일빨찌산참가자들의회상기 1』(인문과학사, 1968).
『해방 후 10년간의 공화국 인민교육의 발전』(1955).

4) 논문

길인규, 「위대한 수령 김일성동지의 현명한 령도 밑에 조선해방전쟁시기 과
　　　학기술발전을 위한 과학자, 기술자들의 투쟁」, 『력사과학』 1990(1),
　　　10~13쪽.
김현, 「당중앙이 내놓은 속도전에 관한 독창적 사상과 그 리론 실천적 의의」,
　　　『경제론문집 5』(사회과학출판사, 1975).
조국선, 「위대한 수령 김일성동지의 현명한 령도 밑에 새 조국 건설시기 공업

부문 과학연구기관창설을 위한 투쟁」, 『력사과학』 2000(4), 5~7쪽.
홍만기, 「우리나라에서의 사회주의 경쟁운동의 발전과 천리마작업반운동」, 과
　　학원 경제법학연구소 편, 『8·15 해방 15주년 기념 경제 론문집』
　　(과학원출판사, 1960), 156~186쪽.

2. 국내 문헌

1) 자료집, 연속간행물

공산권문제연구소, 『북한대사전』(1974).
극동문제연구소, 『북한전서』(1980).
김준화, 김창순, 이일선 편, 『북한연구자료집 3, 4』(고려대학교출판부, 1979).
북한연구소, 『북한총람』(1983).
북한연구소, 『북한총람』(1994).
북한연구소, 『최신 북한인명사전』(1996).
연합뉴스, 『북한용어 400선』(1999).
정경모, 최달곤 편, 『북한법령집 4』(대륙연구소, 1990).
『공산주의관계도서목록』(국토통일원, 1972).
『북괴자료목록집 : 1971. 10』(국토통일원, 1971).
『북한 경제 통계집』(통일원, 1996).
『북한개요 2000』(통일부, 1999).
『북한경제 통계자료집 : 1946~1948』(한림대 아시아문화연구소, 1994).
『북한관계사료집 1~46권』(국사편찬위원회, 1982~).
『북한출판물목록』(국토통일원, 1978).
『조선로동당대회 자료집』 1~3집,(국토통일원, 1988).
『중앙일보 CD-ROM 북한백과』.

2) 단행본

강영주, 『벽초 홍명희 연구』(창작과비평사, 1999).
경남대학교 북한대학원 엮음, 『북한 현대사 1』(한울, 2004).
경남대학교 북한대학원 엮음, 『북한연구방법론』(한울, 2003).
고수석, 박경은, 『김정일과 IT 혁명』(베스트북, 2002).

권완도, 『북한의 과학기술 교육체제』(한국학술정보, 2006).

김광운, 『북한 정치사 연구 1』(도서출판선인, 2003).

김근배, 『한국 근현대 과학기술 인력의 출현』(문학과지성사, 2005).

김민희, 『쓰여지지 않은 역사 : 인물로 본 사회운동사』(대동, 1993).

김성보, 기광서, 이신철, 『사진과 그림으로 보는 북한 현대사』(웅진닷컴, 2004).

김성보, 『남북한 경제구조의 기원과 전개 : 북한 농업체제의 형성을 중심으로』
　　(역사비평사, 2000).

김연철, 박순성 편, 『북한 경제개혁연구』(후마니타스, 2002).

김진계, 『조국 상, 하』(현장문학사, 1990).

김창순, 『북한 15년사』(지문각, 1961).

김철환, 『북한의 과학기술정책 연구』(국토통일원, 1990).

나탈리아 바자노바, 양준용 역, 『기로에 선 북한 경제』(한국경제신문사, 1992).

박명림, 『한국전쟁의 발발과 기원 1, 2』(나남, 1996).

박재형, 김옥주, 황상익, 『북한의 의학교육』(서울대학교출판부, 2003).

박형중, 『북한적 현상의 연구 - 북한 사회주의 건설의 정치경제학』(연구사,
　　1994).

방기중, 『한국근현대사상사연구 - 1930 · 1940년대 백남운의 학문과 정치경제
　　사상』(역사비평사, 1992).

북한연구학회 편, 『분단 반세기 북한 연구사』(한울, 1999).

브룬 허쉬, 김해성 역, 『사회주의 북한』(지평, 1988).

서대숙, 『현대 북한의 지도자 - 김일성과 김정일』(을유문화사, 2004).

서동만, 『북조선사회주의 체제성립사 1945~1961』(도서출판선인, 2005).

서재진, 『또 하나의 북한사회 - 사회구조와 사회의식의 이중성 연구』(나남출판,
　　1995).

셀리그 해리슨, 이홍동 외 옮김, 『코리안 엔드게임』(삼인, 2003).

송두율, 『소련과 중국』(한길사, 1990).

스칼라피노, 이정식 공저, 한홍구 역, 『한국 공산주의 운동사 1~3』(돌베개,
　　1987).

신경완 증언, 이태호 기록, 『압록강변의 겨울』(다섯수레, 1991).

신효숙, 『소련군정기 북한의 교육』(교육과학사, 2003).

안드레이 란코프, 『북한 현대정치사』(오름, 1995).

유영구, 『남북을 오고 간 사람들』(글, 1993).

유영구, 『한반도 절반의 상속인 김정일』(중앙일보사, 1994).
이교덕, 『「김정일선집」 분석』(통일연구원, 2001).
이재승, 『북한을 움직이는 테크노그라트』(일빛, 1998).
이종석, 『조선로동당연구-지도사상과 구조변화를 중심으로』(역사비평사, 1995).
이종석, 『현대 북한의 이해-사상·체제·지도자』(역사비평사, 1995).
이종석, 『새로 쓴 현대북한의 이해』(역사비평사, 2000).
이찬행, 『김정일』(백산서당, 2001).
이태섭, 『김일성 리더십 연구-수령 체계의 성립 배경을 중심으로』(들녘, 2001).
이향규 지음, 김석형 구술, 『나는 조선노동당원이오!』(도서출판선인, 2001).
임영태, 『북한 50년사 1, 2』(들녘, 1999).
장학수, 『붉은 별 아래 청춘을 묻고-북한과 소련에서의 성공과 좌절 42년의
　　　기록』(문학사상사, 1990).
전미영, 『김일성의 말 그 대중설득의 전략』(책세상, 2001).
정영철, 『북한의 개혁 개방-이중전략과 실리사회주의』(도서출판선인, 2004).
정조영, 『북한의 과학기술정책에 관한 연구』(한국과학기술단체총연합회, 1991).
정창현, 『곁에서 본 김정일』(김영사, 2000).
정창현, 『인물로 본 북한현대사: 한반도의 또 다른 역사, 그 소용돌이 속의
　　　인물들』(민연, 2002).
조순탁, 『남북한 과학기술자 현황파악』(국토통일원, 1972).
중앙일보사특별취재반, 『비록 조선민주주의인민공화국』(상)(하)(중앙일보사, 1992).
중앙일보 현대사연구팀, 『발굴자료로 쓴 한국현대사』(중앙일보사, 1996).
차문석, 『반노동의 유토피아: 산업주의에 굴복한 20세기 사회주의』(박종철출
　　　판사, 2001).
한국과학기술단체총연합회, 『북한의 과학기술에 대한 조사연구 보고서』(1991).
한국역사연구회 현대사증언반 엮음, 『끝나지 않은 여정: 한국현대사 증언록 1』
　　　(대동, 1996).
한국정신문화연구원 연구처 편, 『북한현대사 문헌연구』(백산서당, 2001).
한국정신문화연구원 한민족문화연구소 편, 『내가 겪은 해방과 분단』(도서출판
　　　선인, 2001).
허수열, 『개발없는 개발: 일제하 조선경제 개발의 현상과 본질』(은행나무,
　　　2005).

3) 논문

강정인, 「분단 50년 북한연구에 대한 반성 : 북한 연구방법론 재론」, 『한국정치학회추계학술회의 논문집』(1998).

강호제, 「북한 과학원과 현지연구사업 : 북한식 과학기술의 형성」(서울대학교 석사학위논문, 2001).

강호제, 「현지연구사업과 북한식 과학기술의 형성(제1회 현대북한연구 논문현상공모 당선작)」, 『현대북한연구』 6권(1)(2003), 199~246쪽.

강호제, 「북한의 과학도시 건설에 대하여」, 『북한과학기술연구』 1(북한과학기술네트워크, 2003), 307~325쪽.

강호제, 「천리마작업반운동과 북한식 기술혁명 : 천리마작업반운동에 대한 새로운 해석」, 『북한과학기술연구』 3(북한과학기술네트워크, 2005), 105~122쪽.

강호제, 「천리마운동의 변화, 발전과 집단적 기술혁신운동의 확대, 강화」, 『북한과학기술연구』 4(북한과학기술네트워크, 2006), 51~72쪽.

김기석, 「김일성종합대학 창설에 관한 연구」, 『교육이론』 10권(1)(1996).

김기석, 「해방 후 분단교육체제의 형성, 1945~1948 : 국립서울대학교와 김일성종합대학의 등장을 중심으로」, 『서울대학교 사대논총』 제53집 (1996).

김면, 「독일 국립문서보관소 소장 자료를 통해서 본 북한과 구동독간의 경제협력-구동독의 함흥시 경제지원을 중심으로」, 『북한연구학회보』(2003).

김광용, 「북한'수령제'정치체제의 구조와 특성에 관한 연구」(한양대학교 박사학위논문, 1995).

김광운, 「북한 권력구조의 형성과 간부 충원(1945.8~1947.3)」(한양대학교 박사학위논문, 2000).

김근배, 「'리승기의 과학'과 북한사회」, 『한국과학사학회지』 20(1)(한국과학사학회, 1998), 3~25쪽.

김근배, 「20세기 식민지 조선의 과학과 기술 : 개발의 씨앗?」, 『역사비평』 56 (역사비평사, 2001) 297~313쪽.

김근배, 「과학과 이데올로기의 사이에서 : 북한 '봉한학설'의 부침」, 『한국과학사학회지』 21(2)(한국과학사학회, 1999), 194~220쪽.

김근배, 「김일성종합대학의 창립과 분화 : 과학기술계 학부를 중심으로」, 『한국과학사학회지』 22(2)(한국과학사학회, 2000), 192~216쪽.

김근배, 「북한 과학기술정책의 변천」, 『과학기술정책』 12(2)(과학기술정책연구원, 2002), 87~97쪽.

김근배, 「북한의 주체형 과학기술자」, 『과학사상』 42(범양사, 2002), 89~102쪽.

김근배, 「식민지시기 과학기술자의 성장과 제약 : 인도·중국·일본과 비교해서」, 『한국근현대사연구』 8(한국근현대사연구, 1998), 160~194쪽.

김근배, 「월북 과학기술자와 흥남공업대학의 설립」, 『아세아연구』 98(고려대학교 아세아문제연구소, 1997), 95~130쪽.

김근배, 「일제시기 조선인 과학기술인력의 성장」(서울대학교 박사학위논문, 1996).

김근배, 「초기 북한에서 사회주의적 과학기술자의 창출」, 『한국과학사학회지』 (2003).

김근배, 「한국의 과학기술자와 과학 아카이브」, 『과학기술정책』 11(5)(과학기술정책연구원, 2001), 26~35쪽.

김근배, 「북한 과학기술의 형성 : 모방에서 주체로」, 『과학문화연구센터연구논문집 2001』(과학문화연구센터, 2002) 79~84쪽.

김근배, 「북한의 주체형 과학기술자」, 『과학문화연구센터연구논문집 2002』(과학문화연구센터, 2003), 3~11쪽.

김근식, 「북한의 "혁명적 군중노선"연구」(서울대학교 석사학위논문, 1991).

김근식, 「북한 발전전략의 형성과 변화에 관한 연구 : 1950년대와 1990년대를 중심으로」(서울대학교 박사학위논문, 1999).

김보근, 「북한'천리마 노동과정'연구 : '소련식 테일러주의'의 도입·변질 과정」 (고려대학교 박사학위논문, 2005).

김연철, 「1950년대 북한의 노동정책과 노동자」, 역사문제연구소, 『1950년대 남북한의 선택과 굴절』(역사비평사, 1998), 387~409쪽.

김연철, 「북한의 농업협동화와 중공업 우선 노선을 둘러싼 논쟁」, 역사비평 편집위원회, 『논쟁으로 본 한국사회 100년』(역사비평사, 2000), 205~210쪽.

김연철, 「북한의 산업화 과정과 공장관리의 정치(1953 - 1970) :'수령제'정치체제의 사회경제적 기원」(성균관대학교 박사학위논문, 1996).

김연철, 「북한현대사 연구의 쟁점과 과제」, 역사문제연구소, 『한국의 '근대'와 '근대성'비판』(역사비평사, 1996), 157~183쪽.

김용억, 「북한의 공업관리체계에 관한 연구」(한국외국어대학교 석사학위논문, 1995).

김은경, 「북한의 경제관리에 대한 일연구 : 대안의 사업체계를 중심으로」(서울대학교 석사학위논문, 1993).

김정수, 「북한 경제관리체계의 변화에 관한 연구 : 공업관리체계를 중심으로」(영남대학교 박사학위논문, 2004).

김진환, 「북한의 선군정치 연구」(동국대학교 석사학위논문, 2001).

김태영, 「북한사회주의의 과학기술정책에 관한 일연구」(고려대학교 석사학위논문, 1991).

김태호, 「리승기의 북한에서의 '비날론'연구와 공업화 : 식민지시기와의 연속과 단절을 중심으로」(서울대학교 석사학위논문, 2001).

노경덕, 「알렉세이 가스쩨프와 소이에트 테일러주의, 1920~1929」(서울대학교 석사학위논문, 2000).

류길재, 「북한의 국가건설과 인민위원회의 역할, 1945~1947」(고려대학교 박사학위논문, 1995).

류길재, 「천리마운동과 사회주의경제건설=스타하노프운동 및 대약진운동과의 비교를 중심으로」, 『북한 사회주의건설의 정치경제』(경남대극동문제연구소, 1993).

문옥륜, 『북한의 보건의료제도분석』(국토통일원, 1989).

문옥륜, 『북한의 보건체계와 의료보장제도 연구』(의료보험관리공단, 1989).

박명림, 「서론 : 해방, 분단, 한국전쟁의 총체적 인식」, 『해방전후사의 인식 6』(한길사, 1989), 56~74쪽.

박성래, 「한국 과학기술자의 형성 연구」(한국과학재단, 1995).

박성래, 「한국 과학기술자의 형성 연구2 - 미국유학 편」(한국과학재단, 1998).

박영자, 「북한의 생산관리제도와 노동자계급 : 생산에 대한 당 - 국가의 대리와 노동자 분화, 소외」(성균관대학교 석사학위논문, 1999).

박영자, 「북한의 근대화 과정과 여성의 역할(1945~1980년대) : 공장과 가정의 정치사회와 여성노동을 중심으로」(성균관대학교 박사학위논문, 2004).

박원규, 「북한의 교육정책과 과학기술현황분석」(경희대학교 석사학위논문, 1976).

박정진, 「북한의'생산정치(Politics of Production)'와 노동자 조직의 성격변화에 관한 연구」(동국대학교 석사학위논문, 1997).

박준삼, 「공산주의 연구방법론 : 경제학 - 역사·문화 이해속에 비교경제체제론적 접근」, 『북한』162,(1985).

박찬모, 「분단 55년 역사적 남북 정상회담을 계기로 본 남북 과학기술 협력방안 - 공학」, 『과학과 기술』8월호(2000), 51~56쪽.

박형준, 김태영, 「북한의 과학기술 : 기술혁신의 현황과 한계를 중심으로」, 『아세아연구』(1991).

백준기, 「정전후 1950년대 북한의 정치 변동과 권력 재편」, 『현대북한연구』 2(2)(1999), 9~71쪽.

변학문, 「1950~1960년대 북한 생물학의 형성과 변화」(서울대학교 석사학위논문, 2004).

서동만, 「1950년대 북한의 정치갈등과 이데올로기 상황」, 역사문제연구소편, 『1950년대 남북한의 선택과 굴절』(역사비평사, 1998), 307~350쪽.

신동원, 「1960년대 이후 북한 한의학의 변천과 성격」, 『한국과학사학회지』 25(1)(2003), 43~67쪽.

신동원, 「해방 이후 북한 한의학의 변천, 1945~1960」, 『한국과학사학회지』 25(2)(2003), 147~175쪽.

신효숙, 「북한 교육의 발전과정에 대한 논의 : 사회주의 교육에서 주체교육으로」, 『북한연구학회보』,(2001).

신효숙, 「소군정기 북한의 교육정책」(한국정신문화연구원 박사학위논문, 1998).

신효숙, 「해방 후 북한 고등교육체계의 형성과 특징 : 김일성종합대학의 창립과 운영을 중심으로」, 『북한연구학회보』제2권(2)(1998).

신효숙, 「북한사회의 변화와 고등인력의 양성과 재편(1945~1960)」, 『현대북한연구』8(2)(2005), 39~84쪽.

양문수, 『북한경제의 구조 : 경제개발과 침체의 메커니즘』(서울대학교 출판부, 2001).

오경숙, 「국내의 해외북한자료 수집, 활용실태 분석」, 『한국동북아논총』(2003).

유완종, 「대덕연구단지에 대한 「테크노폴리스」개념의 적용방안에 관한 연구 (I)」, 『국토계획』20(1)(1985), 189~201쪽.

유완종, 「대덕연구단지에 대한 「테크노폴리스」개념의 적용방안에 관한 연구 (II)」, 『국토계획』20(2)(1985), 164~178쪽.

윤여령, 「북한의 공업관리체계에 관한 연구」(서울대학교 석사학위논문, 1994).

이병희, 「북한의 산업관리체계에 관한 연구 : 대안사업체계를 중심으로」(경희대 박사학위논문, 1990).

이복수, 「북한 〈천리마운동〉의 사회학적 함의 – 체제형성과 체제관리를 중심
　　　으로」, 『아세아연구』 58(아세아문제연구소, 1977), 171~200쪽.

이성봉, 「북한의 자립적 경제발전전략과 김일성체제의 공고화 과정(1953~1970)
　　　에 관한 연구」(고려대학교 박사학위논문, 1999).

이수아, 「북한의 과학기술중시정책」(이화여자대학교 석사학위논문, 2004).

이영훈, 「북한의 경제성장 및 축적체제에 관한 연구 : 1956~1964년」(고려대
　　　학교 박사학위논문, 2000).

이은영, 「북한 공장대학 연구 : '교육과 노동의 결합'을 중심으로」(서울대학교
　　　석사학위논문, 1993).

이재승, 「북한의 과학기술정책」(과학기술정책연구원, 1999).

이정철, 「북한의 실제로 존재하는 사회주의적 문제 해결 기제에 관한 연구 –
　　　북한의 80, 90년대 발전 전략을 중심으로」(서울대학교 석사학위논문,
　　　1997).

이정철, 「사회주의 북한의 경제동학과 정치체제」(서울대학교 박사학위논문,
　　　2002).

이종석, 「북한 연구방법론 비판과 대안」, 『역사비평』(1990).

이창희, 「제강, 제철의 기술약사」, 『재료마당』 16권(1)(대한금속재료학회, 2003),
　　　6~15쪽.

이태섭, 「국가주석제와 북한 정치체제의 변화 : 1966~1972」(서울대학교 석사
　　　학위논문, 1992).

이항구, 「북한의 천리마운동」, 『북한』 90(북한연구소, 1979), 250~257쪽.

이향규, 「북한 사회주의 보통교육의 형성 : 1945~1950」(서울대학교 박사학위
　　　논문, 2000).

전현수, 「자료소개 : 해방직후 북한사 연구의 몇 가지 문제에 대하여 – 러시아
　　　대외정책문서보관소 소장 북한관계자료의 검토」, 『역사와현실 10』
　　　(한국역사연구회, 1993), 297~313쪽.

전현수, 「산업의 국유화와 인민경제의계획화 : 공업을 중심으로」, 『현대북한
　　　연구』 2(1)(경남대학교 북한대학원, 1999), 63~122쪽.

정영철, 「김정일 체제 형성의 사회정치적 기원 1967~1982」(서울대학교 박사
　　　학위논문, 2001).

정인경, 「일제하 경성고등공업학교의 설립과 운영」(서울대학교 석사논문,

1993).

정창현, 「현지지도」, 『통일경제』(1997), 93~98쪽.

정태수, 정창현, 「8월종파사건의 전모」, 『WIN 1997년 6월호』, 148~154쪽.

정태수, 정창현, 「평양주재 5대 소련대사 푸자노프 비망록」, 『WIN 1997년 7월호』, 94~101쪽.

조정아, 「북한 종합기술교육의 도입과 전개」, 『교육사회학연구』 13(1)(2003).

조정아, 「북한 중등학교 규율과 반학교문화」, 『교육사회학연구』 14(1)(2004).

조정아, 「산업화 시기 북한 공장의 노동규율 형성 - 교육과 동원의 결합을 중심으로」, 『북한연구학회보』(2003).

조정아, 「산업화 시기 북한의 노동교육」(서울대학교 박사학위논문, 2003).

주성환, 조영기, 「북한의 제2의 천리마대진군 운동에 관한 연구」, 『북한연구학회보』(2000).

차문석, 「북한의 노동 영웅에 대한 연구 - 영웅 탄생의 정치 경제적 메커니즘」, 『사회과학연구』 12~1(2004).

최혜월, 「미군정기 국대안 반대운동의 성격」, 『역사비평』 1986년 여름호(역사비평사, 1988), 6~30쪽.

최혜월, 「국대안파동」, 역사비평 편집위원회 편, 『논쟁으로 본 한국사회 100년』(역사비평사, 2000), 170~176쪽.

홍민, 「북한의 현지지도와 경제 운영 - 계획경제와 교시경제의 변주곡」, 『정치비평』(2002).

홍성욱, 「과학, 기술 그리고 과학기술혁명」, 『사상문예운동』 1990(여름), 80~103쪽.

황재준, 「북한의 '현지지도'연구 - 특성과 기능을 중심으로」(서강대학교 석사학위논문, 1998).

3. 외국 문헌

1) 단행본

Cumings, Bruce, *The Origins of the Korean War Vol. I*(Princeton : Princeton Univ. Press, 1981).

Cumings, Bruce, *The Origins of the Korean War Vol. II*(Princeton : Princeton Univ.

Press, 1990).

Graham, *Loren R., The Soviet Academy of Sciences and the Communist Party, 1927-1932*(Princeton Univ. Press, 1967).

Graham, Loren R., *The Ghost of the Executed Engineer : Technology and the Fall of the Soviet Union*(Cambridge, Mass. : Harvard University Press, 1993).

Graham, Loren R., *Science in Russia and the Soviet Union : a Short History*(N.Y. : Cambridge University Press, 1993).

Hunter, Helen-Louise, *Kim Il-song's North Korea*(New York : Praeger Publishers, 1970).

Joravsky, David, *The Lysenko Affair*(Cambridge : Harvard University Press, 1970).

Kornai, Janos, *The Socialist System : The Political Economy of Communism*(Princeton : Princeton Univ. Press, 1992).

Nove, Alec, *The Economics of Feasible Socialism*(London : Routledge, 1991).

Soyfer, Valery N., *Lysenko and the Tragedy of Soviet Science*(New Jersey : Rutgers University Press, 1994).

Vucinich, Alexander, *Empire of Knowledge : the Academy of Sciences of the USSR(1917~1970)*(Berkeley : Univ. of California Press, 1984).

Wilczynski, Jozef, *The Economics of Socialism*(London : Allen & Unwin, 1970).

高昇孝, 『現代朝鮮經濟入門』(東京 : 新泉社, 1989).

鐸木昌之, 『北朝鮮 : 社會主義と傳統の共鳴』(東京 : 東京大出版社, 1992).

森田芳夫, 『朝鮮終戰の記錄』(東京 : 嚴南堂書店, 1964).

鎌田正二 著, 『北韓の日本人苦難記-日窒興南工場の最後』(東京 : 時事通信社, 1970).

任正爀, 『現代朝鮮の科學者たち』(東京 : 彩流社, 1997).

和田春樹, 『歷史としての社會主義』(東京 : 岩波書店, 1992), 고세현 역, 『역사로서의 사회주의』(창작과비평사, 1994).

和田春樹, 『北朝鮮 : 遊擊隊國家の現在』(東京 : 岩波書店, 1998), 남기정, 서동만 역, 『북조선 : 유격대국가에서 정규군국가로』(돌베개, 2002).

2) 논문

Kim, Sun Ho, "Education in North Korea : Technical, Manpower, and Ideological Development"(The University of Chicago PhD. Dissertation, 1971).

Cumings, Bruce, "Corporatism in North Korea", *Journal of Korean Studies*

4(1982~1983), pp. 269~294.

Cumings, Bruce, "Kim's Korean Communism", *Problem of Communism* 23(2) (Documentary Studies Section, International Information Administration, 1974), pp. 27~41.

Leslie, Stuart W., "Blue Collar Science : Bringing the transistor to life in the Lehigh Valley", *Historical Studies in the Physical and Biological Sciences* 32(1)(2003), pp. 71~113.

Socher, Zenovia A., "Soviet Taylorism Revisited", *Soviet Studies* Vol.33 No.2(April 1981), pp. 246~264.

(Abstract)

History of science and Technology
in North Korea I

Kang, Ho-Je

The economy of North Korea was grown up rapidly in the end of 1950's and in the beginning of 1960's. North Korea attained a high industry production increasing rate at that time and it was from twice at minimum to 5 times at maximum more than ones of Eastern Europe countries including the Soviet Union.

Many researches about North Korea have recognized the high economic growth at that time but until now, the causes for the economic development have not been analyzed well. Most researchers evaluated that the high economic growth in the end of 1950's was only the result of a quantitative growth due to a labor-mobilization in the production activity, so there was no qualitative growth accomplished.

To make a qualitative growth of a production activity possible, a technological renovation is essentially asked and the technological renovation is intimately associated with science and technology. The existing economic researches of North Korea, however, have not considered scientific and technological activities so they were not able to find reasons for the qualitative growth.

In this book, the scientific and technological policies and activities of North Korea will be investigated from the liberation to the early of 1960's.

It will give a different evaluation for the economic growth of North Korea at that period with historical evidences.

From the liberation, the domain of science and technology in North Korea has been always and preferentially received supports. It had been developed so from latter half of 1950's that can help economic activities directly.

In 1958, The Academy of Sciences of Democratic People's Republic of Korea started the On-Site Research Program, which dispatched institute-members of Science and Technology to production sites. By this program, researchers had accomplished scientific researches and technological supporting activities in production sites simultaneously. Their role was decisive to make the economic activity of production site development.

On December 1956, the Chollima Movement was launched to intensify the technological innovation and the Chollima Workteam Movement as the North Korean technological innovation movement succeeded it on March 1959. When the technological innovation movement was strengthened and developed, it led not only the quantitative growth but also the qualitative growth in North Korean economy at same time.

The focused subjects of the First 7-year Plan, which was started in 1961, were about overall technological renovation and technological revolution. The Taean Work System started in 1961 December made the status of scientists and technologists drastically higher. Therefor, Science and Technology in North Korea was strongly valued for economy in North Korea.

Key words : North Korea, Democratic People's Republic of Korea, The Academy of Sciences of Democratic People's Republic of Korea, The Chollima Movement, The Chollima Workteam Movement, The On-Site Research Program, The Technological Innovation Movement, The Scientific and Technological Policy, The Taean Work System.

찾아보기

강호제

- 서울대학교 물리학과 학사
- 서울대학교 과학사 및 과학철학 협동과정 석사, 박사
  (북한 과학기술정책사 전공)
- (전) 독일 튀빙겐대학 한국학과 연구교수
- (전) 겨레하나 평화연구센터 소장
- (현) 독일 베를린자유대학 한국학과 연구교수
- (현) 북한과학기술연구센터 소장